湖北省公益学术著作

Hubei Special Funds 出版专项资金
for Academic and Public-interest
Publications

三國兩晉

貶謫文化與文學

中国古代流贬文学研究丛书

尚永亮 主编

罗昌繁 著

WUHAN UNIVERSITY PRESS

武汉大学出版社

图书在版编目(CIP)数据

三国两晋贬谪文化与文学 / 罗昌繁著 . -- 武汉 : 武汉大学
出版社,2025.6. -- 中国古代流贬文学研究丛书 / 尚永亮主编 .
ISBN 978-7-307-24756-7

Ⅰ . K235.03；I206.35

中国国家版本馆 CIP 数据核字第 2024BJ1483 号

责任编辑:王智梅　　　责任校对:汪欣怡　　　版式设计:马　佳

出版发行：**武汉大学出版社**　（430072　武昌　珞珈山）

（电子邮箱：cbs22@whu.edu.cn　网址：www.wdp.com.cn）

印刷:湖北金港彩印有限公司

开本:720×1000　1/16　印张:27.75　字数:459 千字　插页:2

版次:2025 年 6 月第 1 版　　2025 年 6 月第 1 次印刷

ISBN 978-7-307-24756-7　　定价:168.00 元

作者简介

  罗昌繁，湖北五峰人。武汉大学文学博士，华中师范大学博士后，华中师范大学文学院副教授。主要研究方向为汉魏六朝唐宋文学、石刻文献。先后主持中国博士后科学基金、国家社科基金青年项目、国家社科基金一般项目等课题。已出版专著《北宋党争与石刻》。在《光明日报》《文献》《中山大学学报》《浙江大学学报》《四川大学学报》《中国文化研究所学报》等发表论文多篇。

总　序

从法律角度来看，流放和贬谪是对负罪人员的一种惩罚，但政治史意义上的流贬，早在唐、宋之前，就超越了其法律内涵而成为帝制社会打击异己的一种手段；至于文化史意义上的流贬，内涵更为丰富，它以官僚阶层权力争斗或政治纷争为主要动因，以失败一方的空间远徙和恶地囚居为主要惩罚方式，以对失败、挫折、苦难的承受、消解或超越为流贬主体的心理表现，形成了一种环绕个体或群体之生命沉沦，并旁涉地理、宗教、思想、文学等多个领域的特殊文化现象。

严格来说，流放与贬谪并不相同，二者存在发生时间、个体身份、量刑程度等方面的差别。从时间上看，前者出现更早，上古三代，就有了"流宥五刑"的记载，后者到了中古时代才出现，并形成"减秩居官，前代通则；贬职左迁，往朝继轨"①的相关制度；从身份上看，前者包括官员和一般罪犯，而官员一经流放，即被免职，与普通罪犯无异，后者则主要针对官员，虽然被贬，却仍有官做，只是职位、品级下降而已；从量刑上看，前者于北齐被列为五刑之一，除流徙远恶之地外，往往还要附加笞、杖等刑，颇为严厉，后者并未入刑，多为降职和外放，而外放者则视其政绩和年资，允准量移善地。所谓"流贬量移，轻重相悬……流为减死，贬乃降资"②，指的就是这种情况。然而，从实质上看，有些外放的贬谪几与流刑混同，甚至惩罚程度更为严苛，以致二者在"徙之远方，放使生活"一点上，并无明显差异。所以孔颖达说："据状合刑，而情差可恕；全

---

① （南朝·梁）沈约著，陈庆元校笺：《沈约集校笺》卷二《立左降诏》，浙江古籍出版社1995年版，第47页。

② （宋）王溥：《唐会要》卷四一《左降官及流人》，中华书局1955年版，第738页。

赦则太轻，致刑即太重。不忍依例刑杀，故完全其体，宥之远方，应刑不刑，是宽纵之也。"①进一步说，无论流还是贬，流贬主体都经受了来自政治强权施予的打击(尽管其中有正向、负向之别)，都在逆境中体验了生与死、放与归、自我拯救和他者救助的多重矛盾，都产生出或执着或超越的意识倾向以及远超常人的悲剧性情感，因而，我们广义地将流与贬作一整体看待；而在流贬者中，重点关注的则是那些被外放、流徙远方且有文学创作的文人士大夫。

这些文人士大夫多是历代士人中的翘楚，他们或因"信而见疑，忠而被谤"②，落得个"行吟泽畔，颜色憔悴，形容枯槁"③的结局；或因"一封朝奏九重天"④"许国不复为身谋"⑤，而被贬窜荒远，过着"食无肉，病无药，居无室，出无友，冬无炭……大率皆无"⑥的生活，半生沉沦，甚或殒身异域。明人王世贞《艺苑卮言》"文章九命"条列举历代"流徙""贬窜"者有云：

> 流徙则屈原、吕不韦、马融、蔡邕、虞翻、顾谭、薛荣、卞铄、诸葛亮、张温、王诞、谢灵运、谢超宗、刘祥、李义府、郑世翼、沈佺期、宋之问、元万顷、阎朝隐、郭元振、崔液、李善、李白、吴武陵，明则宋濂、瞿佑、唐肃、丰熙、王元正、杨慎；贬窜则贾谊、杜审言、杜易简、韦元旦、杜甫、刘允济、李邕、张说、张九龄、李峤、王勃、苏味道、崔日用、武平一、王翰、郑虔、萧颖士、李华、王昌龄、刘长卿、钱起、韩愈、柳宗元、李绅、白居易、刘禹锡、吕温、陆贽、李德裕、牛僧孺、杨虞卿、李商隐、

①　(唐)孔颖达等疏：《尚书正义》卷三《舜典》，(清)阮元校刻《十三经注疏》，中华书局 2009 年版，第 271 页。

②　(汉)司马迁著，顾颉刚等点校，赵生群等修订：《史记》(修订本)卷八四《屈原贾生列传》，中华书局 2014 年版，第 3010 页。

③　(战国)屈原著，(宋)洪兴祖补注，白化文等点校：《楚辞补注》卷七《渔父》，中华书局，1983 年，第 179 页。

④　(唐)韩愈著，钱仲联集释：《韩昌黎诗系年集释》卷一一《左迁至蓝关示侄孙湘》，上海古籍出版社 1984 年版，第 1097 页。

⑤　(唐)柳宗元著，尹占华、韩文奇校注：《柳宗元集校注》卷四三《冉溪》，中华书局 2013 年版，第 2997 页。

⑥　(宋)苏轼著，(明)茅维编，孔凡礼点校：《苏轼文集》卷五五《与程秀才三首》，中华书局 1986 年版，第 1628 页。

温庭筠、贾岛、韩偓、韩熙载、徐铉、王禹偁、尹洙、欧阳修、苏轼、苏辙、黄庭坚、秦观、王安中、陆游，明则解缙、王九思、王廷相、顾璘、常伦、王慎中辈，俱所不免。①

　　这里所列 83 位"流徙"者、"贬窜"者，即我们所说的流贬文人。尽管就人数言，上述流贬者仅是若干朝代流贬群体中的很小一部分代表，但已足以反映出他们在中国文学史中所占地位和分量。这些流贬者在人生逆境中展示出各不相同的生活样态，其中不少人或将视线转向自我情感的宣泄，或转向对政治、社会、人生的反思，或转向对自然山水的歌咏，由此生成大量体裁、题材不尽相同的文学作品，这些作品，可视为流贬文学的主体；至于流贬者在流贬前后以及非流贬者在送别赠答、追忆述怀时创作的有关流贬的作品，则可视为流贬文学的侧翼。②它们共同组成了贯穿中国历史数千年的流贬文学的洋洋大观。

　　对流贬及流贬文学的关注，中国历史上代不乏人。南朝江淹《恨赋》有云："孤臣危涕，孽子坠心，迁客海上，流戍陇阴。此人但闻悲风汩起，泣下沾襟；亦复含酸茹叹，销落湮沉！"③宋人周煇《清波杂志》卷四"逐客"条亦谓："放臣逐客，一旦弃置远外，其忧悲憔悴之叹，发于诗什，特为酸楚，极有不能自遣者。"④至如宋初王溥所纂《唐会要》一书，其卷四一即有"左降官及流人"⑤一节，宋元之际的方回在《瀛奎律髓》中，更将唐宋"迁客流人之作"⑥专设一类，对流贬文学有了专门的分类意识。

　　时至今日，流贬文学更引起学界的广泛关注。20 世纪八九十年代，已有学

---

① （明）王世贞著，罗仲鼎校注：《艺苑卮言校注》卷八，齐鲁书社 1992 年版，第 403～404 页。
② 尚永亮：《贬谪文化与贬谪诗路：以中唐元和五大诗人之贬及其创作为中心》，中华书局 2023 年版，第 431 页。
③ （南朝·宋）江淹著，丁福林、杨胜朋校注：《江文通集校注》卷一《恨赋》，上海古籍出版社 2017 年版，第 3 页。
④ （宋）周煇著，刘永翔校注：《清波杂志校注》卷四，中华书局 1994 年版，第 138 页。
⑤ （宋）王溥：《唐会要》卷四一《左降官及流人》，中华书局 1960 年版，第 734 页。
⑥ 方回选评，李庆甲集评校点：《瀛奎律髓汇评》（下），上海古籍出版社 2005 年版，第 1537 页。

者开始了对流贬现象和流贬文学的专力考察，① 其后随着多次全国性的迁谪、流寓文学研讨会的召开，相关研究更是风生水起，涌现出大批研究者和数量可观的研究论著。据粗略统计，30 年来研究流贬与流贬文学的著作约 23 部，其中唐代 9 部，宋代 5 部，明清各 1 部，其他 7 部；论文近 1600 篇，其中仅学位论文即有 300 余篇，博士论文至少 16 篇，而且从时段来看，从 20 世纪 90 年代至今，研究成果逐年递增，呈稳步上升的态势。②

毫无疑问，前述各类成果已展现出流贬文学研究多方面的开拓和喜人的发展态势，某种意义上，一门颇具规模且不乏理论和实践支撑的"流贬学"正呼之欲出。然而，这些研究中的部分成果也呈现出若干不可忽视的问题。整体而言，这些问题主要表现在以下几点：一是时段分布多寡不均，约 70% 的成果集中在唐宋两代及清代，而其他朝代光顾者少，至于先秦、汉魏、六朝、金、元、明诸代则问津乏人。二是人物研究冷热不均，多数研究者将目光集中在了先秦的屈原、唐代的柳宗元、刘禹锡、韩愈和宋代的苏轼、秦观、欧阳修等人身上，而对其他流贬文人则关注不够，甚至全未顾及，由此形成热者极热、冷者甚冷的局面。三是对流贬地域的考察缺少广度和深度，引起研究者关注较多的，除唐宋时期的岭南、两湖地区以及清代的西北、东北地区外，其他地区不仅涉及者寡，而且即便涉及，也多是纯地理层面的知识罗列，而缺乏文化层面的深层剖析，缺乏对流贬者行走路线、路程、路况、行期、行速及贬地生活等方面的细密考索。四是制度研究多静态而少动态，多律法规定而少操作环节，多客观描述而少实施主体考析，由此导致相关论述与实际流程一间有隔。五是缺乏整体性观照、学理性洞见和理论性提升，不少研究多流于一般性叙述、碎片化考察，而少了些全视域把握、规律性概括，并因研究者缺乏对生命感悟的融入，也少了些真正打动人心的力量。

正是有鉴于此，我们将目光投射到那些在选题的新颖度、论述的细密度、观照的整体性上更具特色的论著，以期为此后的流贬文学研究提供若干导引和镜

① 参见李兴盛《东北流人史》(黑龙江人民出版社 1990 年版)、《中国流人史》(黑龙江人民出版社 1995 年版)、尚永亮《元和五大诗人与贬谪文学考论》(台北文津出版社 1993 年版)等。

② 参见本丛书所收凌云、罗昌繁、孙雅洁、朱春洁诸书绪论。

鉴。在这些论著中，我们特别重视的是一些硕士、博士学位论文，尤其是博士生的学位论文。盖因此种论文之选题是经过学生和导师多次切磋、商讨才确定的，其中蕴涵着对学术发展状况较为深透的理解，对选题开展前景较为全面的把握；而在具体开展过程中，又经过反复思考、修订和打磨，再经过预答辩、外审等审阅及问难环节，历时三四年或更长的时间而完成，故其最终成果多具较高的扎实度和学理性，在其研究对象所涉及的领域中，往往占据较前沿的学术位置。仅就管见所及，21 世纪以来，海峡两岸有关流贬文学研究的博士论文即有如下多种：

高良荃：《宋初四朝官员贬谪研究》(山东大学博士学位论文，2003 年)

张英：《唐宋贬谪词研究》(苏州大学博士学位论文，2009 年)

张玮仪：《元祐迁谪诗作与生命安顿》(台湾成功大学博士学位论文，2009 年)

吴增辉：《北宋中后期贬谪与文学》(复旦大学博士学位论文，2011 年)

严宇乐：《苏轼、苏辙、苏过贬谪岭南时期心态与作品研究》(复旦大学博士学位论文，2012 年)

赵忠敏：《宋代谪官与文学》(浙江大学博士学位论文，2013 年)

罗昌繁：《三国两晋贬谪文化与文学》(武汉大学博士学位论文，2014 年)

石蓬勃：《苏门诗人贬谪诗歌研究》(河北大学博士学位论文，2014 年)

赵文焕：《黄庭坚贬谪文学研究》(南京师范大学博士学位论文，2016 年)

赵雅娟：《北宋前期贬谪文化与文学》(武汉大学博士学位论文，2018 年)

蔡龙威：《南宋高宗朝贬谪诗研究》(吉林大学博士学位论文，2018 年)

周乔木：《方拱乾父子流贬文学研究》(黑龙江大学博士学位论文，2018 年)

段亚青：《唐代贬谪制度与相关文体研究》(武汉大学博士学位论文，2019 年)

朱春洁：《清代流人文学研究》(武汉大学博士学位论文，2020 年)

凌云：《两汉流贬制度与文学研究》(武汉大学博士学位论文，2021 年)

孙雅洁：《南朝贬谪制度与文学研究》(武汉大学博士学位论文，2022 年)

徐嘉乐：《元代贬谪制度与文学的多元考察》(武汉大学博士学位论文，2025 年)

以上论文，有个体研究，也有群体研究，有诗歌、词作研究，也有制度、文体研究，有某一时段研究，也有一代文学研究，在观察视角、学术观点、研究方法等方面均多有创获，取得了不俗的成绩；而其中特别值得关注的，是关乎某些前人较少涉足的断代流贬文学的整体研究。这些研究，视野相对阔大，领域较为新颖，因而更具学术上的开拓性。兹仅依时代序，就前列武汉大学凌云、罗昌繁、孙雅洁、段亚青、赵雅娟、朱春洁诸博士之学位论文，稍做介绍如下。

《两汉流贬制度与文学研究》：共五章十八节，重点考察两汉流贬的构成要素、主要类型以及法律性质和地位，其中对流贬的主要程序和相关操作，流贬者在流贬前后遭遇的处置措施，在时间、空间、身份类型诸方面的分布规律，以及导致流贬的不同原因和各朝流贬情形的论述，用力尤多。在此基础上，展开对两汉流贬文人之拟骚现象与流贬文学书写的重点讨论。

《三国两晋贬谪文化与文学》：共七章二十节，以朝代为经，以各朝典型贬谪案例为纬，对三国两晋五朝的贬谪事件予以宏观把握和微观考察。其中首章与尾章重在考察三国两晋时期的选官、职官、爵位、流徙刑制度，通过计量分析，揭示贬谪人次与对象、贬谪地域、贬谪缘由等概况，并对此期贬谪事件的特点与规律予以归纳总结。其他诸章分别以曹魏、蜀汉、东吴、西晋、东晋五朝为中心，考述各朝的贬谪案例及其与文化、文学、政治等诸多层面的关系。

《南朝贬谪制度与文学研究》：共五章十五节，前三章分别着眼于南朝贬谪制度、贬谪类型和事件以及贬谪的家族性特征等，特别是着眼贬官数量较多、较具特点的陈郡谢氏、顺阳范氏和彭城刘氏三个家族，以及宗室及其周边之文学集团，进行制度、家族、个案等方面的考察。最后两章聚焦于南朝贬谪文学之发展，重点观照谢灵运、颜延之、江淹等代表性作家之创作，以及南朝贬谪文人与时代文化精神之间的关系，对其特点和规律展开研探。

《唐代贬谪制度与相关文体研究》：共六章十九节，前三章以制度研究为切入点，结合"礼""法""权"三大因素，考察唐代贬谪制度的全貌及其运作过程，尤其注意将制度研究中静态的条文章程与动态的具体操作相结合，分析制度与人的互动，在运作过程中了解贬谪制度的特点及弥漫其周围的政治生态环境。后两章主要分析与贬谪制度相关的两种文体：一为贬谪制诏，一为贬谪官员谢上表，两种文体一自上而下，一自下而上，分别代表着贬谪的实施与完成，交织出一幅士人与皇权互动、逐步树立自我人格的生动图景。

《北宋前期贬谪文化与文学》：共六章十八节，将贬谪制度与贬谪文学的研究相结合，注重考察北宋前期贬谪制度之制定、实施的文化背景和特点，以及受此影响所形成的贬谪文学内容和艺术特色。由此两方面之关联沟通，揭示北宋前期贬谪制度、文化与贬谪文人主体精神之重塑、政治节操之作成间的关系，并对此期呈现的"道"与"位"、"进身"与"行己"诸问题展开新的思考。

《清代流人文学研究》：共五章十五节，以清代近三百年历史发展为轴线，重点择取初期从南到北的遗民流人、前期自江南到东北的科场案流人、前中期由江南至东北与西北的文字狱流人、中后期因中西冲突而遣发各地的流人为典型对象，论述了遣戍空间之"南/北""东/西"（江南/塞北、西域）的转换，以及流人在政治、身份、时空交错中所形成的故国依恋、异域抗拒、戍地恐惧、服膺皇权、时代觉醒等复杂心理。

以上所述不过是这些论文极为简略的一个概貌。进一步说，这些论文除因各自研究对象不同而形成的独特性外，还在以下几个方面展现出若干共通性特点：

其一，以不同时代为切入点，在选题上进行新领域的开拓。这些选题，除唐、宋两代外，汉、三国、两晋、南朝（宋齐梁陈）诸代之流贬文学，前人均很少留意，更无纵贯一代或数代的研究论著；即就已成为研究热点的唐、宋两代和准热点的清代来说，关乎流贬制度与特定时段、特殊文体的研究，以及关乎东北、西北两大地域和四种流人类型的综合研究也不多见。就此而言，说这些论著在选题上具有开拓性，是符合实际的。

其二，聚焦于流贬制度的考察，为流贬文学研究奠定基础。流贬制度是政治制度的分支，既与不同时期之政治、文化精神相关，又与各代执政者之自身素质相关，从而展现出代有变化、宽严不同的多种样态。同时，这些制度有明文记载者，如《晋律》《唐律疏议》《唐六典》《宋刑统》《大清律例》及历代正史之《刑法志》等，也有无法律条文而在具体操作中不断变化者；至于流贬之认定、实施，如罪行上奏、法律推鞫、个案分析、贬诏下达等，既有有规可依者，亦有因人情好恶而灵活变动者，甚至有抛开法律，仅凭最高统治者之一时喜怒即施行者。它们大大丰富了流贬制度的内涵，并使之充满变易性和复杂性。凡此，均在以上各文中有程度不同的考索和呈现。

其三，注重事、地、人、文间的关联性，对流贬文人之心理、流贬文学之特点展开多层面探析。首先是在全面掌握文献资料的前提下，对事件发生的真实形态、原因、类型等做出客观认知和性质评判；其次从人文地理的角度切入，考察影响流贬者的贬途、贬地等空间环境；最后在此基础上，或由文而人，聚焦流贬者的生存状态和心路历程，或由人而文，把握流贬文学的风格、艺术特点。

其四，在研究方法上兼容并蓄，重在解决实际问题。除历史-文化研究、心理分析、比较研究等方法外，还主要采用两种方法：一是以考据为主的实证研究方法，在对该期所有流贬者之材料作穷尽式收罗的基础上，进行细密考订，由此编成由汉至唐各代之"流贬官考"或"流贬文人纪年"；一是以数据为主的定量分析方法，既对某一时代之流贬者的数量作出翔实统计（有名可考的流贬事件，涉及汉代1413人次，三国两晋369人次，南朝619人次，唐代2828人次，清代1822人次），又从时间、空间两个维度，考察流贬者的发展变化和分布情形，由此形成对该时期流贬态势之全面了解和准确把握，并为此后研究者提供较为翔实的数据借鉴。

大概正是这样一些特点，使上述研究具有了某种整体的一致性。需要说明的是，这些论文作者都是我近三十年所指导的数十位博士生中较优秀的几位，在选题和写作过程中，我们切磋往还颇多，相互论难不少，而他们也常以其深细的探索和独到的看法，屡补我之未逮，由此共同深化了对流贬现象和流贬文学相关问题的理解，最终成就了这些虽仍有不小提升空间，但就其所研究对象而言已大抵完备的阶段性成果。所以我们将之汇聚一起，组成这套《中国古代流贬文学研究丛书》。因这套丛书有幸入选2023年度湖北省公益学术著作出版专项资金项目，为强化其系统性，遂依出版社要求，又增列了十多年前由我和我的几位硕士生冯丽霞、张娟、邹运月、程建虎诸君共同撰著的《唐五代逐臣与贬谪文学研究》一书(该书重点涉及初唐神龙逐臣、盛唐荆湘逐臣、中唐元和逐臣、晚唐乱离逐臣及唐五代逐臣离别诗等，由武汉大学出版社于 2007 年出版)，以使相关内容尽可能全面、丰富一些。

"道屈才方振，身闲业始专。天教声烜赫，理合命迍遭。"①白居易的话，道出了流贬与人生、命运、文学创作间的内在关联，也侧面揭示出流贬文学的价值所在。早在 20 年前，我在拙著《贬谪文化与贬谪文学》的后记中，曾深有感触地说过这样几句话："要对'贬谪文化与贬谪文学'这样一个涉及面极广而又与政治、文化、人生紧密相关的课题获得更深入的解会，仅凭一己之力是远远不够的，它需要对数千年历史资料的细密爬梳和阐释，需要具有理论深度的回应和挑战，需要一批志同道合者的切磋琢磨和商榷交流。"现在看来，这一目标虽远未实现，但通过持续的努力，正在逐步接近。朱熹有言："旧学商量加邃密，新知培养转深沉。"②我们真切希望，通过这套丛书的出版，既能商量旧学，又能培养新知；既能为方兴未艾的流贬文学研究增添一些助力，也能由此引起学界同道的回应与挑战、商榷与交流，以期共同推进这一跨朝代、跨地域、跨学科课题的深化和细化，为实践层面和理论层面之"流贬学"的建立做些添砖加瓦的工作。

尚永亮

甲辰岁初匆草于古都长安寓所

---

① (唐)白居易著，谢思炜校注：《白居易诗集校注》卷十七《江楼夜吟元九律诗成三十韵》，中华书局 2006 年版，第 1339 页。

② (宋)朱熹：《鹅湖寺和陆子寿》，(清)吴之振等编选：《宋诗钞·文公集钞》，中华书局 1986 年版，第 1676 页。

目　　录

引言 ……………………………………………………………………… 1

　一、贬谪文化与文学研究概况 ……………………………………… 2

　二、相关概念的界定 ………………………………………………… 6

　三、选题意义与创新之处 …………………………………………… 7

第一章　三国两晋选官、职官、爵位、流徙刑制度与贬谪事件 …… 11

　第一节　三国两晋选官、职官、爵位、流徙刑制度概述 ………… 11

　　一、选官、职官、爵位制度 ……………………………………… 12

　　二、流徙刑制度 …………………………………………………… 14

　第二节　三国两晋贬谪事件的定量分析 …………………………… 15

　　一、贬谪人次与对象 ……………………………………………… 16

　　二、贬谪地域 ……………………………………………………… 24

　　三、贬谪缘由 ……………………………………………………… 27

　第三节　三国两晋贬谪事件的特点 ………………………………… 29

第二章　曹魏贬谪文化与文学 ………………………………………… 31

　第一节　曹植之贬的模式意义 ……………………………………… 31

　　一、曹植之贬概述 ………………………………………………… 32

　　二、曹植的生命沉沦与作品风格转向 …………………………… 36

　　三、曹植之贬的文化史意义 ……………………………………… 57

　　四、曹植之贬的文学史意义 ……………………………………… 68

　第二节　从杜恕之贬看魏晋思想的变迁 …………………………… 77

一、杜恕之贬概述 ·· 78

二、杜恕之贬的深层原因 ·· 78

三、《体论》与魏晋思想的变迁 ···································· 81

第三节　曹魏政变与乐浪之徙 ·· 82

一、"高平陵政变"与"夏侯玄代司马师政变" ················ 83

二、乐浪之徙的流贬文化意义 ···································· 86

第三章　蜀汉贬谪文化 ·· 90

第一节　诸葛亮严峻刑政与廖立、李平之废贬 ······················ 90

一、廖立、李平之废贬 ·· 90

二、廖立、李平废贬的深层原因 ·································· 92

三、对诸葛亮刑政依公的再认知 ·································· 95

第二节　清议乱群与孟光、来敏之废贬 ······························ 98

一、孟光、来敏之废贬 ·· 98

二、孟光、来敏之贬与蜀地清议之风 ···························· 99

第四章　东吴贬谪文化与文学 ·· 102

第一节　虞翻之贬的文化学考察 ······································ 102

一、虞翻岭南之贬行程概述 ······································ 103

二、虞翻对岭南学术文化传播的发轫之功 ······················ 108

三、虞翻之贬对哀祭文化的影响 ································ 111

四、虞翻之贬对士人气节观与知己意识的影响 ················ 113

五、虞翻岭南之贬及其典范意义 ································ 125

第二节　"二宫构争"与江东士族心态及文学 ···················· 132

一、东吴盛衰的转折点 ·· 132

二、江东士族心态 ·· 135

三、"二宫构争"与"二陆"文学的悲情特征 ················ 139

第三节　东吴后期权臣秉政与帝王宗室之废贬 ···················· 142

一、诸葛恪秉政时期的孙休、孙奋之贬 ························ 142

二、孙峻掌权时期的孙和之贬杀 ……………………………………… 143

三、孙綝擅权时期的帝王废贬与新立 …………………………………… 144

四、濮阳兴专权时期的废主与擅立 …………………………………… 145

第四节　孙皓强权下的宗室、士人之流贬 ……………………………… 146

一、宗室、士人之贬杀与家属流徙 …………………………………… 146

二、贬杀与流徙的深层原因 …………………………………………… 152

三、流徙事件对东吴政坛的影响 ……………………………………… 156

第五章　西晋党争、宗室内乱与贬黜文学 …………………………… 159

第一节　晋初党争与张华之贬 …………………………………………… 159

一、司马攸争嗣与张华之贬 …………………………………………… 160

二、张华之贬与作品系年 ……………………………………………… 163

第二节　晋初党争与潘岳之贬 …………………………………………… 169

一、潘岳仕履概述 ……………………………………………………… 169

二、潘岳之贬及其心路历程 …………………………………………… 172

第三节　魏晋政权与金墉城的意蕴嬗变 ………………………………… 185

一、金墉源起及其兴废变迁 …………………………………………… 186

二、魏晋政争与金墉城的悲剧色彩 …………………………………… 190

三、金墉意象的内在蕴含 ……………………………………………… 193

第六章　东晋贬谪事件与门阀政治的发展 …………………………… 198

第一节　琅琊王氏与陶侃之贬 …………………………………………… 198

一、陶侃之贬的深层原因 ……………………………………………… 199

二、贬谪期间的心态与贬所治理之功 ………………………………… 202

第二节　桓温得势与永和十年的贬黜事件 ……………………………… 204

一、殷浩之废 …………………………………………………………… 204

二、习凿齿之贬 ………………………………………………………… 206

第三节　桓氏父子掌权与帝王宗室之废贬 ……………………………… 214

一、桓温与帝王宗室之废贬 …………………………………………… 214

　　二、桓玄与帝王宗室之废贬 ……………………………………………… 218

　　三、桓氏父子对帝王宗室废贬的比较思考 …………………………… 220

第七章　三国两晋贬谪事件与时代文化精神 ……………………………… 222

　第一节　士人之贬与魏晋风度及事功精神 ……………………………… 222

　　一、士人之贬与魏晋风度 ………………………………………………… 222

　　二、魏晋贬谪文学中的事功精神 ………………………………………… 226

　第二节　权臣废主母题政治文化意蕴的嬗变 …………………………… 230

　　一、权臣废主母题的形成与"用权安国"的政治文化意蕴 ………… 230

　　二、权臣废主母题的变异与"计在自利"的政治文化意蕴 ………… 234

　　三、权臣废主的理论依据与文学表现 ………………………………… 239

结语 ……………………………………………………………………………… 246

附录：三国两晋贬谪事件编年 ……………………………………………… 249

参考文献 ………………………………………………………………………… 407

后记 ……………………………………………………………………………… 422

引　言

　　道及贬谪文化与文学，我们大都不会首先想到三国两晋时期，而会想到战国、西汉或唐宋时期，因为屈原、贾谊、韩愈、柳宗元、欧阳修、苏轼等文化名人早已深入人心。元和、元祐两大时期的贬谪文学已有相当数量的成果问世，尤其是元和时期的贬谪文学，已被深察过。三国两晋虽不是常谓的贬谪高峰期，但也应在贬谪文化史与文学史上占有一席之地。

　　古代谪臣的悲情意绪往往源于士人谪居生活的生命沉沦。宋人周辉《清波杂志》有"逐客"条云："放臣逐客，一旦弃置远外，其忧悲憔悴之叹，发于诗什，特为酸楚，极有不能自遣者。"①古人被贬后通过笔端来倾诉、宣泄心中不快，这是符合"物不平则鸣"的情感表达规律的。"文学是人类独有的符号创造的世界，它作为文化动物——人的精神生存的特殊家园，对于调节情感、意志和理性之间的冲突和张力，消解内心生活的障碍，维持身与心、个人与社会之间的健康均衡关系，培育和滋养健全完满的人性，均具有不可替代的作用。"②古代谪臣对于自己的疗救，往往就是通过诗词曲赋这些笔下产物来完成。

　　明人王世贞《艺苑卮言》之"文人九厄"说有云：

　　　　古人云："诗能穷人。"究其质情，诚有合者。今夫贫老愁病，流窜滞
　　　留，人所不谓佳者也，然而入诗则佳。富贵荣显，人所谓佳者也，然而入诗
　　　则不佳，是一合也。泄造化之秘，则真宰默仇；擅人群之誉，则众心未厌。

---

　　①　(宋)周辉撰，刘永翔校注：《清波杂志校注》卷四，中华书局1994年版，第138页。编者注：本书仅首次引用时出全注，后引用同一本书时仅注明作者、书名、卷数及页码。

　　②　叶舒宪：《文学与治疗——关于文学功能的人类学研究》，《中国比较文学》1998年第2期。

故呻占椎琢，几于伐性之斧；豪吟纵挥，自傅爱书之竹，矛刃起于兔锋，罗网布于雁池，是二合也。循览往匠，良少完终，为之怆然以慨，肃然以恐。曩与同人戏为文章九命：一曰贫困，二曰嫌忌，三曰玷缺，四曰偃蹇，五曰流窜，六曰刑辱，七曰夭折，八曰无终，九曰无后。……五流贬：流徙则屈原、吕不韦、马融、蔡邕、虞翻、顾谭……杨慎；贬窜则贾谊、杜审言……杜甫……张九龄……王勃……韩愈、柳宗元、李绅、白居易、刘禹锡……李商隐、温庭筠……王禹偁……欧阳修、苏轼、苏辙、黄庭坚、秦观……陆游……王慎中辈，俱所不免。穷则穷矣，然山川之胜，与精神有相发者。①

这"文人九厄"，其中流贬（流徙、贬窜）即一种贬谪，它强调的是对"谪臣"人身自由的控制，着重体现为谪臣在地理位置上的迁移。上述一连串名字，大都是文化史、文学史上响当当的大家，似乎中国文化史、文学史就是一部贬谪文化史、文学史。为官被贬是士人个体的不幸，即王世贞所云"人所不谓佳者"，但士人被贬，往往留有各种抒发情感的篇什，令读者为之动情、为之慨叹，可谓诗家不幸诗歌幸。

一、贬谪文化与文学研究概况

贬谪文化与文学研究自 20 世纪 80 年代肇兴以来，产生了一系列研究成果。从相关研究关注的朝代来看，主要集中在唐宋时期。据有关统计，"在研究对象上，对唐宋贬谪文人与文学的研究占了 99%。如果再细分的话，唐宋部分又集中在元和、元祐两个时期，约占研究论文的 80%"②。这一总结，对当时的贬谪文学研究做了大致不误的统计。不过，近年来，贬谪文学研究往后拓及明清，往前展及魏晋，甚至先秦，逐渐产生了若干新成果。

一般认为，中国古代贬谪文学的开端在屈原，而鼎盛时期则在唐宋两代。故

---

① （明）王世贞撰，罗仲鼎校注：《艺苑卮言校注》卷八，人民文学出版社 2021 年版，第 521~552 页。
② 刘庆华：《三十年贬谪文学研究的繁荣与落寞》，《湖北社会科学》2011 年第 5 期。

而，研究贬谪文学，屈原与唐宋是两个重要节点。说到贬谪文学研究，不得不提尚永亮先生，可以说尚先生开拓了贬谪文化与文学研究领域。① 尚先生用力贬谪文学甚早，在屈原研究方面，《论〈哀郢〉的创作和屈原的放逐年代》(《陕西师大学报》1980 年第 4 期)开启了其贬谪文学研究之路，尚先生在此后陆续发表了有关屈原与楚辞的研究论文。后来，尚先生又集中关注唐代贬谪文化与文学研究多年，取得丰富成果，主要有以下几部著作：

1. 尚永亮《元和五大诗人与贬谪文学考论》，台北文津出版社 1993 年版

2. 尚永亮《贬谪文化与贬谪文学——以中唐元和五大诗人之贬及其创作为中心》，兰州大学出版社 2004 年版

3. 尚永亮《贬谪文化与贬谪诗路——以中唐元和五大诗人之贬及其创作为中心》，中华书局 2023 年版

上述三种著作，主体都是尚永亮先生的博士论文，经过两次修订，一版再版。其以元和时期的韩愈、柳宗元、刘禹锡、元稹、白居易五人为中心，对中唐的贬谪文学进行了深入系统的研究。这一成果在贬谪文学领域的肇始意义不言而喻，以至于被译介到国外，如《贬谪文化と贬谪文学——中唐元和の五大诗人の贬谪とその创作を中心に》(东京勉诚出版社 2017 年版)。

尚永亮先生在集中关注元和五大诗人之外，又将眼光拓至整个唐五代。由尚先生主撰的《唐五代逐臣与贬谪文学研究》(武汉大学出版社 2007 年版)，将考察范围扩至整个唐五代，是国内外第一部涉及整朝的贬谪文学研究专著，该书既对贬谪制度进行了总体考察，又对初、盛、中、晚四唐及五代进行了分时段研究，真正做到了宏观把握与微观深入相结合，对贬谪文化与文学的分朝代研究起着重要的范式意义。

尚永亮先生的"这些成果凝聚着一套研究范式，其基本路径为：通过文献考证辨析贬谪事件，梳理文人贬谪历程；基于文本以意逆志，理解文人心态，探寻

---

① 王兆鹏：《一篇博士论文，一个研究领域——尚永亮先生〈贬谪文化与贬谪文学〉读后》，《博览群书》2003 年第 12 期。

生命情感体验；运用文艺心理学和形式批评分析文学创作，发现美学新变。三者
融汇，得以窥探唐代精英文人如何以文学的方式执著理想的追求，超越生命的悲
剧，使民族的心灵史更为斑斓绚丽，并可由此旁涉制度与文化等多个维度"①。

　　在集中研究屈原与唐五代贬谪文学之后，尚永亮先生又着力于探索贬谪前史
及相关研究，将关注的焦点转移到先秦文学上。其《弃逐与回归：上古弃逐文学
的文化学考察》(上海古籍出版社 2017 年版)认为："弃子、弃妇与逐臣是中国早
期历史中广泛存在的文化现象，三者既各自独立，分别反映了父子、夫妇、君臣
三种基本关系，又紧相关合，由家庭层面扩展到国家层面，构成了独特的家国一
体的弃逐文化，并形成从弃逐到回归的具有原型意义的文学母题。"②这一专著对
中国古代贬谪文学前史的构建，无疑具有重要意义。

　　在过去的 40 余年，除了尚永亮先生在贬谪文学研究领域贡献了诸多重要成
果，还有其他人也陆续加入贬谪文化与文学研究领域。其中，既有研究专著，也
有相关硕博学位论文与期刊论文。下面先从成果形式分别概述，再从关涉朝代与
研究路数进行总结。

　　著作方面，如：王运涛《中国古代贬谪文化与经典文学传播研究》(吉林文史
出版社 2005 年版)，该书的前半部分总论谪臣心态与文学表现及人格思想等，所
占比例不足全书两成，是书主要以明代小说的传播研究为主，而关于贬谪文化的
论述乏善可陈。郑芳祥《出处死生：苏轼贬谪岭南文学作品主题研究》(巴蜀书社
2006 年版)与龚玉兰《贬谪时期的柳宗元研究》(凤凰出版社 2010 年版)两书，分
别对苏轼与柳宗元的贬谪生涯做了细致深入的探讨，属于贬谪文学的个案考察。

　　硕博学位论文方面，据不完全统计，截至 2023 年 9 月，"中国知网"可检索
到以"贬谪""迁谪""流贬"为题名的硕博学位论文近百篇，大多数集中在贬谪文
学研究，也有少数是关于贬谪制度与贬谪官员的历史学考察。③ 据笔者所知，还

---

　　① 李建国：《尚永亮在"弃逐文学"根部看到的》，《博览群书》2018 年第 2 期。
　　② 尚永亮：《弃逐与回归——上古弃逐文学的文化学考察》，上海古籍出版社 2017 年
版，第 1 页。
　　③ 如金强：《宋代岭南谪宦研究》(暨南大学博士学位论文，2004 年)、杨世利：《北宋
官员政治型贬降与叙复研究——以中央官员为中心的考察》(河南大学博士学位论文，2008
年)、姜立刚：《唐代流贬官员分布研究》(西南大学博士学位论文，2013 年)，等等。

有若干论文未被"中国知网"收录。就寓目所见，以贬谪文学研究为主题的博士论文至少有 16 篇。①

从已有的博士学位论文选题来看，可大致一窥业已存在的贬谪文学研究概况。上述 16 篇博士论文，既有综合研究，也有个案研究，其中有尚永亮先生指导的 6 篇武汉大学博士学位论文，另外 10 篇博士学位论文遍及国内多所高校。由上不难看出，诸篇博士论文考察的朝代，涉及两汉的有 1 篇，三国两晋的有 1 篇，南北朝的有 1 篇，唐宋有 1 篇，唐代有 1 篇，宋代有 9 篇，清代有 2 篇。鉴于此前尚永亮先生已在唐五代贬谪文学上着力甚多，故而其他人的博士学位论文选题有意避开唐代，仅有一篇继续深入考察唐代贬谪制度与文体。上述博士学位论文中，有关宋代的贬谪文学研究占比最大，说明继唐代贬谪文学研究之后，宋代贬谪文学研究得到了足够的重视。至于两汉、三国两晋、南北朝、清代贬谪文学研究相对较少，说明贬谪文学研究视角也在逐渐朝唐宋之前和之后拓展。除了博士学位论文，有关贬谪文学的硕士学位论文同样将焦点放在了唐宋，但也涉及其他各朝，大都是对某朝的某个或某几个文人的贬谪生涯与文学进行探讨，兹例较多，不赘述。总之，无论从学位论文涉及的高校地域，还是学位论文涉及的朝代，贬谪文化与文学研究正方兴未艾。

至于期刊论文方面，从时间与刊发成果数量来看，以"中国知网"为例，从 1981 年到 2023 年 9 月，题目中含有"贬谪""迁谪""贬迁""谪宦"等词的文章共

---

① 高良荃《宋初四朝官员贬谪研究》（山东大学博士学位论文，2003 年）；张英《唐宋贬谪词研究》（苏州大学博士学位论文，2009 年）；张玮仪《元祐迁谪诗作与生命安顿》（台湾成功大学博士学位论文，2009 年）；吴增辉《北宋中后期贬谪与文学》（复旦大学博士学位论文，2011 年）；严宇乐《苏轼、苏辙、苏过贬谪岭南时期心态与作品研究》（复旦大学博士学位论文，2012 年）；赵忠敏《宋代谪官与文学》（浙江大学博士学位论文，2013 年）；罗昌繁《三国两晋贬谪文化与文学》（武汉大学博士学位论文，2014 年）；石蓬勃《苏门诗人贬谪诗歌研究》（河北大学博士学位论文，2014 年）；赵文焕《黄庭坚贬谪文学研究》（南京师范大学博士学位论文，2016 年）；赵雅娟《北宋前期贬谪文化与文学》（武汉大学博士学位论文，2018 年）；蔡龙威《南宋高宗朝贬谪诗研究》（吉林大学博士学位论文，2018 年）；周乔木《方拱乾父子流贬文学研究》（黑龙江大学博士学位论文，2018 年）；段亚青《唐代贬谪制度与相关文体研究》（武汉大学博士学位论文，2019 年）；凌云《两汉流贬制度与文学研究》（武汉大学博士学位论文，2021 年）；朱春洁《清代流人文学研究》（武汉大学博士学位论文，2021 年）；孙雅洁《南朝贬谪制度与文学研究》（武汉大学博士学位论文，2022 年）。

超过 500 篇，这些文章大都用"贬谪"概念，绝大部分属贬谪文学研究，少数为贬谪制度、贬谪地域的历史考察，以及少数书评、课例鉴赏。尤其是 2000 年以来发表的论文占比超过九成。这也说明，21 世纪以来有关贬谪的研究论文越来越多，刊发频率越来越高。上面有关贬谪文学研究成果的统计，主要是基于名称包含"贬谪""迁谪""流贬"等词，其实还有若干成果虽未在名称中涉及以上词汇，但实际上也属贬谪文学研究范畴。总的来说，这些期刊论文研究朝代主要集中在唐宋，关注的主要是文学史上的名家，研究路数可以概括为通过生平资料与作品，探讨文人的贬谪历程与被贬心态，这属于传统的社会历史批评的研究路数。

要之，目前有关贬谪主题的研究主要集中在古代文学学科层面，其次为古代史研究层面，其他学科领域对贬谪的关注较少。就整个贬谪文学史来说，贬谪文学研究虽成果已夥，但总体仍呈现出涉及朝代不广、研究对象不足的特点。学界已有的贬谪文化与文学研究成果，未对魏晋时期做系统关注，故而本书着力于此。

二、相关概念的界定

关于贬谪时间，本书主要限定在三国两晋。需要特别说明的是，有关时间的限定，其中三国时期不以正式立国为起点，而是略微提前，本书从蜀汉庞统以荆州牧从事守耒阳令时不理县政被免官(约 210)算起，直至东晋南平郡郎中令刘敬叔以事忤刘毅被免官(411)为止，总计约 200 年。如谢灵运(385—433)、范晔(398—445)是跨越东晋与刘宋两朝的士人，因其主要创作在刘宋时期，且贬谪事迹也发生在刘宋，文学史与史学史一般将其当作南朝宋的文学家、历史学家进行介绍与研究，所以谢灵运、范晔等不在本书考察范围内。

贬谪主要有两层含义，一是降品、降秩，二是出外，前者重在品秩的降低，后者重在为官地点由中央向地方迁移。三国两晋时期的贬谪情况，主要有中央官员的降品降秩，或既降品降秩又外迁，还有地方官员含有贬谪意味的调动等情形。所谓贬谪对于贬谪对象而言具有强制性与被迫性，所以自请免官或自请出外者一般不在考察范围内，如陶渊明(约 365—427)因为厌恶官场而辞官归隐，本书不予考察。需要说明的是，严格说来，贬谪与免官(罢黜)、流放内涵有异，贬黜范畴既包含贬谪，也包含免官。笔者对于三国两晋的免官情况有过统计，但本书多阙而不论，部分贬谪事件中涉及与免黜、流放现象相关的，则择而论之，此视情况而定。一般在行文用词时，指降品、降秩、出外时用贬谪，指贬免兼有时则用贬黜。有时或统称贬谪或贬黜时，则指不强调具体的贬谪或贬黜行为，而主要强调惩处之义。

本书所谓贬谪对象，除了传统的士人（主要指文官）、武将以外，还包括废主废后与被贬宗室。在传统贬谪文学研究中，未将帝后纳入考察范围，是因为贬谪是指君主对臣子的惩罚性措施。但三国两晋时期出现了多起权臣废主上贬宗室事件，这是带有篡逆性质的权臣对废主与被贬宗室的一种惩罚性措施，与传统贬谪概念有异。然而，这种权臣废主现象与传统的贬谪概念又有相似之处，权臣废主以后，昔日的君主荣耀不在，其身份也由君主变为臣子，对他们的幽囚或外迁等行为，也就有了贬谪意味。因此，本书把废主弃后纳入考察范围，于此特别说明。

此外，关于世族、士族、势族三个概念的用法，学界有观点认为"世族与士族本意是相通的，亦可互用"①，本书不强调其细微区别，一律用士族。

文化是历史现象、社会现象、思维方式、意识形态等构成的综合体，它是一个内涵丰厚、外延广宽的多维概念，很难对其进行精确定义。广义而言，政治、文学等亦属文化范畴。本书无意于对文化、文学等概念进行规范与定义，而是着力探讨与贬谪有关的政治、文学等诸层面的关系及影响，强调的是贬谪作为文化现象的时代特殊影响性、传统继承性，以及与文学层面的相关性。

三、选题意义与创新之处

本书以三国两晋的贬谪事件为考察对象，大致有如下三点意义：

其一，探讨有别于大一统王朝的分裂政权中的贬谪事件，考察其在贬谪地域、贬谪类型、士人心态、文化影响、贬谪制度、贬谪规律等方面的特殊意义。

三国两晋是自成一体的历史单元，其间的政治环境未发生根本性的深刻改变。此时产生了"建安风骨"②这个在中国文学史上具有重要意义的诗歌情感表达

---

① 孙立群：《世族、士族与势族》，《历史教学》1997 年第 2 期。
② 建安虽为汉献帝刘协的年号，但一般文学史上将建安文学纳入魏晋文学范畴来考察。

范式，在中国文化史上也呈现出"魏晋风度"的独特景观。若从贬谪视域来考察三国两晋，我们能挖掘出一些有意义的问题。

葛剑雄说：

> 人类总是要寻找最适宜的地方从事生产和生活。在人口还不太多、社会生产力还不够高的情况下，一个政权尽管可以占据很大的领土，但它能够开发的地区总是有限的。它的开发重点只能集中在原来有较好基础、自然条件优越、距首都又不太远的那些地方。所以在清朝以前的那些统一王朝，尽管幅员广大，但在开发边远地区和落后地区方面的贡献往往还不如分裂、分治政权。①

确如所言，大一统的王朝可能在开发边远地区的贡献还不如分治政权。三国两晋相对来说是分治政权，探讨此时贬谪事件形成的地方文化影响，显得格外有意义。因为贬谪会产生地理位置上的迁移，贬所一般又是偏远之地，谪臣的到来必定在很大程度上向当地的文化输入新的血液，这一点在汉末中原文化未曾大规模南移时显得尤为突出。所以，探讨诸如虞翻的岭南之贬就有特殊且重要的意义。

从贬谪视域探讨士人与文学，会对士人心态与文学，以及其他相关的文学问题有不同角度的认识。三国两晋作为乱世，士人的性命之虞格外突出，其与大一统的汉唐王朝自然有较大不同。此时以九品中正制为主的选官制度与后世的科举选拔也大有不同，加之玄学、佛学、道教的兴起、输入、发展，以及南北经济发展的不平衡，这些时代背景与大一统王朝迥异，被贬士人心态与后世唐宋时期的被贬士人心态当有不同。

此外，三国两晋时期的贬谪制度不完善，贬谪往往带有随意性。长期被贬者存在，时贬时起者也不少，贬谪似无一定规律。贬谪与流徙往往联系紧密，此时的流徙制度史载不多，所以此时的贬谪制度研究也就极为缺乏。本书期望能从统计所有三国两晋时期的贬谪事件出发，对贬谪制度与规律进行一些拓展研究。

---

① 葛剑雄：《统一与分裂：中国历史的启示》，商务印书馆 2013 年版，第 188～189 页。

吕思勉《两晋南北朝史》云"晋、南北朝史事，端绪最繁，而其间荦荦大端，为后人所亟欲知者，或仍不免于缺略"①。史实繁杂、阙略是三国两晋南北朝这段乱世所共有的特征。探讨三国两晋贬谪文化与文学有两大难点，一是此时的贬谪制度在发轫阶段，所以无法对相关制度进行系统深入的考察。二是相关文献散佚太甚，对于绝大多数作家的生平与作品难以全面把握。比如蜀汉、东吴的文学作品传世极少，以蜀汉诗歌为例，《先秦汉魏晋南北朝诗》仅仅收录了费祎的数句诗歌而已。所以，文学作品的大量亡佚增加了探讨贬谪士人文学创作的难度。又以东晋为例，东晋贬谪士人流传的作品很少，也让探讨贬谪与文学的难度增大，而只能将政治、历史等研究角度纳入考察范围。

其二，深入推进或发掘具有重要意义的典型贬谪人物及其文化史、文学史影响。

目前没有发现以三国两晋贬谪文学为题的系统研究成果出现。不过，在魏晋文学中，曹植、张华、潘岳研究是其中重点。如曹植在曹丕即位后被迁封多次，实际上是一种贬谪，已有的曹植研究中有所涉及，历来论者多把曹植的生活分为前后两个时期，前期作品多述建功立业之心，后期多是悲情的身世遭遇之叹。就曹植的被贬生涯与相关作品来看，如此划分不无道理，但却较为笼统而未细致深入，如从被贬的具体年限、所处地理位置等因素来综合考虑，曹植研究应有新的突破。除曹植之外，张华、潘岳研究留下的空白更多，尤其少见专门从贬谪角度来对二人进行探讨的成果，因此这两人也有值得探讨的必要。本书着重分析曹植的生命沉沦与心理苦闷，并对其部分游仙诗、弃妇诗与文章的编年提出合理新见，对其贬谪文化史与文学史上的模式意义进行深入讨论。此外，本书还对张华、潘岳的部分作品编年也作出合理推测。

从谪臣身份而言，除了曹植、张华、潘岳三位谪臣在魏晋文学史上留下相对较多的作品，其他三国两晋谪臣留存的文学作品少之又少，无法进行深入系统的研究。不过此一时期部分谪臣虽然没有文学作品传世，但却在贬谪文化史与文学史上具有重要意义，这一点主要体现在虞翻身上。虞翻在整个贬谪文化史上的意义重大，此前学界对其研究皆集中在《易》学成就方面，未见有人从贬谪视域来

---

① 　吕思勉：《两晋南北朝史》，上海古籍出版社 2005 年版，第 9 页。

专门论述虞翻，因此本书对此进行重点论述。

其三，发掘"权臣废主"这一新的贬谪政治事件及其重要的母题文化意义。

古代官员之贬是贬谪的主体，所谓贬谪，一般指士人、武将之贬，主要是上对下的一种惩罚性措施，这常常是指皇帝对臣子的贬谪，也指权臣对其下属的贬谪。但三国两晋时期权臣当道，帝后宗室被废被贬所在多有，这与唐宋等朝大有不同。三国两晋的权臣，往往援引世人称颂的"伊尹放太甲"故事，或者"霍光废昌邑王"故事，来对帝王进行废立，这是这段乱世时期极具特色的历史事件。君主被废，身份发生改变，也就有了贬黜意味。比如曹芳被废为齐王幽于金墉城；晋惠帝司马衷被废，虽被尊为太上皇，实际被囚于金墉城；晋废帝司马奕降为海西公后被迁置吴县。这些帝王被废，是下对上的一种有违儒家纲常的行为。史家在记载皇帝被废之后的贬谪时，也会用到"贬"这一字眼，如《晋书·元四王传》记载晋废帝司马奕云："奕后入纂大业，桓温废之，复为东海王，既而贬为海西公。"①又如《晋书·废帝孝庚皇后传》："帝废为海西公，追贬后曰海西公夫人。"②所以，帝后之废贬，也可以纳入贬谪范围探讨。关于宗室被贬，如曹植，是士人，亦为宗室，他的被贬与后世一般士人之贬有同有异。所以，本书除了对被贬主体士人进行探讨外，还另辟蹊径，对帝后宗室之贬进行相关探讨，这是一个全新的贬谪研究课题，以期能够挖掘一些有意义的问题，得出一些有价值的结论。

总之，本书分时期对三国两晋五朝的贬谪事件、相关历史事件进行勾勒，对相关作品进行辨正或编年。通过对三国两晋士人、武将与帝王宗室之贬的探讨，以冀对这一时期的贬谪事件与当时文学、文化的关系有全面而又清晰的认识，同时努力将这段时期的贬谪事件造成的文化与文学影响尽可能多地揭橥出来。

---

① （唐）房玄龄等：《晋书》卷六四《元四王传·东海哀王冲传》，中华书局 1974 年版，第 1726 页。

② （唐）房玄龄等：《晋书》卷三二《废帝孝庚皇后传》，第 979 页。

第一章 三国两晋选官、职官、爵位、流徙刑制度与贬谪事件

　　源远流长的中华历史，王朝更替，兴衰浮沉，有治世亦有乱世，毫无疑问，三国当属乱世，西晋宗室争权导致战乱频现，东晋虽偏安一隅，但也时有北伐战事与权臣交攻，本书从贬谪视域出发，对这大争之世下的文化与文学进行考察。在具体探讨三国两晋贬谪事件之前，有必要对此一时期的贬谪制度与贬谪概况进行简述。单就贬谪制度而言，此时还在发轫阶段，远不如唐宋时期的贬谪制度相对成熟，更不如明清时期贬谪制度已臻完善。加之年代寖远，三国两晋时期的文献亡佚过多，要找到有关贬谪制度的只言片语显得尤为困难，史料奇缺导致无法对其进行系统深入阐释。但是贬谪与选官制度、职官制度，特别是流徙刑制度有关，本章在略述三国两晋时期的选官、职官、爵位、流徙刑制度以后，再对各朝贬谪情况进行总体考察。

第一节 三国两晋选官、职官、爵位、流徙刑制度概述

　　贬谪的主要对象是负罪官员，因而步入仕途是贬谪的前提，这就涉及选官制度。职官制度是有关国家官员权责范围、地位品秩的界定，它与降秩降品有直接关系。爵位制度涉及宗室或功臣爵位等级的升降。至于流徙刑，更与官员外放有紧密联系。以下主要针对三国两晋时期的选官、职官、爵位、流徙等制度进行概述。

一、选官、职官、爵位制度①

三国鼎立的形势成于汉末，因此其选官、职官、爵位制度多赓续旧制，但具体而言，国各有制，三国内部又各有差异。如所熟知，在科举制产生之前，官方选举用人制度乃九品中正制。这种选官制度创始于曹魏，上承两汉察举，下开隋唐科举。在魏晋南北朝时期，九品中正制在人才选拔方面起到过重要作用。

曹操时期，实行的主要是唯才是举的选才任官方法，这对短期内获得大量优秀人才有着积极意义。曹丕及以后时期，九品中正制开始成为主要选官方法。中正官品第人物，主要根据品德、才学、家世。这种新的选官制度，对于新贵才学之士的重视是值得肯定的，同时又保证了世家豪族的入仕之便。曹魏代汉，无论是中央官制，还是地方官制，都是紧承汉制。曹魏于三国中人口最多，国家机构部门最为完善，对汉末官制的承袭也最为完备。中央官制方面，曹操时期，曹操通过在自己的藩国改革官制，逐步"建国废汉"，最终在曹丕时期完全取代汉制，此时尚书省、中书省、侍中寺、秘书监、九卿等成为中央官制的大体构成。地方官制方面，仍然主要实行州郡县三级官制。曹操在世时自握兵权，后来曹魏掌握兵权的主要是大将军、大司马，曹仁、曹休、曹真、曹爽、司马懿、司马师、司马昭等就曾任大将军或大司马，统掌曹魏兵权。

蜀汉奉汉为正统，则承汉制，于三国中自成一体。蜀汉选官、职官制度②，主要是重品行、轻出身，这是沿袭了东汉察举征辟旧制，其职官品秩也承汉制。总的来说，中央朝廷实行台阁体制，刘备任汉中王时就设有尚书台。蜀汉建国以后及刘禅时期，诸葛亮以丞相录尚书省，总揽军政，以致蜀汉相权过大，从诸葛亮废贬李平、廖立，即可窥斑知豹。蜀汉后期，丞相之名被取消，以大将军或大司马录尚书省名义掌管朝政。由于蜀汉是外来集团，为了确保自身集团的利益，

---

① 历来论三国两晋选官、职官、爵位制度者大都将此时段纳入两汉或魏晋南北朝进行统论。(清)钱仪吉：《三国会要》(上海古籍出版社 1991 年版)与(清)杨晨：《三国会要》(中华书局 1956 年版)二书中有关选举、职官、封爵的汇编可资参照。有关两晋的职官制度，可参见《晋书·职官志》。关于三国两晋的爵位制度，还可参见王安泰：《再造封建——魏晋南北朝的爵制与政治秩序》(台湾大学出版中心 2013 年版)。

② 参见罗开玉：《蜀汉职官制度研究》，《四川文物》2004 年第 5 期；洪武雄：《蜀汉政治制度史考论·绪篇·蜀汉职官考论》，台北文津出版社 2008 年版，第 2~12 页。

造成了官宦子弟入仕便捷的实情，纨绔子弟多平庸无能，这样最终导致蜀汉一朝后继无人。蜀汉还有文官武称、高位低职的倾向。蜀汉时期，将军成为一种加衔，文官多加将军二字。此外，蜀汉国小人少，具有精简机构、削罢赘职的特点，许多高位官员却没有相应职权。此时中央官制由丞相（仅诸葛亮时期置）、三公、列卿、尚书台等构成，地方官制也实行州郡县三级官制。蜀汉前期，中都护名义上统内外军事，如李平名为中都护，实权却在诸葛亮手中。后期蒋琬、费祎、姜维等皆任大将军，相继握蜀兵权。

东吴既承汉制，又借鉴了曹魏的九品中正制。① 孙吴肇建江东时，江南世家大族开始辅佐孙吴，从此有着世袭入仕的特点，顾、陆、朱、张等豪族都位居要职，这在很大程度上得益于九品中正制的实行。该制还兼顾了淮泗集团、流寓集团的仕宦利益。东吴中央官制主要由丞相（一度分左右）、三公（不常置）、九卿（前期无）、尚书省、中书省、门下省、御史台等构成。地方官制，与魏蜀一样也实行州郡县三级官制。掌握兵权的主要是大都督、大将军、上大将军、大司马等，他们入朝领政，出外统军。前期周瑜、鲁肃、吕蒙、陆逊曾任大都督或上大将军，后期诸葛恪、孙峻、孙綝、丁奉、陆抗等曾任大将军或镇军大将军，掌东吴兵权。

魏鼎移晋，晋承魏制，选官、职官等制度亦绍续曹魏。九品中正制在西晋时期渐趋成熟，门阀如林的东晋士族入仕便利，得以延续家族辉煌，这也是得利于九品中正制的实施。两晋官制在沿袭魏制的基础上又有变动。此时中央官制主要由丞相、八公（太宰、太傅、太保、太尉、司徒、司空、大司马、大将军）、尚书台、中书省、门下省等构成，以丞相或司徒等名义加录尚书事领朝政。地方官制方面，实行诸侯分封制和州郡县制两种。西晋时期，诸侯王握有兵权，这是"八王之乱"的缘由之一。东晋门阀士族相继擅权，因此相应的豪族也掌有兵权，如王敦、庾亮、桓温、谢安、桓玄等皆有兵权。两晋时期，地方刺史等地方官往往被加假节、持节、使持节等，云持节都督某州或某数州军事，掌握地方军政。此制常常造成地方官员权势过重，威胁中央朝廷，东晋桓氏父子举兵向阙即为明证。

---

① 参见张旭华：《东吴九品中正制初探》，《郑州大学学报》2001 年第 1 期。

总的来说，三国两晋选官制度以九品中正制为主，奖忠义、聘隐逸也是选官的来源，九品中正制的实施令这一时期的官吏任免权较为集中于中央朝廷，但此时的地方州郡长官仍然有部分自辟僚属的权力。尤其是两晋时期，高官权臣开府仪同三司，可以自辟僚属。三国职官制度是直承汉制，两晋职官制度又是沿袭曹魏旧制，所以说三国两晋时期的职官制度与汉末职官制度联系紧密，承中有变。

此外，因为部分宗室、功臣的贬谪涉及爵位的变动，故三国两晋爵位制度也需了解。概之，此时爵位可世袭。曹魏唯宗室、逊位的汉献帝刘协及后代所封王爵有封地，此时分为王、公、侯、伯、子、男、县侯、乡侯与都乡侯、亭侯与都亭侯、关内侯共十等爵。蜀汉与东吴皆置王、侯二等爵，皇子封王，功臣封侯，一般均无邑、禄。西晋置有王、公、侯、伯、子、男、开国郡公、开国县公、开国郡侯、开国县侯、开国侯、开国伯、开国子、开国男、乡侯、亭侯、关内侯、关外侯共十八级爵位，其中五等爵专封宗室，诸侯王与公侯伯子男皆有实权，可以专制其国。东晋则沿袭了西晋爵制，并稍有调整，如人数、食邑等皆有所缩减。

二、流徒刑制度

贬谪对象往往被迁置僻远遐荒之地，形同流放，因此流贬成为贬谪的代名词，说明贬谪与流徒刑有紧密联系。与三国两晋贬谪制度相似，此时的流徒刑制度同样未能被深入研究，主要原因是文献亡佚太甚，且一般认为此时流徒刑还未正式成立。

关于三国两晋的流徒刑制度，史载不多。在 20 世纪 90 年代，流人文化专家李兴盛做过一些探讨："有关三国的文献资料，几乎没有一种言及该代的流放制度。即使一些流人传记，也很少涉及。不仅减死罪一等改为流徒的记载不见了，而且有关流放者管理措施的记载也基本不见了。也就是说，就流放制度而言，不论升级的记载，或者一般的记载，都不见了。"①而两晋时期的流人制度，亦如

---

① 李兴盛：《中国流人史》，黑龙江人民出版社 1996 年版，第 93 页。

此。"这期间，两晋政权与十六国各国内部充满了复杂的斗争，各国之间也展开了频繁而激烈的混战。这种分裂混乱的形势使我国流人史继续走向低谷。"①可见史籍乏载增加了对此时段流徙刑制度探讨的难度。

不过，到了21世纪，台湾地区学者陈俊强对此时段的流徙制度进行了拓深研究，其《三国两晋南朝的流徙刑——流刑前史》②一文中提出了若干合理论证，使我们对三国两晋的流徙刑制度有了新的认识：

（一）流徙地：流徙地的选择与犯行的严重性密切相关，重罪远徙，谋反罪尤其如此。六朝远徙以交州、广州等岭南地区为首选，其次是扬州、江州等地。

（二）流徙年限：流徙遐荒之地，终身不得返乡，极少数遇赦而归。

（三）流人境遇：远徙蛮荒，生活潦倒，家属并无强制同行的规定。

（四）流徙性质：非正刑，属代刑性质，是皇帝给予死刑犯或重罪牵连犯的一种宽宥措施。

上述乃陈文对三国两晋时期的流徙刑制度所作的一番前所未有的探究。由于流徙与贬谪有相似性，都有地理位置的迁移，因此就贬谪地域的探讨来说，贬谪同样具有与流徙相似的特点，重罪远徙，罪轻近贬。对于流徙地点，陈文还有遗漏之处，本章将在下一节进行补充。

第二节 三国两晋贬谪事件的定量分析

较之唐宋元明清有相对成熟的贬谪制度可依，考察三国两晋时期的贬谪事件显得难度较大，且相当部分的贬谪事件在史籍中的记载简明扼要，往往数句或一句话，甚至一两个字就将贬谪一事带过，因此大部分贬谪事件的详细过程无法明

---

① 李兴盛：《中国流人史》，第112页。

② 陈俊强：《三国两晋南朝的流徙刑——流刑前史》，《台湾政治大学历史学报》2003年总第20期。

晰。不过，本书的写作基于对三国两晋流贬事件进行全面的掌握①，我们从这些贬谪事件的统计中，可以了解这段大争之世的贬谪概况。下面分别从贬谪人次与对象、贬谪地域、贬谪缘由几个方面，对这一时期的贬谪事件进行定量分析。

一、贬谪人次与对象

三国两晋共约 200 年，就贬谪而言，这 200 年间，哪些时段是高峰期？哪些时段是低谷期？出现高峰与低谷的背后原因是什么？还有，三国两晋，各朝的贬谪人次大概是多少？等等。要回答这些问题，需对此时的贬谪事件进行全面的定量分析。

由于史料阙略，部分贬谪事件不被史籍所载，本节统计的数据并不能完全体现当时的实际情况，从这些数据只能大致了解当时各朝贬谪概况。本节从庞统以荆州牧从事守耒阳令时不理县政被免官(约 210)算起，直至东晋南平郡郎中令刘敬叔以事忤刘毅被免官(411)为止，总计约 200 年，将这 200 年大致平均分为十段。通过对这十段的贬谪人次进行统计②，所得数据如表 1-1 所示。

通过表 1-1 的统计，可知三国两晋五朝中，贬谪事件的发生人次从多到少依次为：西晋(117 次)>东晋(104 次)>曹魏(73 次)>东吴(55 次)>蜀汉(20 次)。因为各朝国祚时间有长有短，为了增强比较的科学性，下面对各朝年均贬谪人次进行换算，所得数据从高到低如表 1-2 所示：

---

① 具体统计数据来源于笔者编制的"三国两晋贬谪事件年表"，限于篇幅，本书未附录年表。

② 统计数据时，有极少数特殊情况作如下处理：一人多次被贬者一般计多次，如曹植多次被贬，史料较详，则计多次，又如蜀汉来敏被废贬多次，(晋)陈寿撰，(南朝宋)裴松之注：《三国志》卷四二《蜀书·来敏传》(中华书局 1982 年版，第 1025 页)云"前后数贬削"，未明确具体次数，此类计一次；多人因为同一年内同一事件被贬者计多次，如曹魏"夏侯玄代司马师政变"(254)导致李丰、张缉、苏铄、乐敦、刘宝贤多人家属被流贬，则分别计之，家属被流贬，不明人数，则计一次。数人同时被贬，且皆为较为重要士人，则分别计之，如东吴楼玄、楼据父子被贬(275)，则计二次；多人因为同一事件被贬，但不在同一年内，也计多次，如东吴"二宫构争"持续多年，前后数批人被贬，分别计之；极少数被贬时间不确定，只能系于一定范围者，如来敏被贬在 223—234 年，表 1-1 分别在 210—229 年与 230—249 年两个时间段内各一次。总的来说，表 1-1 统计的贬谪事件，既包括贬谪，也包括免官、流放事件。

表 1-1　三国两晋贬谪事件分朝分段人次统计表

朝代	人次										分朝总次数
	一	二	三	四	五	六	七	八	九	十	
	210—229	230—249	250—269	270—289	290—309	310—329	330—349	350—369	370—389	390—411	
曹魏	26	33	14								73
蜀汉	13	4	3								20
东吴	6	10	27	12							55
西晋			12	44	56	5					117
东晋						29	16	13	16	30	104
时间段总次数	45	47	56	56	56	34	16	13	16	30	369

表 1-2　三国两晋年均贬谪人次统计表①

	西晋	曹魏	东晋	东吴	蜀汉
贬谪总人次	117	73	104	55	20
统治时间	51	53	103	70	53
年均贬谪人次	2.29	1.38	1.0	0.79	0.38

综合表 1-1 与表 1-2 的数据统计，显而易见，西晋一朝年均贬谪人次最多，次之是曹魏，再次之是东晋，又次之是东吴，年均贬谪人次最少的是蜀汉。为何会出现这样的情况呢？通过深入分析，我们可以对三国两晋的贬谪事件有更为清楚的了解。

首先看西晋，该朝统治时间为 265—316 年，贬谪事件主要集中在表 1-1 中的第四与第五时段。其中第四时段为晋孝武帝司马炎统治时期（265—290）。此时西晋党争不断，齐王司马攸争嗣也与党争混在一起，朝中围绕争嗣问题出现了多次政争，党争与争嗣政争致使诸人被贬，山涛、羊祜、司马亮、贾充、杨肇、潘

① 需要特别说明的是，有关统治时间、贬谪时间的限定，其中三国时期不以正式立国为起点，而是略微提前，详见书前的概念界定说明。

岳、司马攸、曹志、王济、羊琇、张华等人，他们的贬谪或与党争有关，尤与争嗣有关。而第五时段正是西晋"八王之乱"发生的时期（291—306），此时司马炎去世，继任的惠帝司马衷痴呆无能，出现外戚杨骏与皇后贾南风之争，由此引发了长达 16 年的诸侯王争权。"八王之乱"中，诸王轮番掌权，掌权者对争权失败者施以贬谪，由此发生了诸多贬谪事件，此时被贬的主要有废帝废后、宗室及其相关士人。如惠帝司马衷、羊皇后羊献容、贾后贾南风、愍怀太子司马遹与诸子、吴王司马晏、东莱王司马蕤、赵王司马伦与诸子、齐王司马冏与诸子、长沙王司马乂、西阳郡王司马羕、成都王司马颖、废太子司马覃等宗室，都因"八王之乱"被贬，而卷入诸王争权的诸多士人及家属也受牵连被诛或被流，如张华之子张舆、裴颜二子裴嵩、裴该、陆机（减死徙边，遇赦止）等都曾被流贬。要之，西晋前期涉及争嗣问题的党争事件与西晋后期的"八王之乱"导致了此朝贬谪事件频发，因此西晋年均贬谪人次得以高居三国两晋各朝之首。

其次看曹魏，其统治时间为 211—264 年，表 1-1 中的第一与第二时段内发生的贬谪事件相对较多。其中前一时段内，主要是曹丕即位期间对直臣与宗室的贬谪。曹丕在位期间（220—226），面对直臣的劝谏，少了几分虚怀纳谏的风范，鲍勋、苏则、卢毓诸人，皆因忤曹丕被贬，而此时曹魏实行苛禁宗室的政策，宗室被贬以曹植为典型。陈寿评曰："文帝天资文藻，下笔成章，博闻强识，才艺兼该；若加之旷大之度，励以公平之诚，迈志存道，克广德心，则古之贤主，何远之有哉！"[1]此时直臣、宗室被贬频现，极能体现曹丕无"旷大之度"。后二、三时段，主要集中在"高平陵政变"（249）与"夏侯玄代司马师政变"（254）造成的贬谪事件上。"高平陵政变"之后，曹爽集团被司马氏集团大力打压，夏侯玄、张蕃、夏侯霸子皆被贬谪，"夏侯玄代司马师政变"失败以后，司马氏集团再次对曹氏集团大力制裁，李丰、张缉、苏铄、乐敦、刘宝贤等人家属以及许允被远徙乐浪郡，并且张皇后与皇帝曹芳先后被废。概之，曹丕在位时的直臣、宗室被贬，以及后期的两次曹氏与司马氏争权政变造成的诸人被流贬，成为曹魏一朝贬谪事件的主体构成。

再次看东晋，其统治时间为 317—420 年，从表 1-1 中可以看出，东晋初年、

---

① （晋）陈寿撰，（南朝宋）裴松之注：《三国志》卷二《魏书·文帝纪》，第 89 页。

末年的贬谪事件相对较多，其他时期起伏不大，基本可以说整个东晋王朝的贬谪事件走向都较为平稳。这有其自身原因：东晋初年，主要有王敦之乱造成的诸多贬谪事件。如刘胤、谢鲲、王峤、华谭、阮裕、何充等，皆因忤王敦而被贬谪；东晋末年，主要有桓玄篡晋造成的帝王废贬与较多的相关宗室、士人被废贬，如晋安帝司马德宗被废贬，宗室司马道子、司马恢之、司马允之、司马遵等被贬杀或降爵，还有毛遂、王诞等士人及王国宝家属等被流贬。东晋中期贬谪事件相对平稳，这与当时的门阀政治有很大关系，王、庾、桓、谢等门阀士族相继握权，基本平均 20 余年，这期间政治势力角逐相对平衡。就现存史料看，前期贬谪事件多与王敦有关，中期贬谪事件多与桓温有关，末期贬谪事件多与桓玄有关，东晋百年间，与这三人直接相关的贬谪事件总数约占整个东晋贬谪事件的一半，如果把间接与其相关的贬谪事件计算在内，则会更多。这三人有一个共同点，即都为拥兵自重的权臣，他们三人都曾举兵向阙威胁建康朝廷，从而造成诸多贬谪事件，尤其是桓氏父子，导致帝王与宗室以及士人被废被贬。

复次看东吴，统治时间为 210—280 年，从表 1-1 中不难看出，第二、三、四时段内，东吴贬谪事件发生较多。第二、三时段内，此时的东吴发生了"二宫构争"与权臣轮番秉政。孙权晚年，从赤乌五年(242)到赤乌十三年(250)，围绕继嗣问题，孙权之子太子孙和、鲁王孙霸两个集团互相倾轧，发展成党争事态，此谓"二宫构争"。"二宫构争"中发生了多起贬谪事件，如孙和被废贬，顾谭、顾承、张休、姚信、陈恂、朱据、屈晃、杨穆等都是因为"二宫构争"被贬，贬谪集中在赤乌七年(244)、赤乌十一年(248)、赤乌十三年(250)这三年，尤其是赤乌七年，顾谭、顾承、张休、姚信、陈恂等亲附太子孙和的诸人，一时俱被贬谪交州，成为东吴史上最为著名的士人群体贬谪案例。孙权去世到孙皓即位的 12 年间(252—264)，政柄频移，权臣轮番掌权，先后有诸葛恪、孙峻、孙綝、濮阳兴诸人轮番握控朝廷，帝王宗室成了此时的主要贬谪对象，如琅琊王孙休、齐王孙奋、皇帝孙亮、全公主孙鲁班诸人被贬，还有与之相关的滕牧、全尚等人被贬，这些都是权臣秉政时期发生的权臣废主或谋诛权臣失败而产生的贬谪案例。而第三、四时段内多贬谪事件的原因主要是吴末帝孙皓即位期间(264—280)暴虐昏聩，诸多直臣被免或被杀，家属遭流贬，如徐绍家属、王蕃家属、楼玄与楼据、缪祎、薛莹、万彧子弟、丁温家属、韦昭家属、陆凯家属、贺邵家属等。概之，东吴孙权晚年的"二宫构争"与孙权去世后的权臣秉政期间，以及孙皓在位期间，是东吴贬谪发生的三个高峰期。

最后来看蜀汉，统治时间为210—263年，蜀汉在三国两晋五朝中的贬谪事件最少，主要集中在前期诸葛亮秉政时，此时获罪被贬的有廖立、李平、孟光、来敏等，以及赵云因战被贬等，整个蜀汉共20人次被贬谪，其中8次与诸葛亮有关，足见其治蜀较严。此外，后期宦官黄皓专权时，也发生了一些因不附黄皓而被贬的事件，如罗宪、陈寿被贬。蜀汉一国发生的贬谪事件相对较少，除了国家政务机构相对精简、官员相对较少以外，还有一个重要原因是史料阙略。众所周知，蜀汉不设史官①，陈寿自行采撷的《三国志·蜀书》所载内容相对较少，加之取材精审、行文简洁，部分贬谪事件可能被漏记。

以上对各朝贬谪情况的统计，由于史料详略不一，所以与实际情况可能存在较大差异。比如西晋一朝的史料较多，尤其是陆机、潘岳、张华等著名文人的相关史料较多，故而统计相关贬谪人次也较多。而蜀汉史料相对较少，故而统计结果也较少。上面通过对三国两晋时期分朝分段考察贬谪事件与人次，已经对此时的贬谪事件有了大致了解，下面主要从贬谪对象的维度对此时的贬谪事件进行探讨。

三国两晋时期，就贬谪施动者来说，即施贬主体，一般以皇帝诏令名义行使，京官、地方官、宗室一般以皇帝的名义实施贬谪，具体由尚书省吏部（吏曹、选部）官员负责迁调。但权臣废主时，是由权臣行使对帝王的废贬，此时多以皇太后的名义行使权力。三国两晋时期，少数有自辟僚属权力的官员可以对下属官员进行贬谪，如阮裕为王敦主簿，知其有篡逆之意，遂酣饮废职，王敦谓裕徒有虚名，出为溧阳令。就贬谪受动者，即被贬对象的身份而言，主要是士人、武将、宗室②公主、废主废后，以及士人家属。毫无疑问，一般来说，士人、武将是被贬的主体，宗室与废主废后等也是此时被贬的对象，尤其是宗室遭贬者较

---

① 陈寿于《三国志》卷三三《蜀书·后主传》（第902页）评曰："国不置史，注记无官，是以行事多遗，灾异靡书。诸葛亮虽达于为政，凡此之类，犹有未周焉。"部分人认为蜀汉置史官，如夏仁波：《蜀"国不置史，注记无官"质疑》（《贵州师大学报》1986年第4期）。不过大部分人认为蜀汉不置史官，至少蜀汉的修史工作或记史官职不如曹魏、东吴两国成熟是可以肯定的。

② 本书所谓宗室，是指与皇族有较近血缘关系的男性成员。

多。接下来对此时的贬谪对象身份进行统计。①

从表 1-3 中可以看出，从被贬身份而言，三国两晋时期，士人被贬的最多，其次是宗室，武将再次之，这三类人员构成了此时被贬的主体。此外，士人被杀，家属遭流贬的情况也不少，至于废主废后，在这一段时间出现得较为频繁。下面联系朝代与被贬者的身份，对贬谪事件进行分析。

表 1-3　三国两晋贬谪事件之贬谪对象身份统计表

朝代	身　份						分朝总计
	士人	武将	宗室公主	废主废后	士人家属	其他	
曹魏	34	2	15	4	7		62
蜀汉	16	1	1		1		19
东吴	28		11	3	11	1	54
西晋	63	6	29	5	4	2	109
东晋	50	28	13	3	1	2	97
身份总计	192	36	70	14	24	5	341

① 关于少数特殊贬谪对象的身份统计作如下处理：君主之废妃纳入废后计，宗室妃、子皆计入宗室，如曹彪妃、子，计入宗室，不明人数则计一次。如果既是宗室，又属士人或武将之列的，则以宗室计之，如曹植列入宗室。宗室一般与皇帝同姓，但《三国志》卷九《魏书·诸夏侯曹传》将曹氏与夏侯氏视为同宗，历来夏侯氏也被视为宗室，表 1-3 从之；易代之际的前朝废主列入新朝废主类，如刘协列入曹魏废主计，曹奂列入西晋废主计。新朝对前朝宗室的贬谪，一般计入士人之列，如西晋时对曹志（曹植之子）的贬谪，以士人计，但如孙韶、孙匡本为武将，入西晋后被贬为伏波将军，以武将计；既为士人，又带兵者，视情况计之，表 1-3 统计武将主要是因战败被贬，或者与领兵活动有关被贬，所以如果是因武事或带兵谋反等被贬，则以武将计之，否则以士人计之，如羊祜，在朝廷为贾充排出中央，以士人计，又与东吴陆抗交战失败被贬，以武将计，分别以士人、武将计，共计二次。又名士殷浩，北伐失败，被桓温奏免，则计士人、武将各一次。士人被杀，家属遭流，一般不明人数，故士人家属遭流贬计一次，如韦昭家属被流贬，则计一次；表 1-3 是对被贬身份的统计，多次被贬者计一次，如曹植被贬多次，但身份都是宗室，所以计一次。极少数身份无考者，列入其他类，如东吴孙皓将诸姓公孙者，皆徙于广州。需要特别说明的是，贬谪人次与贬谪对象身份的数据并不完全等同，如极少数被贬时间不确定，只能系于一定范围者，在贬谪人次上分别在不同范围内计算，如来敏被贬在 223—234 年，分别在 210—229 年与 230—249 年两个时间段内各计一次，但在统计贬谪对象身份时，则只计一次。

历朝历代，文人士大夫都是被贬谪的主体，三国两晋也是如此，此无需多言。战火频仍的三国两晋时期，按常理而言，武将被贬的情况应该时有发生，但从上面的统计中不难看出，除了东晋有较多武将被贬的记载，其他朝并不多。究其原因，一来是上面统计的主要是武将因战败被贬的情况，二来部分武将同时也是宗室身份，被纳入宗室统计而未列入武将一类，三来因为史料阙略造成了相关记载不足，故而武将被贬的记录远远少于士人被贬的记录。

东吴士人家属遭流的情况较多，主要集中在孙皓时期。蜀汉没有废主废后与宗室被贬的例子，这与其他诸朝有别，主要原因有二：一是刘备子嗣不如曹操、孙权众多，因此宗室总人数相对较少；二是蜀汉国内没有出现权臣废主、政变及较大的内乱事件，因此没有造成相关贬谪事件，其他曹魏、东吴、西晋、东晋都出现过权臣废主、政变及宗室内乱，因此造成了诸例废主废后与宗室被贬的事件。东吴的宗室公主这一类中，含有参与政变的全公主孙鲁班被贬，这是此时五朝中唯一被贬的公主。西晋被贬对象中，被贬宗室与被贬士人都不少，由此可见"八王之乱"对西晋士人与宗室命运的巨大影响。西晋被贬武将主要分为两种：一是西晋灭吴时因战败被贬者，如羊祜、杨肇，皆因与东吴陆抗交战失败被贬；二是西晋灭吴后对原东吴武将的贬谪，如孙韶、孙匡皆在东吴被平定后遭贬。东晋武将被贬者较多，主要是由此时叛乱、北伐等战事导致的贬谪事件。东晋士人被贬数量不少，但若考虑到其国祚较长，则其被贬士人较之西晋要少，可能与东晋玄风大畅，士人仕进之心相对较轻有关。总的来说，三国两晋时期，宗室被贬与废主废后的多次出现，体现了此段乱世的独特政治背景。

以上从贬谪对象的身份角度对三国两晋贬谪事件进行了概述，下面从贬官属性来看此时的贬谪事件。无论是士人还是武将，从官员属性来看，可大致分为京官与地方官，下面对被贬士人、武将、宗室进行统计①，以期了解被贬京官、地方官的大致比例。

从表1-4的统计来看，史籍所载的三国两晋贬谪事件，大多为京官降秩、黜

---

① 所谓京官、地方官，指被贬之前的职务。部分宗室兼任官职，亦纳入统计中，宗室仅知爵位、身无官职记载的则不计，宗室居藩者以地方官视之，居京者以京官视之。河南尹、丹阳尹一类官职计入京官统计。

免或外贬，所占比例近七成，地方官的降秩、黜免或外贬约占三成。曹魏、蜀汉、东吴、西晋的京官贬谪记录较多，东晋对京官与地方官的贬谪比例相近。曹魏的京官外贬或黜免，主要体现在士人因谏言获罪，或涉谋反案，以及曹丕即位后，藩王就藩，藩王获罪降爵等情况。蜀汉则大多是京官外贬或降秩，主要体现了诸葛亮严峻的执政风格。东吴也大多是京官外迁，尤其是"二宫构争"，造成了朝中众多亲附太子孙和的官员被外贬。西晋的京官被贬也占了较大比例，主要是党争倾轧造成的朝臣被排在外，如山涛、羊祜、潘岳等，此外还有因齐王司马攸争嗣而被贬的，如张华被出外，羊琇、王济等被降秩留京。东晋一朝，京官与地方官被贬比例基本各半，主要是权臣入京对宗室的外贬、如桓氏父子提兵慑阙，对宗室大加贬黜。此时地方官贬谪主要是地方长官对自选僚属的贬谪，如王敦对掾属的贬谪，还有因内乱战败被贬、北伐战败被贬等诸多情形。

表 1-4　三国两晋贬官属性统计表

朝代	属性		总计
	京官	地方官	
曹魏	39	15	54
蜀汉	15	3	18
东吴	29	17	46
西晋	75	25	100
东晋	48	44	92
总计	206	104	310

综上，通过对三国两晋贬谪事件中贬谪人次、身份、官员属性等方面的统计，我们大致熟悉了此时各朝的贬谪概况与诸贬谪事件的发生背景，基本明晰了此时贬谪对象的身份构成，并从他们的身份中大致了解了这段历史的政治背景特点。需要说明的是，由于史料阙略与统计方法并非绝对科学，统计结果可能会与真实历史产生误差，但统计所得大致结果与原因背景分析应该与真实历史相符。

二、贬谪地域

贬谪除了降秩，还有地理位置上的迁移，主要是京官外任或地方官调任他处。那么三国两晋贬谪事件中，各朝的贬谪对象一般被贬到什么地方呢？哪些地域是较为集中的贬所呢？要回答这些问题，需要对被贬地域进行索解。下面对三国两晋贬谪事件中的贬谪地域①进行统计：

表 1-5　曹魏贬谪事件之贬谪地域统计表

古地名	平原郡	东郡	东平国	河间郡	魏郡	章武郡	山阳国	陈留国	梁国	武威郡	西域	乐浪郡	金墉
对应今地	山东德州	山东菏泽	山东泰安	河北沧州	河北邯郸	河北廊坊	河南焦作	河南开封	河南商丘	甘肃武威	新疆甘肃等地	朝鲜平壤等地	洛阳以东
次数	2	2	1	2	1	1	1	1	1	1	1	2	1

表 1-6　蜀汉贬谪事件之贬谪地域统计表

古地名	江阳郡	汉嘉郡	越隽郡	汶山郡	梓潼郡	巴东郡	永昌郡
对应今地	四川泸州	四川雅安	四川西昌	四川阿坝	四川梓潼	重庆东部	云南保山
次数	1	1	1	1	1	1	1

---

①　此处主要统计外贬或地方调动，降秩留京者、免官者不计，但废主废后宗室被幽囚于金墉城者单独计之。关于三国两晋的行政区划，主要为州郡（或王国）县三级，且有变化，此处以郡（或王国）为主要统计单位，少数无法确定的地域不以郡国为单位，如西域。统计主要依据谭其骧主编：《中国历史地图集》（中国地图出版社 1996 年版），该书中三国皆以 262 年的行政区划为准，曹魏分 12 州 90 余郡，蜀汉有 1 州 20 余郡，东吴有 3 州 30 余郡，其中荆州、扬州曹魏与东吴并建，实际上总共 14 州。西晋行政区域以州郡（或王国）县为三级，该书以 281 年的行政区划为准，分 19 州 171 郡。东晋也为州郡县三级，该书以 382 年的行政区划为准，分 8 州 80 余郡。录古地名时依据古籍所载，如寻阳，今一般作浔阳，以当时作寻阳为准。

表 1-7　东吴贬谪事件之贬谪地域①统计表

古地名	交州	会稽郡	新都郡	临海郡	吴兴郡	零陵郡	衡阳郡	桂阳郡	长沙郡	豫章郡	庐陵郡	临川郡	建安郡	吴郡	丹阳郡	江夏郡
对应今地	两广与越南等地	浙江绍兴	浙江淳安	浙江台州	浙江湖州	湖南永州	湖南衡阳	湖南桂阳	湖南长沙	江西南昌	江西吉安	江西抚州	福建建瓯	江苏苏州	安徽宣城	湖北鄂州
次数	16	5	2	2	1	2	1	1	1	3	2	1	6	2	2	1

表 1-8　西晋贬谪事件之贬谪地域统计表

古地名	河内郡	颍川郡	河南郡	弋阳郡	顿丘郡	顺阳郡	安平国	赵国	魏郡	章武国	范阳国	京兆郡	始平郡	汉中郡	南郡	上庸郡	辽东国	昌黎郡	带方郡	齐国	武威郡	谯国	新安郡	南海郡	蜀郡	兴古郡	金墉
对应今地	河南沁阳	河南许昌	河南洛阳	河南潢川	河南清丰	河南淅川	河北冀州	河北邢台	河北邯郸等	河北廊坊	河北涿州	陕西西安	陕西兴平	陕西汉中	湖北荆州	湖北十堰	辽宁辽阳	辽宁锦州	朝鲜黄海道	山东淄博	甘肃武威	安徽亳州	浙江淳安	广东广州	四川成都	云南弥勒	洛阳以东
次数	4	2	2	1	1	1	1	1	1	1	1	4	1	2	2	1	1	2	1	1	1	1	1	1	1	1	10

表 1-9　东晋贬谪事件之贬谪地域统计表

古地名	豫章郡	寻阳郡	庐陵郡	安成郡	广州	交州	长沙郡	衡阳郡	桂阳郡	新安郡	东阳郡	吴兴郡	广陵郡	琅琊国	吴郡	晋陵郡	丹阳郡	荥阳郡	晋安郡	襄阳郡
对应今地	江西南昌	江西九江	江西吉安	江西新余	广东广州	广西越南	湖南长沙	湖南衡阳	湖南桂阳	浙江淳安	浙江金华	浙江余杭	江苏扬州	江苏徐州	江苏苏州	江苏镇江	安徽宣城	河南郑州	福建闽侯	湖北襄阳
次数	6	2	2	1	5	2	2	2	2	3	1	1	1	1	1	1	1	1	1	1

① 东吴南部广大地区都属交州，东吴曾经两度从交州分置广州，区域不定。《三国志·吴书》等记载东吴贬谪事件时，常云流贬交州或广州或南州，未明确记载被贬州郡名，有时也明确记载流贬交州交趾郡、交州苍梧郡等，此处统计时，全部以交州计。

稽核以上数据统计，从表1-5至表1-9这五份表格中，大致可以看清三国两晋各朝的贬谪地域概况。从表1-5可知曹魏的贬谪事件中，今山东省是当时首选的贬谪地域，其次是河北与河南，这三个省份成为当时曹魏大部分贬谪事件的贬所。山东省之所以在这份统计中位列第一，主要是现存文献对曹植、曹彪等宗室的贬谪记载相对详多，他们或相关亲属被贬山东者较多，从而提高了此份统计中的数据比重。如果按照当时的实际情况来看，河南河北当是曹魏贬谪事件最为集中的地域，因为曹魏都城位于今河南，京官外贬一般就近选择贬所，所以河南河北是首选之地。而西域或乐浪郡等绝域之地，是当时谋反大罪的最佳贬谪场所，邓艾遭钟会等诬陷谋反，妻、孙皆远徙西域，"夏侯玄代司马师政变"中的相关人员被远徙乐浪，正是由于犯了谋反重罪，所以流贬力度大。

表1-6体现了蜀汉的贬谪地域较为均衡，此时一般就近选择离成都不远的地方作为贬所。这主要是当时诸葛亮严峻行政，只是将与之争权的李平以及清议乱群的孟光、来敏等驱逐出政治中枢，并未远贬，也许诸葛亮还有重新起用这些人的打算，当诸葛亮去世的消息传至贬所，廖立垂涕，李平激愤而卒，似乎说明了诸葛亮对他们的处罚只是依法惩治，并没有特意打压之意。蜀汉最远的贬所是现在的云南保山，这也是当时离成都最远的一个郡，被贬保山的费诗，是因上书劝止刘备进位汉中王忤旨而被远贬，说明了刘备在称王之时对持有非议之人的打击力度是很大的，如此远贬应有以儆效尤的目的。

从表1-7可知，东吴把两广地区作为首选的贬谪地域，这一特点很明显。尤其是"二宫构争"造成的士人远贬岭南，以及孙皓对直臣的绝域远贬，岭南地区因此成为东吴贬谪事件中的贬所集中营。除了岭南地区，浙江、湖南、江西三省因离建业较近，也常被选作贬所，尤其是浙江绍兴地区，成为东吴较为著名的贬所。而稍远的福建建瓯地区，也是频迎迁客的场所。从此表中还可得知，东吴很少将罪犯贬谪到长江中上游以及长江沿岸地区，因为这里与曹魏、蜀汉都比较接近，这样的处理很可能是为了防止罪犯外逃出境。

表1-8说明西晋的贬谪地域是五朝之中最多的，因为此时已经完成了三国统一，国家版图在五朝中最为广袤。此时的贬所选择较为分散，离都城较近的河南河北依然是最佳贬所选择地，其次是陕西、湖北等相对偏远的地区，而在曹魏开乐浪之徙先例后，此时的东北绝域带方郡，也前后接收过一些罪犯。司马繇因为专行诛赏，被兄司马澹屡构于太宰司马亮，因此远徙带方，还有"八王之乱"中，

裴嵩、裴该坐父裴頠，也被远徙带方，这两例贬谪的处罚力度似乎过重。岭南地区在东吴频迎迁客之后，在西晋一朝却显得相对寂静。甘肃武威与云南弥勒也是堪比绝域的贬所，宗室司马顺哭晋武帝受禅代魏被远贬武威，体现了君主对非议自己的异己打击力度之大，也体现了晋武帝对自己合法统治权的重视，这一贬谪事件与刘备远贬费诗有同样的性质。张舆因坐父张华之罪被远徙云南，这与裴頠二子所面临的情况相似，说明了"八王之乱"不仅对裴頠、张华等士人予以血腥诛杀，并且对其家属也实施了残酷的远贬，体现了"八王之乱"那段腥风血雨历史的残酷性。此时最为突出的贬所就是金墉城，这个幽禁废主废后与宗室的场所，因为"八王之乱"而留名青史，并且其文化意蕴也因这一场宗室内乱而发生了大变。

表1-9的统计，说明岭南地区在东晋又成了实施贬谪的最佳场所，主要是桓玄篡晋时将部分宗室远贬此地。而离建康较近的南昌、九江等地，也成了朝廷处罚罪犯的常用地域。湖南与浙江、江苏与江西地区一样，是罪官经常被贬之地。除此之外，东晋朝廷同样很少将罪犯贬至与北方少数民族政权交界的地带，也应是防止罪犯北逸。

三、贬谪缘由

前面在对贬谪事件的对象与地域探讨过程中，已经大致涉及对贬谪缘由的介绍，下面对此作进一步探讨。三国两晋的贬谪事件，就贬谪缘由来看，可主要分为：党争政争、直谏犯颜、谤言妄议、宗室内乱、权臣废主贬宗迁后、君主压迫同宗、得罪权臣、政变谋反、不事上司、武将士人犯罪、宗室犯罪、战败、反对易代等几类，下面分别进行统计。①

---

① 此处党争政争主要指士人之间的结党倾轧或政治斗争；直谏犯颜指直臣劝谏君主被贬，直臣家属被流贬列入直谏犯颜类；宗室内乱指宗室之间的斗争，如西晋"八王之乱"，"八王之乱"中的士人被杀，家属遭流者也计入宗室内乱。东吴"二宫构争"视为党争政争，不纳入宗室内乱；武将士人宗室犯罪指一般罪行，比如居丧违礼等，不包括谋反，谋反政变单独统计；战败包括三国交攻战争、东晋北伐战争等；反对易代如费诗反对刘备称帝，又如司马顺哭晋代魏。总体而言，事实上，部分贬谪根本原因难测，背后的贬因较为复杂，且部分贬谪原因兼有多种属性，较难定性，笔者定为一种，难免误判。贬因难明者一般归入其他原因类。从本表统计的贬谪原因归类，只能大致了解某朝的贬谪事件之缘由概况与大致比重。需要特别说明，贬谪人次与贬谪原因的数据并不完全等同，如极少数被贬时间不确定，只能系于一定范围者，在贬谪人次上分别在不同范围计算，如来敏被贬在223—234年，分别在210—229年与230—249年两个时间段内各计一次，但统计贬谪原因时，则只计一次。

表 1-10　三国两晋贬谪事件之贬谪缘由统计表

朝代	事由														总计次数
	党争政争	直谏犯颜	谤言妄议	宗室内乱	权臣废主贬宗迁后	君主压迫同宗	得罪权臣	政变谋反	不事上司	武将士人犯罪	宗室犯罪	战败	反对易代	其他原因	
曹魏	5	6	3		4	8	5	23	2	5	4	1		7	73
蜀汉			6				4	1		4		1	1	2	19
东吴	12	10	2		2	4	3	4		8	1			9	55
西晋	14	7	1	28	5		5	11	2	23	2	5	1	8	112
东晋	3	2	1		4		15	21	2	19		24	1	7	99
总计次数	34	25	13	28	15	12	32	60	6	59	7	31	3	33	358

从表 1-10 中，能够大致明白三国两晋每朝的贬谪事件缘由为何。曹魏政变谋反事件被贬者最多，主要是曹氏与司马氏争权所致，"高平陵政变"与"夏侯玄代司马师政变"是造成此时贬谪频现的主要事件。曹丕、曹叡对宗室的打压也是该朝贬谪事件的主要构成因素，曹丕不容臣下直谏，也使得不少人被贬谪。蜀汉在诸葛亮的严峻行政之下，发生了数次议论乱群、因言获罪的贬谪事件，说明了蜀汉对于非政议政的舆论控制较为严格。东吴"二宫构争"造成的党争倾轧贬谪事件较多，而此朝的君主压迫部分同宗归根结底也是由于"二宫构争"，孙皓即位后，追究孙和、孙霸旧隙(指"二宫构争")，流贬孙霸二子孙基、孙壹。除此之外，孙皓还对孙休四子予以贬谪，这是对叔父之子的打压，目的是巩固自己的皇位。东吴的直谏犯颜主要发生在孙权与孙皓两位君主身上，前有虞翻、陆绩作为代表，后有王蕃、陆凯作为代表。西晋党争造成的贬谪较多，不少士人因为牵涉齐王司马攸争嗣的党争而被贬黜，而此时的"八王之乱"更是导致宗室贬谪频发。东晋门阀士族争权造成了较多的出排中央的贬谪事件，此时门阀士族掌权之后对君主宗室的废贬较为明显，以桓氏父子为主。此朝如王敦、桓温等权臣自辟的清正之士面对主官不臣之心多有劝谏而被贬，如刘胤、阮裕、谢琨因谏王敦被贬，习凿齿因谏桓温被贬，这些得罪权臣的案例从侧面体现了东晋士族与皇权之间的斗争较为激烈。东晋一朝还有较为特殊的一类贬谪，即因与北方政权战败而

被贬的案例较多。

综合而言，上述贬谪缘由中，只有直谏犯颜、谤言妄议、武将与士人犯罪、宗室犯罪、战败这五类属于"罪有应得"，它们所占比例近四成。其中直谏犯颜并非由于真正做了违反法律的实质行为，谤言妄议也是因言获罪，这两类犯罪性质不算恶劣；而无罪遭贬的主要有权臣废主贬宗迁后、君主压迫同宗、不事上司、反对易代四种情形，这些无罪被贬者占近一成，其中被贬成员绝大多数是废主与宗室。还有三成多的贬谪性质无谓好坏，它们的产生主要是由于权力之争，包括政变谋反、宗室内乱、党争与政争失利。政变谋反看似罪有应得，实质是集团之间的利益之争，宗室内乱与党争、政争的性质亦如此，因为各方交攻都是为了一己私利。所以这三成多遭贬者既算不上无罪遭贬，亦算不上罪有应得。自古以来，贬谪事件绝大多数会给被贬谪者定下一个罪名，至于是罪有应得还是无辜被贬，往往界限不明。大致而言，三国两晋时期真正有罪遭贬者约占四成，无罪遭贬者占一成，三成多被贬者乃权力之争的牺牲品，还有一成多的被贬是基于其他相对不常见的罪责。

第三节　三国两晋贬谪事件的特点

由于贬谪制度在三国两晋时期还处于发轫阶段，所以此时的贬谪事件没有相对完善的制度可依，贬谪显得较为随意。并且国分五朝，情况各异。可是，我们从整体考察这一时期的贬谪事件，也能归纳出一定的特点与规律。

其一，此时无罪遭贬谪者多为废主或宗室。由于三国两晋政治相对混乱，君主压迫同宗、权臣废主以及易代等造成的君主、宗室被贬情形较多。关于废主宗室的贬谪，其中两晋较为突出，西晋多宗室内乱造成的贬谪，东晋多门阀士族掌权造成的贬谪，两朝真正的贬谪施动者分别是掌权宗室与士族权臣。唐宋及以后很少有如此高频的宗室内乱导致的权力更替，也再没有出现过如此集中的士族专权对皇族的贬谪。这两类贬谪事件中折射出的主弱臣强的现实，是三国两晋时期的一大特色。

其二，此时相当数量的被贬者在性质上无谓好坏。由党争与政争失利、宗室内乱、政变谋反造成的贬谪事件较多，它们都是权力之争的结果，诸例贬谪显现了这段乱世的政治背景与贬谪的时代特色。

其三，权臣自贬僚属。三国两晋时期的部分权臣可以开府选官，他们对僚属有贬黜的权力，王敦、桓温就是这类贬谪施动者的重要代表人物。这是具有时代特色的贬谪，唐宋及以后贬谪事件中很少有这一类情况发生。

其四，实施贬谪时注重行政区域的控制力。前已述及，三国东晋的贬谪事件在贬所地域的选择上，一般不将贬官贬谪至与邻国接壤之地。这主要是出于对贬所与贬官的控制力考虑，边境地区的控制力相对薄弱，为了防止贬官外逃，在贬所的选择上，即使是远徙，也选择离邻国较远距离的一方。曹魏的西域、乐浪之远徙，蜀汉的永昌之徙，以及东吴、东晋的岭南之徙，都是出于此因。三国交界的地方未见有相关贬谪人员出现，就很能说明这一贬谪规律。后代大一统王朝，如唐、元、明、清在广袤的国土上远徙贬官，对于贬所控制力的考虑就不如三国两晋这么明显。

其五，对于牵涉谋反重罪的流贬力度较大。三国两晋时期的流徙刑作为代刑，主要针对免死罪犯，此时若犯了谋反重罪，主要当事人员一般是诛杀不赦，而相关亲属也都远贬绝域。曹魏的西域、乐浪远徙即体现了这一规律。

其六，对于非议君主合法统治权的贬谪力度较大。认为君主不应即位的观点虽然不如谋反罪如此严重，但君主对这一类行为的处罚力度是较大的。对于非谋反罪行的处罚，一般的京官外会迁就近选择贬所，很少远谪绝域。但对于非议君主合法统治权的人的贬谪一般较为严厉，曹植、司马顺、费诗等都曾面临严厉的处罚。在曹丕即位后的头两年，曹植受到的打压最为严酷，几次有性命之虞，除了曹丕对曹植曾经的争嗣行为进行猜忌打压外，还有一个重要原因就是曹植哭魏代汉。而宗室司马顺哭晋武帝受禅代魏被远贬到甘肃武威，费诗劝谏刘备勿称王被贬云南保山，这都是极为严厉的贬谪。

其七，被废的外谪官员往往终身未还。三国两晋的流徙刑罚对流徙人员控制较为严苛，一经被贬往往终身不还。此时的被贬士人一旦被废为庶人，大都卒于贬所，如曹魏杜恕、蜀汉廖立、李平等。唐宋及以后，贬谪制度更加完善，有量移等恩赦制度的存在，谪官被外贬以后还有回京的机会，这与三国两晋时期有较大区别。

第二章　曹魏贬谪文化与文学

三国之中，曹魏人口最多，国力最强。就现存史料来看，记载曹魏的最多，但发生在曹魏的贬谪事件并不是最多的，而是少于东吴，多于蜀汉。综合而言，曹魏的贬谪事件主要可分为三类：一是宗室遭忌被贬，二是直臣劝谏被贬，三是因政变获罪的士人亲属遭流，此外还有其他因罪被贬被流的事件。曹魏于三国中文化最为昌盛，就文学成就来说，曹魏也远胜于蜀汉与东吴。众所周知，曹魏文学成就最高的属"三曹"与"七子"，他们是建安文学的代表作家，其中曹植留存作品最多，生活轨迹也较为坎坷。曹丕为帝之后，对宗室实行严苛的幽禁政策，其中最为人熟知的就是对曹植的幽贬。曹植的一生，由于政治身份的改变，前后际遇迥异，使其成为贬谪文化史、文学史上极为重要的人物，因此本章以较多篇幅对其在贬谪文化史、文学史方面的模式意义进行探讨。此外，曹魏贬谪史上，杜恕也值得关注，他被废徙的原因似乎并不像史书所载的那样简单，本章对其深层原因进行合理推测，并简论其贬后著述体现的曹魏政治史上反法尊儒的思想意义。由"高平陵政变"与"夏侯玄代司马师政变"所引起的乐浪远徙，开启了中国流贬史上远徙东北绝域的先例，其在流贬文化史上也有相应意义，本章亦择而论之。

第一节　曹植之贬的模式意义

曹植（192—232），字子建，曹操第四子，曹丕同母弟。这位才高八斗的"建安之杰"已被论述繁夥。根据曹植生活遭遇的不同，论者大都分为前后两期而论①。

---

① 论者一般将曹植生平分为前后两期，或以曹丕被立为太子为界，或以曹操去世为界，或以曹丕称帝为界。

论及后期，多强调曹植在曹丕、曹叡两位皇帝的监视之下进行的幽愤创作，这一说法确有道理。但学界论述曹植后期创作时，只是大致强调后期的忧愁愤慨，或仅将后期分为黄初、太和两个时期来论述其生存与创作。这样的论述不够深入，忽略了曹植贬谪生活具体时段的生命沉沦与心理变化。毕竟曹植的贬谪生活长达12年有余，且现存作品较多，单纯把贬谪生涯分为黄初、太和两个时期似乎太过简单。本章既强调整体贬谪生活境遇的大环境，又重视考察贬谪生活期间不同的小环境，拟从贬谪视域对曹植做更加深入的研究。

一、曹植之贬概述

根据《三国志·陈思王植传》与诸种曹植年谱①，及当下部分有关曹植事迹的考辨文章，笔者将曹植的贬谪生活大致胪列如下：

黄初元年(220)四月，曹丕即魏王位，曹植就国临淄鄄城(建安十九年(214)封植临淄侯，居邺未就国，建安二十二年(217)，增植邑五千，并前万户)。

黄初元年(220)十月，曹丕称帝。

黄初二年(221)正月，监国谒者灌均希指，奏"植醉酒悖慢，劫胁使者"。召罪入京师，因为其母卞太后干预，贬安乡侯，改封鄄城侯。七月附近，东郡太守王机、防辅吏仓辑等诬告曹植，又获罪入京都，复以卞太后得解。②

黄初三年(222)四月，立曹植为鄄城王，邑二千五百户。

黄初四年(223)五月，曹植与白马王曹彪、任城王曹彰朝京都。六月，任城王卒于京都。七月，曹植与白马王曹彪还国，欲同路东归，监国谒者不

---

① 曹植年谱较多，如张可礼：《三曹年谱》(齐鲁书社 1983 年版)；江竹虚撰，江宏整理：《曹植年谱》(台湾"商务印书馆"2013 年版)；徐公持：《曹植年谱考证》(社会科学文献出版社 2016 年版)；祝鼎民：《曹植年谱考索·阮籍生平系年考略》(北京师范大学出版社 2023 年版)。

② 关于曹植黄初初年获罪事由，参见邢培顺：《曹植黄初初年获罪事由探隐》(《滨州学院学报》2010 年第 1 期)。该文对黄初二年曹植两次获罪之事的考辨较为清楚，故本节将二事系于此年。

许。八月，曹植归鄄城，徙封雍丘王。为监官诬告。

黄初六年(225)十二月，曹丕过雍丘，幸植宫，增户五百。

黄初七年(226)五月，曹丕卒，曹叡即位。

太和元年(227)四月，曹植徙封浚仪。

太和二年(228)十月，曹植复还雍丘。前后两次上表求自试。

太和三年(229)十二月，曹植徙封东阿王。

太和五年(231)七月，曹植上表求存问亲戚，陈审举之义。

太和六年(232)正月，曹植与诸王入朝。二月，被封为陈王，邑三千五百户。曹植求独见曹叡，希冀试用，终不能得，还。十一月，曹植卒。

曹植"十一年中而三徙都"[①]，贬谪地点不断更换，如表2-1所示：

表 2-1　曹植贬谪分期表

分期	黄初时期 (220 年 4 月—226 年 5 月)		太和时期 (226 年 6 月—232 年 11 月)			
被贬时间	220 年 4 月	223 年 8 月	227 年 4 月	228 年 10 月	229 年 12 月	232 年 2 月
被贬地点	鄄城	雍丘	浚仪	雍丘	东阿	在东阿，未赴陈
今地点	山东鄄城	河南杞县	河南开封	河南杞县	山东阳谷	河南淮阳

下面用行迹图来表示曹植贬谪地点的前后变迁，如图2-1所示：

可见，在曹植12年的贬谪生涯内，贬所集中在司州、兖州两地，这几处贬所大致在今河南、山东两省交界区域。在这12年内，曹植往来于诸贬所与京都洛阳之间。相比那些动辄远徙数千里的谪臣，曹植之贬并不算僻远。黄初元年(220)四月，曹植被贬鄄城，此地临黄河，他有可能是从洛阳顺流而下至鄄城。黄初四年(223)八月，曹植徙封雍丘，于是从鄄城赴西南雍丘。在曹叡即位后的第二年，即太和元年(227)四月，曹植又徙封浚仪，此地离雍丘不远，在雍丘偏西北

---

① 　(晋)陈寿撰，(南朝宋)裴松之注：《三国志》卷一九《魏书·陈思王植传》，第576页。《陈思王植传》谓十一年，应从曹丕220年即帝位后的第二年开始算起。

方。太和二年(228)十月,曹植又复还雍丘。太和三年(229)十二月,曹植徙封东阿,直至去世,曹植都在东阿度过,东阿也是曹植贬所中离都城最远之地。

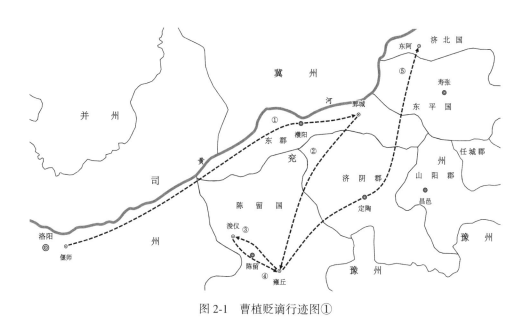

图 2-1　曹植贬谪行迹图①

严格而言,曹植之贬并非始于曹丕称帝的黄初时期,而在黄初改元之前曹丕为魏王时,曹植即被遣至藩国鄄城。曹丕为魏王到曹丕为帝期间约半年时间,谓延康时期,大都归入黄初时期来讨论。大致来说,曹植贬谪生活可分为黄初时期与太和时期,黄初时期(包括之前延康元年的半年)共持续了 6 年又 1 个月,太和时期共持续了 6 年又 5 个月,所以说曹植的贬谪生活共计 12 年半。

由于曹植曾经几乎被曹操立为嗣子,所以他成了曹丕的眼中钉。黄初元年四月,曹丕即王位之后,就立即对昔日的植党人员丁仪、丁廙等予以诛杀,并且把各诸侯王遣至藩国。这一举措旨在继续削弱诸侯王的势力,防止他们蓄势篡权。曹丕还在各诸侯王身边安排了监国谒者,所谓监国谒者的职责是名为诸侯国内监

①　此图是以《中国历史地图集》第三册(谭其骧主编,中国地图出版社 1982 年版)之"三国曹魏"地图为底图绘制而成,底图乃曹魏景元三年(262)地理分布图,其地名使用情况与曹植时代相同。本书在引用底图过程中仅做地名等删减处理。

管国事，实为抉发诸侯王不法事迹向皇帝报告。曹植身边的监国谒者在其贬谪生活中扮演了重要的鹰犬角色。黄初元年至四年（220—223），曹植处境难堪，终日惶恐，是其一生中最为艰难的时期。曹丕即位初期对诸侯王的打压很严酷，其间曹植两次获罪，几乎殒命。曹丕即位的第二年（221），曹植就被监国谒者灌均上奏，因罪入京师，在卞太后的干预之下，曹植躲过一死。想必经过这一次惊险之旅，曹植是心有余悸的。不过曹植一向有任性妄为的性格，所以并没有在这次危险之后完全噤口。在回到藩国之后，曹植又被东郡太守王机、防辅吏仓辑等人诬告，再次获罪入京都，复以卞太后得解。这一次又几乎受戮，应给曹植造成了很大震慑。黄初四年（223），曹植与曹彰等入京师，曹彰暴卒于京都，这给曹植极大的震撼，因为曹彰的暴死乃曹丕特意毒害。归藩国时又不被允许与曹彪同路，在这一年还国之后，曹植又被监官诬告，具体原因不详。黄初四年以后，史书没有关于曹植有获罪事迹的记载，想必从此之后，曹植在曹丕统治期内再也不敢有所悖慢。黄初六年（225），曹丕路过雍丘看望曹植，想必是对其提防有所放松，也是对其克己慎行、守法遵纪生活的认可。黄初七年（226）曹丕卒，曹植终于结束了为兄长所猜忌的贬谪生活。

曹叡即位，曹植此时乃其在世的唯一叔父。太和时期，曹植虽然也在藩国过着幽囚般的生活，但比起之前黄初时期的处境要稍好，未见有史料记载曹植有获罪遭罚之事。这一时期，曹植的建功立业之心又抬头了，前后数次陈表自试，曹叡只是以礼婉拒。曹叡对叔父曹植基本是以礼相待的，并且在曹植去世的那一年还封其为陈王。在曹植去世数年后，曹叡下诏曰："陈思王昔虽有过失，既克己慎行，以补前阙，且自少至终，篇籍不离于手，诚难能也。其收黄初中诸奏植罪状，公卿已下议尚书、秘书、中书三府、大鸿胪者皆削除之。"[1]曹叡把黄初时期奏劾曹植的罪状等都削除，可能是为了隐瞒曹丕当年对诸侯王的迫害，也是为了曹丕名声考虑，同时算是对叔父曹植的一种认可与缅怀。

总的来说，曹植在黄初时期被迫害程度较深，几次有性命之虞，在太和时期相对受到礼遇。大致厘清曹植的贬谪生活概况以后，下面将对其贬谪生活中的心路历程与诗文创作进行细致考察。

---

[1]　（晋）陈寿撰，（南朝宋）裴松之注：《三国志》卷一九《魏书·陈思王植传》，第576页。

二、曹植的生命沉沦与作品风格转向

据赵幼文的《曹植集校注》①，曹植现存作品230余篇(首)，是建安时代存世作品数量最多的作家。曹植后期作品的题材、体裁、风格等，需要紧密联系其贬谪生活的大环境来谈，但同时又不可将贬谪生活的大环境一概而论，因为贬谪期间曹植所处的小环境与心态变化又各有不同，故对曹植后期作品的分析需要格外细致，要做到宏观审视与微观剖析相结合。情绪心理学中，恐惧、悲伤、焦虑、愤怒等情绪有不同的定义，合理利用这些概念，有利于把握曹植的细腻心理与作品风格。

曹植的贬谪生活可分为黄初和太和两大时期，具体而言，其生命沉沦又可分为四个阶段。可以以黄初四年(223)七八月为界，把黄初时期分为前中后三个阶段，加之太和时期一共四个阶段。曹植的心理苦闷是随其生命沉沦而变化的，贬谪时期的主导心理苦闷也可相应分为四个时期，即忧生恐惧期、悲愤高潮期、悲愤沉潜期、忧愁哀伤期。下面以表2-2来明晰分期：

表 2-2　曹植之贬的生命沉沦与心理苦闷分期表

时间(月份为阴历)	生命沉沦分期	心理苦闷分期	持续时间
220 年 4 月—223 年 6 月	黄初前期	忧生恐惧期	3 年又 2 月
223 年 7—8 月	黄初中期②	悲愤高潮期	2 个月
223 年 9 月—226 年 5 月	黄初后期	悲愤沉潜期	2 年又 8 月
226 年 6 月—232 年 11 月	太和时期	忧愁哀伤期	6 年又 5 月

---

① 赵幼文《曹植集校注》(人民文学出版社 1984 年版，中华书局 2016 年再版)，以大致编年的方式对曹植诗文进行校注，是目前关于曹植作品最好的整理校注本。本节对曹植作品的引用皆依据此本，对作品的数量、编年等统计界定，也主要依据此本，另外适当参考各种曹植年谱。本书对于部分曹植作品的编年有异议，详见文中考述。

② 一般来说，前中后三期的时间长短都差不多，但本节为了便于论述，所谓黄初中期主要指悲愤高潮期，持续时间相对较短。所谓具体持续时间，虽有时间段提出，亦无法绝对化，只是相对而言。

从曹丕即魏王位至黄初四年六月朝京都，这三年两个月，是曹植生命沉沦的第一阶段，即黄初前期。此一阶段，性命之虞如达摩克利斯之剑时刻悬挂在曹植头上。这一时期，心惊胆战、终日惶恐成为曹植的真实心理写照，此时的他，首先考虑的是如何自保。黄初元年曹丕即帝位，曹植以《庆文帝受禅表》表示拳拳庆贺之意。此时所作的《魏德论》《魏德论讴》更是对曹丕称赞有加，可谓极尽歌功颂德之能事。曹植的这一举措，旨在表达甘心为臣，以此自保。需要提及的是，赵幼文《曹植集校注》把曹植《上先帝赐铠甲表》《献文帝马表》《上银鞍表》三表系于黄初六年冬，恐有不妥。黄初前期，曹丕对其迫害最深，而到了黄初六年，曹丕见曹植确无不臣之心，放松了警惕，所以东征途中过雍丘幸植宫，表达和好之意，若曹植此时有献战具之举，反而衬出曹丕迫害之意，因此这三篇上表系于黄初前期较为合理。

曹丕即位后对宗室进行严酷迫害，诸侯王生存环境较为恶劣，"魏氏诸侯，陋同匹夫"①。陈寿于《三国志·魏书·武文世王公传》评曰："魏氏王公，既徒有国土之名，而无社稷之实，又禁防壅隔，同于囹圄；位号靡定，大小岁易；骨肉之恩乖，常棣之义废。为法之弊，一至于此乎！"②"禁防壅隔，同于囹圄"，这是一种画地为牢的幽囚生活。裴注引《袁子》亦曰：

> 魏兴，承大乱之后，民人损减，不可则以古始。于是封建侯王，皆使寄地，空名而无其实。王国使有老兵百余人，以卫其国。虽有王侯之号，而乃侪为匹夫。县隔千里之外，无朝聘之仪，邻国无会同之制。诸侯游猎不得过三十里，又为设防辅监国之官以伺察之。王侯皆思为布衣而不能得。既违宗国藩屏之义，又亏亲戚骨肉之恩。③

---

① （晋）陈寿撰，（南朝宋）裴松之注：《三国志》卷一九《魏书·陈思王植传》，第577页。

② （晋）陈寿撰，（南朝宋）裴松之注：《三国志》卷二〇《魏书·武文世王公传》，第591页。

③ （晋）陈寿撰，（南朝宋）裴松之注：《三国志》卷二〇《魏书·武文世王公传》，第591~592页。

宋人张方平《宗室论·皇族试用》如此评价："曹氏裁制藩戚，最为无道，至于隔其兄弟吉凶之问，禁其婚媾庆吊之礼，上不得预朝觐，下不得交人事，离恩绝义，断弃天常。能者被拘，才者不试，故曹植自比圈牢之养物，求一效死之地而不得。"①诸侯王无朝聘礼仪，无会同制度，就连游猎也不能越过规定范围，并且还得在监国官员的监视之下生活，可见诸侯王生活确如囚犯，即使想成为布衣也不能如愿，这样的生活苦闷可想而知。此外，被曹操善待的何晏，由于此前"服饰拟于太子，故文帝特憎之……故黄初时无所事任。及明帝立，颇为冗官"②，足见曹丕对这位无血缘关系的兄弟也是防范有加的。囹圄般的贬谪生活是我们考察曹植生命沉沦与心理苦闷的大背景。曹丕因为猜忌诸王，对诸王大加贬削，实行监控统治。曾经的承嗣之争使曹植成为曹丕最为疑忌的对象。在曹植生命沉沦的第一阶段，恐惧成了这一时期他苦闷心理的主导情绪。

黄初二年（221）应是曹植一生中最为难熬的梦魇时期，此时他的死亡恐惧尤为严重。这一年曹植面临谪居生活中的第一次大灾难，即因监国谒者灌均希指，奏"植醉酒悖慢，劫胁使者"③，曹植被召入京师，在母亲卞太后的干预下被贬为安乡侯，后改封鄄城侯。这一事件的发生令曹植性命堪虞，一片惊惧笼罩在曹植心头。《谢初封安乡侯表》云：

> 臣抱罪即道，忧惶恐怖，不知刑罪当所限齐。陛下哀愍臣身，不听有司所执，待之过厚，即日于延津受安乡侯印绶。奉诏之日，且惧且悲：惧于不修，始违宪法；悲于不慎，速此贬退。上增陛下垂念，下遗太后见忧。臣自知罪深责重，受恩无量，精魂飞散，亡躯殒命。④

面对曹丕的不诛之恩，曹植感激涕零。上述百来字的谢表中，竟然接连出现

①　（宋）张方平：《乐全集》卷一〇，影印文渊阁《四库全书》，台湾"商务印书馆"1986年版，第1104册，第84页。

②　（晋）陈寿撰，（南朝宋）裴松之注：《三国志》卷九《魏书·何晏传》引《魏略》，第292页。

③　（晋）陈寿撰，（南朝宋）裴松之注：《三国志》卷一九《魏书·陈思王植传》，第561页。

④　（魏）曹植撰，赵幼文校注：《曹植集校注》卷二，中华书局2016年版，第353页。

"忧惶恐怖""且惧且悲""罪深责重""精魂飞散""亡躯殒命"诸多表示惶恐的词语，曹植之惧可想而知。情绪心理学告诉我们，恐惧是由于面临危险而引起的一种消极情绪，尤其是面对死亡会产生一种极端的恐惧情绪，比起一般的恐惧，死亡恐惧产生的焦虑与不安要强烈得多。《写灌均上事令》记载，曹植为了时刻提醒自己勿再犯罪，下令书写灌均所上奏章，置于座旁，"孤欲朝夕讽咏，以自警诫也"①，可见其惶恐之深。

同年，东郡太守王机、防辅吏仓辑等人诬告曹植，他又一次获罪入京，复以卞太后得解，这是贬谪期间曹植第二次与死神接近。后来曹植在《黄初六年令》中回忆此时的生活情境是"身轻于鸿毛，而谤重于太山"②，言自己的身家性命轻于鸿毛，而王机、仓辑的诬告毁谤却重于泰山，真可谓生命不能承受之重。黄初三年(222)，立曹植为鄄城王，邑二千五百户。由鄄城侯变为鄄城王，名为升爵，其实质并没有改变，仍然是禁足囹圄般的生活。

有一条史料值得注意，即黄初三年九月，曹丕诏曰："夫妇人与政，乱之本也。自今以后，群臣不得奏事太后，后族之家不得当辅政之任，又不得横受茅土之爵；以此诏传后世，若有背违，天下共诛之。"③曹丕颁发此诏的原因鲜见有人论及，如果联系曹植前后两次因为卞太后的干预而避免被杀的事实来看，此诏的颁布无疑在一定程度上是针对卞太后而言的。接连两次获罪几乎被杀，必定给曹植心灵带来巨大创伤，使其战战兢兢，如履薄冰。加之曹丕禁止颁发妇人参政诏令，使曹植少了一份可以依靠的屏障。根据马斯洛需要层次理论，生理、安全需要属于最基本的需要，人身安全是这一时期的曹植最为需要的。为了全身保命，曹植不得不尽量安分守己。因此在黄初二年(221)七月以后，曹植的生活状况符合《黄初六年令》中"形影相守，出入二载"的描述。这一时期，"机等吹毛求瑕，千端万绪，然终无可言者"④，可见任凭王机等挖空心思诬陷，曹植也是尽量做到警惕自诫，缄口结舌，不越雷池一步。

从黄初二年被王机、仓辑诬告，到黄初四年五月，曹植与白马王曹彪、任城

①　(魏)曹植撰，赵幼文校注：《曹植集校注》卷二，第358页。
②　(魏)曹植撰，赵幼文校注：《曹植集校注》卷二，第503页。
③　(晋)陈寿撰，(南朝宋)裴松之注：《三国志》卷二《魏书·文帝纪》，第80页。
④　(魏)曹植撰，赵幼文校注：《曹植集校注》卷二，第503页。

王曹彰朝京都之前，近两年时间，曹植幽囚独处，生死莫测，迫害愤恨的阴影挥之不去，深恐巨忧时常萦绕在脑海之中。其间，曹植动辄得咎，只能噤若寒蝉，很少写有关时事与寄托较明的诗文，他希心庄老，创作了一系列游仙诗。① 学界基本公认曹植的游仙诗都作于贬谪时期，但具体作于贬谪期间的哪一段却没有定论，据赵幼文《曹植集校注》的系年，有五首系于黄初二年至四年间，一首系于黄初四年至五年间，另有六首系于太和三年（229）以后。这种系年没有确凿的证据，较为牵强。② 笔者认为，曹植的游仙诗（至少大部分游仙诗）应该系年于黄初二年七月被王机、仓辑诬告，到黄初四年五月曹植朝京都之前的近两年内，即曹植所谓"出入二载"期。主要原因如下：

其一，所谓物不平则鸣，曹植在"形影相守"的恶劣环境下，在避祸意识的支配下，不能明显地表达自己的愤慨，只能间接为之。游仙诗的含蓄特色成为曹植首选的创作体裁。在经历了两次几乎殒命的惊险之后，曹植的死亡意识骤升，避祸意识增多，生命忧虑时刻存在。所以他"形影相守"，过着离群索居的生活，这段"出入二载"时期是其最为谨小慎微的日子。在如此环境之下，一个人的心理最容易服膺老庄，这也是游仙诗最易滋长的时期。

其二，曹丕即位到黄初二年七月之前，此时曹植任性而为的性格还较为直露，两次被监察官员抓住把柄或可证明这一点，这一时期的曹植虽然性命堪忧，但其处世思想基本没有转入老庄哲学，仍以儒家思想为主，所以不太可能创作游仙诗。而黄初四年七、八月，曹植归鄄城以后，逐步进入悲愤沉潜期，即本节所谓的黄初后期，这时曹植思想已经较之前平静许多，其不羁性格也有很大收敛。此时曹植对于之前监官的诬告有表达不满的诗文，同时咏怀寄托可以相对直白一点，不必像前两年那样含蓄拘谨，所以黄初后期也似无创作游仙诗的必要。到了太和时期，曹植的事功意识再次高扬，这一阶段显露的是急于求试而不得的不遇心态，更不太可能创作游仙诗。另外，还有一条较为有力的证据，即作于黄初四

① 陈飞之：《再论曹植的游仙诗》（《广西师范大学学报》1991 年第 2 期）认为曹植游仙诗主要不是受道教思想影响，而是受屈原与楚巫文化的影响，可备一说。

② 关于曹植游仙诗的系年，陈飞之：《应该正确评价曹植的游仙诗》（《文学评论》1983 年第 1 期）言在曹植后期。张士骢：《关于游仙诗的渊源及其它》（《文学评论》1987 年第 6 期）认为作于黄初初年。两说均有不足。

年七月的《赠白马王彪》其七云："苦辛何虑思？天命信可疑！虚无求列仙，松子久吾欺"①，此处曹植似乎领悟到求仙乃虚妄不实之事，谓仙人赤松子等传说欺骗自己很久了。这说明，曹植在这之前的一段时间内应该是迷恋老庄，写过不少游仙诗的，所以游仙诗最大可能是创作于"出入二载"时期。

曹植的游仙诗是他精神受到沉重打击、身心受到严重摧残之后的产物，是在求仙长生的内容中寄托咏怀意旨。这些游仙诗理应创作于黄初二年七月以后到黄初四年五月朝京都之前。忧生自保期间，曹植创作的一系列游仙诗，是以极为委婉曲折的方式来表达自己的苦闷心理，这是一种自我调节与自我疗救。诸多游仙诗中很明显地体现了曹植向往自由的心理：《仙人篇》云"韩终与王乔，邀我于天衢；万里不足步，轻举陵太虚；飞腾逾景云，高风吹我躯"②；《游仙》云"翱翔九天上，骋辔远行游"③；《苦思行》云"中有耆年一隐士，须发皆皓然，策杖从我游，教我要忘言"④；《五游咏》云"九州不足步，愿得陵云翔。逍遥八纮外，游目历遐荒"⑤。曹植反复吟咏渴望遨游九天、举凌太虚，无非是人身自由受到限制的一种反应。寄托老庄，创作游仙诗，既能避免让监官抓住把柄，又能适当地抒发心中的郁闷，是他忧生自保心理的一种外显表征。

黄初四年五月，曹植与曹彪、曹彰等被召入京都洛阳朝觐，这是一件令诸王欣喜的事情，因为此前规定诸侯王无朝聘礼仪，无会同制度，藩王入京是出于皇帝的格外恩典。曹植对于这次进京也较为欣喜，《上责躬应诏诗表》云："前奉诏书，臣等绝朝，心离志绝，自分黄耇永无复执圭之望。不图圣诏，猥垂齿召。至止之日，驰心辇毂。"足见其踊跃积极的心态。然而曹植的积极却换来了不得朝觐的诏令，即所谓"僻处西馆，未奉阙庭。踊跃之怀，瞻望反侧"⑥，《应诏》所谓"嘉诏未赐，朝觐莫从"⑦。于是曹植上疏赞扬曹丕功德，并将《责躬》《应诏》诗呈曹丕，先检讨昔日罪过，且显忧惧悲怆以博取同情，又主动请缨，希望能参

① （魏）曹植撰，赵幼文校注：《曹植集校注》卷二，第446页。
② （魏）曹植撰，赵幼文校注：《曹植集校注》卷二，第390页。
③ （魏）曹植撰，赵幼文校注：《曹植集校注》卷二，第394页。
④ （魏）曹植撰，赵幼文校注：《曹植集校注》卷二，第469页。
⑤ （魏）曹植撰，赵幼文校注：《曹植集校注》卷三，第598页。
⑥ （魏）曹植撰，赵幼文校注：《曹植集校注》卷二，第398页。
⑦ （魏）曹植撰，赵幼文校注：《曹植集校注》卷二，第409页。

政，即《责躬》所谓"愿蒙矢石，建旗东岳，庶立毫厘，微功自赎。危躯授命，知足免戾，甘赴江湖，奋戈吴越"①。猜忌心理很重的曹丕当然婉拒了曹植的请缨。此次赴京，曹植众人应该是与曹丕有过短暂会晤，不过在京停留时间不长就要返归藩国。曹植本着赴京面陈苦闷、希冀启用的目的，却事与愿违。

这次曹植与诸王在京停留期间，京都发生了一件大事，即当年六月曹彰暴卒于京都。有关曹彰的死，《世说新语·尤悔》如是记载：

> 魏文帝忌弟任城王骁壮。因在卞太后合共围棋，并啖枣，文帝以毒置诸枣蒂中。自选可食者而进，王弗悟，遂杂进之。既中毒，太后索水救之。帝预敕左右毁瓶罐，太后徒跣趋井，无以汲。须臾，遂卒。复欲害东阿，太后曰："汝已杀我任城，不得复杀我东阿。"②

这一记载的真实性无法考实，但一向骁勇的曹彰暴卒无疑属非正常死亡，其暴卒对于曹植应该是有震慑意味的。黄初四年七月，在返归藩国的途中，曹植、曹彪希望能同路，但不被监国谒者允许。此前曹彰的死让曹植特别悲痛，加之不被允许与曹彪同归，曹植特别愤慨，百感交集，遂愤而成篇，名《赠白马王彪》，这是一篇相当酣畅痛快的组诗，标志着曹植进入了悲愤高潮期，即本节所谓其生命沉沦的第二阶段，是为黄初中期。

试看《赠白马王彪》其二：

> 太谷何寥廓，山树郁苍苍。霖雨泥我涂，流潦浩纵横。
> 中逵绝无轨，改辙登高冈。修坂造云日，我马玄以黄。③

诗中的"寥廓""苍苍""纵横""高冈""云日"体现了一种强大的威压感，似乎给人一种泰山压顶的感觉，这间接反映了曹植心中承受的巨大政治压力。《三国

---

① （魏）曹植撰，赵幼文校注：《曹植集校注》卷二，第 399 页。
② （南朝宋）刘义庆撰，（南朝梁）刘孝标注，余嘉锡笺疏，周祖谟等整理：《世说新语笺疏》卷下之下，中华书局 2007 年版，第 1047～1048 页。
③ （魏）曹植撰，赵幼文校注：《曹植集校注》卷二，第 440 页。

志·魏书·文帝纪》载"任城王彰薨于京都……是月大雨, 伊、洛溢流, 杀人民, 坏庐宅"①。曹植与曹彪归国时, 正遇到大雨淋漓的泥途之苦, 此乃天灾。且曹植的"马玄以黄", 玄黄来自《诗经·卷耳》"陟彼高岗, 我马玄黄"②, 后代指马病弱貌。加之曹彰的暴毙属于人祸, 故曹植面对的是天灾、人祸、马病。试想, 在监官的监视之下, 与身边的病马行走在坎坷泥泞的道路上, 且怀有丧兄之痛, 还不能与其弟同行同宿, 曹植能不悲愤异常吗?!

其三:

> 玄黄犹能进, 我思郁以纡。郁纡将何念, 亲爱在离居。
> 本图相与偕, 中更不克俱。鸱枭鸣衡轭, 豺狼当路衢。
> 苍蝇间白黑, 谗巧反亲疏。欲还绝无蹊, 揽辔止踟蹰。③

情绪心理学告诉我们, 愤怒与其他消极情绪如悲伤、焦虑等不同, 愤怒往往具有明确的对抗性, 往往含有对他人或他物的责备。曹植的愤怒主要是对监官们的憎恨, 所以用各种令人厌恶的动物来比喻他们。这首诗中, 曹植直抒胸臆, 将对监官的愤怒与憎恨表现出来, 用"鸱枭""豺狼""苍蝇"等比喻监官为势利小人, 更用"谗""当""间""鸣"等字, 将他们混淆是非、以谗言巧语挑拨离间的丑恶行径刻画无遗, 真可谓痛极无隐语。

其五:

> 太息将何为? 天命与我违。奈何念同生, 一往形不归。
> 孤魂翔故域, 灵柩寄京师。存者忽复过, 亡殁身自衰。
> 人生处一世, 忽若朝露晞。年在桑榆间, 影响不能追。
> 自顾非金石, 咄唶令心悲。④

---

① (晋)陈寿撰, (南朝宋)裴松之注:《三国志》卷二《魏书·文帝纪》, 第83页。
② (汉)毛亨传、郑玄笺, (唐)孔颖达等正义:《毛诗正义》卷一,《十三经注疏》, 中华书局1980年版, 第278页。
③ (魏)曹植撰, 赵幼文校注:《曹植集校注》卷二, 第441页。
④ (魏)曹植撰, 赵幼文校注:《曹植集校注》卷二, 第443页。

曹植在这里直接表达对曹彰之死的悲痛与哀悼，试想亲兄弟一同前往京师，返归时却少了一人，其"孤魂""灵柩"仍停留在京师，而存者也可能不久于人世，巨大政治压力下的死生之戚营造了浓郁的死亡意识，使曹植喟叹人生苦短。

其七：

> 变故在斯须，百年谁能持。离别永无会，执手将何时？
> 王其爱玉体，俱享黄发期。收泪即长路，援笔从此辞。①

组诗的最后，曹植放声长号，感生死离别。吟唱离歌之苦后，马上又要回藩地过圈牢养物的生活，这满腔悲愤何人能懂？！

总的来说，《赠白马王彪》这组诗中，惊恐、悲伤、愤怒、无奈等心情交织在一起，刻骨的悲怆感是曹植愤懑的极限反映，是其情感大爆发的结果，是其向往自由的高声呐喊。方东树云："此诗气体高峻雄深，直书见事，直书目前，直书胸臆，沉郁顿挫，淋漓悲壮。"②这种饱含血泪、感人肺腑的诗句，千载之后，仍能令读者扼腕堕泪。

《九愁赋》也可算作愤怒至极的体现。赵幼文《曹植集校注》将《九愁赋》系于进京之前，恐有不妥。赴京之前属于曹植"形影相守，出入二载"时期，为了自保，不太可能创作出自证贞亮、谴责监官的《九愁赋》。赋文云：

> 践南畿之末境，越引领之徘徊……恨时王之谬听，受奸枉之虚词，扬天威以临下，忽放臣而不疑。登高陵而反顾，心怀愁而荒悴，念先宠之既隆，哀后施之不遂。虽危亡之不豫，亮无远君之心……以忠言而见黜，信无负于时王。俗参差而不齐，岂毁誉之可同。竞昏瞀以营私，害予身之奉公。共朋党而妒贤，俾予济乎长江。嗟大化之移易，悲性命之攸遭。愁慊慊而继怀，恒惨惨而情挽。旷年载而不回，长去君兮悠远……知犯君之招咎，耻干媚而

---

①　（魏）曹植撰，赵幼文校注：《曹植集校注》卷二，第446页。
②　（清）方东树撰，汪绍楹校点：《昭昧詹言》卷二，人民文学出版社1961年版，第73页。

求亲。顾旋复之无轨，长自弃于遐滨。与麋鹿而为群，宿林薮之葳蕤。野萧
条而极望，旷千里而无人。民生期于必死，何自苦以终身！宁作清水之沉
泥，不为浊路之飞尘。践蹊隧之危阻，登岩崾之高岑。见失群之离兽，觌偏
栖之孤禽。怀愤激以切痛，若回刃之在心。愁戚戚其无为，游绿林而逍遥。
临白水以悲啸，猿惊听以失条。亮无怨而弃逐，乃余行之所招。①

此赋感情悲愤凄咽，是遭谗受诬的愤怒体现。泣血之叹与颤栗之痛充盈全
文，文中对小人的憎恨、对自己命运不公的陈述甚为明显。"旷年载而不回，长
去君兮悠远""长自弃于遐滨"，说明曹植被贬京都时间已经较长，所以从时间上
推断，应非黄初前期。且据考"践南畿之末境"之"南畿"乃指雍丘②，赋中又有
"与麋鹿而为群，宿林薮之葳蕤。野萧条而极望，旷千里而无人"，从地点大致
可知在荒凉的雍丘之地。黄初四年(223)八月，曹植归鄄城，徙封雍丘王，旋即
又被监官诬告。因此，此赋极有可能是作于赴雍丘之后不久，时间应该在黄初四
年八月附近，这一篇赋作也可以看作悲愤高潮时的呐喊。

黄初四年八月，曹植徙封雍丘王，从鄄城迁到雍丘，算是离京都又近了许
多。从此，曹植进入生命沉沦的第三阶段，即本节所谓的黄初后期。黄初后期，
曹植的生活较为平静，曹植本传等都没有这一时期他犯事的记载。曹植《黄初六
年令》云："及到雍，又为监官所举，亦以纷若，于今复三年矣。然卒归不能有
病于孤者，信心足以贯于神明也。"③说明这约两年又八九个月内，曹植循规蹈
矩，没有再让监官抓住把柄进行奏劾。

在黄初四年七八月写下《赠白马王彪》《九愁赋》表达极度悲愤以后，曹植逐
渐转入悲愤沉潜期。所谓悲愤沉潜期，指曹植的悲愤逐渐深藏不露，转向内心的
自我哀叹，这是绝望之后的余悸期与麻木期。行为主义心理学中有一个极为著名
的理论叫习得性无助(Learned Helplessness)，是指个体在经历了无法逃避的危机
或不愉快的情境以后，产生的一种绝望与无奈的心理状态，个体因此会时常以悲

---

① (魏)曹植撰，赵幼文校注：《曹植集校注》卷二，第 374~375 页。
② (魏)曹植撰，赵幼文校注：《曹植集校注》卷二，第 376 页。
③ (魏)曹植撰，赵幼文校注：《曹植集校注》卷二，第 503 页。

伤、焦虑等情绪消极地面对生活，没有意志去战胜困境。同样，曹植在经历了几次严酷打击而倾诉无果的情境下，也会有类似的消极心态。我们可以把他在愤懑至极时写下《赠白马王彪》《九愁赋》视为转捩点，从此以后，曹植进入一种习得性无助的状态。社会心理学中也有一个贝勃定律，认为当个体经历了强烈的刺激后，如果再对其施予刺激，那么个体对于后来的刺激反应不会如之前那么强烈。黄初二年（221），曹植经历过两次死亡恐惧的直接威胁。黄初四年（223），任城王曹彰的暴毙又给曹植极大的震慑感。因此，曹植在黄初四年徙封雍丘王以后，如果再有类似的打击，他受到的恐惧当不会如之前那么强烈。不过，此前一系列的严厉打击与残酷迫害造成的阴影并没有完全消失，只不过黄初后期外界的压力相比渐小，此时的曹植已经学会在圈养幽禁环境中过着相对麻木的生活。

　　另外，行为主义心理学有正惩罚与负惩罚两个概念。正惩罚是指当个体做出一个行为后，出现惩罚物，以后个体就会减少相同或类似的行为。负惩罚则是当个体做出特定行为后，他所喜欢的东西就不会出现，这也会减少个体以后再做相同或类似行为的频率。曹植出现了犯罪违规之举，被监官奏劾，甚至召入京师问罪，贬爵、减邑等都是一种正惩罚，这些正惩罚会减少曹植今后犯罪违规的频率。曹植在黄初四年（223）五月赴京上表希冀起用，曹丕没有同意，且那时曹彰的暴卒很可能是曹丕故意杀鸡儆猴，应该给曹植很大的震慑力，因此之后的黄初后期，即使他内心望君垂顾，也只是若隐若无地含蓄表达，再也没有径直上表曹丕请求希冀重用。

　　黄初后期，即曹植生命沉沦的第三阶段，他的忧生之嗟频率少于黄初前期，程度也浅了许多。此时的他仍望君垂怜，悲愤沉潜，诗文中体现的更多是悲伤与焦虑，是一种孑然独处、备感孤独的被弃感。所以此时创作了较多的弃妇诗、思妇诗，如《浮萍篇》《七哀》《种葛篇》等。《浮萍篇》一诗以浮萍起兴，以结发夫妻为比，以女子的口吻，通过写女子今昔生活的前后对比来表现其伤心与怅惘。虽寄托隐晦，但"无端获罪尤""何意今摧颓，旷若商与参"的诗句，视为隐射曹植本人与曹丕的关系是说得通的。"行云有返期，君恩傥中还"①，此处"君"既可

---

① （魏）曹植撰，赵幼文校注：《曹植集校注》卷二，第 462~463 页。

指女子丈夫，还可指君主曹丕，可谓是期望曹丕能悔悟的申诉。《种葛篇》亦有同样的立意，且"昔为同池鱼，今为商与参"的诗句，同样以商、参二星为喻，因为商星在东，参星在西，此出彼没，永不相见，以此自比与兄长曹丕永不能见。"往古皆欢遇，我独困于今。弃置委天命，悠悠安可任"①，更是直接把自己的孤独与无奈表现出来，这种随缘认命的思想较为符合黄初后期曹植的处境。而《七哀》："君若清路尘，妾若浊水泥。浮沉各异势，会合何时谐？愿为西南风，长逝入君怀。君怀良不开，贱妾当何依。"②通过鲜明的对比、曲折婉转的哀叹，将浓厚的哀戚与伤痛呈现出来，寄望能重新得到曹丕眷顾。元末明初的刘履评此诗云："子建与文帝同母骨肉，今乃浮沉异势，不相亲与，故特以孤妾自喻，而切切哀虑之也。"③

这些隐曲深沉的弃妇诗、思妇诗，无一不是在比兴寄托中投射出一种孤独感与被弃感，对骨肉和谐的期望是曹植此时的迫切愿望。人本主义心理学认为，"孤独是由人所期望的社会交往数量和质量与实际的社会交往数量和质量之间的差异所导致的内心感受"④，而且认为孤独感的产生受社会情境的影响很大，如果长期孤独会导致消极预期或悲观预期。曹植在谪居期间与亲友交往甚少，所处环境使其孤独感倍增。临去世前一年，其《求通亲亲表》云"每四节之会，块然独处，左右唯仆隶，所对惟妻子"⑤，这是其谪居孤独生活的真实写照。长期处在这样的生活环境中，曹植也会产生悲观消极的事功心理预期，所以这一时期的自请试用并不明显。在悲愤沉潜期，曹植的被弃感与孤独感尤为强烈，故而这一时期的弃妇诗、思妇诗较多。情绪心理学告诉我们，悲伤与焦虑等消极情绪具有内向性，它们一般不像愤怒一样具有较为明确的对抗性，它们大都是一种潜藏的反应。悲伤大都是对发生过的不幸的一种伤感反应，焦虑亦是对不幸或失败感到担心和不安，或是对未经确认和未发生事件的压力感、忧惧感。形同楚囚的谪居生

---

① （魏）曹植撰，赵幼文校注：《曹植集校注》卷二，第467页。

② （魏）曹植撰，赵幼文校注：《曹植集校注》卷二，第465页。

③ （元）刘履编：《选诗补注》卷二，《风雅翼》，影印文渊阁《四库全书》，台湾"商务印书馆"1986年版，第1370册，第27页。

④ ［美］伯格（Jerry M. Burger）著，陈会昌等译：《人格心理学》，中国轻工业出版社2010年版，第215页。

⑤ （魏）曹植撰，赵幼文校注：《曹植集校注》卷三，第650页。

活使曹植没有归属感，因此会在孤独的同时产生浓厚的悲伤情绪。而曾经的严酷打击造成的阴影与痛苦经验，又使曹植忧惧类似的情境再现，所以曹植还会焦虑。

也许是曹植这些弃妇诗、思妇诗的悲惋凄清起到了效果，从而一定程度感动了曹丕。加之曹植在近两年的谪居生活内比较低调稳重，曹丕应基本相信曹植确无夺权之心，两人关系有所缓和。所以黄初六年（225）十二月，曹丕东征路过雍丘时幸植宫，增食邑五百户，赏赐良多。对于曹丕的到来，曹植显得很高兴，其《黄初六年令》谓"今皇帝遥过鄙国，旷然大赦，与孤更始，欣笑和乐以欢孤，陨涕咨嗟以悼孤"。曹丕幸藩国，曹植正可以借机面陈自己的意愿，那就是在藩国自乐其乐，以尽余生。《黄初六年令》又云："故欲修吾往业，守吾初志。欲使皇帝恩在摩天，使孤心常存入地，将以全陛下厚德，究孤犬马之年，此难能也，然孤固欲行众人之所难……故为此令，著于宫门，欲使左右共观志焉。"①曹植此时仍然表现出终老藩国的愿望，主要还是为了避免曹丕的猜忌。之所以如此，很大可能是因为曹植在这次会晤曹丕以后，感觉曹丕并无召自己回京或重新启用的意思，只是予以暂时安抚，所以他宁愿继续表现出在藩国度过余生的意愿。

黄初七年（226）五月，曹丕病卒，这离探望曹植不到半年时间，黄初后期的曹丕对曹植的政治打压大大减轻，曹植所受的政治"紧箍咒"渐松，曹丕的去世使曹植面临的政治压力顿小，其生命沉沦中的悲愤沉潜期也至此结束。

曹叡践位，曹植迎来了生命沉沦的第四阶段，即太和时期的忧愁哀伤期。相比之前的生命沉沦，这一沉沦期较长，长达六年有余，直至曹植去世。曹植是一个具有强烈儒家事功意识的人，黄初时期，由于强大的政治压力，这一心理没有被很明显地表现出来，而是若隐若现、时起时伏地浮现在曹植心头。但是一旦政治环境好转，他又开始萌发参政意识。行为主义心理学有消退这个概念，是指已经形成的条件反射由于不再受到刺激，其反应强度或频率会渐趋于减弱甚至消失，这称为条件反射的消退。我们可以把曹丕对曹植的政治打压看作一种刺激，把曹植隐藏事功意识看作一种反射，在不断的刺激之下，条件反射就会形成，即不断的政治压力会使曹植隐藏事功意识，一旦这种刺激消失或基本消失，那么相

---

① 　（魏）曹植撰，赵幼文校注：《曹植集校注》卷二，第 503~504 页。

应的条件反射也会消退，即曹植隐藏事功意识也会消退，那么他就会重新燃起辅君匡国的愿望。再者，马斯洛需求层次理论认为，一旦满足了生理、安全、尊重等基本需要以后，人就会有一种自我实现的需要。曹叡即位，曹植面临的境遇有较大的好转，此时无性命之虞，所以从自我实现的需要来看，此时的曹植也希望能够建功立业以实现书名竹帛的心愿。

曹叡即位伊始，就选用钟繇、华歆、曹休、王朗、陈群、曹真、司马懿等为辅政大臣，曹植马上积极进行议论品评，作《辅臣论》七首，对这七人赞颂有加。试想若在黄初时期，曹植断不敢有此议论时政、时人的做法，此举说明此时政治环境变得相对宽松，同时也透露出曹植欲积极施展政治抱负的愿望。

太和元年（227）四月，曹植徙封浚仪。在太和二年（228）四月京都洛阳发生了一件事情，《三国志·魏书·明帝纪》裴松之注引《魏略》云"是时讹言，云帝已崩，从驾群臣迎立雍丘王植。京师自卞太后群公皆惧。及帝还，皆私查颜色。卞太后悲喜，欲推始言者，帝曰：'天下皆言，将何所推？'"①即当时谣传曹叡卒，群臣欲迎立曹植。针对此谣言，曹植作有《当墙欲高行》，云"龙欲升天须浮云，人之仕进待中人，众口可以铄金。谗言三至，慈母不亲。愦愦俗间，不辨伪真。愿欲披心自说陈，君门以九重，道远河无津"②。他力陈被谗之苦，这是对时下政治谣言的自我辩解。此时他还作《怨歌行》以自辩：

> 为君既不易，为臣良独难。忠信事不显，乃有见疑患。
> 周旦佐文武，金縢功不刊。推心辅王政，二叔反流言。
> 待罪居东国，泣涕常流连。皇灵大动变，震雷风且寒。
> 拔树偃秋稼，天威不可干。素服开金縢，感悟求其端。
> 公旦事既显，成王乃哀叹。吾欲竟此曲，此曲悲且长。
> 今日乐相乐，别后莫相忘。③

① 此处云"雍丘王植"，时曹植仍封浚仪，尚未还雍丘。也可能是曹植封雍丘王，但居浚仪，后还雍丘，其雍丘王名号未变。
② （魏）曹植撰，赵幼文校注：《曹植集校注》卷三，第547页。
③ （魏）曹植撰，赵幼文校注：《曹植集校注》卷三，第542~543页。

此诗寓意甚明，以周公自比，以周成王比曹叡，表达自己被猜忌的处境。"待罪居东国，泣涕常流连"，这里待罪居东国的不仅指征戎未归的周公，还代指曹植自己，因为曹植贬所位于京都洛阳之东。诗中"泣涕常流连"表明曹植贬谪生活的悲凉处境与遭人诬陷的无辜心情。曹植为何辩解？一来此时曹植确无为帝之野心，有的只是参与政治以施展才华的报国之志。二来作为此谣言的牵涉主体，面临杀头之罪时为了自保，曹植也不得不出来辩解。幸亏曹叡未对此事予以深究，曹植算是躲过一劫。

半年以后，即太和二年（228）十月，曹植上疏求自试，写下了著名的《求自试表》，是文云：

> 臣闻士之生世，入则事父，出则事君。……而位窃东藩，爵在上列……退念古之受爵禄者，有异于此，皆以功勤济国，辅主惠民。今臣无德可述，无功可纪，若此终年，无益国朝，将挂风人彼己之讥。……虽贤不乏世，宿将旧卒犹习战也。窃不自量，志在效命，庶立毛发之功，以报所受之恩。若使陛下出不世之诏，效臣锥刀之用，使得西属大将军，当一校之队；若东属大司马，统偏师之任，必乘危蹈险，骋舟奋骊，突刃触锋，为士卒先。虽未能擒权馘亮，庶将虏其雄率，歼其丑类。必效须臾之捷，以灭终身之愧，使名挂史笔，事列朝策。虽身分蜀境，首悬吴阙，犹生之年也。如微才弗试，没世无闻，徒荣其躯而丰其体，生无益于事，死无损于数，虚荷上位而忝重禄，禽息鸟视，终于白首，此徒圈牢之养物，非臣之所志也。流闻东军失备，师徒小衄，辍食忘餐，奋袂攘衽，抚剑东顾，而心已驰于吴会矣！……而臣敢陈闻于陛下者，诚与国分形同气，忧患共之者也。冀以尘雾之微，补益山海；荧烛末光，增辉日月。是以敢冒其丑而献其忠，必知为朝士所笑。圣主不以人废言，伏惟陛下少垂神听，臣则幸矣！①

曹植此表，洋洋洒洒，徜徉恣肆。全文主要表达了自己爵位与功劳不相称，愿与国同休戚，志在效命疆场，以军功名垂青史的愿望。文中，曹植恐虚度年华

---

① （魏）曹植撰，赵幼文校注：《曹植集校注》卷三，第550～553页。

而无尺寸之功，有着慷慨赴死的决心，他希望曹叡有伯乐般的慧眼，能够赏识起用自己。此时的曹植，相比撰写《辅臣论》时，其建功立业之心更加急切。从黄初时期的基本缄口不言，到太和元年的品评时人，再到太和二年的上疏求试，这意味着政治环境的松动令曹植的事功意识越来越强烈。对于曹植的毛遂自荐，曹叡予以婉拒。此表所上的结果是疑不见用，所以曹植接连又云：

> 夫爵禄者，非虚张者也，有功德然后应之，当矣。无功而爵厚，无德而禄重，或人以为荣，而壮夫以为耻。故太上立德，其次立功，盖功德者所以垂名也。名者不灭，士之所利，故孔子有夕死之论，孟轲有弃生之义。彼一圣一贤，岂不愿久生哉？志或有不展也。是用喟然求试，必立功也。呜呼！言之未用，欲使后之君子知吾意者也。①

曹植云"欲使后之君子知吾意"，是想特地表明自己求自试别无他意，再三申明自己受恩有过，希冀立功名垂青史。在上表求自试被拒之后，曹植必定感叹怀才不遇。曹植的上表引起了当时部分臣子的讥讽，即《求自试表》所云"为朝士所笑"，所以曹植作《鰕䱇篇》予以回击。

上疏求自试令曹叡看见了曹植急切的建功立业心理，尤其是他建立军功的愿望格外强烈，军功二字往往与兵权二字相连，曹叡也畏惧这位长于军中有带兵才能且曾经差点继承曹魏嗣统的叔父掌有兵权，加上之前还有过迎其为帝的谣言，因此对其猜忌日重。在次年（229）十二月，曹叡下诏将曹植迁徙到更远的东阿。曹叡的诏令值得琢磨，曹植《转封东阿王谢表》云"奉诏：'太皇太后念雍丘下湿少桑，欲转东阿，当合王意！可遣人按行，知可居不？'"②可见曹叡可能借卞太后之意对曹植实施贬谪，认为雍丘之地贫瘠，所以转徙东阿，且带有试探性语气，这一做法无疑较为聪明。曹植果真很想离开雍丘吗？恐怕未必。曹植本就不太重物质生活，本传云其弱冠之前就"性简易，不治威仪。舆马服饰，

---

① （晋）陈寿撰，（南朝宋）裴松之注：《三国志》卷一九《魏书·陈思王植传》，第569页。

② （魏）曹植撰，赵幼文校注：《曹植集校注》卷三，第584页。

不尚华丽"①。且曹植前妻曾因穿戴华丽而被曹操赐死②，想必曹植也会谨记曹操"雅性节俭，不好华丽"③的生活原则。又曹植此谢表还云"臣在雍丘，劬劳五年，左右罢怠，居业向定。园果万株，枝条始茂，私情区区，实所重弃。然桑田无业，左右贫穷，食裁糊口，形有裸露。"④雍丘荒凉贫瘠，曹植在雍丘辛苦经营五年，使"园果万株，枝条始茂"，糊口养家当不是问题。所以曹植内心有不太想离开的想法，但既有诏令，转徙东阿沃土之地也确实更有利于养家，因此也就勉强行之，如此离京都就更远了。

求自试不仅没有成功，且被迁往更远的东阿，曹植内心的怀才不遇应越发强烈。名诗《美女篇》的具体写作时间难以考实，但大致应该在转徙东阿前后，且在徙东阿之后的可能性更大。该诗云：

> 美女妖且闲，采桑歧路间。柔条纷冉冉，落叶何翩翩。
> 攘袖见素手，皓腕约金环。头上金爵钗，腰佩翠琅玕。
> 明珠交玉体，珊瑚间木难。罗衣何飘飘，轻裾随风还。
> 顾盼遗光采，长啸气若兰。行徒用息驾，休者以忘餐。
> 借问女何居？乃在城南端。青楼临大路，高门结重关。
> 容华耀朝日，谁不希令颜。媒氏何所营，玉帛不时安。
> 佳人慕高义，求贤良独难。众人徒嗷嗷，安知彼所观？
> 盛年处房室，中夜起长叹。⑤

该诗大用比兴，托美女以自抒不遇心态，历代评点此诗者多有论述，毋庸再引。由于比兴手法的运用，该诗象征性与隐喻性增强，但正因如此也就增大了考察该

---

① （晋）陈寿撰，（南朝宋）裴松之注：《三国志》卷一九《魏书·陈思王植传》，第557页。

② 事见《三国志》卷一二《魏书·崔琰传》裴注引《世语》。

③ （晋）陈寿撰，（南朝宋）裴松之注：《三国志》卷一《魏书·武帝纪》裴注引《魏书》，第54页。

④ （魏）曹植撰，赵幼文校注：《曹植集校注》卷三，第584页。

⑤ （魏）曹植撰，赵幼文校注：《曹植集校注》卷三，第575页。木斋、李恒：《论建安二十二年：曹植的人生转折——兼析〈美女篇〉〈蝉赋〉〈节游赋〉》(《河北师范大学学报》2012年第3期)将此诗系年于建安二十二年(217)，即曹植被贬之前，此说较为牵强。

诗具体写作背景与时间的难度。虽说分析诗歌不能完全将其中所涉及的地点人物与现实等同，但好用比兴的诗歌，其地点人物一般都有一定的生活原型，并非完全凭空想象。曹植迁东阿之前所作的《迁都赋序》云"余初封平原，转出临淄，中命鄄城，遂徙雍丘，改邑浚仪，而末将适于东阿。号则六易，居实三迁，连遇瘠土，衣食不继"①，可见曹植在迁东阿之前，所处的谪居环境基本上是贫瘠荒凉之地，而东阿确实是沃土。诗中"采桑歧路间"，当不是指"桑田无业"的雍丘，而是《社颂》序中所谓"桑则天下之甲第"②的沃土东阿。且从美女穿着打扮与居住场所看也非一般寒女，应为王室懿亲。所以从地点与人物来看，极有可能是居东阿的曹植自比。"盛年处房室，中夜起长叹"，叹的不仅是美女的年华易逝，更是曹植自己的生命荒废。该诗表达了一种强烈的忧愁哀伤，可谓太和时期曹植苦闷心理的最好写照，因此《美女篇》也成了历代论曹植怀才难施时引用频率极高的诗篇，基本成了曹植怀才不遇的代名词。

太和四年(230)六月，曹植生母卞太后去世，他的心情当是一落千丈。在曹植的贬谪历程中，卞太后扮演了极为重要的庇护角色，曾经几次干预曹丕对曹植的陷害，对其兄弟关系进行调节，她的去世必定令曹植悲痛不已，《卞太后诔》就是悲伤哀悼其母时的笔下产物。卞太后卒后约一个月，曹魏集团发动了征蜀的行动。

太和年间，曹魏集团多次谋议征伐蜀国，唯有在太和四年(230)七月诏令主动征蜀。《三国志·魏书·明帝纪》载"秋七月，武宣卞后袝葬于高陵。诏大司马曹真、大将军司马宣王伐蜀……九月，大雨，伊、洛、河、汉水溢，诏真等班师"③，听闻征伐蜀国，此时远在东阿的曹植应有主动请缨的想法，所以《征蜀论》当作于此时。曹植的请缨必定会被婉拒，所以他的报国心理又一次受挫。《白马篇》④大概就

① (魏)曹植撰，赵幼文校注：《曹植集校注》卷三，第586页。
② (魏)曹植撰，赵幼文校注：《曹植集校注》卷三，第636页。
③ (晋)陈寿撰，(南朝宋)裴松之注：《三国志》卷三《魏书·明帝纪》，第97页。
④ 现今众多通代文学史(如袁行霈主编：《中国文学史》；章培恒、骆玉明主编：《中国文学史》)以及断代文学史(如徐公持：《魏晋文学史》)等，都认为《白马篇》属于曹植前期作品。祝鼎民《曹植年谱考索·阮籍生平系年考略》(北京师范大学出版社2023年版)认为，"植以彰为原型，作《白马篇》"(第77页)，"此诗应作于建安二十三四年"(第79页)。徐公持：《曹植年谱考证》(社会科学文献出版社2016年版，第232页)也认为"此篇所写事主，疑即曹植同胞兄曹彰"，并系于建安二十三年。笔者却认为赵幼文将此诗系于太和时期颇有道理。

是在被拒之后的作品。因为《白马篇》极写游侠的武艺高强与为国慷慨赴死的忠勇精神，传达出一种欲战沙场的豪情与壮志，比较符合此时曹植忧国的请缨心态。所以说，《美女篇》与《白马篇》名为写美女与游侠，实则自况，它们皆应为太和时期曹植谪居东阿时的心理投射，故这两首诗作于太和四年的可能性较大。

　　藩王在各地的生活受到限制，不能擅自往来，必定使亲情疏远。所以太和五年（231）七月，曹植上《求通亲亲表》，反对当时限制藩王活动的法制，又借机表达参政意愿，是文云：

　　　　臣伏自惟省，岂无锥刀之用。及观陛下之所拔授，若以臣为异姓，窃自料度，不后于朝士矣！若得辞远游，戴武弁……趣得一号，安宅京室，执鞭珥笔，出从华盖，入侍辇毂，承答圣问，拾遗左右，乃臣丹情之至愿，不离于梦想者也……每四节之会，块然独处，左右唯仆隶，所对惟妻子，高谈无所与陈，发义无所与展，未尝不闻乐而拊心，临觞而叹息也。①

　　曹植于此又提出自己无锥刀之用的实情，期望能够入京辅君。其块然独处的境遇，深刻反映出当时曹魏集团对藩王生活实行监控幽囚的残酷。也许是曹植的直抒胸臆与真挚情感打动了曹叡，他推诿下吏，并纠正了部分对藩王过于苛责的法制，还于一个月后诏令诸王入朝。不过曹叡对于曹植的自试之请舍而不答，所以他接连又上《陈审举表》云：

　　　　臣生乎乱，长乎军，又数承教于武皇帝，伏见行师用兵之要，不必取孙吴而暗与之合。窃揆之于心，常愿得一奉朝觐，排金门，蹈玉陛，列有职之臣，赐须臾之问，使臣得一散所怀，抒舒蕴积，死不恨矣！……愿得策马执鞭，首当尘露，撮风后之奇，接孙吴之要，追慕卜商，起予左右，效命先驱，毕命轮毂，虽无大益，冀有小补。然天高听远，情不上通，徒独望青云而拊心，仰高天而叹息耳！②

---

① （魏）曹植撰，赵幼文校注：《曹植集校注》卷三，第650页。
② （魏）曹植撰，赵幼文校注：《曹植集校注》卷三，第663页。

曹植再次主动请缨，希望能带兵打仗，策马扬鞭，效命疆场，此心甚为强烈，言即使能够如愿，"死不恨矣"，真可谓言辞恳切。曹植心中蕴积太多，这蕴积就是怀才难施，是面对蜀国侵魏时自己不能出丝毫之力的无奈。稍前《求通亲亲表》中有"临觞而叹息"，这里又有"仰高天而叹息"，无论是推杯举觞，还是仰天长叹，这一声声叹惋，是曹植极为无奈的心理呐喊。对于曹植的屡次请缨，曹叡当然不会答允，这次也是以褒奖之词委婉拒绝。这篇《陈审举表》也是曹植现存的在生命最后阶段表明自己求试心愿的文章。

是年冬，曹植入朝，多次表达想单独朝觐曹叡的愿望，希冀得以试用，但都没能如愿，不过曹叡封其为陈王也算是一种抚慰。请缨无望的曹植只能返归东阿，在东阿度过了人生的最后时光。曹植在世的最后大半年内，一直都是绝望怅惘的，直至郁郁而终，且他最后大半年撰写的作品大都是公文性质的谢表等，没有较为明显寄托深远的篇什。

整个太和时期，曹植的心理苦闷都是以忧愁哀伤为主的。他多次请求自试而不得，策功垂名的愿望最终也未能实现。根据心理学中的归因理论，一般人在解释别人行为时，倾向于性格归因，即强调内因；在解释自己行为时，倾向于情景归因，即强调外因。同样，曹植在请求自试未果时，也会倾向于将原因归为外因，即时运不济与曹叡等人的不支持。依照曹植仁厚的秉性，他哀而不怒，伤而不愤，无论是黄初还是太和时期，曹植对曹丕、曹叡两位君主都是尊敬有加的，他自认才高，只是缺少机会而已，一旦给予自己机会，即能立业建功，所以他更倾向于是时运不济导致自己怀才难施。

纵观曹植的贬谪生涯，黄初前期，强烈的政治打压使曹植性命堪虞，所以他忧生恐惧，此一时主要靠游仙诗寄托咏怀；黄初中期，由于之前监官的诬陷，以及曹彰的暴卒，外加不被允许与兄弟同归藩国的严苛条件，导致曹植悲愤至极，写下了《赠白马王彪》与《九愁赋》等，表达愤懑难忍之情；在短暂的悲愤高潮期以后，黄初后期，他的内心转向潜藏，悲伤与焦虑等消极情绪成为此时的主导情绪，所以此时他主要以弃妇诗表达孤独感与被弃感；太和时期，曹植重燃事功意识，期望积极辅君匡国，屡次请求自试，但曹叡一直婉拒，此时曹植心理主要是由壮志难酬导致的忧愁哀伤，他写作了《美女篇》《白马篇》来表达强烈的生命荒废感。要之，曹植的生命体验与心路历程，综合了幽囚感、怨别感、被弃感、孤独感、漂泊感、生命荒废感等，综其贬谪生活，其生命沉沦导致的苦闷心理都融进其作品。

所谓作品风格，是作家作品整体上具有的独特鲜明的风貌与格调，兼有作品思想内容与艺术形式两方面的特征。作品风格除了受到作家主体的主观影响，还在很大程度上受到客观环境的影响。由贬谪生活导致的曹植作品风格的转变，前人多有述及，大都把曹植生活分为前后两期进行对比，前期充满浪漫情调，有一种乐观昂扬的风格，后期由于生存环境的巨变，具有了明显的忧郁悲凉风格。此说不误，但稍显宽泛与笼统，忽略了贬谪时期不同阶段的生命沉沦造成的不同作品风格。概言之，曹植后期贬谪生活期间的文学作品，前后相继呈现出三种不同的风格，依次为黄初前期的悠游自适、黄初中期的愤慨激昂、黄初后期与太和时期的哀婉悱恻。由于学界对曹植作品风格的具体引证分析已多，这里无意再述，仅就其不同时期的作品风格作大致描述。

黄初前期，曹植处于忧生恐惧期，游仙诗乃此一时期的主要作品，因此游仙诗的风格大致可以代表其黄初前期的作品风格。曹植通过游仙诗来曲折隐约地表达向往自由的心向。游仙寄慨在曹植这里，不仅仅是求仙长生，更重要的是渴求自由。此时游仙诗中好用"太虚""九天""凌云""翱翔""逍遥""远游""高风""仙人""乘龙""登陟""金石""延寿"等词汇，充满了悠游自适的风貌。这种寓渴望自由与歌咏长生的寄托感怀，是其忧生恐惧期间的一种自我解脱与疗救，很大程度上开启了文人游仙诗的咏怀传统，也一定程度上促成了阮籍等人咏怀诗与郭璞等人游仙诗中现实意义的产生。本节所谓黄初中期时间不长，此时主要有《赠白马王彪》与《九愁赋》等作品，数量不多，却足以代表此时曹植的愤慨不平心理。"鸱枭""豺狼""苍蝇""怨""恨""悲"等词汇的频现，将游仙诗中的飘逸虚无一扫而光，从而体现了曹植贬谪生活中最为愤懑的生活面貌。然而曹植本性仁厚，加之巨大的忧生压力，愤怒的心理状态也是短暂的，所以作品中的愤慨激昂也不算太多；黄初后期与太和时期，曹植忧生压力顿小，作品相对较多。由于请求自试的屡次落空，曹植吟叹生命急促，流年荒废。此一时期他的作品以弃妇、思妇主题为主，"忧""伤""戚""叹"等字频现，体现了曹植内心的焦虑与悲伤，将其怨而不怒的沉潜情绪表现出来。曹植借助弃妇的口吻抒发怀才不遇的生命荒废感，作品主要呈现出哀婉悱恻的风貌。前人多云曹植后期作品有忧郁悲凉风格，主要是针对此一时期而言。曹植弃妇诗是对诗骚传统的继承，同时又有很大的新变，着重体现在联系自身遭际，突出心理感受的描写，将文人弃妇诗提升到了新的高度。

这里无意否定曹植后期作品哀婉悲凉的整体风格，也无意用环境决定论来夸大贬谪生活中生命沉沦对曹植创作的刺激，而是要强调生命沉沦的阶段、程度与作品内容、风格的紧密相关性。杰出的文学家作品风格并非单一，风格具有稳定性，但同时又不能囿于稳定，需要有变易与创新，恶劣的客观环境很大程度玉成了曹植作品风格的多样性。曹植才高见忌，遭遇舛厄，正印证了忧患出诗人、逆境出诗人的说法。废锢 12 年，肉体折磨与精神摧残并存，曹植文学创作从前期的客观世界观照转向后期内心世界的自我观照，注重揭示内心苦闷世界，充分体现了生命沉沦中的巨大身心哀痛，悲剧色彩浓厚，因此能感人至深。

曹植是建安文学的代表作家之一，探讨曹植作品的风格，无疑有利于"建安风骨"这一美学内涵的挖掘。所以根据曹植作品的风格来看，笔者认为应该重新审视建安风骨①的内涵。文学史上久成定谳，认为建安风骨体现的是一种俊爽刚健风格，此说主要是经过唐人陈子昂的阐释而逐渐形成的，若以此含义来定义建安风骨的话，那么似乎不能说曹植是建安风骨的代表作家。因为无论从作品内容看，还是从作品风格看，曹植诗文都与陈子昂所谓的建安风骨有较大偏差。从内容来看，建安风骨重在反映社会离乱现实，曹植作品却大都属于内心情感的深层挖掘，而从艺术风格而言，曹植作品呈现的也大都是哀婉悲凉的风貌，这也不太符合俊爽刚健的风格。不过，若从建安风骨的美学内涵重在高扬的政治理想与浓郁的悲剧色彩这一角度来看，曹植确实堪称建安风骨的代表作家。故而，建安风骨的美学内涵仍有积极探讨的必要。

三、曹植之贬的文化史意义

中国历史上，争嗣②又被称为夺嗣、夺宗、夺嫡等，名异而实同，都是统治集团内部同宗成员为了继承嗣统而进行的斗争。君主世袭制度下，由谁承嗣关涉

---

　　①　木斋：《论风骨的内涵及建安风骨的渐次形成》（《山东师范大学学报》2006 年第 3 期）一文，不同意历来对建安风骨内涵的定义，富有启发意义。

　　②　争嗣，又云夺嗣、夺宗、夺嫡等，无论是配嫡（庶子）夺嗣还是同嫡夺嗣，实质都是为了继承嗣统，所以本节不严格区分嫡庶身份，重点强调夺嗣之实。

国家权力变更，与政局及国运走向息息相关。明人夏良胜《中庸衍义》云："三代以先，配嫡夺嗣以致祸者，不可胜纪。举幽王者，西周之所以亡也；举景王者，东周之所以乱也。"①争嗣情形从上古三代就不乏其例，直至明清亦有之，往往导致或亡或乱的结局。若从现存争嗣事件的发生时间、史料记载的翔实程度、争嗣确立的代际关系模式，以及争嗣造成的文化影响等因素来综合考察，我们可将曹丕、曹植之争视为争嗣中具有原型模式意义的典型案例。

（一）"二曹争嗣"与争嗣文化的母题模式

这里所谓"二曹争嗣"，着重强调争夺嗣统的整个过程，包括曹操在世时"二曹"相互斗争，曹丕即位后对曹植的打压，以及曹丕之子曹叡即位后对曹植的继续防范。史上虽有人认为曹植无意争嗣，但他确有参与争嗣的历史事实。争嗣并不仅是两个或更多当事人的斗争，更是他们背后集团之间的利益博弈。"二曹争嗣"亦如此。

"二曹争嗣"之前，三代秦汉这一漫长时期内，为史所载的著名争嗣事件主要有：西周宜臼与伯服之争；战国晋奚齐与重耳、申生之争；秦二世胡亥与扶苏之争；汉文帝刘恒与淮南厉王刘长之争、汉武帝刘彻与废太子临江王刘荣之争等。比之上述诸事件，"二曹争嗣"有其特殊影响。究其原因，除了与"二曹"自身的文学史地位有关，还与"二曹争嗣"案例产生的文化影响有关。

由于君主立嗣关系错综复杂的利益集团之间的博弈，所以历代君主择嗣都面临各种势力角逐，导致犹豫不决。曹操作为曹氏家族的掌舵人，虽未称帝，但实为魏国肇国之人，可以君主视之。雄才大略的曹操也曾在立嗣问题上举棋不定。《三国志》载邓哀王曹冲早夭，曹操哀伤过度时对曹丕说："此我之不幸，而汝曹之幸也。"②曹丕亦自谓"若使仓舒在，我亦无天下"③。曹冲字仓舒，既非嫡出，

---

① （明）夏良胜：《中庸衍义》卷六，影印文渊阁《四库全书》，台湾"商务印书馆"1986年版，第715册，第455页。

② （晋）陈寿撰，（南朝宋）裴松之注：《三国志》卷二〇《魏书·武文世王公传》，第580页。

③ （晋）陈寿撰，（南朝宋）裴松之注：《三国志》卷二〇《魏书·武文世王公传》，第581页。

又非长子。曹操这种明确寄望曹冲之举不合传统。曹植之所以"几为太子者数矣"①，也是因为曹操在嫡长子继承制的传统下偏向唯才是举所致。曹冲与曹植都是早慧大才，皆较曹丕年少，又都曾使曹操属意。曹操择嗣的犹豫使得诸子都有机会继承父业，这给"二曹争嗣"创造了条件，也给日后曹丕对诸兄弟的打压留下了祸根。现代心理学研究认为："如果父母把孩子们明确地区分为好的坏的……那么羡慕就会在孩子们的关系中起到决定性的作用……在这样的家庭体系中，兄弟姐妹之间尤其容易产生毫不认同的关系，也就是否定彼此的关系。"②现代心理学还认为，"同产者之间的敌视"③确实存在，尤其是多存在于权力家庭或阶层。据此，曹操生前对曹植的偏爱，易致曹丕对曹植生出羡慕、嫉妒之心。加之曹植与曹丕曾有争嗣经历，所以后来曹丕对曹植的打压具有报复心理与防范功用。

君主的立嗣态度直接关系其子嗣间的和睦程度。一般而言，君主若明确遵循嫡长子继承制，基本可杜绝众子觊觎之心，反之则易产生争嗣局面。而且，争嗣问题容易发生在开国初期的第二代或第三代子嗣身上。这样的例子数见不鲜：秦二世胡亥与扶苏之争、汉惠帝刘盈与刘如意之争、魏文帝曹丕与曹植之争、东吴的"二宫构争"、隋炀帝杨广与杨勇之争、唐初"玄武门之变"、宋初"烛影斧声"的传闻、明初靖难之役、清初康熙时"九子夺嫡"等。其中，宋太宗赵炅与明成祖朱棣属于历史上争嗣的少数案例，皇位的传承与一般的父死子继有异。从上述诸多争嗣事件可以归纳出一个重要结论，那就是国初统治者立嗣态度尤为重要。肇国者往往有筚路蓝缕之功，深知江山来之不易，故而不肯轻易择嗣，然而这也容易造成诸子争嗣现象。

曹操立嗣虽经长期犹豫，但最终还是选择了嫡长子曹丕继承大业。即便如此，争嗣也未完全结束。曹丕即位后对诸王实施打压，尤其是对曹植压迫甚深，仍然可以看作争嗣的延续，这种延续直到曹叡太和时期曹植去世为止。就此而

---

① （晋）陈寿撰，（南朝宋）裴松之注：《三国志》卷一九《魏书·任城陈萧王传》，第557页。

② ［瑞士］维雷娜·卡斯特著，陈瑛译：《羡慕与嫉妒——深层心理分析》，生活·读书·新知三联书店2004年版，第160页。

③ 同产者之间的敌视（Sibling Rivalry），又译为"同胞争宠"，在国外已经取得相当成果，兹不赘引。

论，争嗣往往牵涉的不是一代人，而是两代甚至更多。我们可将"二曹争嗣"看作一个涉及三代人的典型争嗣案例，它包含了三个阶段与三种代际关系模式。下面以表示之：

表 2-3　"二曹争嗣"代际关系表

阶段	施动者	受动者	血缘关系	施动者所属代	涉及的代际关系	涉及血缘的君臣关系模式
一	曹操	曹丕、曹植	父子	第一代	第一代与第二代	父子君臣模式
	曹丕	曹植	兄弟	第二代	第二代之间	兄弟皆臣模式
	曹植	曹丕				
二	曹丕	曹植	兄弟	第二代	第二代之间	兄弟君臣模式
三	曹叡	曹植	侄叔	第三代	第三代与第二代	侄叔君臣模式

从表 2-3 可知，"二曹争嗣"案例可分为三个阶段：第一阶段，第一代的统治者曹操是"二曹争嗣"的施动者，"二曹"是受动者，涉及第一代与第二代的关系，同时"二曹"之间互为施动者与受动者，这是在第一代统治者存世情况下的争嗣体现，是同代之间的斗争；第二阶段，第二代的曹丕即位可以视为争嗣成功，在成功之后，他对曹植加以贬谪，此时曹丕是施动者，曹植是受动者，这一阶段也是同代相争；第三阶段，乃争嗣的延续，第三代的曹叡接位，成为继任的施动者，此时曹植仍为受动者，这是第三代与第二代的斗争。此案例中，前两个阶段是争嗣的主要阶段，第三阶段是前两个阶段的延续。这三个阶段可以归纳为争嗣文化的一个基本母题模式：第一代的犹豫—第二代的斗争—第三代的延续斗争。其中第一代的犹豫是起因，第二代的斗争是高潮，第三代的延续斗争是余波。这一母题模式中，第二代的斗争是争嗣的核心，它所涉及的代际关系也最为复杂，既涉及第一代与第二代的关系，也涉及第二代之间的相互关系。并且第二代的斗争在君臣关系模式方面也涉及父子君臣、兄弟皆臣、兄弟君臣三种关系模式。"二曹争嗣"过程中，从第二阶段到第三阶段，代表着从兄弟君臣模式到侄叔君臣模式的转型。此时受动者血缘身份发生转变，施动者由于陷入道德困境，所以对受动者的打击力度有所减轻，太和时期曹植处境渐好即是如此。

这里既谓"二曹争嗣"为典型争嗣案例，是因为它带有普遍性的历史经验。古代君主大都妻妾成群，子嗣也众，极易出现皇室内讧事件，在"二曹争嗣"之前发生的历史争嗣事件，以及此后千余年的中国历史上为数不少的争嗣事件，基本符合"二曹争嗣"这一基本母题模式。如隋文帝杨坚可视为第一代，杨广与杨勇可视为第二代，杨广即位后赐死杨勇，且流放其子孙家属，这是第二代的斗争。又如唐高祖李渊可视为第一代，"玄武门之变"乃第二代的争嗣体现。或者将唐太宗李世民视为第一代，其子李恪、李泰、李治等可视为第二代，李治虽以仁厚著称，但即位后，仍因房遗爱谋反案而赐死李恪，对李泰虽优待有加，但并未召回京城，以致李泰病卒于贬所，这都含有对他们的打压与防范之心。又如唐宪宗李纯可视为第一代，其子李恽、李恒可视为第二代，李恒即位后诛杀了参与争嗣的李恽。又如康熙可视为第一代，"九子夺嫡"是第二代的斗争，雍正即位后对诸兄弟大行幽禁贬黜甚至诛杀，亦为同代相争。此外，涉及该争嗣母题模式前后三阶段的例子也有。如"九子夺嫡"事件即是此类。康熙为第一代，雍正同母弟胤禵参与了"九子夺嫡"，是雍正强有力的竞争对手，他在雍正即位后被幽禁多年，直到第三代乾隆即位后才被赦免，获得自由，此时胤禵年近半百，受到礼遇，但乾隆对这位叔父仍有防范之心。又有胤礽与雍正为兄弟，也参与争嗣，乾隆在位时，将胤礽次子弘晳革爵幽禁，这也属于第二代争嗣的延续。诸如此类的争嗣事件大都符合"二曹争嗣"案例的情节模式。

这里主要探讨了统治者为君主的择嗣争嗣情况，其实这个案例所体现的争嗣母题模式也可在大一统王朝下的诸侯王，或者地方割据势力的统治者，甚至世家大族中得到印证。因为他们的地位多可世袭，与"二曹争嗣"有很大相似性，此处提及不展开。

争嗣结果是成王败臣，失败者往往面临巨大的政治压迫，或被诛杀，或遭幽贬。争嗣被杀者所在多有，无疑体现了皇族内部政治斗争的残酷；被贬被幽者也不在少数，它同样体现了复杂的宫廷斗争与权力角逐。争嗣失败被杀意味着个体生命的终结，它体现的痛楚感之持久性不如被贬被幽的个体。被幽贬者虽存世，但往往受到身心的双重折磨，承受着巨大的政治阴影，常有生不如死的苦难经验与心理苦闷。

曹植争嗣失败以后被贬外地，在监国谒者的监视下过着圈牢养物般的日子，黄初时期曾几次有性命之虞，在太和时期虽相对受到礼遇，但也是苦重愁深。后世如曹植者不在少数：比"二曹争嗣"稍晚的东吴"二宫构争"，是孙权晚期立嗣态度游移造成的太子孙和集团与鲁王孙霸集团之间的斗争，导致孙和被废，贬至故鄣，孙霸也被赐死；晋初司马攸被排挤出镇，也是由于与太子司马衷的争嗣；又如唐太宗之子李承乾、李泰、李治等争嗣，因为失败，李承乾被废为庶人，徙黔州，卒于贬所。李泰被降爵为东莱郡王，又改封为顺阳王，贬至均州之郧乡县，亦卒于贬所。诸如此类之例，历朝皆有之。后世如曹植因争嗣被幽贬的皇家宗室成员，在谪居场所，被当朝统治者所防范，也大都过着画地为牢的生活。如唐李泰谪居均州郧乡县九年，虽唐高宗李治对其礼遇有加，但其最终仍卒于贬所。这位宗室成员"少善属文""好士爱文学"①，又工书法，且待贤礼士，曾置文学馆，有《濮王泰集》二十卷，惜已失传。李泰与曹植有很多相似之处，皆为雄主第四子，皆雅好文学，皆因争嗣被贬多年，皆卒于贬所。类似曹植遭际的被贬宗室，在谪居场所也会有与曹植一样的生命沉沦与心理苦闷。他们沉沦幽贬时，在谪居之地抒发愤懑之词也在情理之中。

曹植本人由此可被视为争嗣被贬的典型。曹植在贬谪生活中承受了巨大的政治压力，吟唱出众多感人至深的诗文。正因为争嗣文化语境下出现的曹植诗文富有真实的情感体验，所以影响巨大。

(二)《七步诗》体现的争嗣文化与内斗文化意义

文化包含行为方式或行为习惯等文化现象，具有普同性、民族性等特征。争嗣与内斗也属于一种文化现象。所谓争嗣文化主要指争嗣上的行为方式，内斗文化，亦可称为内讧文化、窝里斗文化，是对一切内部斗争行为方式的概括，其范畴大于争嗣文化。

孝、悌是立身之本的人伦观念，亦是中华民族伦理思想之基石。其中"悌"主要针对兄弟姐妹而言。《诗经·常棣》云："凡今之人，莫如兄弟。"②《颜氏家

① (后晋)刘昫等：《旧唐书》卷七六《太宗诸子传·濮王泰传》，中华书局1975年版，第2653页。
② (汉)毛亨传、郑玄笺，(唐)孔颖达等正义：《毛诗正义》卷九，《十三经注疏》，第408页。

训·兄弟》专论孝悌之义。隋朝常得志有《兄弟论》谓："且夫兄弟者，同天共地，均气连形，方手足而犹轻，拟山岳而更重。云蛇可断，兄弟之道无分。……夫兄弟之情也，受之于天性，生之于自然，不假物以成亲，不因言而结爱，阋墙不妨于御侮。"①《册府元龟》亦云"生民之亲，莫如兄弟，为人之本，莫先孝友"②。这些都体现了古人对"悌"这一伦理范畴的崇尚。众所周知，描述兄弟关系有两个成语典故，推梨让枣与相煎何急。前者褒孔怀之谊，后者贬兄弟相残。那么，相煎何急一词贬味甚浓之意又是如何形成的呢？这与"二曹争嗣"案例及《七步诗》的文化影响有关。

曹植对于争嗣文化的贡献，不仅在于其自身是争嗣被幽贬的典型，还在于他笔下有关争嗣的作品对争嗣文化产生了重大影响，并且这种影响嬗变至内斗文化方面。"二曹争嗣"案例中，最能体现争嗣残酷性的具体情节可谓是曹植奉命作《七步诗》。关于曹植奉命作诗，还有另一说法，即曹植所作还有《死牛诗》，此事《太平广记》有载。由于《死牛诗》的记载晚出，后人附会成分较多，且其影响远不如《七步诗》，故这里着重探讨《七步诗》的文化影响。虽然此诗作者为谁未成定谳，但它产生的文化影响却很大。这首象征骨肉之恩、常棣之义无存的诗歌，是中国争嗣文化浓厚悲剧色彩的绝好体现。由于该诗出自成书较早的《世说新语》，后又经《文选》《三国演义》等典籍及文人诗歌创作的引用而被后人熟知，大都认为出自曹植之手。所以这里避谈作者考辨，而重点观照此诗的文化意义。为论述方便，姑且将作者定为曹植。

《世说新语·文学》载："文帝尝令东阿王七步中作诗，不成者行大法。应声便为诗曰：'煮豆持作羹，漉豉以为汁。萁在釜下燃，豆在釜中泣。本是同根生，相煎何太急？'帝深有惭色。"③据此而论，《七步诗》明显是作于曹丕得势后对曹植进行打压之时，即其创作背景应是黄初时期。该诗以萁、豆为比，语言浅白，

---

①　(清)严可均校辑：《全隋文》卷二七，《全上古三代秦汉三国六朝文》，中华书局1958年版，第4181页。

②　(宋)王钦若等：《册府元龟》卷二九八《宗室部·不悌》，中华书局1960年版，第3496页。

③　(南朝宋)刘义庆撰，(南朝梁)刘孝标注，余嘉锡笺疏，周祖谟等整理：《世说新语笺疏》卷上之下，第288~289页。

把同胞兄弟相残写得生动形象，充分反映了作者的愤懑悲痛之情，封建统治者内部争嗣体现出的政争残酷性显露无遗。

《七步诗》的比兴手法直承《诗经·常棣》，《诗序》云："《常棣》，燕兄弟也。闵管、蔡之失道，故作《常棣》焉"①。据此可知，《常棣》意旨乃针对周公杀管放蔡而言。《常棣》以常棣之花喻比兄弟，是因常棣花开彼此相依。符号的联想与类比是古人善用的比兴思维之体现。《七步诗》用植物萁、豆为比喻同类相残，这种比兴手法又为后人化用。《旧唐书·承天皇帝倓传》记载了一段历史：

> 明年冬，广平王收复两京，遣判官李泌入朝献捷。泌与上有东宫之旧，从容语及建宁事，肃宗改容谓泌曰："倓于艰难时实得气力，无故为下人之所间，欲图害其兄，朕以社稷大计，割爱而为之所也。"……泌因奏曰："臣幼稚时念《黄台瓜辞》，陛下尝闻其说乎？高宗大帝有八子，睿宗最幼。天后所生四子，自为行第，故睿宗第四。长曰孝敬皇帝，为太子监国，而仁明孝悌。天后方图临朝，乃鸩杀孝敬，立雍王贤为太子。贤每日忧惕，知必不保全，与二弟同侍于父母之侧，无由敢言。乃作《黄台瓜辞》，令乐工歌之，冀天后闻之省悟，即生哀愍。辞云：'种瓜黄台下，瓜熟子离离。一摘使瓜好，再摘令瓜稀，三摘犹尚可，四摘抱蔓归。'而太子贤终为天后所逐，死于黔中。陛下有今日运祚，已一摘矣，慎无再摘。"上愕然曰："公安得有是言！"时广平王立大功，亦为张皇后所忌，潜构流言，泌因事讽动之。②

李泌援引李贤作《黄台瓜辞》一事，劝谏唐肃宗不要相信离间骨肉的谣言，以此来保全广平王。这首作品中，李贤以摘瓜喻母子相煎。这里的摘瓜人应指武则天，瓜则指武则天诸子。同时"瓜熟子离离"中，瓜与子也可以比喻母子，若瓜不在，则子亦不在，若子不在，瓜亦不存，说明至亲母子是共存亡的。这里以瓜与子为喻，也是受到了《常棣》与《七步诗》的启发。后人把《七步诗》与《黄台瓜

① （汉）毛亨传、郑玄笺，（唐）孔颖达等正义：《毛诗正义》卷九，《十三经注疏》，第407页。
② （后晋）刘昫等：《旧唐书》卷一一六《肃宗代宗诸子传·承天皇帝倓传》，第3385页。

辞》联合起来创造出一个成语——煎豆摘瓜，比喻骨肉相残，《七步诗》的文化内蕴得以进一步引申。

后人论及争嗣事件时常引用《七步诗》，可谓言者谆谆，听者充耳。如北宋徽宗初年的"蔡王府狱"一案，是蔡王赵似与徽宗赵佶为了争位进行的骨肉之争。江公望《论蔡王府狱奏》云："至魏文帝褊忿疑忌，一陈思王且不能容，故有'煮豆燃豆萁，相煎何太急'之语，为天下后世笑。岂不思兄弟天之大伦也……伏望陛下勿以暧昧无根之言而加诸至亲骨肉之间，俾陛下有魏文'相煎太急'之隙，而忘大舜亲爱之道，岂治世之美事也！"①江公望征引《七步诗》与"二曹争嗣"来劝诫皇室骨肉之间不可相残，正说明此诗在争嗣文化上的重要影响。又如后人谈及唐"玄武门之变"时，也会经常引用《七步诗》。明末清初丁耀亢《天史·残》载"唐太宗喋血三朝"条，评价武则天大肆残杀太宗子孙时谓"黄台瓜尽，始于豆釜萁燃"②，即以豆釜萁燃代指"玄武门之变"。足见，由于《七步诗》产生在争嗣文化语境之下，它由此具有了重要的殷鉴功用。以至于《七步诗》逐渐成为"二曹争嗣"的缩影与代名词。

面对手足相残这一有悖伦理纲常的做法，古人极为反对。因此后人读《七步诗》时，大都生同情悲悯情怀。明人谢肇淛有一条笔记云《兄弟诗》，如是记载："陈思王诗：'煮豆燃豆萁，豆在釜中泣，本是同根生，相煎何太急。'法昭禅师偈云：'同气连枝各自荣，些些言语莫伤情。一回相见一回老，能得几时为弟兄。'嗟夫，人以么么财帛，而令兄弟操戈阋墙者，读二诗而不感动，非夫也！"③足见世人对兄弟亲情的重视，也反映了曹植所受压迫之深，其遭际感人之深。

《七步诗》提供了具有原型意义的意象、母题和典故，对后世"兄弟"主题的创作产生了深刻影响。如元代洪希文《荳粥》："辛勤理荒秽，岁晚成枯萁……老

---

① 曾枣庄、刘琳等：《全宋文》卷二六一九，上海辞书出版社、安徽教育出版社2006年版，第121册，第307~308页。

② （清）丁耀亢撰，宫庆山、孟庆泰校释：《〈天史〉校释》卷三，齐鲁书社2009年版，第114页。

③ （明）谢肇淛：《文海披沙》卷七，《续修四库全书》，上海古籍出版社2002年版，第1130册，第323页。

妻进作粥，咀嚼如牛呞……伤哉同根言，感彼曹植词。"①该诗写耕种生活中的作者在吃老妻所煮豆粥时，不禁想起曹植的悲惨遭遇，此一联想来自现实生活中的"萁""荳"物象。清人赵希璜《釜豆泣》单拟题就寓意明显，诗云："釜中豆，悲颠覆，釜下萁，等戏嬉。相煎何太急，同根思往日。惊看八斗新诗出，生憎七步夸投笔。凄惋来朝遇洛神，明珰翠羽说前身。参商自隔东西面，最不忘情赋感甄。"②全诗将《七步诗》化用于诗中，并且似乎以曹丕的视角与口吻描绘曹植写诗，即所谓"惊看八斗新诗出，生憎七步夸投笔"，看着曹植以八斗之才在七步之内完成诗作，曹丕能不"生憎"吗！这种场景还原似的写法，把"二曹争嗣"的残酷性表现出来，别有意趣。后人写曹植或凭吊曹植墓时，更是把《七步诗》中豆、萁之比经常用于诗中，这样的例子如恒河沙数。如清人百龄《陈思王墓》"桐圭戏剪犹分国，萁豆相煎岂异人"③，据《吕氏春秋》记载，西周时期，周成王的胞弟叔虞与成王一起玩耍的时候，成王拿着剪成玉圭一样的桐叶开玩笑说将拿着玉圭封赏叔虞，后来成王果然把唐地封给了叔虞。这个桐叶封弟的故事表明的是常棣之义。作者用在此诗中，与萁豆相煎进行鲜明对比，更显曹植际遇之悲苦。还有如明人常伦《陈思王》"嗟嗟萁与豆，千古为悲哀"④，清人杨芳灿《吊陈思王墓》"转蓬无住著，煮豆太酸辛"⑤，等等，诸如此类的凭吊诗歌，把豆、萁意象与悲哀、酸辛等一起连用，都表达了对"二曹争嗣"中曹植所处境遇的同情。后人除了以《七步诗》入题，更有模仿《七步诗》的作品，如明代女诗人徐媛《拟陈思王七步诗》等。

兄弟关系是讲究孝悌、和睦的，它具有一体性与排他性。兄弟之间是一体

① （元）洪希文：《续轩渠集》卷一，影印文渊阁《四库全书》，台湾"商务印书馆"1986年版，第1205册，第68页。

② （清）赵希璜：《四百三十二峰草堂诗钞》卷二二，《续修四库全书》，上海古籍出版社2002年版，第1471册，第719页。

③ （清）百龄：《守意龛诗集》卷三，《清代诗文集汇编》，上海古籍出版社2010年版，第423册，第28页。

④ （明）常伦：《常评事集》卷二，《四库全书存目丛书》，齐鲁书社1997年版，集部第68册，第127页。

⑤ （清）杨芳灿：《芙蓉山馆全集》"诗抄"卷三，《清代诗文集汇编》，上海古籍出版社2010年版，第435册，第463页。

的，对外则具有排他性，所以后人喜用兄弟代指内部团体，比如代指家庭内部，代指国家内部。兄弟关系事关血缘、家庭，如若上升至国家统治阶层，则关乎国运兴衰。《七步诗》的文化意蕴在发生嬗变时所反映的范畴，从单指兄弟，到代指任何骨肉之争，最后演变为代指任何内部斗争。如20世纪"皖南事变"爆发后，周恩来作有著名的《千古奇冤》诗，谓："千古奇冤，江南一叶；同室操戈，相煎何急!?"①这里化用《七步诗》中的名句来揭露"皖南事变"的真相，正是因《七步诗》代表的兄弟相争可引申到国家内部斗争。

《七步诗》这首应景之作在后世生发的成语较多，如相煎何急、相煎太急、煮豆燃萁、豆萁相煎、燃萁煎豆、萁煎其豆、煮以作羹等，都是以萁、豆为比，强调二者不和。这些成语在古代就被相承沿用，历代类书多有收录。如南宋类书《事类备要·性行门》收录了"相煎何急"②一词，明代类书《夜航船·伦类部·兄弟》也收录了"相煎太急"③一词。由《七步诗》生发演变而成的若干成语，成为后人形容内部斗争的首选文化典故。每当有伦常之变发生，"二曹争嗣"案例就宛然在目，彰彰在耳，《七步诗》以及由此生发的语典、事典就会很容易浮现在人们脑海中。该诗以及与之相关的成语，经过后人的反复咏叹与使用，逐步成为一个表现内斗的文化符号，具有强烈的警示、劝诫意义。

需要提及的是，历史上与《七步诗》一样成为争嗣典故的还有一例较为知名。《史记·淮南衡山列传》载淮南厉王刘长谋反事败被徙，途中绝食而死："孝文十二年，民有作歌歌淮南厉王曰：'一尺布，尚可缝；一斗粟，尚可舂。兄弟二人不能相容。'"④尺布斗粟因此喻兄弟相残。刘长乃谋反被徙，因此他少了曹植那份受害者的舆论支持，加之史料对此事的记载语焉不详，这就减少了尺布斗粟的争嗣文化影响。《七步诗》与相煎何急一类的成语比尺布斗粟更具教化功用，因

① 发表1941年1月18日《新华日报》。中共中央文献研究室第二编研部编：《周恩来题词集解》，中央文献出版社2012年版，第56页。

② （宋）谢维新、虞载编撰：《古今合璧事类备要续集》卷三九《性行门·嘲谑》，影印文渊阁《四库全书》，台湾"商务印书馆"1986年版，第940册，第617页。

③ （明）张岱纂，郑凌峰点校，卿朝晖审订：《夜航船》卷五，浙江古籍出版社2020年版，第199页。

④ （汉）司马迁撰，（刘宋）裴骃、（唐）司马贞、张守节注：《史记》卷一一八《淮南衡山列传》，中华书局2014年版，第3745页。

而在讥刺骨肉不睦时更具代表性。

君主世袭制下，争嗣是涉及宗族、伦理、国家权力诸多因素的政治事件，它是史家笔下常出现的话题，也是具有原型意义的文学母题。从《常棣》中"兄弟阋于墙"到尺布斗粟，再到《七步诗》与相关成语，相关故事的主人公都是统治阶层。这就使得有着血缘关系的父子、兄弟、叔侄等家庭内部成员的斗争蒙上了政治色彩。这些文化典故体现的不仅是人伦观念，而且具有浓厚的政治伦理意义。

"二曹争嗣"中，作为争嗣迁贬者典型的曹植在后人心中多以受害者身份出现，即《文心雕龙·才略》所谓"思王以势窘益价"①，无论才学还是道德，后人是植非丕的评骘论调尤为明显。传为曹植所作的《七步诗》在"二曹争嗣"这一强烈的政治伦理文化语境下产生。曹植与《七步诗》常常进入后人的隶事之句，经过后人有意或无意地发掘与宣扬，这一历史事件与诗歌的政治伦理隐喻性越发明晰。"二曹争嗣"与《七步诗》蕴含的象喻争嗣与内斗的文化符号功用更加广为人知。在君主世袭制下，君主的家事即国事，作为国家权力的掌舵人，需要格外注意履行自己的"责任伦理"。"责任伦理"概念由德国哲学社会学家马克斯·韦伯提出，履行责任伦理就是要事先顾及后果，选择恰当的手段规避不良后果的发生。君主规范自己的行为选择，择嗣立嗣就须格外注重识鉴。就启发而言，"二曹争嗣"与《七步诗》所揭橥出的政治伦理价值观意义应该引起我们的深思。

四、曹植之贬的文学史意义

(一)贬后人格心态表现模式

人格是一个复杂的心理学概念，心理学家如此定义："人格可以定义为源于个体身上的稳定行为方式和内部过程。"②可见人格是具有稳定性、综合性与功能性的结构组织，是人类心理特征的综合体与统一体，它支配着人的外在行为。据此而言，处世思想属于人格范畴，某一阶段具有相对稳定性的具体心态也属于人格范畴。所

---

① (南朝梁)刘勰撰，范文澜注：《文心雕龙注》卷一〇，人民文学出版社1958年版，第700页。
② [美]伯格(Jerry M. Burger)著，陈会昌等译：《人格心理学》，第3页。

以这里把人格分为处世思想与具体心态表现来谈。曹植是宗室迁贬者的典型，同时也是一位士人，他被贬后的人格心态是后世士人遭贬人格心态的典型体现。

首先，若从处世思想来看，可以说曹植继承并大力发扬了贾谊开启的逐臣贬后儒道互补的处世思维模式。生存环境的巨变会对人的处世思想有较大影响。建安时期，曹植就具有强烈的事功意识，他曾在《与杨德祖书》中表示："吾虽薄德，位为藩侯，犹庶几戮力上国，流惠下民，建永世之业，流金石之功，岂徒以翰墨为勋绩，辞赋为君子哉！"①可见曹植不想以词章之士名世，而希望通过政治建树留名青史。黄初时期，他被贬藩国，在性命之虞下只有委曲求全，积极拥戴曹丕。曹丕去世，曹叡即位，曹植身份有变，压抑许久之后一朝得解，就接连上表渴得重用。此皆见儒家事功精神传统对曹植影响之大。

曹植思想中还存有老庄处世哲学，尤其是在贬谪时期，心香老庄哲学，为的就是减轻心理痛苦，这种处世哲学来源于巨大的政治压力，正因为在幽囚监控的生活之下缺少自由，而老庄思想中的放逸无为、不受约束的一面能够给曹植极大的心理安慰与心理补偿，因此曹植思想发生了较大的转变。在曹植被贬之前，他有过对道教神仙方术思想的论述，《辩道论》是其代表性论述。该文揭露神仙方术的虚伪性，具有强烈的政治目的性。文末云："然寿命长短，骨体强劣，各有人焉。善养者终之，劳扰者半之，虚用者夭之，其斯之谓欤！"②说明曹植认为人的寿命是由养生决定，而不是通过神仙方术来延年益寿。但到了贬谪时期，他的看法有了转变。《释疑论》云："初谓道术，直呼愚民诈伪空言定矣！……乃知天下之事不可尽知，而以臆断之，不可任也。但恨不能绝声色，专心以学长生之道耳。"③这一段论述常为论者征引以证明曹植贬后承认道教神仙方术。神仙方术思想虽不能完全等同于老庄思想，但两者却有渊源，它们都尊崇道家无为，神仙方术也是老庄处世哲学的一种体现。除此之外，曹植还在谪居期间创作了不少游仙诗，这也说明其受老庄思想的影响。综合来看，对儒道二家兼而取之是曹植的处

---

① （魏）曹植撰，赵幼文校注：《曹植集校注》卷一，第 227~228 页。

② （魏）曹植撰，赵幼文校注：《曹植集校注》卷一，第 280 页。

③ （魏）曹植撰，赵幼文校注：《曹植集校注》卷三，第 592 页。或云《释疑论》作者乃葛洪，但并非定论，联系曹植贬谪前后的生活与思想转变，应为曹植所作，且系年于黄初二年至四年间。

世思想，儒道二家思想随着曹植生活环境的变化而随之此消彼长，同时存在于曹植的一生。

后世众多士人与曹植一样，深受"三不朽"价值观的影响，他们走上政治仕途，大都具有强烈的事功心理、进取精神与使命意识。但是在贬谪境遇下，他们的政治理想受到贬谪现实的残酷冲击，在谪居之地，为了减轻心理痛苦，他们常常以老庄思想来疗救自己。后世逐臣在曲折的政治际遇中，以儒道互补的思想进退有道，在遇到政治挫抑之后，处世思想往往由儒入道，注重文学创作，以此表达自己的失意愁闷，在诗文中寻找慰藉，因而他们在文学上取得骄人成就。这一类人物如谢灵运、张九龄、韩愈、柳宗元、刘禹锡、刘长卿、王禹偁、苏轼、黄庭坚、秦观、杨慎、王九思等，真可谓贬谪是他们个人的不幸，却是文学史的大幸。后代贬谪士人往往在儒道两家思想中徘徊，且在谪居期间，道家思想往往占据重要位置，这一源头，开其端绪者应为贾谊，对其进行大力发扬的则是曹植。

曹植之前有两位著名贬谪士人是屈原与贾谊。屈原贬后仍然怀着强烈的执著意识，其峻直人格与事功意识一直高扬，他慷慨赴死具有崇高性，后世贬谪士人对他这种九死不悔的信念坚持与以死抗争的决心尊敬有余却模仿不足，所以说他光辉峻洁的处世人格心态对后世大多数逐臣来说不可企及，因此不太具有现实典型性。而贾谊被贬之后郁抑悲愤，转向个人内心的沉吟与自我观照，创作了《吊屈原赋》《鵩鸟赋》等表达老庄处世心态，这一点曹植多有继承。贾谊贬后儒家事功意识仍然较重，最终因为政治理想不得实现抑郁而死，曹植的死与贾谊具有类似性。贾谊贬后儒道互补处世心态具有开创性与普遍性，曹植在很大程度上对此进行了继承与发扬。所以说，曹植与贾谊一同构建了后世逐臣人格心态之儒道互补模式。需要提及的是，曹植屡次上表求自试，在后世逐臣中具有典范性。后世大量逐臣在谪居之地仍然瞩望受用，常常以章表诗赋表达自己的积极仕进心态，曹植可视为这一模式的启钥者。在此之前的屈原、贾谊等虽有此意识，却由于求自试的相关作品传世极为有限而在这一方面影响较小。

再者，若从对贬后具体心态表现的书写来看，曹植也代表了大多数贬谪士人贬后的愁苦心态。贾谊虽然开启了逐臣儒道互补处世方式，其作品也表现了贬后愁情意绪，对后世产生了一定影响，但惜乎其作品数量有限，且辞赋文体于个体情感表现力相对有限，所以影响也相对较小。而曹植作品数量较多，且诗赋兼擅，尤其是诗歌的情感表现力很强，他写下了大量有关抒发谪居生活心理苦闷的作品。曹植把逐臣贬后那种情感体验表现得极为真实可感，他对谪居中具体哀婉愁苦心态的描绘甚为感人，以至于一些表达孤独感、分离感以及忠心意识的成语也源于曹植作品。

比如，表现处境极其孤独的"形影相吊""形影相守""形影相依""形影相怜"诸词，首次出现应在曹植《上责躬应诏诗表》，谓："诚以天网不可重罹，圣恩难可再恃。窃感《相鼠》之篇，无礼遄死之义，形影相吊，五情愧赧！以罪弃生，则违古贤夕改之劝。"①"五情"为喜、怒、思、忧、恐，形影相吊是形容贬后生活极为孤独。后来《黄初六年令》中也有"形影相守，出入二载"的说法。曹植创作了诸多描述孤独的诗文，这是对其谪居生活的鲜活描写与真实反映，所以感人至深。正是曹植首先对"形影相吊"一词的运用，稍后才有李密《陈情事表》中"茕茕独立，形影相吊"②对曹植的继承。后人如张九龄《照镜见白发》"宿昔青云志，蹉跎白发年。谁知明镜里，形影自相怜"③，这是他晚年对自己被贬的回忆与感慨，此处用"形影自相怜"，应是受到了曹植、李密等前人的影响。"形影相吊"这个表达孤独寂寞的词一直沿用至今，曹植的创造之功不可磨灭。

又如，表现亲友隔绝分离的"参商永离""参辰永离""参商永隔"等词，也应是经过曹植的多次使用而被广泛接受的。"参商永离"语本《左传·昭公元年》，是谓："昔高辛氏有二子，伯曰阏伯，季曰实沈，居于旷林，不相能也，日寻干戈，以相征讨。后帝不臧，迁阏伯于商丘，主辰，商人是因，故辰为商星；迁实沈于大夏，主参，唐人是因，以服事夏商。"④因为参、商二地相隔较远，且加之古人星宿说认为商星在东，参星在西，所以后人以参、商表达分离之义。西汉扬雄《法言·学行》谓"吾不睹参、辰之相比也"⑤，东汉有王逸《九思·遭厄》："云霓纷兮晻翳，参辰回兮颠倒。"⑥基本可以认为参辰或参商在两汉时期，主要还是

---

① （魏）曹植撰，赵幼文校注：《曹植集校注》卷二，第 398 页。
② （清）严可均校辑：《全晋文》卷七〇，《全上古三代秦汉三国六朝文》，第 1865 页。
③ 陈尚君辑校：《全唐诗续补遗》卷一，《全唐诗补编》第三编，中华书局 1992 年版，第 327 页。
④ （晋）杜预注，（唐）孔颖达等正义：《春秋左传正义》卷四一，《十三经注疏》，第 2023 页。
⑤ （汉）扬雄撰，汪荣宝义疏：《法言义疏》卷二，中华书局 1987 年版，第 31 页。
⑥ （宋）洪兴祖撰，白化文等点校：《楚辞补注》卷一七，中华书局 1983 年版，第 321 页。

取其星宿本义。到了曹植这里，他开始大量运用参商之比，并且将其置于一种分别的境遇语境，表达了强烈的孤独感。贬前作有《与吴季重书》云"面有过景之速，别有参商之阔"①，将时光的消逝与长久的分别联系起来，凸显一种悲凉感。贬后更是多次使用参商之典，屡次沉吟分别义与孤独感。如其《浮萍篇》"何意今摧颓，旷若商与参"②、《种葛篇》"昔为同池鱼，今为商与参"③等，以此喻男女分隔、君臣分离。又相传为苏武所作"昔为鸳与鸯，今为参与辰""参辰皆已没，去去从此辞"④二句，也有可能是曹植所作，因为苏李诗在学界早已公认为是汉末的托名之作。正因为有了曹植的多次使用，扩大了参商永离诸词的使用频率，渐被广为接受。后来如曹植一样运用参商之比来书写分别之义与孤独处境的诗歌不可计数。如晋陆机《为顾彦先赠妇二首》其二谓"形影参商乖，音息旷不达"⑤，梁吴均《闺怨》谓"相去三千里，参商书信难"⑥，杜甫《赠卫八处士》云"人生不相见，动如参与商"⑦，白居易《太行路》云"与君结发未五载，岂期牛女为参商"⑧等，他们或多或少都应受到了曹植的影响。

还比如，"葵藿倾阳""葵藿向日""葵花向日""葵藿之诚""倾藿"等词，常用作表达下对上的赤诚与忠心。这些词语该义项的生成，也离不开曹植的贡献。曹植对葵藿之比的运用也是对此前典籍的一种继承。《淮南子·说林训》谓："圣人之于道，犹葵之与日，虽不能与终始哉，其乡之诚也。"⑨这里用葵向日喻圣人对道的追求。曹植在谪居期间的《求通亲亲表》云："若葵藿之倾叶太阳，虽不为之

---

① （魏）曹植撰，赵幼文校注：《曹植集校注》卷一，第211页。
② （魏）曹植撰，赵幼文校注：《曹植集校注》卷二，第463页。
③ （魏）曹植撰，赵幼文校注：《曹植集校注》卷二，第467页。
④ （南朝梁）萧统编撰，（唐）李善注：《文选》卷二九，中华书局1977年版，第413页。
⑤ （晋）陆机撰，刘运好校注：《陆士衡集校注》卷五，凤凰出版社2007年版，第424页。
⑥ （陈）徐陵编，（清）吴兆宜注，（清）程琰删补，穆克宏点校：《玉台新咏笺注》卷六，中华书局1985年版，第260页。
⑦ （唐）杜甫撰，（清）仇兆鳌注：《杜诗详注》卷六，中华书局2015年版，第621页。
⑧ （唐）白居易撰，朱金城笺校：《白居易集笺校》卷三，上海古籍出版社1988年版，第171页。
⑨ （汉）刘安等编撰，何宁集释：《淮南子集释》卷一七，中华书局1998年版，第1182页。

回光，然终向之者诚也。臣窃自比葵藿，若降天地之施，垂三光之明者，实在陛下。"①他用葵藿倾阳来表明自己对曹丕的忠心与拥戴，可能是受到《淮南子》与汉乐府民歌《长歌行》"青青园中葵，朝露待日晞"②的启发，这是他对该类词汇忠心义项的首次使用。后来如杜甫《自京赴奉先县咏怀五百字》"葵藿倾太阳，物性固难夺"③表达对君主的忠诚之心，还有柳宗元在贬谪期间所作《为崔中丞请朝觐表》云"葵藿之诚弥切，犬马之恋逾深"④等，也应是受到了曹植的影响。

最后如"锥刀之用"一词，表示微小功用，也是经过曹植的高频使用而得以推广开来。锥指尖锐的物体，"锥刀"一词本指小刀。《左传·昭公六年》有"锥刀之末，将尽争之"⑤，这里用锥刀比喻微小的利益。《荀子·议兵》有"辟之犹以锥刀堕太山也"⑥，用锥刀毁坏泰山，比喻力量微小。曹植在贬后屡次希望受到启用，其《当欲游南山行》谓"大匠无弃材，船车用不均。锥刀各异能，何所独却前"⑦，又有《求自试表》云"若使陛下出不世之诏，效臣锥刀之用"⑧，还有《求通亲亲表》谓"臣伏自惟省，岂无锥刀之用"⑨。曹植多次将锥刀与用人之义联系起来，或表示用人不可偏废，或表示希望自己能受到启用。后世逐臣在贬后也会有希冀重用的想法，他们上疏求试时也常引用此词。

足见，曹植在谪居期间对孤独被弃等情绪、心态的表达，以及对君主忠诚之义的表达，都对后世逐臣产生了深远影响。这些心态在后世文人身上体现较为明显，相关词汇常被后世文人尤其是际遇相似的逐臣大量使用。所以，无论是从贬后儒道互补处世思想来看，还是从具体孤寂情怀心态表现来看，曹植的人格心态都具有典型意义。

①　（魏）曹植撰，赵幼文校注：《曹植集校注》卷三，第650页。
②　（宋）郭茂倩编撰：《乐府诗集》卷三〇，中华书局1979年版，第442页。
③　（唐）杜甫撰，（清）仇兆鳌注：《杜诗详注》卷四，第325页。
④　（唐）柳宗元撰，吴文治等点校：《柳宗元集》卷三八，中华书局1979年版，第993页。
⑤　（晋）杜预注，（唐）孔颖达等正义：《春秋左传正义》卷四三，《十三经注疏》，第2044页。
⑥　（战国）荀况撰，王先谦集解：《荀子集解》卷一〇，中华书局1988年版，第275页。
⑦　（魏）曹植撰，赵幼文校注：《曹植集校注》卷三，第632页。
⑧　（魏）曹植撰，赵幼文校注：《曹植集校注》卷三，第552页。
⑨　（魏）曹植撰，赵幼文校注：《曹植集校注》卷三，第650页。

（二）贬后创作模式的典型

罗宗强《魏晋南北朝文学思想史》云："抒情之倾向，成了建安文学最引人注目的特征，也成了建安文学的灵魂。正是它标志着文学思想的巨大转变。而此一转变，对以后中国文学的发展，关系至为重大。它的意义，不限于建安一代文学的成就。它的意义，实有关乎中国文学发展之前途。"①无论从作品数量，还是后世影响力来看，作为"建安之杰"的曹植无疑是建安文学的最高代表，他代表了建安文学"非功利、重抒情"②的总体倾向。总的来说，他是中国诗歌抒情品格的确立者。③ 曹植作品的创作模式，应集中在抒情方面，尤其体现在贬后生活期间的诸多作品中。这里从作品的题材选择、表现手法、风格转向三方面来简述④其贬后创作的典范性。

首先，从作品题材选择来看，曹植贬后大力发展了后世逐臣惯用的游仙、咏史、弃妇三大题材，它们分别代表着向往自由、寄托政治理想、感士不遇三大抒情主题，这些主题也是后世文人诗的主要表现主题。生存环境的巨变会对作家作品产生巨大影响，其中对题材的影响较为直接明了。与被贬之前相比，曹植贬谪时期的作品在题材方面主要有如下变化：游仙诗增多、咏史诗增多，弃妇诗增多。这些题材的变化较为明显，与曹植生存状态、思想面貌的巨变有关。

统计赵幼文《曹植集校注》，曹植现存约百首诗歌，游仙诗占了11首，分别是《仙人篇》《游仙》《升天行》（2首）、《苦思行》《飞龙篇》《桂之树行》《平陵东》《五游咏》《远游篇》《驱车篇》。根据赵幼文的编年排列，这些游仙诗全部出现在曹植被贬以后，即作于黄初、太和时期。前已述及，孤独的贬谪生活使曹植改变了对神仙方术的看法，因此转向仙人寻找慰藉，希望摆脱精神痛苦，表达渴求自由的心愿。我们在探讨曹植的游仙诗时，不能把他的游仙诗与一般单纯歌咏仙

---

① 罗宗强：《魏晋南北朝文学思想史》，中华书局2006年版，第19页。

② 罗宗强：《魏晋南北朝文学思想史》，第13页。

③ 傅正义：《中国诗歌抒情品格的确立者——曹植》，《重庆工商大学学报》2007年第5期。

④ 关于曹植诗歌的主题、表现手法、风格等论述已多，这里不再举例赘述，仅联系贬谪环境大要论之。

人、追求长生的游仙诗等同起来。曹植游仙诗的产生有赖于其被贬的大环境，他的游仙诗虽兼具求仙长生与愤世嫉俗式的渴望自由两种寄托，但以后者为主导，这是贬谪大环境对游仙诗发展的一个重大影响。后世贬谪文人书写游仙题材，也往往并非单纯希望求仙长生，更多的是为了寻找心理慰藉；黄初以前，曹植咏史诗仅有《三良》1首，而在被贬之后，曹植有《怨歌行》《灵芝篇》《精微篇》《惟汉行》《豫章行》(2首)、《丹霞蔽日行》等咏史诗。众所周知，咏史诗常常在表达历史兴衰之外还寄托有作者的政治思想与人生态度。曹植的咏史言志，主要表达自己不被重用的郁闷愤慨之情。咏史诗不源于曹植，但曹植创作了不少咏史诗，主旨乃抒发政治理想、建功立业心态，或比兴发端，或议论发端，后佐以史实，总体而言其咏史诗虽未臻成熟，但提高了咏史诗的抒情性以及写作技巧，对左思等人有启发。后世逐臣好用咏史诗表达自己的政治寄托与人生感悟，此倾向与曹植有一定关系。逐臣之悲，类于弃妇，弃妇诗、思妇诗在曹植诗歌中也占有重要位置，主要有如下几首：《弃妇篇》《杂诗·高台多悲风》《浮萍篇》《七哀》《种葛篇》《美女篇》《杂诗·南国有佳人》《闺情》《杂诗·西北有织妇》《情诗》。根据赵幼文的编年，只有《弃妇篇》作于黄初之前，其他则属于贬谪期间的作品。这首《弃妇篇》单纯写弃妇，是对时事的歌咏，不能算有寄托深意。其他诸篇则不然，大都寄托深远，借弃妇或思妇表达不被重用的境遇，充满悲剧色彩。曹植继承了屈原开启的象征君臣关系的弃妇题材。弃妇题材源自《诗经》，但在《诗经》中并未体现君臣关系，还有单纯的男女情感表现，是屈原开创了"香草美人"传统，赋予了弃妇象喻君臣的文化内涵。曹植是屈原之后第一个大力撰写弃妇题材的文人，由此使弃妇象喻君臣的传统得以沿袭开来。后世逐臣也常用弃妇题材来表达自己被君主所弃、不被重用的愁苦心绪。

可见，曹植在贬谪期间，对于自己作品的题材都进行了适当选择，这是巨大政治压力下自我保护与心理补偿的体现。游仙、咏史、弃妇三大题材在曹植这里都得到了较大发扬，正是贬谪环境在很大程度上刺激了这三类作品的产生。这三类题材也是后世逐臣喜用的创作题材，每当贬后胸中块垒积郁之时，它们便是借以抒发愁闷的有效主题。

其次，从表现手法来看，曹植大量运用比兴寄托抒发情感。这种含蓄婉曲的表现手法被广大逐臣诗所接受，也在很大程度上得益于曹植的贡献。徐公持云

"两汉文人诗用比兴很少……曹植大量运用比兴，实开一代风气"①，足见曹植对比兴手法运用的承变意义之大。比兴是一种艺术思维方式，在作品中呈现出来即为艺术表现手法，从感物起情到托物寄情，是从物至心、由心至物的过程，它对于抒发情感有特殊功用。这种手法肇于《诗》，得屈《骚》承继，又在汉乐府中被广泛采用。曹植将比兴手法运用于诗歌，尤其是五言诗之中，使诗歌更富形象感染力。比兴的意义在于言志抒情，贬谪环境使曹植着力于此，因此诗歌在含蓄委婉方面更为突出，这无疑增强了诗歌的情感表现力。曹植的这一诗歌美学追求是较为自觉与突出的，可以说他是第一个自觉集中运用比兴手法的文人。后世文人，尤其是逐臣在进行自我抒情时，会潜移默化地如曹植一样继承比兴寄托传统。如托物寄意对逐臣张九龄之诗、秦观之词有较大影响。

最后，从风格转向来看，后世大量逐臣作品从前期的乐观昂扬转向后期的感伤忧郁，这一模式也是由曹植贬谪创作开启的。在此之前的屈原、贾谊，因为作品数量有限，且作品体裁性质与后世文人作品有较大差别，如屈原传世作品大都在抒发内心愤懑，其贬前作品无法确定，而贾谊的政论文较多，纯粹的抒情作品不多，因而无法对两人被贬前后作品进行详细比照。且他们尚未成为着重强调自我观照的逐臣，所以其作品前后风格转向并没有典范性。但是曹植主动进行自我审视，被贬前后都有不少作品存世，且相关作品的题材、体裁与后世逐臣作品更相似，故而其前后作品风格的转向更具典范性。后世逐臣往往在贬谪期间创作出更感人的作品，源于贬谪期间的作者生命沉沦与人生体验的影响，在经历贬谪这一身心都会受到伤害的事件之后，再诉诸笔端就有了新的艺术境界了。此外，曹丕虽然迫害曹植，但曹植却对其基本没有怨言，一来是迫于政治压力，二来是曹植秉性纯正，对于兄弟骨肉之情颇为看重。后世逐臣在温柔敦厚的儒家诗教传统影响之下也步曹植后尘，大都在贬后作品中对君主保持了一种温和的态度。

曹植作品之所以影响巨大，在于后期作品的感伤忧郁能够引起读者共鸣，尤其是能激起际遇相似的人的共鸣。张溥《汉魏六朝百三家集·陈思王集》云"余读陈思王《责躬》《应诏》诗，泫然悲之，以为伯奇履霜、崔子渡河之属"②，曹植与

---

① 徐公持：《魏晋文学史》，人民文学出版社 1999 年版，第 89 页。

② （明）张溥撰，殷孟伦注：《汉魏六朝百三家集题辞注》，中华书局 2007 年版，第 92 页。

伯奇、闵子骞际遇类似，都是被逐之人，后世被贬士人，尤其是忠臣见疏，其贬后作品风格都注重体现内心潜藏的哀婉与悲凉，这种抒发自我情感的作品在整个中国文学史上占有重要篇幅与意义。

钟嵘《诗品》云："陈思之于文章也，譬人伦之有周、孔，鳞羽之有龙凤，音乐之有琴笙，女工之有黼黻。俾尔怀铅吮墨者，抱篇章而景慕，映馀晖以自烛。故孔氏之门如用诗，则公干升堂，思王入室，景阳、潘、陆，自可坐于廊庑之间矣。"①此处钟氏谓"文章"无疑多指诗歌，如此高誉，说明曹植在诗歌创作模式方面具有范式意义。丁晏云"灵均以后一人而已"②，更是强调了曹植创作模式在贬谪文学史上的典范之功。

综上，"二曹争嗣"展现的争嗣母题模式在中国争嗣文化史有重要原型意义，曹植是争嗣迁贬者的典型，与其有关的《七步诗》更是在争嗣文化与内斗文化现象中具有文化符号意义。曹植之贬造成的心理苦闷对其作品有深刻影响，作品中浓厚的悲情意绪源于谪居生活的生命沉沦。曹植的贬后人格心态对后世谪臣的深层文化心理结构有着重要影响。他的贬后创作在继承吸收诗骚传统的基础上，又有发扬之功，对后世抒情文学，尤其是贬谪文学产生了巨大影响。这位身份特殊、际遇传奇的汉末三国士人，其贬谪生涯与作品创作具有深刻的贬谪文化史意义与文学史意义。唐崔珏《哭李商隐》中的"虚负凌云万丈才，一生襟抱未曾开"③形容曹植也很恰当，才高多舛的曹植将继续感动后来的读者，他所产生的文化与文学影响也将继续影响后人。

第二节　从杜恕之贬看魏晋思想的变迁

曹魏因直谏被贬的士人主要集中在曹丕时期，如鲍勋、苏则等人皆因直谏不为曹丕所容。杜恕作为曹魏史上的直臣，史书谓其在地方擅杀一胡人而未上表遭

①　(南朝梁)钟嵘撰，曹旭集注：《诗品集注》上，上海古籍出版社1994年版，第97~98页。
②　(魏)曹植撰，(清)丁晏纂，叶菊生校订：《曹集铨评·陈思王年谱》，文学古籍刊行社1957年版，第216页。
③　(清)彭定求等编撰：《全唐诗》卷五九一，中华书局1960年版，第6858页。

废贬，但究其深层原因，他被废徙极有可能是对司马氏篡逆之举的不满。本节就杜恕之贬的深层原因进行合理推测，并简要论述他在贬所之撰著体现的思想意义。

一、杜恕之贬概述

杜恕，字务伯，京兆杜陵人，乃杜畿之子，杜预之父。魏明帝曹叡太和年间（227—233），曾为散骑侍郎、黄门侍郎。杜恕年少时被褐怀玉不矫饰，并无名誉，等到在朝为官时，他不交朋党，专心为公，好言直谏，受辛毗等人器重。杜恕后出为弘农太守，又转赵相、河东太守、淮北都督护军等，其间前后两次因疾去官。杜恕在地方为官时颇有政声。后来又拜御史中丞，复在朝廷。《杜恕传》谓其"以不得当世之和，故屡在外任。复出为幽州刺史"在任幽州刺史期间，杜恕不听袁侃等人的告诫，对征北将军程喜不加防患，被其抓住把柄奏劾下狱，论罪当死。《杜恕传》又云："至官未期，有鲜卑大人儿，不由关塞，径将数十骑诣州，州斩所从来小子一人，无表言上。喜于是劾奏恕，下廷尉，当死……徙章武郡，是岁嘉平元年。""至官未期"说明他任幽州刺史未满一年，嘉平元年乃249年，即可推知杜恕在248年始任幽州刺史。由于念及其父杜畿当年的功劳，杜恕被免为庶人，徙章武郡，直到嘉平四年（252）逝于贬所。陈寿评曰："恕倜傥任意，而思不防患，终致此败。"①

由上可见，杜恕乃直臣，且不谐众人，所以屡次被排挤出外。其对小人无防范之心，因此卒以致祸。在章武郡贬所，杜恕听取了陈留阮武的劝说进行著述，著《体论》八篇，又有《兴性论》一篇。另外，杜恕每逢政有得失时，都上疏直言，《三国志》之《杜畿传》附《杜恕传》，因其奏议皆有可观，所以陈寿特地以较多的篇幅转录了杜恕的三篇奏疏，这三篇奏疏遂得以保存下来。

二、杜恕之贬的深层原因

杜恕前后出外多次，大都是由于刚直性格而被从中央排挤到地方为官，不过

---

① （晋）陈寿撰，（南朝宋）裴松之注：《三国志》卷一六《魏书·杜恕传》，第505~506页。

由于史料阙略，不容详究。然而杜恕在世的最后一次贬谪，即被徙章武郡，可以钩稽若干史料，从中一探究竟。

我们首先来看杜恕被徙章武的原因。杜恕之贬表面上看起来似乎很简单，即由于擅杀一胡人而未上表，遭到程喜的奏劾，所以被免官徙至章武。历史发生的深层原因往往由于史料的阙略而被掩盖，如果透过这一表面信息，从多维角度进行考察，或许能找出更深一层的原因。杜恕擅杀一胡人而未上表的事情，其自有论断，裴松之引用《杜氏新书》有曰：

> 喜欲恕折节谢己，讽司马宋权示之以微意。恕答权书曰："……程征北功名宿著，在仆前甚多，有人出征北乎！若令下官事无大小，咨而后行，则非上司弹绳之意；若咨而不从，又非上下相顺之宜。故推一心，任一意，直而行之耳。杀胡之事，天下谓之是邪，是仆谐也；呼为非邪，仆自受之，无所怨咎。程征北明之亦善，不明之亦善，诸君子自共为其心耳，不在仆言也。"喜于是遂深文劾恕。①

可见，杜恕确实倜傥任意，没有对程喜这一类人进行防范，所以被其奏劾。《杜恕传》云杜恕被奏劾下狱徙章武在嘉平元年（249），这一年极为特殊，曹魏政坛发生了一件惊天动地的大事，即"高平陵政变"。该事发生在正月，事变后司马氏完全掌握了曹魏的军政大权。据时间推算，"高平陵政变"发生时，杜恕应该尚未被程喜所劾。

汉末三国，大一统的君臣观念已经淡化②，但仍然有部分儒家礼法之士坚持传统的君臣大义观念，他们主张礼治，杜恕就是其中代表。这里作一假设，即"高平陵政变"爆发后，杜恕应对司马懿灭曹爽之族的举动有过非议，杜恕之贬可能是对司马氏的非议所致。此一点史未明载，但这一猜想却可以得到佐证。

首先，最有力的证据是《晋书·杜预传》，其云"初，其父与宣帝不相能，遂

① （晋）陈寿撰，（南朝宋）裴松之注：《三国志》卷一六《魏书·杜恕传》，第506~507页。

② 关于汉末到西晋的君臣观念，可以参看余英时：《名教思想与魏晋士风的演变·君臣关系的危机》，《士与中国文化》（上海人民出版社2013年版，第359~362页）。

以幽死，故预久不得调"①。杜预父即杜恕，宣帝即司马懿，这里明言杜恕与司马懿不和，所以杜恕以幽死。所谓以幽死，即指杜恕被免为庶人，徙章武郡三年，卒于贬所。

其次，杜恕曾因上疏论事与司马氏家族有过恩怨。魏明帝时期，针对当时廉昭颇好言事的情况，杜恕上疏认为朝廷不应重用如廉昭之类者。因为他乃"好抉摘群臣细过以求媚于上"②之人。杜恕疏中有云"近司隶校尉孔羡辟大将军狂悖之弟，而有司默尔，望风希指，甚于受属。选举不以实，人事之大者也"③。裴松之注此谓大将军乃司马懿，狂悖之弟乃司隶从事司马通。可知，杜恕认为孔羡辟司马懿狂悖的弟弟司马通是"选举不以实"，而相关的官员"望风希指"未加检举，史书未明言迎合谁之旨意，鉴于当朝局势，应指司马懿。杜恕的弹劾无疑会得罪司马氏集团，这就可能为司马氏集团今后对其进行打压埋下了祸根。

最后，司马懿灭曹爽三族之事，与杜恕的政治主张不符。杜恕的政治思想总体上是反法尊儒、主张礼治，他持安上治民以礼、胜残去杀、以善待人等观点，这在其奏疏与《体论》中甚为明显，毋庸再及。司马氏灭曹爽一事，实质乃两大政治集团的利益之争，但司马懿屠灭已降的曹爽三族似乎太过，这一点也不太符合礼治主张。杜恕处于曹魏集团与司马氏集团夺权的白热化阶段，司马懿对曹爽的夺权举动，以杜恕的刚直性格，不可能没有议论。很可能是陈寿碍于当局的压力，对杜恕非议司马懿夺权灭曹爽三族一事略而未书。杜恕被贬流徙，很可能是由于其对"高平陵政变"加以议论得罪了司马氏集团，所以在程喜的奏劾之下，司马氏集团趁机对其进行了倾轧。可以说，这一猜测是极为合理的。杜恕在贬后数年并未被重新起用，除了与当时的流徙制度有关，还有就是司马氏集团对他的特意打压。

故而，杜恕被贬至死，深层原因应在于他与司马氏的矛盾，他与程喜的矛盾只是其被废贬的一根导火索而已。

① （唐）房玄龄等：《晋书》卷三四《杜预传》，第 1025 页。
② （宋）司马光等撰，（元）胡三省音注：《资治通鉴》卷七二"明帝太和六年"条，中华书局 1956 年版，第 2279 页。
③ （晋）陈寿撰，（南朝宋）裴松之注：《三国志》卷一六《魏书·杜恕传》，第 504 页。

三、《体论》与魏晋思想的变迁

阮武曾经对杜恕云："相观才性可以由公道而持之不厉，器能可以处大官而求之不顺，才学可以述古今而志之不一，此所谓有其才而无其用。今向闲暇，可试潜思，成一家言。"①所以杜恕在贬所章武郡三年，撰成《体论》八篇，今人辑存六篇，他还著有《兴性论》一篇，今散佚。杜恕的这些著作主要是政论文，《体论》八篇分别是：《君》《臣》《言》《行》《政》《法》《听察》《用兵》，其中《言》《用兵》散佚。杜恕的这几篇论著主要针对反法尊儒而发，是现存魏晋之际最具系统性的儒家学说思想著作。关于《体论》本身反映出的具体政治思想等，石易之、孔毅、林校生等人②已有专文述及，兹不赘述。杜恕的反法尊儒思想是魏晋之际特别成一家之言的学说，它的产生有着特殊的时代背景，并且产生了一定的社会影响。

魏晋是中国文化重要的转型时期，章太炎《訄书·学变》有云：

> 当魏武任法时，孔融已不平于酒几，又著论驳肉刑。及魏，杜恕偲傥任意，盖孟轲之徒也。凡法家，以为人性忮悍，难与为善，非制之以礼，威之以刑，不肃。故魏世议者言："凡人天性多不善，不当待以善意，更堕其调中。"惟杜恕甚闻之，而云"已得此辈，当乘桴蹈沧海，不能自谐在其间也。"……荀卿所谓顺情性而不事礼义积伪者也。盖自魏武审正名法，钟、陈辅之，操下至严。文、明以降，中州士大夫厌检括苟碎久矣。势激而迁，终以循天性，简小节相上，固其道也。会在易代兴废之间，高朗而不降志者，皆阳狂远人。礼法浸微，则持论又变其始。③

---

① （晋）陈寿撰，（南朝宋）裴松之注：《三国志》卷一六《魏书·杜恕传》，第507页。

② 可参见：石易之：《论曹魏杜恕的政治思想》，《许昌学院学报》2012年第4期；孔毅：《礼与杜恕〈体论〉》，《重庆师范大学学报》2007年第3期；林校生：《杜恕傅玄与魏晋的儒学人生论》，《华侨大学学报》1998年第4期。

③ 章太炎：《訄书》重订本，《章太炎全集》，第1辑，上海人民出版社2014年版，第143页。

　　章太炎这一段归纳可谓具眼之论。他看到了杜恕在法家思想盛行之际，尊儒维礼的做法别有意义。众所周知，每为论魏晋思想者所举的傅玄《掌谏职上疏》云"近者魏武好法术，而天下贵刑名，魏文慕通达，而天下贱守节"①。汉末法制松弛，纲纪崩溃，皇权衰颓。因此曹操、诸葛亮等运用法家思想整顿朝廷纲纪，获效较大。杜恕为官主要在魏明帝曹叡、魏少帝曹芳时期。陈寿称"明帝沉毅断识，任心而行"②，统治曹魏13年，魏明帝虽崇饰宫室，蓄养后宫，但仍不失为一位明主。他统治曹魏期间，统治思想与父祖相比有了较大不同。明帝少时即"好学多识，好留意于法理"③，也曾"每断大狱，常幸观临听之"④，说明他对法家治国思想有一定接受。明帝也曾经一度尊儒贵学，几次下令兴经学，说明他对儒家政治思想也有心吸取。儒家思想并非完全排斥法治思想，只不过其尊崇以仁治为本，魏明帝的统治思想也是综合二者而兼收并蓄的。杜恕的政治思想主要是以礼法为主，同时兼收法理思想，《体论》中就有《法》篇论述。与杜恕同时的蒋济、桓范等，虽属不同政治集团，但他们与杜恕等人共同支撑了当时的尊儒之论，而杜恕《体论》体现的礼法思想可以看作对魏明帝这一时期儒法思想议论的总结。《体论》对后期司马氏的执政思想应该产生了一定影响。司马氏虽与杜恕有恩怨，但他们乃儒学士族，以礼法思想治国，也可能或多或少受到了杜恕的影响。

　　曹魏集团中，在儒家思想的学理贡献上，与杜恕同时的王肃贡献更大，且对后世影响更深远。但单在儒家政治思想方面的贡献上，应以杜恕为先，并对西晋的傅玄等产生了影响。杜恕对儿子杜预也产生了较大影响，杜预的《春秋左氏经传集解》之所以成为万世经典，可能在很大程度上受到了父亲尊儒思想的浸染。

第三节　曹魏政变与乐浪之徒

　　政变结束后，于胜利者一方来说，对敌对方的打击必定是严酷的，因为政变性质极为恶劣，关乎国家政治权力的变更，得势的一方因此会对失败者予以沉重

---

① （清）严可均校辑：《全晋文》卷四六，《全上古三代秦汉三国六朝文》，第1721页。

② （晋）陈寿撰，（南朝宋）裴松之注：《三国志》卷三《魏书·明帝纪》，第115页。

③ （晋）陈寿撰，（南朝宋）裴松之注：《三国志》卷三《魏书·明帝纪》，第91页。

④ （晋）陈寿撰，（南朝宋）裴松之注：《三国志》卷三《魏书·明帝纪》，第96页。

打击。依照惯例，政变失败者的主要参与人员都会被诛杀，其他受到牵连的亲属视亲疏关系免死流徙，或远或近。

曹魏历史上，曹氏集团与司马氏集团的矛盾随着司马氏篡权之心渐趋明显，终于在正始十年(249)，即嘉平元年，发生了"高平陵政变"，5 年之后，在嘉平六年(254)，"夏侯玄代司马师政变"的发生，更体现了曹魏中央集团对司马氏集团的最后抗争。① 此政变失败之后，司马氏集团基本掌握了魏国朝政，以至于在当年发生了司马师废帝曹芳为齐王的事件。"高平陵政变"与"夏侯玄代司马师政变"的发生，产生了数次远徙事件，是曹魏历史上值得特别关注的流徙案例。

一、"高平陵政变"与"夏侯玄代司马师政变"

景初三年(239)，魏明帝曹叡去世，养子曹芳继位，曹芳年幼，故明帝临终托孤于曹爽、司马懿，自此两人成为曹魏政权的实际掌权者，经过 10 年的明争暗斗，司马懿通过一场政变诛杀了曹爽。

正始十年(249)正月，魏帝曹芳车驾谒高平陵之明帝曹叡墓，曹爽兄弟等皆随同前往。司马懿借此机会发动兵变，他借皇太后郭氏命令先据武库，又出屯洛水浮桥。然后上表奏劾曹爽，云其不报顾命之恩，僭拟专权，树亲信、排异己，乱政败国，故奉太后意请天子罢黜曹爽等人。曹爽闻知惶然失措，经过犹豫，最终派遣许允、陈泰诣司马懿，归罪请死，因此曹爽兄弟得以免官归府。但不久之后，与曹爽交往密切的张当在拷问之下供称曹爽、何晏等人计划谋反，于是曹爽等人被诛灭三族。这一事件，史称"高平陵政变"，自此曹魏军政大权落入司马氏手中。

曹爽得诛，曹魏前线人员布置发生变动。征西将军夏侯玄被调回洛阳，代以郭淮。夏侯霸乃夏侯玄叔父，其与曹爽交往甚厚，又与郭淮素来不睦，身处前线的夏侯霸忧心忡忡，遂归降蜀汉。曹魏朝廷闻夏侯霸降蜀，对其在洛阳的家属进行了处罚。由于夏侯霸乃夏侯渊之子，朝廷念及夏侯渊当年功勋卓著，故赦免其孙死罪，远徙乐浪郡。这就是由"高平陵政变"引发的夏侯霸逃蜀，夏侯霸之子

---

① 笔者认为此后两三年发生的毌丘俭、诸葛诞之变，体现了地方亲曹势力对司马集团的反抗。"夏侯玄代司马师政变"则可看作曹魏中央集团对司马氏的最后抵抗。

被远徙乐浪的经过。

约 5 年后，嘉平六年(254)二月，洛阳又发生了"夏侯玄代司马师政变"，此事件知名度亚于"高平陵政变"，且政变未遂。此前在高平陵政变之后，夏侯玄被夺兵权，召回朝廷，先后任职大鸿胪、太常，甚不得意。中书令李丰虽被司马师器重，但亦有私心，他暗自与皇后之父光禄大夫张缉等谋议，欲以夏侯玄代司马师为大将军。这是曹魏中央集团对司马师集团的一次终极博弈。然而岂料事泄，当事人中书令李丰、光禄大夫张缉、黄门监苏铄、永宁署令乐敦、冗从仆射刘宝贤等，皆被夷三族，其余亲属远徙乐浪郡。此外许允与李丰、夏侯玄亲善，涉谋诛司马师案，又因放散官物被收付廷尉，于远徙乐浪的途中去世。

"夏侯玄代司马师政变"的发生，似乎单是李丰等人主谋所致，其实背后的支持者当是皇帝曹芳。曹芳、夏侯玄等人都是曹魏集团的核心人物，他们与司马师、司马昭等人的矛盾重重。司马师为大将军，手握重兵而左右朝廷，曹芳为帝堪为傀儡。因此，作为皇帝的曹芳也希望通过一次政变来改变司马氏擅权的政治格局，然而这一次曹魏中央集团对司马氏集团的最后抵抗以失败告终，并且导致张皇后被废，半年后，大将军司马师也罢废了皇帝曹芳。

"高平陵政变"与"夏侯玄代司马师政变"涉案人员被远徙者，皆远徙乐浪郡。《汉书·地理志》载："乐浪郡，武帝元封三年开。"[1]乐浪郡今属朝鲜平壤等地，在当时的曹魏版图里，属于东北部最边远的郡县，乃绝域之地。为何选择远徙乐浪如此僻远之地呢？主要原因有二：其一，涉案家属虽然被免死，但由于所涉案件性质严重，所以选择了最偏远的地方作为流徙目的地。其二，就当时的曹魏版图来说，曹魏不太可能将重罪之人远徙于蜀汉或东吴交界之处，即不会西徙、南徙。本来曹魏版图之西域地区，也在曹魏控制之下，然而对其控制薄弱，若远徙西域，涉案人员极有可能亡归蜀汉。所以东北地区的乐浪成了重罪免死之人最佳的远徙场所。

这几次乐浪之徙出发点都是京都，从当时的洛阳到乐浪郡，所行路线为何？无法考实，但可以大致作一推断。以图 2-2 示之，便于理解。

---

① (汉)班固撰，(唐)颜师古注：《汉书》卷二八《地理志》，中华书局 1962 年版，第1627 页。

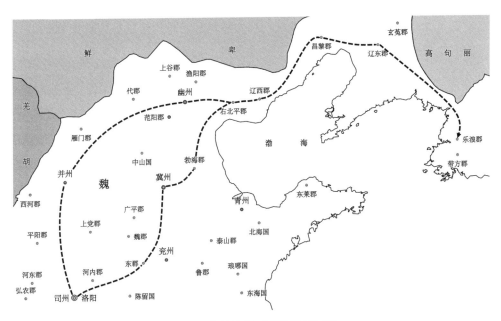

图 2-2　曹魏洛阳至乐浪路线图①

　　乐浪远徙走的当是陆路，即从洛阳出发，往北或东北而行，经过并州或冀州，到达渤海湾之幽州，经过幽州右北平郡、辽西郡、昌黎郡到达辽东郡，最后折向东南至乐浪郡。当年远徙乐浪的罪犯，大都应该是经过这一路线而行的。可见从洛阳至乐浪，算作曹魏绝域之徙毫不为过。

　　"高平陵政变"发生在正始十年（249）正月，"夏侯玄代司马师政变"发生在嘉平六年（254）二月，两次政变皆在冬春之交。政变谋反属于大逆不道的罪行，受牵连的亲属当在罪行确定之后就要远离京城。在这个季节被远徙乐浪，越往北越寒冷，遭流之人除了承受丧失至亲之痛，还得忍受酷寒的袭击，内心的悲痛与外界环境的双重折磨，被流之人定是苦不堪言。

　　综合考察整个曹魏史上的贬谪流徙情况，与乐浪之徙可以并论的是发生在"夏侯玄代司马师政变"10 年之后的一次远徙。即景元五年（264），邓艾遭钟会等

────────────

　　①　此图是以《中国历史地图集》第三册（谭其骧主编，中国地图出版社 1982 年版）之"三国曹魏"地图为底图绘制而成，底图乃曹魏景元三年（262）地理分布图。本书在引用底图过程中仅做地名等删减处理。

诬陷，为司马昭猜忌而被收押，邓艾与诸子皆被杀，其妻、孙皆远徙西域。乐浪与西域分别代表了曹魏版图的最东与最西两地。为何"高平陵政变"与"夏侯玄代司马师政变"没有被远徙西域，而是乐浪呢？这一原因很明显，即上面述及的在景元四年(263)之前，蜀汉政权还存在，曹魏对西域的控制并不算很坚实，当蜀汉灭亡之后，曹魏的远徙地域就多了西域一处。

二、乐浪之徙的流贬文化意义

"高平陵政变"与"夏侯玄代司马师政变"所造成的乐浪之徙，在中国流贬史上有其重要意义，却未被重视。如李兴盛是学界著名的流人史与流人文化研究专家，但其《东北流人史》①正文第三章《三国时代的东北流人》对曹魏乐浪之徙只字未提，且此书附录所列"东北流人大事纪"也忽略了此事。在数年后的新著《中国流人史》②中，李兴盛对此进行了弥补，对这两次远徙进行了史实描述，不过对其流贬史意义却并未展开。

据现有传世古籍记载来看，"高平陵政变"所开启的乐浪之徙，当为史籍所载的第一次流徙乐浪，"夏侯玄代司马师政变"造成的乐浪之徙，在被徙人数等方面更是扩大了远徙乐浪的影响。乐浪郡作为东北偏远的流人贬所，始于这两次群体远徙。

《汉书·汉昭帝纪》载元凤五年(前76)时，"六月，发三辅及郡国恶少年吏有告劾亡者，屯辽东"③。《汉书·孝成赵皇后传》载建平元年(前6)，"哀帝于是免新成侯赵钦、钦兄子成阳侯䜣，皆为庶人，将家属徙辽西郡"④。这两次远徙，一为辽东郡，一为辽西郡，皆在今中国境内。《后汉书·崔骃传》载："及宪为车骑将军，辟骃为掾。……宪擅权骄恣，骃数谏之……指切长短。宪不能容，稍疏之，因察骃高第，出为长岑长。骃自以远去，不得意，遂不之官而归。"⑤崔骃的

---

① 李兴盛：《东北流人史》，黑龙江人民出版社 1990 年版。
② 李兴盛：《中国流人史》，黑龙江人民出版社 1996 年版。
③ (汉)班固撰，(唐)颜师古注：《汉书》卷七《汉昭帝纪》，第 231 页。
④ (汉)班固撰，(唐)颜师古注：《汉书》卷九七《外戚传·孝成赵皇后传》，第 3996 页。
⑤ (南朝宋)范晔撰，(唐)李贤等注：《后汉书》卷五二《崔骃传》，中华书局 1965 年版，第 1721~1722 页。

直谏性格为窦宪所不容，遂贬其为长岑长。长岑乃县名，属乐浪郡。这是史载贬官乐浪的第一例，不过由于崔骃并未之官，所以乐浪之贬并未实际形成。此外，三国时期，辽东政权公孙渊杀东吴孙权所派使者，流部分随从至辽东、玄菟郡各县，这也是在今中国境内。相比前几例流贬案例，由曹魏政变引起的这两次带罪远徙，所涉及的地域今属朝鲜境内，比辽东、辽西、玄菟三郡更为僻远，可见乐浪之徙在流人贬所方面，乃当时曹魏版图中的极点之一。故而可以说远徙辽东辽西，始于西汉，远徙乐浪，则始于曹魏。

根据李兴盛对流人类型的分类，若从来源来看，"高平陵政变"与"夏侯玄代司马师政变"造成的乐浪之徙，属于专政型流人。① 因此，可以说中国专政型流徙乐浪传统，发轫于曹魏这两次政变所造成的远徙案例。

带方郡是公孙康从乐浪郡分置出去的，后来的乐浪郡与带方郡毗邻且更加僻远，二者可视为同一流徙区域。自从曹魏政变开启了乐浪远徙，后来的西晋也对此进行了继承，西晋历史上发生的数次带方之徙，如司马繇、裴嵩、裴该就曾远徙带方，这是该地区继曹魏乐浪之徙后的数次绝域远徙。

两汉时期，乐浪郡为最东北方的边远地域，曹魏、西晋时期，它成了重犯远徙的贬所之一。不过乐浪与带方，作为远徙的贬所在中国历史上并未沿袭很久，因为这一片地区在之后的朝代并不完全隶属于汉民族中央政权。西晋"八王之乱"时，东北的高句丽趁机南下吞并乐浪，西晋末年，乐浪就脱离了中央朝廷的管辖。唐朝虽曾吞并高句丽，但此后不久乐浪又为新罗所辖。所以从西晋开始，乐浪就基本与中原朝廷脱离了直接的隶属关系，乐浪郡作为汉民族中央政权的国土约400年。流徙乐浪的罪犯，对当地的文化传播必定产生了积极的推动作用，故乐浪远徙对今朝鲜国传统文化方面当有贡献。

曹魏时期开启了乐浪远徙之例，后世常以乐浪之徙表现远徙之苦。如明末敖文祯《张治祯年丈复有温陵之命赋赠》云：

---

① 李兴盛《中国流人史》(第4页)认为，若从流人来源看，可分为掠夺型流人(来自敌对政权中的战争俘虏)与专政型流人(来自政权内部的各种"犯罪"人员)。

> 十年消息两差池，此日重逢对酒卮。
> 休问除书仍理郡，尚怀封事独忧时。
> 朔方烽火摇关塞，乐浪樯帆蔽岛夷。
> 心折岂缘迁客动，愿回揽辔奋驱驰。①

此诗将朔方与乐浪并提，表现的是迁客流人的悲苦。被流绝域之地，往往意味着会客死异乡，这种人生体验只有被流之人方能体会。由于乐浪位于中国广袤地域的东北方，因此乐浪在后世一定程度上成为远徙东北的代名词。每当有远徙东北的事情发生，相关人员就容易联想到乐浪这一绝域之地。如明末清初魏畊《兰溪舟中闻云间陆庆曾遣谪塞外遥有此寄》云：

> 迁谪惊闻塞尽头，枫滩然烛对江舟。
> 都门道远不相送，何处天边可上楼。
> 酒点酡酥留客醉，人吹毛管乱边愁。
> 此行乐浪更西上，长望金鸡万里秋。②

顺治十四年(1657)，陆庆曾参加丁酉顺天科场，因科场舞弊案被流尚阳堡（又作上阳堡，在今辽宁开县地区），即作者所谓的"塞尽头"。作者此处感叹陆庆曾之远徙，诗歌用"更西上"表现远徙之僻远。因为乐浪本就十分偏远，陆庆曾被流的地方更在乐浪偏西偏北，距离京都更远，作者因此对其表现了极大的同情。同样是受到科考舞弊案牵连的吴兆骞，有《次沙河砦》云：

> 客程殊未已，复此驻行装。
> 世事怜今日，人情怯异乡。
> 月临边草白，天入海云黄。

---

① （明）敖文祯：《薛荔山房藏稿》卷三，《续修四库全书》，上海古籍出版社 2002 年版，第 1359 册，第 146 页。

② （明）魏畊：《雪翁诗集》卷九，《续修四库全书》，上海古籍出版社 2002 年版，第 1393 册，第 623 页。

　　　　　莫恨关山远，来朝是乐浪。①

　　吴兆骞因科考案无辜被流宁古塔(今黑龙江宁安)20余年之久，个中冤屈与悲苦可想而知。关山本已十分偏远，但比起乐浪来说要近得多，所以作者出关不久后，面对塞外的风景不免心生悲感，因为所要流戍的绝域之地还在更远处。吴兆骞在贬所创作了许多慷慨悲凉之作，沈德潜如是评论："诗歌悲壮，令读者如相遇于丁零绝塞之间。"②正是远徙东北这一悲苦境遇，很大程度上促成了吴兆骞诗歌悲壮的风貌。

　　诸如上述被贬东北的众多迁客骚人，诗文中常以乐浪形容贬所之僻远，这样的流贬文化渊源应是源于曹魏政变所造成的乐浪远徙。正是曹魏政变造成的诸例乐浪之徙开启了远徙东北乐浪等地的流贬风气，因此乐浪逐渐成为具有历史文化积淀的流徙地域，它与宁古塔、岭南、西域、朔方等中国边陲之地，都是著名的贬所，由此产生的与乐浪相关的诗文，也是中国流贬文化、文学中的重要组成部分。

---

　　①　(清)吴兆骞：《秋笳集》卷二，《清代诗文集汇编》，上海古籍出版社2010年版，第122册，第232页。

　　②　(清)沈德潜：《清诗别裁集》卷五，中华书局1975年版，第80页。

第三章　蜀汉贬谪文化

魏蜀吴三国中，蜀汉人口最少，国力最弱。现存有关蜀汉的史料在三国中是最少的，蜀汉政权的贬谪案例也是最少的。综合言之，蜀汉的贬谪案例主要可分为两类：一是诸葛亮治蜀时期的官员废贬，二是宦官黄皓干政时的官员贬谪。诸葛亮乃千古名相，探讨与之相关的废贬事件，能够更加清晰地了解蜀汉的政治背景与诸葛亮的行政思想。而黄皓干政时的官员贬谪，由于史料阙略过多，仅知罗宪、陈寿①曾遭贬谪，无法深察，故本章仅仅提及，不予详考。

第一节　诸葛亮严峻刑政与廖立、李平之废贬

与曹魏、东吴不同，作为一国之相，要论对当朝与后世的影响之大，蜀汉的诸葛亮毫无疑问居首。作为史上名相，在他治国期间，蜀汉发生了几起著名的废徙案例，这些案例体现了蜀汉什么样的政治背景？案例中被诸葛亮废徙的人，在闻知诸葛亮去世之后，都表现出伤感而无怨恨之意，这又是为何？

一、廖立、李平之废贬

廖立，字公渊，武陵临沅(今湖南常德市武陵区)人。关于廖立，诸葛亮曾有如此评语："庞统、廖立，楚之良才。"廖立不及而立之年，即被擢为长沙太守，说明其才能非同一般。建安二十年(215)，东吴吕蒙用计拿下长沙、零陵、

---

① 《三国志》卷四一《蜀书·霍峻传》引《襄阳记》载："时黄皓预政，众多附之，宪独不与同，皓恚，左迁巴东太守。"(第1008页)；《晋书》卷八二《陈寿传》载："师事同郡谯周，仕蜀为观阁令史。宦人黄皓专弄威权，大臣皆曲意附之，寿独不为之屈，由是屡被谴黜。"(第2137页)。

桂阳三郡时，廖立自己脱身而走，奔归刘备。刘备未深责，以为巴郡太守。建安二十四年(219)，刘备为汉中王，廖立被征为侍中。后主即位(223)，徙长水校尉。从侍中到长水校尉的调动，带有贬谪的成分。廖立自谓有才之人，故对任职长水校尉深有不满。史载其"自谓才名宜为诸葛亮之贰，而更游散在李严等下，常怀怏怏"①。从侍中调到长水校尉，廖立遂在丞相掾李邵、蒋琬面前对刘备曾经的行军策略等举措表示不满，且对当时诸葛亮的用人行事进行批评，认为当时其所欲任向朗、文恭、郭演长、王连等人才能不符。李邵、蒋琬将其言论告知诸葛亮，廖立被废为庶民，徙汶山郡(今四川阿坝洲茂县北)。于是被流放的廖立过起了农耕生活，史载："立躬率妻子耕殖自守……后监军姜维率偏军经汶山，诣立，称立意气不衰，言论自若。立遂终徙所。妻子还蜀。"②

廖立被贬汶山郡多少年呢？廖立被贬是在223年或稍后，其终老于贬所，去世时间史籍未载。但陈寿云姜维率偏军经过汶山时曾经拜访过廖立，据此或可推测。《姜维传》云"琬既迁大司马，以维为司马，数率偏军西入"③。《蒋琬传》载琬加大司马在延熙二年(239)，所以姜维率偏军经过汶山当在此年附近，据此而言，廖立被贬汶山郡至少有16年之久。

李平，原名李严④，字正方，南阳(今河南南阳)人。年少时即以才干称道，曾在刘表属下为官，后入蜀投刘璋。建安十八年(213)，李平时为护军，拒刘备于绵竹。李平率众降刘备，被拜为裨将军。刘备入成都(215)后，李平为犍为太守、兴业将军。刘备在汉中时，盗贼起事，李平因为讨贼有功，加辅汉将军。章武二年(222)，刘备拜李平为尚书令。翌年，与诸葛亮并受诏为顾命大臣。在刘禅即位后，李平一直任要职，先封侯(223)，后拜将(230)，先后镇守永安、江州等。建兴九年(231)，诸葛亮第五次北伐出祁山，因为秋夏之交多雨，李平督运粮草不继，并且以刘禅的名义召还诸葛亮，致使其罢还退兵。李平因为害怕承担督运失职之责，反而称粮草充足责怪诸葛亮退兵之举，因而获罪，被废为庶民，徙梓潼郡(今四川梓潼)。建兴十二年(234)，诸葛亮去世。史载"平闻亮卒，

---

① (晋)陈寿撰，(南朝宋)裴松之注：《三国志》卷四〇《蜀书·廖立传》，第997页。
② (晋)陈寿撰，(南朝宋)裴松之注：《三国志》卷四〇《蜀书·廖立传》，第998页。
③ (晋)陈寿撰，(南朝宋)裴松之注：《三国志》卷四四《蜀书·姜维传》，第1064页。
④ 本节为了行文统一，论述时一律用李平。

发病死。平常冀亮当自补复，策后人不能，故以激愤也"①。从 231 年被贬，至 234 年病卒，李平被贬梓潼郡 3 年。

综上，廖立因为臧否群士＼诽谤众臣，被废为庶民，流放到汶山郡至少 16 年。李平因为督运粮草失职，且以谎言诬陷诸葛亮，被废为庶民，流放到梓潼郡 3 年。

二、廖立、李平废贬的深层原因

廖立因为臧否群士、诽谤众臣被废贬，李平因为督运粮草失职被废贬，这是两人被废贬的直接原因，却不是深层原因，这两件事情应该说只是两人被贬的导火索。

《三国志》道明了诸葛亮行权奏劾贬谪廖立、李平两人的详细过程。《廖立传》中列出了诸葛亮奏劾廖立的上表：

> 长水校尉廖立，坐自贵大，臧否群士，公言国家不任贤达而任俗吏，又言万人率者皆小子也；诽谤先帝，疵毁众臣。人有言国家兵众简练，部伍分明者，立举头视屋，愤咤作色曰："何足言！"凡如是者不可胜数。羊之乱群，犹能为害，况立托在大位，中人以下识真伪邪？②

诸葛亮的上表应该还有一部分，裴松之引《诸葛亮集》中的亮表云：

> 立奉先帝无忠孝之心，守长沙则开门就敌，领巴郡则有暗昧阘茸其事，随大将军则诽谤讥诃，侍梓官则挟刃断人头于梓官之侧。陛下即位之后，普增职号，立随比为将军，面语臣曰："我何宜在诸将军中！不表我为卿，上当在五校！"臣答："将军者，随大比耳。至于卿者，正方亦未为卿也。且宜处五校。"自是之后，怏怏怀恨。③

对于诸葛亮上表所言廖立之罪，刘禅下诏曰："三苗乱政，有虞流宥，廖立

---

① （晋）陈寿撰，（南朝宋）裴松之注：《三国志》卷四〇《蜀书·李严传》，第 1000 页。
② （晋）陈寿撰，（南朝宋）裴松之注：《三国志》卷四〇《蜀书·廖立传》，第 998 页。
③ （晋）陈寿撰，（南朝宋）裴松之注：《三国志》卷四〇《蜀书·廖立传》，第 998 页。

狂惑，朕不忍刑，虺徙不毛之地。"①由上可知，诸葛亮给廖立定的罪名是臧否群士、公言国家不任贤达而任俗吏、诽谤先帝、疵毁众臣等。这些都是因言获罪，是说廖立身在大位却公开发表言论蛊惑人心，所谓公言国家用人不当，乃实指诸葛亮用人不当，这是廖立被贬的直接原因，可谓新罪。同时，诸葛亮还列出廖立之前所犯的旧罪：如侍奉先帝没有忠孝之心，任长沙太守时丢掉长沙郡自己脱身奔归，任巴郡太守时又有愚昧卑贱之事等，这些算是诸葛亮对廖立所翻旧账。新旧账一起算，于是廖立被废为民，流放至汶山郡。应该说，诸葛亮最开始很欣赏廖立，将其与庞统并称为楚之良才，且委以荆州重任，直到其丢长沙脱身而回，开始对其产生不满，但由于其属于荆州集团中有才能的人，所以也没有完全对其进行否认。在丢失长沙之后，廖立仕途开始受阻，想必是诸葛亮经过长沙之事认识到廖立虽有才，但其属于辩才，更多属于空谈之士，所以对其升擢的态势有所减缓，甚至有所贬谪。从侍中调到长水校尉，廖立怨言更甚。当其臧否群士，公言诸葛亮用人之时，诸葛亮就以乱群之罪对其进行流放。所以说，廖立之废贬，是其自身长期积怨获罪的结果，更是廖立自身才名不副实的结果。当后来姜维见到廖立时，他仍然"意气不衰，言论自若"，这似乎是名士风度，但也可以看作舌辩之士的空谈行为。

《李严传》中，陈寿也列出了诸葛亮的上表：

> 自先帝崩后，平所在治家，尚为小惠，安身求名，无忧国之事。臣当北出，欲得平兵以镇汉中，平穷难纵横，无有来意，而求以五郡为巴州刺史。去年臣欲西征，欲令平主督汉中，平说司马懿等开府辟召。臣知平鄙情，欲因行之际逼臣取利也，是以表平子丰督主江州，隆崇其遇，以取一时之务。平至之日，都委诸事，群臣上下皆怪臣待平之厚也。正以大事未定，汉室倾危，伐平之短，莫若褒之。然谓平情在于荣利而已，不意平心颠倒乃尔。若事稽留，将致祸败，是臣不敏，言多增咎。②

① （晋）陈寿撰，（南朝宋）裴松之注：《三国志》卷四〇《蜀书·廖立传》，第998页。
② （晋）陈寿撰，（南朝宋）裴松之注：《三国志》卷四〇《蜀书·李严传》，第999~1000页。

裴松之又引用诸葛亮所上公文：

> 平为大臣，受恩过量，不思忠报，横造无端，危耻不办，迷罔上下，论狱弃科，导人为奸，情狭志狂，若无天地。自度奸露，嫌心遂生，闻军临至，西乡托疾还沮、漳，军临至沮，复还江阳，平参军狐忠勤谏乃止。今篡贼未灭，社稷多难，国事惟和，可以克捷，不可苟含，以危大业。①

可见，诸葛亮对李平的不满并非来自失职运粮一件事，而是曾经加以宽容，在发生了督运粮草失职之事时，不得已对其进行了奏劾。诸葛亮所上公文还表明了对李平的惩罚是与众臣一起商议的结果，其云："辄与行中军师车骑将军都乡侯臣刘琰，使持节前军师征西大将军领凉州刺史南郑侯臣魏延……等议，辄解平任，免官禄、节传、印绶、符策，削其爵土。"②这也体现了诸葛亮对李平之废贬并非出于一己之私。

诸葛亮给李平定的罪名是不思忠报，安身求名，无忧国事，阻止北伐与西征，趁机取利等。相比廖立之废贬，李平之废贬的情况要复杂得多。为治蜀汉史者熟知，蜀汉政权主要是由三个势力集团组成：一是以刘备的嫡系集团即荆州集团（包括刘表旧部）为主，刘备去世后，这一集团的领袖人物是诸葛亮；二是前益州刺史刘璋的旧部即东州集团，这时以李平为核心（法正时已去世）；三是益州本地士族为主的益州集团，以黄权为代表。廖立属于荆州集团，他的被废被贬可以看作诸葛亮对自家集团内部人员的贬谪。李平的被废贬，则一定程度上可视为荆州集团与东州集团矛盾的体现。田余庆《李平兴废与诸葛用人》就认为，诸葛亮废徙廖立、李平，其目的在于调和蜀汉政权中新旧两个集团的矛盾，③ 此说有理。

李平是刘备托孤时指定的顾命大臣之一，在蜀汉的地位非同一般。刘备去世之后，蜀汉政权的实际掌权人是诸葛亮，李平的地位虽然比不上诸葛亮，但却也

---

① （晋）陈寿撰，（南朝宋）裴松之注：《三国志》卷四〇《蜀书·李严传》，第1000页。

② （晋）陈寿撰，（南朝宋）裴松之注：《三国志》卷四〇《蜀书·李严传》，第1000~1001页。

③ 参见田余庆：《秦汉魏晋史探微》，中华书局2004年版，第190~207页。

是蜀汉众臣中政治地位仅次于诸葛亮的一人。李平在东州集团中的威望极高，且同为顾命大臣，对诸葛亮的"专权"确有一定威胁，所以有部分论者把李平之废贬看作诸葛亮与李平争权的结果，① 此说不无道理。不过把李平之废贬单纯看作诸葛亮对其进行的倾轧，似乎又有不妥。因为李平被废贬虽然含有诸葛与李争权的性质，但更为主要的是李平自身犯法的结果。李平运粮失职导致诸葛亮罢兵退还，这对于汲汲北伐的诸葛亮来说，无疑是犯了不可饶恕的重罪。

三、对诸葛亮刑政依公的再认知

史载廖立与李平得知诸葛亮去世之后，分别有如是反应：廖立"闻诸葛亮卒，垂泣叹曰：'吾终为左衽矣！'"②"左衽"乃少数民族穿衣的习惯，此处代指将终老于蛮荒贬所。"平闻亮卒，发病死。平常冀亮当自补复，策后人不能，故以激愤也。"③诸葛亮去世的消息传来，廖立感叹自己将会终老于贬所，李平则激愤而卒，两人为何有如此反应？

李平之所以激愤而卒，说明他一直怀有强烈的回归意识，有朝一日重回朝廷是他心中所冀。相比廖立在贬所的躬耕生活与言论自若，李平被贬应该怀有较多的不甘，虽有不甘，但李平仍然知道自己若被重新启用还有待于诸葛亮的回心转意。所以当得知诸葛亮去世之后，李平思忖回归无望而忧卒，由此可从侧面看出诸葛亮用人以公心为准。

裴松之引习凿齿的一段话说得好：

> 昔管仲夺伯氏骈邑三百，没齿而无怨言，圣人以为难。诸葛亮之使廖立垂泣，李平致死，岂徒无怨言而已哉！夫水至平而邪者取法，镜至明而丑者无怒，水镜之所以能穷物而无怨者，以其无私也。水镜无私，犹以免谤，况大人君子怀乐生之心，流矜恕之德，法行于不可不用，刑加乎自犯之罪，爵之而非私，诛之而不怒，天下有不服者乎！诸葛亮于是可谓能用刑矣，自

---

① 如罗开玉：《诸葛亮、李严权争研究》，《成都大学学报》2006 年第 6 期。
② （晋）陈寿撰，（南朝宋）裴松之注：《三国志》卷四〇《蜀书·廖立传》，第 998 页。
③ （晋）陈寿撰，（南朝宋）裴松之注：《三国志》卷四〇《蜀书·李严传》，第 1000 页。

秦、汉以来未之有也。①

诸葛亮对廖立、李平的废贬应该是公平的，因此两人在听闻诸葛亮去世之后，做出了异于常人的举动。关于这一点，后人多有评述。如白居易《论刑法之弊》说："管仲夺伯氏之邑，没无怨言；季羔刖门者之足，亡而获宥；孔明黜廖立之位，死而垂泣。三子者，可谓能用刑矣。"②宋苏辙《再论分别邪正札子》亦云：

> 臣闻管仲治齐，夺伯氏骈邑三百，饭蔬食，没齿无怨言。诸葛亮治蜀，废廖立、李严为民，徙之边远，久而不召。及亮死，二人皆垂泣思亮。夫骈、立、严三人者，皆齐、蜀之贵臣也。管、葛之所以能戮其贵臣，而使之无怨者，非有它也，赏罚必公，举措必当，国人皆知其所与之非私而所夺之非怨，故虽仇雠，莫不归心耳。③

秦观、胡寅、洪迈、贺贻孙、黄宗羲、方东树等人，都持有类似观点。足见后人认为诸葛亮对廖立、李平之废贬是刑政依公的结果，所以才使二人无怨言。这充分体现了诸葛亮行政无私的魅力。

诸葛亮劬劳国事，刑罚为公，这一点是毋庸置疑的。《三国志·蜀书·杨洪传》说："西土咸服诸葛亮能尽时人之器用。"④说明其用人之公心足以服人。有论者⑤认为，诸葛亮所用的皆是亲己的二流人才，而特意打压一流人才如廖立、李平、魏延等人，此说似乎不妥。虽然诸葛亮有用人不当之例，如违众提拔马谡等。但廖立乃口辩之士，李平虽有军事才能，却也有安身求名、趁机取利等事实，至于魏延的为人与行事作风，与诸葛亮一向稳重的行事风格相左，所以诸葛

---

① （晋）陈寿撰，（南朝宋）裴松之注：《三国志》卷四〇《蜀书·李严传》，第 1001 页。
② （唐）白居易撰，朱金城笺校：《白居易集笺校》卷六五，第 3530~3531 页。
③ （宋）苏辙撰，陈宏天、高秀芳点校：《苏辙集》卷四三，中华书局 2017 年版，第 762 页。
④ （晋）陈寿撰，（南朝宋）裴松之注：《三国志》卷四一《蜀书·杨洪传》，第 1014 页。
⑤ 如张大可：《论诸葛亮》一文，《三国史研究》，华文出版社 2003 年版，第 237~251 页。

亮对这些人的惩罚或倚用是尽量公允。诸葛亮奏劾李平基本是公事公办，贬谪李平到离成都不远的梓潼郡，算是驱逐李平出权力中枢的举动，但是诸葛亮并没有因此对其赶尽杀绝，而且还继续重用其子李丰。所以说，诸葛亮是以宽大胸怀待李平。只不过诸葛亮公平行政中确实带有用法与用人相混淆的情形，这一点作为一个政治家来说，似乎无可厚非。

另外，有不少论者认为诸葛亮独揽大权，因为陈寿几次记载"政事无巨细，咸决于亮"①，"事无巨细，亮皆专之"②，"诸葛公夙兴夜寐，罚二十以上，皆亲揽焉"③。虽然事必躬亲者乃不会用人者可以说得通，但是在诸葛亮身上，更多的是体现其"鞠躬尽瘁，死而后已"④的勤政为国精神。

陈寿在《诸葛亮传》末尾云：

> 诸葛亮之为相国也，抚百姓，示仪轨，约官职，从权制，开诚心，布公道；尽忠益时者虽雠必赏，犯法怠慢者虽亲必罚，服罪输情者虽重必释，游辞巧饰者虽轻必戮；善无微而不赏，恶无纤而不贬；庶事精练，物理其本，循名责实，虚伪不齿；终于邦域之内，咸畏而爱之，刑政虽峻而无怨者，以其用心平而劝戒明也。⑤

"刑政虽峻而无怨者"，要做到这一点非常不易，所以诸葛亮成了公平刑政的典型。后人在谈到刑政而无怨者的时候，往往举诸葛亮废贬廖立与李平的例子，这两个经典案例之所以能够在史上留下如此众多的评骘，即说明诸葛亮的执法之公。应该说诸葛亮确实有用人不当之处，但总的来说，他是尽力做到了《前出师表》所谓"陟罚臧否，不宜异同"⑥，并且以身作则，以德服人。

---

① （晋）陈寿撰，（南朝宋）裴松之注：《三国志》卷三五《蜀书·诸葛亮传》，第918页。
② （晋）陈寿撰，（南朝宋）裴松之注：《三国志》卷三五《蜀书·诸葛亮传》，第930页。
③ （晋）陈寿撰，（南朝宋）裴松之注：《三国志》卷三五《蜀书·诸葛亮传》，第926页。
④ 该名句出自《后出师表》，此文作者真伪难定，聚讼纷纭，这里仅用以形容诸葛亮勤政为国。
⑤ （晋）陈寿撰，（南朝宋）裴松之注：《三国志》卷三五《蜀书·诸葛亮传》，第934页。
⑥ （蜀）诸葛亮撰，张连科、管淑珍校注：《诸葛亮集校注》卷一，天津古籍出版社2008年版，第27页。

《晋书·陈寿传》有载："寿父为马谡参军，谡为诸葛亮所诛，寿父亦坐被髡，诸葛瞻又轻寿。寿为亮立传，谓亮将略非长，无应敌之才，言瞻惟工书，名过其实。议者以此少之。"①如此说来，父亲被施以髡刑，陈寿与诸葛亮算是有私仇。虽然有人非议陈寿对诸葛亮"将略非长"的评断，但陈寿并未因此而贬低诸葛亮的公心服人，而是在《诸葛亮传》中一再强调其刑罚依公。由此可见，诸葛亮严峻刑政确实深入人心。

北宋王安石《诸葛武侯》一诗云："惜哉沦中路，怨者为悲伤。"②表达的正是诸葛亮的公心之举，令被废被贬的"怨者"也为之悲伤。后人时常感喟诸葛亮这位千古贤相的人格魅力，其中"刑政虽峻而无怨者"就是最好的体现之一。

第二节　清议乱群与孟光、来敏之废贬

诸葛亮治蜀期间，对孟光、来敏两位饱学名士进行了废贬，两者被贬皆因言获罪，诸葛亮为何对直言不讳、举动违常之人进行如此处罚呢？这与诸葛亮的治国思想有何关系？

一、孟光、来敏之废贬

孟光，字孝裕，河南洛阳人，乃汉太尉孟郁之族，汉灵帝末年，孟光曾在中央任讲部吏，在汉献帝迁都长安时逃入蜀地而依附刘焉、刘璋父子。其人博览群书，长于汉家典籍，好《公羊春秋》，经常与好《左氏春秋》的来敏争论，以至于大声嚷闹。刘备定益州之后，孟光被拜为议郎，与许慈等人并掌制度。刘禅即位，孟光又先后历任诸官，至大司农。其人个性耿直，喜议论他人，为众人所嫌，所以仕途不顺。他曾经当众责议费祎，并且大论太子学习之事，自谓"吾好直言，无所回避，每弹射利病，为世人所讥嫌"③。后来因事获罪被免官，年90余卒。

---

① （唐）房玄龄等：《晋书》卷八二《陈寿传》，第 2137～2138 页。
② （宋）王安石撰，刘成国点校：《王安石文集》卷四，中华书局 2021 年版，第 59 页。
③ （晋）陈寿撰，（南朝宋）裴松之注：《三国志》卷四二《蜀书·孟光传》，第 1024 页。

来敏，字敬达，义阳新野(今河南新野)人。父亲来艳曾为汉司空。汉末大乱之际，来敏与姐奔荆州，因为姐夫黄琬是刘璋祖母的侄子，所以被刘璋迎入蜀地，成为刘璋的宾客。来敏善《左氏春秋》，精于小学训诂。刘备定益州之后，来敏任典学校尉，后任太子刘禅家令。刘禅即位之后，为虎贲中郎将。诸葛亮驻汉中时，来敏请为军祭酒、辅军将军，因事获罪去职。诸葛亮去世之后，又历任数官，"前后数贬削，皆以语言不节，举动违常也"①。景耀年间(258—263)，年97卒。

二、孟光、来敏之贬与蜀地清议之风

孟光之废的具体时间无法明考。《三国志·孟光传》载其当众责议大将军费祎之事在延熙九年(246)，所以孟光之废当在246年之后。来敏被废多次，史载第一次被废在诸葛亮住汉中时，后来诸葛亮去世之后，来敏被起用复贬数次。《三国志》卷四十二《杜周杜许孟来尹李谯郤传》，所列的都是饱学之士，是学术方面建树颇多之人。诸人之中，为何只有孟光与来敏被废贬呢？最重要的原因就是他们言论不节，议论干时，因言获罪。

考察孟光、来敏的出身，不难发现，孟光曾任职京城，来敏父亲曾在中央任司空，想必来敏也是随父在京城长大。如此说来，两人都来自中央，这与其他学士不同。因为杜微、周群、杜琼、尹默、李譔、谯周等都是蜀地本土人士，郤正也自父祖就留蜀地，也算是本土人士，而许慈虽为南阳人，但从交州入蜀较早，未曾在京城任职。众学士之中，唯有孟光、来敏出身于京城。孟光、来敏皆90余卒，且卒于后主刘禅后期，以此推算，他们出生当在桓灵之际。学界共识，此时海内清议之风盛行，士人以臧否人物相尚。孟光、来敏身在京城，理当深受京城士人婞直之风的影响。裴松之引用华峤《后汉书》云"艳好学下士，开馆养徒众"②，这是说来敏之父来艳好学下士，且开馆养士。试想来敏出身于这样的环境，品评人物，议论国事，一定会对其造成耳濡目染的影响。

要深究来敏、孟光之废贬，不得不考察一番蜀汉刘备、诸葛亮等人的治国思

---

① (晋)陈寿撰，(南朝宋)裴松之注：《三国志》卷四二《蜀书·来敏传》，第1025页。
② (晋)陈寿撰，(南朝宋)裴松之注：《三国志》卷四二《蜀书·来敏传》，第1025页。

想。定益州以后，刘备、诸葛亮总结东汉末年倾颓的教训，对于清议之风是有所遏制的。《来敏传》裴松之引诸葛亮文云：

> 将军来敏对上官显言"新人有何功德而夺我荣资与之邪？诸人共憎我，何故如是"？敏年老狂悖，生此怨言。昔成都初定，议者以为来敏乱群，先帝以新定之际，故遂含容，无所礼用。后刘子初选以为太子家令，先帝不悦而不忍拒也。后主既位，吾暗于知人，遂复擢为将军祭酒，违议者之审见，背先帝所疏外，自谓能以敦厉薄俗，帅之以义。今既不能，表退职，使闭门思愆。①

足见，来敏以议论乱群在刘备初定成都时就已致使刘备等人不满，只是由于刘备等初入蜀地，需要笼络东州与益州士人，来敏威望厚重，加之其确有才学，于是对其加以容忍。后来刘巴举荐来敏为太子刘禅的家令，刘备虽然不满，但也从之。刘禅即位之后，诸葛亮对其违众拔擢以塞其口，但其仍难改清议本性，终被免。在诸葛亮去世之后，来敏又被起用复贬数次。《三国志·来敏传》云："时孟光亦以枢机不慎，议论干时，然犹愈于敏，俱以其耆宿学士见礼于世。而敏荆楚名族，东宫旧臣，特加优待，是故废而复起。"②可知孟光、来敏都是以议论干时的耿直学识之士，诸葛亮、刘禅对他们的任用只是看重他们的学识，以及在士人中的名望。

诸葛亮在很大程度上以法家思想治国，深知儒以文乱法的影响之大。所以对于士人的乱群之言有一定的钳制，比如廖立之贬亦是其中一例。《宋书·王微传》引用诸葛亮的话："来敏乱郡，过于孔文举"③。孔融喜抨议时政，为曹操所不容。诸葛亮谓来敏甚于孔融，可见其议论干时非同一般。因为清谈可能废事，与诸葛亮一贯稳实的作风相悖，所以对蜀地清议之风加以打压。孟光、来敏、廖

---

① （晋）陈寿撰，（南朝宋）裴松之注：《三国志》卷四二《蜀书·来敏传》，第1025～1026页。

② （晋）陈寿撰，（南朝宋）裴松之注：《三国志》卷四二《蜀书·来敏传》，第1025页。

③ （南朝）沈约：《宋书》卷六二《王微传》，中华书局1974年版，第1665页。"郡""群"形近，此处"郡"当为"群"，且《诸葛亮集》有"来敏乱群"之言。

立等人的被免被贬，主要是这个原因。像孟光、来敏这类以学术见礼于世的士人，因为好臧否人物，所以为众人所嫌，他们的仕途因此受到影响。

对于来敏的废贬，明杨慎《升庵集》中的一条笔记"孔明不取文举"有云："《宋书》引诸葛孔明之言曰'来敏乱郡，过于孔文举'，此事不经见，当表出之。盖孔文举名过其实。清谈废事，已有晋人之风，使遇孔明，必遭李平、廖立之罚，后人称之只以才学耳。"①可见杨慎也认为诸葛亮对于清谈废事之风是有所反对与遏制的。需要提及，蜀汉孟光、来敏诸人之废贬，这一现象可以看作是汉末清议之风的延续，两人同样是开两晋士人任诞风气之先的人物，他们与孔融、祢衡等都可视作是魏晋风度的开风气之人。本节从孟光、来敏之废贬的视角，一窥蜀汉诸葛亮对清议之风的遏制，应该说一定程度上有补于了解蜀地清议之风与诸葛亮的治国思想。

结合前一节所论廖立、李平之贬，加之此节所论孟光、来敏之贬，不难发现，除了李平确实有实质罪行，其他三人都属因言获罪。廖立好臧否群士，孟光喜指摘直言，来敏则是狂悖怨言，三人皆因言获罪。这些废贬的施动者都是诸葛亮，从这些祸从口出的贬谪事件来看，诸葛亮虽然秉公执法，但也确实有过度使用权力的嫌疑。曹魏与东吴应该也有类似的臧否之士，但却没有出现如此集中的贬谪事件，由此可见诸葛亮对蜀地的舆论控制较为严格。

值得一提的是，关于蜀国的废贬，章太炎曾提出独到见解。《论诸子学》谓："诸葛治蜀，赏信必罚，彭羕、李严皆纵横之魁桀，故羕诛而严流。"②太炎先生将蜀国的废贬看作信奉法家的诸葛亮与信奉纵横思想的诸人之间的矛盾体现，这一看法别有异趣。纵横家以辩才进行政治活动，廖立、李平、孟光、来敏主要是因言获罪，诸人确有纵横家式的思想与行为，被视为纵横家有其道理。太炎先生此见，可备一说。

---

① （明）杨慎：《升庵集》卷五一，影印文渊阁《四库全书》，台湾"商务印书馆"1986年版，第1270册，第437页。

② 章太炎：《演讲集》上，《章太炎全集》，第2辑，上海人民出版社2015年版，第61页。

第四章　东吴贬谪文化与文学

三国之中，东吴国祚最长，现存有关东吴的史料较曹魏少，较蜀汉则多。东吴发生的贬谪事件最多，涉及人数也多于魏蜀，其处罚力度之大也是另外两国无法比拟的。综合来看，东吴的贬谪事件主要可分为四类：一是孙权前期直臣劝谏被贬，二是发生于孙权晚年的"二宫构争"所造成的相关人员被贬，三是东吴后期权臣秉政产生的帝王宗室之废贬，四是东吴末年孙皓强权下的宗室、士人及家属之徙。东吴贬谪文化中，士人虞翻之贬是其中的重点，他在整个中国贬谪文化史上的地位尤重。"二宫构争"对东吴政权影响甚大，对江东士族心态也影响至深。东吴后期权臣秉政时对帝王宗室之废贬，乃三国时期权臣废主的集中表现。吴末帝孙皓乃有名的昏庸暴虐之君，在位期间发生了较多的贬杀事件，其惩罚力度也是三国贬谪事件中最为残酷的。本章钩沉史料，依照时间先后对以上诸事件分别予以或详或略的述论。

第一节　虞翻之贬的文化学考察

虞翻，字仲翔，会稽余姚人。这位在后世以《易》学成就名世的汉末东吴名臣，学界对其《易》学史的贡献多有述及。其实，虞翻对中国文化的贡献不只是在《易》学，他还是中国贬谪文化史上的重要人物。在虞翻之前，中国贬谪文化史上有两位重要人物，一是屈原，二是贾谊，分别是忠奸之争与感士不遇的典型贬谪模式代表者①，古人常以"放屈原""谪长沙"来指称屈、贾二人之贬②。除此

---

①　参见尚永亮：《忠奸之争与感士不遇——论屈原贾谊的意识倾向及其在贬谪文化史上的模式意义》，《社会科学战线》1997 年第 4 期。

②　如(宋)谢维新、虞载编撰：《古今合璧事类备要外集》卷一九(第 551～552 页)，在"刑法门"之"流"类中，以"放屈原""谪长沙""徙交州"等来表述流刑。

之外，"徙交州"一词也是古人常引为迁客之叹的对象，这个词指代的是虞翻。虞翻之贬具有别于屈、贾二人的独特意义。可以说，虞翻之贬标志着古代第三种贬谪模式的产生，即直谏枉贬。直谏枉贬的贬谪模式具有重要的里程碑意义，成为后世迁客被贬的典型范式之一。虞翻之贬，涉及对岭南①学术传播的影响，以及对哀悼文化、士人独立人格精神、士人文化心态的影响，还涉及贬谪文化的模式意义等诸多层面，本节就此做一些探讨。

一、虞翻岭南之贬行程概述

据《三国志·吴书·虞翻传》，明确记载虞翻之贬的有三次：其一是被贬丹杨郡泾县，其二是被贬交州②，其三是在交州贬所复贬交州下属苍梧郡猛陵县。下面分别述及。

在叙述虞翻贬谪事件之前，有必要对虞翻的生卒年作一探讨。《三国志》没有明确记载其生卒年，不过可以从相关史料进行推断。《三国志·虞翻传》载："在南十余年，年七十卒。"③又载："翻性疏直，数有酒失。权与张昭论及神仙，翻指昭曰：'彼皆死人，而语神仙，世岂有仙人（也）！'权积怒非一，遂徙翻交州。"裴松之引《虞翻别传》则云："权即尊号，翻因上书曰：'陛下膺明圣之德……臣伏自刻省……昊天罔极，全宥九载……臣年耳顺……永陨海隅，弃骸绝域，不胜悲慕，逸豫大庆，悦以忘罪。'"④据这几条记载，考孙权即尊号在东吴黄龙元年（229），这一年虞翻在交州贬所上疏云"全宥九载""臣年耳顺"，即是年（229）虞翻年60，且被贬交州已经9年，即221年被贬交州。加之"年七十卒"的记载，可以推断，虞翻的生卒年，应是170—239年⑤（计69周岁，古人计70岁）。

---

①　本书所谓岭南范围，乃大多数人所持意见，包括今广东、海南、广西大部与越南北部地区。

②　交州，历史上其范围多有变更，但大致都属岭南范围之内。

③　（晋）陈寿撰，（南朝宋）裴松之注：《三国志》卷五七《吴书·虞翻传》，第1324页。

④　（晋）陈寿撰，（南朝宋）裴松之注：《三国志》卷五七《吴书·虞翻传》，第1321~1322页。

⑤　关于虞翻的生卒年，杨淑琼：《虞翻〈易〉学研究——以卦变和旁通为中心的展开》（台湾花木兰文化出版社2008年版，第12页）也认为170~239一说较为可信。

《三国志·虞翻传》载："孙权以为骑都尉。翻数犯颜谏争，权不能悦，又性不协俗，多见谤毁，坐徙丹杨泾县。吕蒙图取关羽，称疾还建业，以翻兼知医术，请以自随，亦欲因此令翻得释也。"①据考证，吕蒙为了图取关羽，称疾还建业是在建安二十四年（219），所以可知虞翻在建安二十四年或之前，应该是被贬丹阳郡泾县的。裴松之引《吴书》曰："翻虽在徙弃，心不忘国，常忧五溪宜讨，以辽东海绝，听人使来属，尚不足取，今去人财以求马，既非国利，又恐无获。欲谏不敢，作表以示吕岱，岱不报，为爱憎所白，复徙苍梧猛陵。"②《三国志·吴书·吴主传》云："黄龙元年春……五月，使校尉张刚、管笃之辽东。……嘉禾元年春正月，建昌侯虑卒。三月，遣将军周贺、校尉裴潜乘海之辽东。……冬十月，魏辽东太守公孙渊遣校尉宿舒、阆中令孙综称藩于权，并献貂马。权大悦，加渊爵位。二年春正月……三月，遣舒、综还，使太常张弥、执金吾许晏、将军贺达等将兵万人，金宝珍货，九锡备物，乘海授渊。举朝大臣，自丞相雍已下皆谏，以为渊未可信，而宠待太厚，但可遣吏兵数百护送舒、综，权终不听。渊果斩弥等，送其首于魏，没其兵资。权大怒，欲自征渊，尚书仆射薛综等切谏乃止。"③即割据辽东的公孙氏政权遣使到建业结好是在嘉禾元年（232）十月，孙权报聘辽东是在嘉禾二年（233）三月。又《三国志·吕岱传》云："延康元年，代步骘为交州刺史。……黄龙三年，以南土清定，召岱还屯长沙沤口。会武陵蛮夷蠢动，岱与太常潘濬共讨定之。"④即延康元年（220），吕岱接替步骘始任交州刺史。黄龙三年（231），吕岱与潘濬讨武陵蛮夷（即五溪蛮）。潘濬、吕岱讨武陵蛮夷从黄龙三年（231）开始，征剿数年方定。综上，吕岱等讨武陵蛮夷前后，虞翻上表吕岱，反对报聘辽东，虞翻之举与举朝大臣皆谏孙权类似，当在讨武陵蛮夷未结且报聘辽东未定之时，故而虞翻被复徙苍梧猛陵当系于嘉禾元年（232）。

另一说，虞翻生卒年为 164 年、233 年，此说是根据《三国志·吴书·吴主

---

① （晋）陈寿撰，（南朝宋）裴松之注：《三国志》卷五七《吴书·虞翻传》，第 1320 页。

② （晋）陈寿撰，（南朝宋）裴松之注：《三国志》卷五七《吴书·虞翻传》，第 1324 页。

③ （晋）陈寿撰，（南朝宋）裴松之注：《三国志》卷四七《吴书·吴主传》，第 1134～1138 页。

④ （晋）陈寿撰，（南朝宋）裴松之注：《三国志》卷六〇《吴书·吕岱传》，第 1384～1385 页。

传》与《江表传》推断出来的。《三国志·吴书·吴主传》云嘉禾二年(233)孙权遣万人过海报聘辽东,封公孙渊为燕王,不料公孙渊反目斩杀使者,孙权遂后悔未听众臣劝谏。而《三国志·吴书·虞翻传》裴注引《江表传》云:"后权遣将士至辽东,于海中遭风,多所没失,权悔之,乃令曰:'……虞翻亮直,善于尽言……促下问交州,翻若尚存者,给其人船,发遣还都。'会翻已终。"①若根据虞翻享年70倒推其当生于164年。但此说将报聘辽东一事与海中遭风视为同一件事是不对的。海中遭风应指《吴主传》云"(赤乌)二年(239)春三月,遣使者羊衙、郑胄、将军孙怡之辽东"②一事。且若以164年为虞翻生年,会与诸多史实有扞格,如与虞翻之子虞汜生年、虞翻被贬经历等相冲突。所以虞翻生卒年为164—233年的说法有误。

此外,《三国志·陆绩传》载:"绩容貌雄壮,博学多识,星历算数无不该览。虞翻旧齿名盛,庞统荆州令士,年亦差长,皆与绩友善。"③考陆绩生卒年是187—219年,庞统生卒年是179—214年,陈寿云庞统与陆绩"年亦差长",庞统年长八九岁,所云"年亦差长"是合适的。云虞翻乃"旧齿名盛",如果生于170年,比陆绩大18岁,所谓"旧齿名盛",也是合理的。故而虞翻的生卒年,定为170—239年较为合适。

在探讨了虞翻生卒年的基础上,下面根据《三国志》及裴注的记载,将虞翻有关被贬的事件按照时间顺序胪列如下:

建宁三年(170),虞翻生。

建安二十四年(219)或之前,虞翻因犯颜直谏,多见毁谤,被贬丹杨泾县(今安徽宣城泾县)。(第一次被贬)

延康二年(221),虞翻因论神仙事,被贬交州(今广东广州)。(第二次被贬)

嘉禾元年(232),虞翻上表吕岱,反对孙权报聘辽东,复贬苍梧猛陵

---

① (晋)陈寿撰,(南朝宋)裴松之注:《三国志》卷五七《吴书·虞翻传》,第1324页。
② (晋)陈寿撰,(南朝宋)裴松之注:《三国志》卷四七《吴书·吴主传》,第1143页。
③ (晋)陈寿撰,(南朝宋)裴松之注:《三国志》卷五七《吴书·陆绩传》,第1328页。

（今广西苍梧）。（第三次被贬）

赤乌二年（239），虞翻卒于苍梧。

由上可知，《三国志》明确记载虞翻之贬有3次：第一次被贬丹杨郡泾县，第二次被贬交州，第三次在交州贬所复贬交州下属苍梧郡猛陵县。其中后两次贬谪地远时长，交州之贬历时11年，苍梧之贬历时7年，合计其被贬岭南时间约18年，终老未还。

虞翻当年赴贬所走的是什么路线？《三国志》等正史没有记载，有关岭南的地记等史料也亡佚严重。如晋宋之际徐表（或作徐衷）《南州记》、刘宋裴渊《广州记》、刘宋顾微（或作顾徽、顾徵）《广州记》、晋宋之际刘欣期《广州记》、刘宋沈怀远《南越志》（史志目录有载）等，这些书都成书于南朝，但大都不见史志与私家目录，《艺文类聚》《太平御览》等类书对它们有过征引。这些地志本就卷数不多，残留至今的都是只言片语，未发现其中提及汉魏之际从建业到岭南的路线描述。由于史料阙略，今天已经无法知道虞翻当时所走的具体路线，但若作一合理推断，主要应有两条路线。下面以图4-1示之。

从图4-1可以看出，从建业到交州主要有两种路线：一是水路为主，二是陆路为主。若行水路，可从建业溯长江而上，至鄱阳湖，然后经过豫章郡（今江西南昌），南渡赣江至庐陵郡（今江西吉安），最后越过大庾岭至交州（今广东广州）；若行陆路，可从建业南下至新都郡（今浙江淳安），再经过鄱阳郡（今江西鄱阳）、临川郡（今江西抚州）、庐陵郡，最后越过大庾岭至交州。这两条路线中，鄱阳郡、豫章郡、庐陵郡三郡，以及大庾岭应该是虞翻必经之地。尤其大庾岭是南下必经之地，此处崎岖险峻，后来在唐代辟新道，设驿站。而豫章郡是必经之地的推断，也能找出一条明证。

《太平御览》引《吴志》（又名《吴录》）曰：

聂友，字文悌，豫章人也。有唇吻。少为县吏，虞翻徙交州，县令使友送之，翻与语而奇焉，为书与豫章太守谢斐，令以为功曹。郡时见有功曹，斐见之，问曰："县吏聂友，可堪何职？"对曰："此人县间小吏耳，犹可堪

106

曹吏佐。"斐曰："论者以为宜作功曹，君其避之。"乃用为功曹。①

图 4-1　东吴建业至岭南路线图②

---

① （宋）李昉等：《太平御览》卷二六四《职官部·功曹参军》，中华书局 1960 年版，第 1236 页。

② 此图是以《中国历史地图集》第三册（谭其骧主编，中国地图出版社 1982 年版）之"三国东吴"地图为底图绘制而成，底图乃曹魏景元三年（262）、东吴永安五年（262）地理分布图。虞翻被贬岭南在 221 年，与此图所载相隔 41 年，但东汉至两晋时期，扬州、荆州、交州等地绝大部分地域郡县名皆未变更，故此图可资利用。本书在引用底图过程中仅做地名等删减处理。

据此可知，在豫章郡为吏的聂友曾经为南谪的虞翻送行，则虞翻此贬途经豫章郡，当无可疑。由于虞翻此次被贬从建业经豫章最后到交州，路途极远，费时甚长，贬地最边，故从贬谪史的角度看，这当是有史以来惩罚最重的一次贬谪，也首开后世谪臣南迁岭南之先河。

虞翻为何被贬？主要原因有二：一是虞翻本人性格狂直，直谏性格必定犯颜。二是孙权虽能纳谏，但性格亦有猜忌成分。所以陈寿在《虞翻传》末尾如此评价："虞翻古之狂直，固难免乎末世，然权不能容，非旷宇也。"①这样简明扼要的概括，是对虞翻狂直性格与孙权猜忌性格的判定，别具只眼。

二、虞翻对岭南学术文化传播的发轫之功

岭南即"五岭"之南的交、广地区，范围大致包括今广东、海南、广西大部与越南北部一带。其地背靠荆楚，南临大海，气候炎热，瘴气频发，在秦汉时代尚属僻远蛮荒之地，中原人士罕至，文化也颇为落后。虞翻跋山涉水，万死投荒，在这样一个气候恶劣、语言不通、信息隔膜的环境中，以罪人的身份谪居18年之久，则其身心所经受的磨难、重压、煎熬可想而知。然而，虞翻的独特之处在于，他能凭借坚定的毅力，超越外在的环境和内在的悲情，将全部心力贯注于著述和讲学之中；他欲通过一己之力，担承起传播儒家文化精神的使命。

虞翻的著述、讲学活动是颇有成效，颇具规模的。据《三国志·虞翻传》载："权积怒非一，遂徙翻交州。虽处罪放，而讲学不倦，门徒常数百人。又为《老子》《论语》《国语》训注，皆传于世。"②裴松之引《虞翻别传》谓："翻放弃南方……以典籍自慰，依易设象，以占吉凶。又以宋氏解《玄》，颇有缪错，更为立法，并著《明杨》《释宋》以理其滞。"③从这两则记述看，虞翻在谪居之地所著书，即有对《老子》《论语》《国语》诸书的训注，并针对前人对《太玄》一书的错误理解进行考辨，写下了《明杨》《释宋》等学术著作。其中主要涉及《易》学义理。虞翻除了精擅《易》学，还对其他经学颇有心得。《虞翻别传》载其曾对马融、荀

---

① （晋）陈寿撰，（南朝宋）裴松之注：《三国志》卷五七《吴书·虞翻传》，第1341页。
② （晋）陈寿撰，（南朝宋）裴松之注：《三国志》卷五七《吴书·虞翻传》，第1321~1322页。
③ （晋）陈寿撰，（南朝宋）裴松之注：《三国志》卷五七《吴书·虞翻传》，第1323页。

爽、郑玄、宋忠等名家注经提出异议，如云："玄所注五经，违义尤甚者百六十七事，不可不正。行乎学校，传乎将来，臣窃耻之。"①可见虞翻的经学成就非同一般。

我们知道，虞翻是以《易》学名家的，而就汉代治《易》者言，虞翻之前的汉《易》大家，如孟喜、焦延寿、京房、杨雄、马融、荀爽、郑玄等，皆为北人，未见史料记载他们到过岭南。虞翻家学渊源深厚，五世家传孟喜《易》学，是汉《易》的集大成者。虞翻贬谪岭南，可以说是《易》学大家亲身赴岭南的第一人，一定程度上象征着北方《易》学之南迁。今存有关汉末以前岭南本土学术发展情况的记载不多，主要是两汉之交首开岭南学术风气的陈钦、陈元、陈坚祖孙三代，均为苍梧人，主治《春秋》学。比虞翻略早的苍梧人士燮，在交州四十余年，也是"耽玩《春秋》，为之注解"②。还有汉末刘熙，乃北海人，曾在建安年间避地交州，多习训诂学与《孟子》。上述诸人所擅均非《易》学，故虞翻岭南之贬意味着《易》学在岭南的新发展。

至于虞翻的讲学，更是听者众多，"门徒常数百人"。从现存史料看，未见关于陈氏父子、士燮等人在岭南授徒讲学的记载，他们的儒学钻研主要是个体行为，陈氏授徒也局限于当时的中央朝廷。仅有《三国志》裴注提及吴人程秉、薛综、蜀人许慈从刘熙问学，比起虞翻"讲学不倦，门徒常数百人"，刘熙讲学授徒的规模似有不及。③ 就此而言，在岭南历史上，如此大规模地聚众讲学，在虞翻之前是少有的。进一步看，虞翻是因罪废放，并非一般的降品减秩，故虞翻在贬所的身份是经师，而非官吏，其讲学自然属于个人私授行为。余英时认为，"汉代的大传统以儒教为主体，而儒教的基地则在社会而不在朝廷"④。若从这一

---

① （晋）陈寿撰，（南朝宋）裴松之注：《三国志》卷五七《吴书·虞翻传》，第 1323 页。

② （晋）陈寿撰，（南朝宋）裴松之注：《三国志》卷四九《吴书·士燮传》，第 1191 页。

③ （明）欧大任：《百越先贤志》卷三《刘熙》（影印文渊阁《四库全书》，台湾"商务印书馆"1986 年版，第 453 册，第 745~746 页）谓："刘熙，字成国，交州人……往来苍梧、南海，客授生徒数百人。"欧大任之说据《交广春秋》《文献通考》，但今《交广春秋》已佚，亦未见《文献通考》有相关记载，故"客授生徒数百人"之说的真实性似当存疑。

④ 余英时：《士与中国文化》，第 139 页。余氏所谓大传统（Great Tradition），即精英文化（Elite Culture），是知识分子阶层为主体的文化，与一般人民为主体的通俗文化（Popular Culture）相对而言。

角度言，虞翻在野为教，将知识普施于大众，对无中央官学的岭南地区的教化意义就非同一般了。

需要一提的是，交州以北的荆州地区在汉末也是一个学术重镇。以宋忠（或作"衷"）等人为首的荆州学派，其学术传播限于荆州地区及其周边，影响还未散播到岭南。三国时期，战火频仍，由于地理位置的特殊性，岭南地区是一块相对平静之地。在这南陲边州，虞翻大规模讲学授徒，自然会促使学术在岭南的发展。罗香林在《世界史上广东学术源流与发展》中提出，广东与中原的交通有 3 条重要路线，分别以洞庭湖、鄱阳湖、太湖为中心。上已述及，虞翻赴贬所涉及太湖、鄱阳湖区域，最终至岭南地区。学术名家较长时期的行踪变动，往往意味着一个学术中心的迁移，此点在汉晋时期尤为明显。虞翻这一硕儒南迁，一定程度上将深受北方文化影响的太湖区域、鄱阳湖区域与岭南区域的学术文化关联起来，从而形成不同文化的交流与互融。

虞翻对岭南学术文化传播的贡献少有人论及。清人汪琼《光孝寺虞仲翔祠神弦曲序》谓：

> 岭南经学风气晚开，虽高固作相，曾进《春秋》；黄豪好学，能通《论语》。而颛门尚寡，师法未闻。仲翔当流徒之余，值忧生之戚，犹复注经行世，列舍授徒，执业者数百人，讲学者十余载，纵居罪放，不忘训注……南方学者，得所宗师，后世传之，流风远矣。①

此可谓洞达之论。据欧大任《百越先贤志》，高固、黄豪皆为岭南人，高固进《春秋》是在楚国都城，黄豪年 16 通《论语》《毛诗》，也限于自身学养的修炼。相比之下，由北至南的虞翻在岭南大规模讲学授徒，便具有了文化跨地域传播的性质和规模效应。清人谭莹《论粤东金石绝句录八十二首》其第八一首有言："岭南经术始虞翻，迁谪曾居建德园。"②这里一个"始"字，充分肯定了虞翻对岭南学

---

① （清）汪琼：《随山馆丛稿》卷一，《续修四库全书》，上海古籍出版社 2002 年版，第 1558 册，第 8 页。

② （清）谭莹：《乐志堂诗集》卷五，《清代诗文集汇编》，上海古籍出版社 2010 年版，第 606 册，第 380 页。

术传播的发轫作用。

三、虞翻之贬对哀祭文化的影响

哀祭文化是中国传统文化的重要组成部分，哀祭文体也多种多样，如吊诗（吊文、吊词）、祭文、哀辞、挽辞等。由于虞翻命运具有浓厚的悲剧色彩，且在贬所有过"青蝇为吊客"①的感叹，所以后人在表达哀悼与寄托哀思的时候，虞翻与"青蝇"意象成了时常被提及的对象。

如吊诗一类，清人陶澍《新都吊杨升庵先生》云："贾谊少能忧汉室，虞翻老尚弃蛮荒。"②《明史》有载，嘉靖三年（1524），时年36岁的杨慎因为嘉靖帝生父称号问题的"大礼议"事件受廷杖，拖着病躯谪戍云南永昌卫（今云南保山地区，与今缅甸国接壤），嘉靖三十八年（1559）含恨卒于贬所，卒年71，在贬所谪居30余年。陶澍哀悼杨慎，引用贬谪士人的典型贾谊、虞翻二人，表达了强烈的同情。

祭文一类，如初唐宋之问《祭杜学士审言文》谓："遗旅雁兮超彭蠡，作编人兮居越裳。殊许靖之新适，忆虞翻之旧乡。"③因为杜审言、宋之问都曾参与张易之控鹤府（又名奉宸府），唐中宗即位后，宋之问被贬泷州（今广东罗定县），杜审言被放峰州（今越南越池东南），两人均被贬岭南。"忆虞翻之旧乡"代指的就是岭南之贬，宋之问以此来回忆二人的被贬经历，表达了对好友杜审言的同情与哀悼。又如明人王世贞《祭岑给事文》云："呜呼！天子争臣……国有真是，如矢赴的；国有真非，如刃铩敌……呜呼哀哉！龙江斗陨，华盖峰坠；瘴损苍梧，芬收八桂；羞彼瓦全，宁公玉碎；青蝇吊客，虞翻同喟。"④给事中有谏言、监察、弹劾之责。祭文中的岑给事，当指岑用宾，其因劝谏而得罪首辅高拱被贬。《明史》载："用宾，广东顺德人。官南京给事中，多所论劾。又尝论拱很愎，以故

---

① （晋）陈寿撰，（南朝宋）裴松之注：《三国志》卷五七《吴书·虞翻传》，第1323页。

② （清）陶澍：《陶文毅公全集》卷五九，《清代诗文集汇编》，上海古籍出版社2010年版，第530册，第325页。

③ （唐）沈佺期，（唐）宋之问撰，陶敏、易淑琼校注：《沈佺期宋之问集校注》卷八，中华书局2001年版，第740页。

④ （明）王世贞：《弇州四部稿》卷一〇五，影印文渊阁《四库全书》，台湾"商务印书馆"1986年版，第1280册，第664～665页。

拱憾之，出为绍兴知府。既中以察典，遂卒于贬所。"①这段祭文中，苍梧、八桂，都是广西的代称，"瘴损苍梧""芬收八桂"，既代指虞翻贬死苍梧，又指祭祀对象岑用宾卒于贬所②。王世贞此文"青蝇吊客，虞翻同喟"的表达，也旨在表现对岑用宾的同情与悼念。

后世挽辞、挽诗对虞翻与"青蝇"意象的引用更是举不胜举。如余阙《祝蕃远经历挽诗》："龚胜谁相吊，虞翻少见知。"③贝琼《梅泉处士虞长卿挽诗》："长者已称如石建，孤臣终惜弃虞翻。"④梁有誉《石申卿挽词》："白鹤归何岁，青蝇吊异乡。"⑤曹学佺《挽周先生明府》："不知寂寞高堂下，尚有青蝇吊客无。"⑥诸多挽辞、挽诗对虞翻的引用，说明了虞翻在哀祭文化上的影响较大。

关于虞翻之贬，由于韩愈"自叹虞翻骨相屯"的诗句传世，后人加以接受，很大程度上助推了虞翻被引用入哀祭文体中的使用频率。上述例子都不是对虞翻本人的凭吊之文，史上对虞翻本人的哀祭凭吊之文引用"青蝇吊客"等典故，更是不言自明，兹例不举。"青蝇吊客"一词，在哀祭文化中影响较大。宋代类书《事类备要·虫豸门》，列有"蝇"一类，中间有"青蝇吊客"⑦一典。元代类书《群书通要·丧事门》"吊慰类"也列有"青蝇吊客"⑧一典。类书属于资料性书籍，供

---

① （清）张廷玉：《明史》卷二一五《岑用宾传》，中华书局 1974 年版，第 5677 页。

② 明人过庭训《本朝分省人物考》卷一一一《岑用宾》（《续修四库全书》，上海古籍出版社 2002 年版，第 536 册，第 261 页）条云："大学士高拱负才刚狠……用宾乃奏：'……高拱刚愎自用，苛刻立威，决非端人，小则殃民，大则误国，乞令致仕，以杜厉阶。'不听。拱深衔之，以此出为绍兴守……谪陕宜川丞，犹以前憾故，至逾月卒。自严嵩当国，沈、杨辈以直言贾祸，人皆结舌，及用宾在职，言路复振，终亦不免贬死。海内惜之，有《小谷集》行于世。"

③ （元）余阙：《青阳先生文集》卷一，《四部丛刊续编》。

④ （元）贝琼：《清江诗集》卷八，影印文渊阁《四库全书》，台湾"商务印书馆"1986 年版，第 1228 册，第 268 页。

⑤ （明）梁有誉：《兰汀存稿》卷三，《续修四库全书》，上海古籍出版社 2002 年版，第 1348 册，第 638 页。

⑥ （明）曹学佺：《石仓诗稿》，《四库禁毁书丛刊》，北京出版社 1997 年版，集部第 143 册，第 255 页。

⑦ （宋）谢维新、虞载编撰：《古今合璧事类备要别集》卷九二，第 433 页。

⑧ 无名氏：《群书通要》乙集卷一〇，《续修四库全书》，上海古籍出版社 2002 年版，第 1224 册，第 252 页。

查阅便于采用传播，"青蝇吊客"的典故能被类书采用，很大程度上说明了它的使用频率之高与影响之大。

总之，哀祭文体中对虞翻的接受，主要体现在对虞翻悲剧命运的感叹，以及对"青蝇吊客"这一典故的引用。虞翻对哀祭文化的影响主要在两点：第一，丰富了哀祭文化的内蕴；第二，丰富了哀祭文体的词汇表达，尤其以第二种影响更为明显。

四、虞翻之贬对士人气节观与知己意识的影响

泱泱中华，屹立不倒，很重要的原因是华夏民族重道尚气，蹈道之士尤重气节。气节，是士人为理想而执著与坚守的动力，是为正义事业而奋斗的能量，它体现的是一种正面的、积极向上的生命价值，被历代士人奉为圭臬，自古迄今，影响深远。气节观念的赓续离不开众多志士仁人的贡献，虞翻就是其间一位重要人物。

由于直言获罪，虞翻被贬岭南18年，在这瘴疠之乡、蛮荒之地，他幽愤愁郁，感叹自己的枉贬与不遇。裴松之引《虞翻别传》云："翻放弃南方，云'自恨疏节，骨体不媚，犯上获罪，当长没海隅，生无可与语，死以青蝇为吊客，使天下一人知己者，足以不恨。'"①虞翻此叹对后代士人影响较大，"自恨疏节，骨体不媚"是他的气节观，"使天下一人知己者，足以不恨"则体现了他的知己意识。这一感叹所发出的历史背景和他本人的人生遭际，不仅是我们横向考察汉末社会与虞翻本人的切入点，也是我们纵向考察古人气节观与知己意识形成、发展的重要材料。

(一)虞翻之贬与士人气节观

据今存史料来看，从词源学意义而言，"傲骨""媚骨"等从正反两方面表现气节含义的词汇，在很大程度上都是由虞翻"自恨疏节，骨体不媚"之叹衍化而来的。

要细致考察"自恨疏节，骨体不媚"之意，需要先对"疏节""骨体""不媚"几个关键词汇进行探讨。"疏"有间距大之意，即与"密"相对。"节"本指竹子等植

---

① （晋)陈寿撰，（南朝宋)裴松之注:《三国志》卷五七《吴书·虞翻传》，第1323页。

物的枝干交接处，也指动物骨骼连接处。此处"疏节"言骨骼连接处不紧密。"骨"乃人与动物体内坚硬组织部分，用以支撑身体、保护内脏。《说文》释"体"为"总十二属"①，即身体十二部分之总属，乃身体总称。"骨体"即指身体骨骼。这几个词汇中，"媚"字是理解"骨体不媚"的关键所在。"媚"字在甲骨文、金文中被写成"女"下"眉"上。可见，"媚"所表达的本义，当是突出女子的眉毛漂亮，眉毛临近眼睛，含有亲近之意。因此，"媚"字所体现的意思，从男性出发，是喜爱之意，具有褒义意味，《说文》云"媚，说（悦）也"②，即取此意。从女性出发，乃使动用法，指使其喜爱，演变成讨好逢迎之意，具有贬义意味。以君臣关系类比男女，于君是喜爱，于臣是讨好逢迎。这两种意思在先秦典籍中都可以找到佐证。如《诗经·驷驖》"公之媚子，从公于狩"③；《诗经·思齐》"思媚周姜，京室之妇"④。这两处"媚"字皆被释为"爱"。又如《孟子·尽心下》"阉然媚于世也者，是乡原也"；《楚辞·九章·惜诵》"忘儇媚以背众兮，待明君其知之"。诸"媚"字被朱熹释为"求悦于人"⑤"柔佞"⑥，这些都有逢迎阿谀之意。所以在先秦，"媚"至少有喜爱、逢迎阿谀两层意思，这两层意思所针对的修饰主体不一样，乃相对而言，且运用到君臣关系时，"媚"字已有了阿谀逢迎之意。

说到虞翻"骨体不媚"之叹，需要先对汉末品评人物的风尚和汉代相术中的骨相说作一简介。汉末兴起了品评人物的风气，而相术与品评人物关系甚密。"两汉相术的骨相说影响甚广，几乎规范了当时人物品鉴的方向。故汤用彤说：'汉代相人以筋骨。'⑦汉末三国骨相说依然风行。虞翻是汉末三国时期的《易》学大家，被誉为汉《易》学的集大成者。《三国志》谓虞翻不仅精通《易》，还精于

① （汉）许慎撰，（清）段玉裁注：《说文解字注》四篇下，上海古籍出版社1988年版，第166页。
② （汉）许慎撰，（清）段玉裁注：《说文解字注》一二篇下，第617页。
③ （汉）毛亨传、郑玄笺，（唐）孔颖达等正义：《毛诗正义》卷六，《十三经注疏》，第369页。
④ （汉）毛亨传、郑玄笺，（唐）孔颖达等正义：《毛诗正义》卷一六，《十三经注疏》，第516页。
⑤ （宋）朱熹：《孟子集注》卷一四，《四书章句集注》，中华书局1983年版，第375页。
⑥ （宋）朱熹集注：《楚辞集注》卷四，上海古籍出版社1979年版，第74页。
⑦ 谢路军、董沛文：《中国古代相术》，九州出版社2008年版，第21页。

占卜、医术等，所以说他通相术合情合理。在被贬岭南之后，虞翻谓"自恨疏节，骨体不媚"，乃指自己以骨骼连接处不细密为恨，此乃骨相不好。"骨体不媚"，言下之意指自己不肯逢迎君主。虞翻此叹，显然夹杂有自嘲自慰的情绪，表现的是一种枉贬的无辜与不被重用的不遇心态。

"骨体"二字连用，在虞翻之前，应不含有气节之意。据检，《荀子·荣辱》"骨体肤理辨寒暑疾养"、《荀子·性恶》"若夫目好色，耳好声，口好味，心好利，骨体肤理好愉佚，是皆生于人之情性者也"①。这里"骨体肤理"，很明显是指人的骨骼躯体、皮肤纹理。西汉焦延寿《易林·睽卦·旅卦》："旅：响像无形，骨体不成。微行衰索，消灭无名。"于此，《易》学名家尚秉和解释为"巽风响而无形，艮为体、为名，巽伏，故无名"②。即以山作为骨体，以风为名，山与风相存，此处是对"骨体"本义的类比用法。东汉王充《论衡》多次提到"骨体""察骨体"，如《骨相篇》就举了上古至秦汉诸多圣人、显贵之人以说明相人之术。足见，从先秦至汉，"骨体"就是指人(包括动物)的骨骼，被相术传统引申为骨相，代指相貌气质。"骨气""气骨"等词汇，在虞翻之前，大都被医籍、相书采用，所取的也是骨架躯体的原初义项以及气质相貌之意。所以说，虞翻之前的"骨体""骨气"等词语还不含有气节之意。

到了虞翻这里，他首次将"骨体"与"不媚"连用，利用相人之术的传统，将其置于直谏被贬的境遇之下，表达自己的骨相不能取悦于君主。"骨体"与"不媚"连用，且关联到君臣关系，此时这两个词就进入新的语境，具有气节之意，象征着一种顽强不屈的独立人格精神。可谓虞翻赋予了"骨体"这个词新的文化含义。另外，需要提及的是，"骨鲠"一词，有表达耿直不阿的意思，它首次出现应在《史记》，后来《汉书》对"骨鲠"一词也有数次记载，虞翻用"骨体不媚"来表达气节观念，其所受启发除了受到相术传统的影响，也许还有部分来自对"骨鲠"这一词语的义项接受。

在虞翻首次将"骨体"与"不媚"连用表达气节观之后，对此含义进行继承与发扬的后人不少，其中韩愈可谓是影响最大的。元和十四年(819)正月，韩愈因

① (战国)荀况撰，王先谦集解：《荀子集解》，第 63、437~438 页。
② 尚秉和：《焦氏易林注》，光明日报出版社 2005 年版，第 388 页。

排佛谏主论佛骨之事，被贬为潮州刺史，后量移袁州，途经韶州作《韶州留别张端公使君》云："久钦江总文才妙，自叹虞翻骨相屯。"①虞翻因论神仙事被贬交州，韩愈因论佛骨事被贬潮州，一论道，一论佛，且都是因为直谏枉贬，何其相似?!"骨相屯"作何解？窃以为"屯"所取的乃是"屯卦"之"屯"，即读作 zhūn。"屯卦"乃下震上坎，震为雷，坎为雨，雷雨交加，是风险之喻，形容环境恶劣。"屯卦"的爻辞也均表现前行会有举步维艰之境。这一解释也证明了前面笔者所谓虞翻受到相术影响而云"骨体不媚"。韩愈所谓"自叹虞翻骨相屯"，是将自己比喻成虞翻，喻仕途多舛。由于韩愈的文坛地位与在文学史上的地位，韩诗被大量接受，后世取"骨相屯"入诗文的例子数见不鲜，随举数例：金元好问《喜李彦深过聊城》："言诗匡鼎功名薄，去国虞翻骨相屯。"②明徐𤊹《生朝自述》："由来骨相屯，谋生信无术。"③清蒋士铨《元旦》："粗疏敢谓功名薄，懒惰翻宜骨相屯。"④这些诗句，或表达傲视权贵，或表达不愿趋奉势力，无一不是体现了一种气节观。

除了韩愈"骨相屯"的表达被广泛接受之外，后人还有"虞翻骨""虞翻相""虞翻骨相"等表达，诸例较多。南宋人李曾伯《维扬再赠林相士用前韵》："深知我类虞翻相，莫怪人惊雍齿侯。"⑤此处作者以"类虞翻相"表明自己宁折不弯的刚直秉性。李曾伯以词名世，与辛弃疾一样好发悲壮慷慨之调，多有感世忧时之情。又有清人汤鹏为例，其人不甘折腰屈节，愤世嫉俗，激昂慷慨，特重气节，因此长年待居职闲。汤鹏诗文具有强烈的批判色彩，如《植节》等文，专门论述节义观念在国家养士中的重要性，认为"国气旺，生于士有节义；有节义，生于有骨理；有骨理，生于有学识；有学识，生于有教育"⑥。从教育到学识、骨理，最

---

①　（唐）韩愈撰，钱仲联集释：《韩昌黎诗系年集释》卷一二，上海古籍出版社 2020 年版，第 1255~1256 页。
②　（金）元好问撰，施国祁笺注：《元遗山诗集笺注》，人民文学出版社 1958 年版，第 389 页。
③　（明）徐𤊹：《鼇峰集》卷五，《续修四库全书》，上海古籍出版社 2002 年版，第 1381 册，第 52 页。
④　（清）蒋士铨：《忠雅堂文集》卷一四，《清代诗文集汇编》，上海古籍出版社 2010 年版，第 356 册，第 577 页。
⑤　傅璇琮等：《全宋诗》卷三二四八，北京大学出版社 1998 年版，第 38741 页。
⑥　（清）汤鹏：《浮邱子》卷一二，《续修四库全书》，上海古籍出版社 2002 年版，第 952 册，第 371 页。

终到节义，这是汤鹏认为养士的过程，其落脚点在培养士气，足见士人气节或节义的重要性。汤鹏诗歌好几次提到"虞翻骨""虞翻骨相"，盖其钦慕虞翻之气节。如《送赵鹿潭侍御归益阳草堂歌》："虞翻骨相太英特，贾谊文章徒轗轲。"《投贺柘农编修》："贾谊才华新涕泪，虞翻骨相旧风尘。"《再访陈筠心》："凤泊鸾飘年复年，虞翻骨相只苍然。"《挽许莱山师十五首》其八："浮邱小子虞翻骨，京国愁吟赵台歌。"①诸诗对虞翻引用多次，尤其"浮邱小子虞翻骨"一句，由于汤鹏自号浮邱子，此处以"虞翻骨"后接"浮邱小子"，更是汤鹏气节观的一种直接投射。

至少在唐代，就产生了"傲骨"的说法。南宋戴埴《鼠璞·傲骨》载："唐人言李白不能屈身，以腰间有傲骨。"②李白是有唐一代极为重要的士人，其狂气、傲气为后人痴迷。宋人陈师道《和饶节咏周昉画李白真》谓："袖手犹怀脱靴气，岂是从来骨相屯。"③清人张家榘《是日集于筱岑寓舍小酌弹琴叠前韵》云："半生骨相虞翻薄，千首诗篇李白狂。"④诸诗将李白的傲气与虞翻尚气并言，道出了某种内在的承继关系。李白有傲骨的说法，对后人影响较大，"力士脱靴"的故事和"天子呼来不上船"的杜诗名句流传深远，就是对李白气节观念的一种肯定。可以说，虞翻"骨体不媚"的感叹，不仅经过了韩愈诗歌的发扬光大，也一定程度上经过了李白事迹践行的传播。

至少在南宋末，就有"媚骨"一词来表现气节的例子。如方岳《通杨左司札》："某生无媚骨，与世少谐。"⑤方岳"无媚骨"，因此"与世少谐"。又如晚宋王迈，曾因直言被贬，在《谢曾参荐举启》中，自谓："如某者徒有苦心，本无媚骨。……但见与世而枘凿，不为随人之桔槔。"⑥此处用"无媚骨"，要表达的就是一种与世枘凿的处事性格，其背后隐藏的是不愿同流合污的气节观。所以说，至

---

① （清）汤鹏：《海秋诗集》卷一二、卷二〇、卷二二、卷二三，《清代诗文集汇编》，上海古籍出版社 2010 年版，第 607 册，第 356、439、457、470 页。

② （宋）戴埴等：《鼠璞 坦斋通编 臆乘》（合刊本），《丛书集成初编》，上海商务印书馆，第 9 页。

③ （宋）陈师道撰，（宋）任渊注，冒广生补笺，冒怀辛整理：《后山诗注补笺》卷一二，中华书局 1995 年版，第 431 页。

④ （清）邓显鹤编撰：《沅湘耆旧集》卷一四四，《续修四库全书》，上海古籍出版社 2002 年版，第 1692 册，第 415 页。

⑤ 曾枣庄、刘琳等：《全宋文》卷七九〇六，第 342 册，第 324 页。

⑥ 曾枣庄、刘琳等：《全宋文》卷七四四九，第 324 册，第 237~238 页。

少在唐宋时期，用"傲骨""媚骨"等词来表达不肯谄媚逢迎的气节观念的用法已经成熟。这些词汇，应该是对虞翻"骨体不媚"之叹的一种缩语与衍化，尤其是"媚骨"一词对"骨体不媚"的承继较为明显。

后世除了用"傲骨""媚骨"等词汇表达气节观以外，还有直接以"骨体"表现气节的诗文，如明王世贞《赠石给事拱辰》："烈士婴逆鳞，岂在明月珠。……余本骨体人，为君重踟蹰……"①"逆鳞"典出《韩非子》，指直臣触怒君颜，王诗中"余本骨体人"，明显表现的是一种气节与人格的独立。此处"骨体"与"媚骨"一样，较为明显地承继了虞翻"骨体不媚"的感叹。

后人表达气节观时，除了用与"骨"有关的词汇，还有引虞翻而不露"骨"者的表达。如刘克庄《和朱主簿四首》其三："鲁兀存尊足，虞翻乏媚姿。"②这里不言"骨"，而在以虞翻为主语的情况之下，反用"媚"来表达气节之意，也可谓有异曲同工之妙。

需要提及的是，"媚骨""骨媚""气骨"等成为艺术审美的常用词汇，也常形容梅、兰、竹、菊等植物的妩媚之姿，或者形容文学及书法作品的筋骨神气。这是从相人到相物的转变，其成为审美范畴，部分受到了汉末魏晋时期人物品鉴风气的影响，这似乎可以看作对"骨体不媚"引申意的运用。宋祁《咏水红》："终然体不媚，无乃对虞翻。"③这里将水红这种植物与虞翻联系起来，毫无疑问是针对虞翻骨相之论而发的感叹。

综合来看，"骨气""气骨""骨体"等，都带有"骨"字，它们最初都是指人、动物的骨骼，取的是骨架躯体的原初义项。虞翻在直谏枉贬的境遇中，在人物品鉴的风气影响下，利用相人之术的文化传统，赋予"骨体"一词新的文化内蕴。"风骨""傲骨""媚骨"等词汇很大程度上脱胎于虞翻"骨体不媚"的感叹，从而成为具有深层内蕴的文化符号，积淀在士人心灵。"骨体"从单一的骨骼躯体义项到生成"傲骨""媚骨"等具有气节观念涵义的多元意义词汇，这一过程之中，虞翻所起的嚆矢作用不容忽视。

---

① （明）王世贞：《弇州四部稿》卷一五，第191~192页。

② （宋）刘克庄撰，辛更儒校注：《刘克庄集笺校》卷二〇，中华书局2011年版，第1144页。

③ 傅璇琮等：《全宋诗》卷二二一，第2546页。

词汇的历时衍变是一个复杂的问题，尤其是从本义到引申义的衍化过程，文化因素的介入令考量词汇衍变显得更为复杂。上面主要从词汇的原初意义到文化引申意义的流变大致探讨了虞翻对士人气节观的贡献，下面简要从虞翻本人直谏枉贬的实践行为来考察其对士人气节观的影响。

虞翻之贬，主要是因为直谏。直谏往往就是气节观的另一种表述，可以说直谏行为就是气节观的一种外在显现，因为有强烈的气节观念，所以才在很大程度上导致了直谏性格。《三国志·虞翻传》多次提及虞翻的刚直性格，云"疏直""狂直""亮直"，众评价皆带"直"字，故刚直当为虞翻性格之最突出特点。《初学记·帝王部》"魏虚座汉侧席"条谓："《吴书》曰：'虞翻，字仲翔，著《易》甚有大意。魏文帝闻翻名，为设虚座守之。'《后汉书》曰：'朕思望直士，侧席异闻。'"①魏文帝为虞翻设虚座，乃因虞翻精《易》，且直谏之名太甚。这说明虞翻的直谏性格在当时极有知名度。

虞翻直谏被贬具有示范性，后世因为直谏被贬的士人往往引用虞翻之贬来表达自己的枉贬，体现的是一种不卑不亢的气节观。如除了前已谈及的唐代韩愈，宋代苏轼也是贬谪文化史上有名的贬谪士人。其《广倅萧大夫借前韵见赠复和答之二首》其一谓："生还粗胜虞，早退不如疏。"②苏轼以旷达胸襟著称，其"生还粗胜虞"的感叹，更显虞翻南贬至死的悲凉。苏轼被贬多次，除了复杂的党争倾轧因素，还有一点就是其对气节的坚守，由于不肯随附结党，故为众人不和。后世众多贬臣，往往因为政见相龃龉而被贬，他们直谏被贬，与虞翻一样，大都是尚气的体现。虞翻作为坚守气节直谏枉贬的典型，在贬谪文化史上占有重要席位。如清初王嗣槐《喜吴汉槎塞外还和益都相国韵》："去如屈子悲长放，归似虞翻气不除。"③将两位贬谪名人并言，且突出了虞翻重气，可见虞翻的气节观在贬谪文化史上的影响之深。

要之，无论从"骨体不媚"生发的词汇义项的流变，还是从接受与虞翻直谏

---

①　(唐)徐坚等：《初学记》卷九《帝王部·总叙帝王》，中华书局 1962 年版，第 208 页。

②　(宋)苏轼撰，(清)王文诰辑注，孔凡礼点校：《苏轼诗集》卷四四，中华书局 1982 年版，第 2393 页。

③　(清)王嗣槐：《桂山堂诗文选》卷一二，《清代诗文集汇编》，上海古籍出版社 2010 年版，第 73 册，第 572 页。

被贬的实践行为示范性来看，虞翻都对中国士人尚气传统作出了贡献。从先秦的孔孟、屈原，直到明代海瑞等人，这源远流长的气节相尚，虞翻的绍续与发扬之功是不能忽略的。

（二）虞翻之贬与士人知己意识

知己意识在士人文化心态中也占有重要位置，常常体现在士人的话语、行动与文字中。古代士人强烈的知己意识，往往产生于士人立功立言理想的不如意境遇，士人于此境遇中发出的世无知己的感叹，体现了一种强烈的孤独感与悲凉心态，成为文字中时常体现士人块垒之抒的重要内容。历史上有关知己意识的故事、人物不一而足：孔子"知我者其天乎"①的慨叹；豫让"士为知己者死"②的嗟叹；伯牙子期高山流水的故事；屈原"举世皆浊我独清，众人皆醉我独醒"③的感喟；刘勰《文心雕龙·知音》的论述等，这些对士人文化心态产生了重要影响。其中，虞翻之贬对士人知己意识产生的影响也值得探讨。

虞翻被贬岭南多年以后，有"死以青蝇为吊客，使天下一人知己者，足以不恨"的感叹，表达在生前无知己，死后只有青蝇来凭吊的知己意识。虞翻忠心耿介，却不为君主赏识，远徙岭南，其心悲苦，不能向时人陈说。虞翻此番感叹，是希望后人理解他境遇的一种情感预设和期待，后人联系到自身遭遇时，往往能够引发共鸣。因此，后人在遭际不平时常引用虞翻故事，或者直接引用虞翻"青蝇吊客"的典故与"天下一人知己者，足以不恨"的表达，这样的例子如恒河沙数，主要体现在书序、寄赠（书信、赠序、诗歌等）、凭吊怀古三类作品中。

首先，我们来看士人在书序中对虞翻知己之叹的引用。书序一般置于书前或书尾，是用来介绍成书经过、该书内容、思想评论等，撰者时常借书序来表现一种知己意识。这种知己之叹，往往又与著书立说体现的立言意识结合在一起。

书序又可分为自序与他序。他序如明人钟惺《〈种雪园诗选〉序》云："虞翻曰：'天下有一人知己，足以不憾。'此非致慨于天下之莫己知，而姑求知于一人

① （魏）何晏注，（宋）邢昺疏：《论语注疏》卷一四，《十三经注疏》，第2513页。
② （汉）刘向集录，范祥雍笺证，范邦瑾协校：《战国策笺证》卷一八《赵策一·晋毕阳之孙豫让》，上海古籍出版社2011年版，第955页。
③ （宋）朱熹集注：《楚辞集注》卷五，第116页。

以自慰也。盖古信心独行之士，有轻于取天下之名，而重于得一人之知者。"①
"重于得一人之知者"，是钟惺对广大"信心独行之士"重知己观念的判定，这种
重知己的观念，被认为是重于天下之名的。清初尤侗给著名戏曲家黄周星《秋波
六义》撰序云："予穷愁多暇，间为元人曲子，长歌当哭，而览者不察，遂谓有
所讥刺，群而哗之。夫以优伶末伎，尚不容于世，如此若以《西厢》之曲，造为
八股之文，向非特达之知，出自先帝，则缙绅大人、道学夫子，未有不议其怪
诞，执而欲杀者矣，乃有从而和之如黄先生者哉。呜呼！此虞翻所以叹恨于知己
也。"②这里，尤侗以《西厢记》名句为题作八股文，黄从而和之，感黄为知己，是
出于一种引为知己的惺惺相惜。清初王铎有《阴闇肰〈序思集〉序》云："丁亥秋
日，太峰给谏求予序，予未识闇肰公，识太峰，览其序，总录存仅十之一也，予
睹虞仲翔'疏节阔目，一人知且不恨'，太史公自叙'欲藏之名山'，古来抱奇蹈
道者，往往而肰。人之知有幸，有不幸，其感慨不平之衷，不可深为痌伤乎！"③
王铎引用虞翻、司马迁的名言，凸显的是一种知己意识与著述立言意识的紧密结
合，这一点在知己之叹中尤为常见。如宋琬《〈单汉平稿〉序》谓："单子取以授予
曰：'数十年目光心血，悉具此编，子其为我论之。'予读未及终，作而叹曰：
'有才如此，而尚滞葭苇，造物者若或忌之……悠悠天地之大，曾不得一人为论
定，而徒以供不知己者之诟厉，此虞仲翔有青蝇之叹。'④虞翻青蝇之叹与请序之
事联系在一起，表达就是作者希望能够有异代知己的出现，这是强烈的著书立言
意识的体现。士人撰写自序，也常引用虞翻的知己之叹。如明人费元禄《甲秀园
集自序》谓："余生平精神意气，出处行藏，先世积德之报，硁硁自好之守……
皆得附此集以自见，万一天下后世，得一有心人读之，因余之文以知余之人，爱
其文而传之，万世之后，姓名不至黯然与秋草同折。虞仲翔所谓'一人知己，足

---

①　(明)钟惺撰，李先耕、崔重庆标校：《隐秀轩集》卷一七，上海古籍出版社 2017 年
版，第 311 页。

②　(清)尤侗：《西堂杂俎二集》卷三，《西堂文集》，《清代诗文集汇编》，上海古籍出版
社 2010 年版，第 65 册，第 128 页。

③　(清)王铎：《拟山园选集》卷二八，《清代诗文集汇编》，上海古籍出版社 2010 年版，
第 7 册，第 10 页。

④　(清)宋琬：《安雅堂未刻稿》卷六，《清代诗文集汇编》，上海古籍出版社 2010 年版，
第 45 册，第 109~110 页。

以不恨'。吾之精神魂魄，尤乐与周旋，又余之所不能不望于兹集之传也。"①希望姓名能传世不至黯然，这种明显的著书立言意识应该说是具有代表性的，体现了士人寻求异代知己的集体心理。足见，士人在书序中引用虞翻知己之叹，往往体现着著书立言的意识，且立言不在当代，而在后世。"一人知己，足以不恨"，极言当代知己难求，这往往是一种当代不得志的愁闷体现，是一种士不遇心态，这种心态在古代士人心态中具有代表性与普遍性。

其次，我们再来看寄赠作品对虞翻知己之叹的引用，主要集中在书信、赠序、酬赠诗等文体。与书序中的著述立言意识着重在寻找异代知己不同，寄赠作品中的知己意识，主要体现了作者对当代寄赠对象的一种肯定及引为当代知己的心态。虽然不排除部分士人在寄赠酬和时言知己乃应景套语，但更多的则是一种知己难求的慨叹。

书信如南宋刘克庄《受告谢程中书公许》云："昔灵均自言，有众女之余嫉；虞翻遗恨，无一人之己知。讵意孤生，亲逢殊奖。良由笔端之予夺当，不待身后而议论公。"②刘克庄于此引程公许为知己，感谢其奖掖之恩。又如明人王世懋《复王沂阳》："虞仲翔，三国名士也，遭谗斥，且死曰'死当以青蝇为吊客，使天下有一人知我者，足以不恨。'仆之遇足下，实知己矣。以仲翔所不能得者，仆何幸，乃得之足下哉。"③此处突出虞翻的知己之叹，并直言"仆何幸，乃得之足下"，是明显引为当代知己。赠序如清人金德嘉《寄赠翟美如序》："万一坎壈世路，遁迹沉冥，而抗颜阔步，犹能拥书万卷以自乐，虞仲翔乃云'天下之大，竟无一人知己'，亦论之过激者欤！"李祖陶评曰："予性拙不能交人，人亦眇有肯交予者，拥书自乐，先生言先得我心。"④此处对虞翻知己之叹进行否定，正从侧面体现了虞翻知己之叹的重大影响，且李祖陶云"先生言先得我心"，是对拥书

①　(明)费元禄：《甲秀园集》自序，《四库禁毁书丛刊》，北京出版社 1997 年版，集部第 62 册，第 185~186 页。

②　(宋)刘克庄撰，辛更儒校注：《刘克庄集笺校》卷一一九，第 4896 页。

③　(明)王世懋：《王奉常集》卷四一，《四库存目丛书》，齐鲁书社 1997 年版，集部第 133 册，第 618 页。

④　(清)金德嘉：《居业斋文录》，(清)李祖陶编：《国朝文录》，《续修四库全书》，上海古籍出版社 2002 年版，第 1670 册，第 75 页。

自乐观点的赞同，深深体现了一种知己意识。酬赠诗如清初周在浚《寄怀冯青门次陇客弟韵》："论少绝交讯到溉，世无知己叹虞翻。"①世云刘孝标《广绝交论》一文意在讽刺到溉，周在浚云"世无知己叹虞翻"，真可谓将虞翻对知己意识的影响道得透彻。上述这些寄赠类作品多是与同时之人交游的产物，表现的是在当代寻求知己，有别于书序中寻求异代知己的心态，不过归根结底都是源于立功立言等理想的幻灭，无论是寻求异代知己，还是寻求当代知己，都是寻求心理慰藉的一种表现。

最后，我们看凭吊怀古主题，士人常将知己之叹融于吊古伤今之中，这一点在陈子昂《登幽州台歌》中体现得较为明显。广州光孝寺前身是秦汉之际南越王赵佗之孙赵建德的住宅，虞翻被贬交州，谪居此处讲学，世称虞苑或虞园。这样一座千年古刹，每当有士人来此，都会产生一种亲临往古的感受，免不了吟诗作对以凭吊怀古。歌咏光孝寺的诗文，就现存文献来看，至少从唐代开始就有，如果对《光孝寺志》②中的《艺文志》《题咏志》两百多篇诗（文）进行统计的话，恐怕其中提到虞翻的不在少数。除了《光孝寺志》收录的，还有不少遗漏的，随举两例。清人梁以壮《虞翻园》："放逐孤臣旧有园，空阶一立忆虞翻。欺人乱世寻常事，知己平生岂易言。"③"知己平生岂易言"，强调了知己难求，这是把虞翻引为异代知己，体现的是一种强烈的孤独情怀。清人张九钺《虞苑》："千秋有吊客，当世无知心。何况荒园迹，踌躇蔓草深。"④"千秋有吊客，当世无知心"，"千秋"与"当世"对比，是时间的纵向对比，更显知己难求。咏光孝寺时提到虞翻的知己之叹，是所有凭吊怀古者常常抒发的共同心声，是古代士人的集体心理写照。

除了歌咏光孝寺会提到虞翻，其他凭吊也有，尤其是吊墓抒情。如苏辙《过王介同年墓》："平生使气坐生风，徐叩方知学有功。应奉读书无复忘，虞翻忤

　　①　（民国）徐世昌：《晚晴簃诗汇》卷四〇，《续修四库全书》，上海古籍出版社 2002 年版，第 1629 册，第 693 页。

　　②　《光孝寺志》，杜洁祥：《中国佛寺史志汇刊》，台北丹青图书公司 1985 年版。

　　③　（清）梁以壮：《兰峤前集》卷六，《四库未收书辑刊》，北京出版社 2000 年版，第 8 辑，第 29 册，第 322 页。

　　④　（清）张九钺：《紫岘山人诗集》卷一二，《紫岘山人全集》，《续修四库全书》，上海古籍出版社 2002 年版，第 1444 册，第 2 页。

物自甘穷。埋根射策久弥奋，投老为邦悍莫攻。坎木未须惊已拱，少年我亦作衰翁。"①苏辙昔与王介同登制科，这里的物是人非之感，无疑是对这位朋友的怀念，其中蕴含的知己之引融于深深的感时伤怀之中。又如张问陶《拜讷斺先生墓》："人间自哭张平子，地下谁知虞仲翔。"②"人间"与"地下"相对，"自哭"与"谁知"相对，张衡与虞翻相对，三组比较，更加映衬出虞翻的悲凉寂寞，这也是对虞翻无知己的同情。

值得一提的是，悼念亡友之作中也有知己意识的表现。如清洪亮吉《哭张编修惠言》云："直为朝廷计，尤须惜此人。义堪风有位，官仅作词臣。嫉俗眉常敛，忧时意独真。研心仲翔《易》，骨相亦同《屯》。（自注：君时注虞翻《易》）"③全诗充满了对张惠言"官仅作词臣"的同情，这是对黄钟毁弃的愤慨与叹息。作者同时表达了对知己去世的强烈伤感。悼亡诗中的知己之叹，多述及友情、亲情，甚或爱情，这也是虞翻知己之叹对这一特殊文体的影响。

无论是立功还是立言的不顺，都未能达到士人的期望值，由于忧愁郁结，所以常常借助虞翻之叹来抒发心中块垒。虞翻的知己之论具有原型意义，成为一种心理结构的基本模式，当后人际遇与虞翻类似时，就很容易联想到这位先贤，能够与这位典型士人的经验产生共鸣。所以说，虞翻的知己之叹具有超越个体的意义，能够引起潜藏在士人心底深处的情感共鸣。

如今，当我们谈到"媚骨""骨气"等词汇，浮现在脑海的首先是它们的气节含义，而不是它们原初的语源意义，原初意义已经被带有文化因子的引申意义所掩盖，虞翻对这些词汇的流变与发展是有过贡献的。虞翻的气节观与不屈的精神受到了孔孟仁义学说的影响，也秉承了东汉高标风节的传统，经过如唐代韩愈的诗歌表达与李白的践行之后，越发为后人接受，潜移默化地影响着后代士人。岁月飘忽的历史长河中，虞翻的知己之论，也常在有着共同经历的士人群体心理之悲凉与失落时，产生新的心理慰藉力量。

---

① （宋）苏辙撰，陈宏天、高秀芳点校：《苏辙集》卷一四，第 271 页。
② （清）张问陶撰，赵伯陶点校：《船山诗草补遗》卷一，《船山诗草》，中华书局 1986 年版，第 588 页。
③ （清）洪亮吉撰，刘德权点校：《更生斋诗集》卷五，《洪亮吉集》，中华书局 2001 年版，第 1337 页。

五、虞翻岭南之贬及其典范意义

虞翻名世，主要是以其《易》学成就，殊不知虞翻对中国文化的贡献不只是在《易》学，他还是中国贬谪文化史上的重要人物。东晋袁宏《三国名臣颂》谓："仲翔高亮，性不和物……直道受黜。叹过孙阳，放同贾屈。"①"放同贾屈"是对虞翻在贬谪文化史上地位的一种肯定。史上还有不少将虞翻与屈原、贾谊并言的例子。如顾清《祭钱与谦修撰文》："长沙贾傅，南海虞翻，古今所叹。"②吴伟业《赠学易友人吴燕余二首》其一："吞爻梦逐虞生放，端策占成屈子穷。"③后人之所以将虞翻与屈贾相提并论，除了他们是中国历史上较早的三位贬臣之外，也与其被贬原因、贬后意识倾向与行为方式、贬谪时空因素诸方面的差异相关。

(一)直谏枉贬④的谪臣典型

大凡忠臣被贬，都展示出浓郁的屈枉色彩。所谓"信而见疑，忠而被谤"，便是他们的共同遭遇。不过，与屈原、贾谊相比，虞翻之贬更突出的特点在于其犯颜直谏。

屈原之贬主要缘于党人群小的朋比作祟，其遭遇更具忠奸之争的悲剧色彩；贾谊之贬则主要缘于元老重臣的嫉贤妒能，其遭遇较多感士不遇的沉痛意味。⑤而就表现形态来看，进谗与信谗则是其被贬的共同特征。至于虞翻之贬，则主要是缘于他与君主的直接矛盾。我们从《三国志》及裴注中找不到虞翻被弃南荒有奸臣排挤的原因，但孙权与虞翻君臣间的矛盾却展示得十分明显。《三国志·虞翻传》多次谓虞翻"疏直""狂直""亮直"，可见，"直"是虞翻性格最突出的特点，

---

① (唐)房玄龄等：《晋书》卷九二《文苑传·袁宏传》，第2397页。

② (明)顾清：《东江家藏集》卷二七，影印文渊阁《四库全书》，台湾"商务印书馆"1986年版，第1261册，第661页。

③ (清)吴伟业：《梅村家藏稿》卷一七《后集》卷九，《清代诗文集汇编》，上海古籍出版社2010年版，第29册，第91页。

④ 参见尚永亮：《元和五大诗人与贬谪文学考论》，台北文津出版社1993年版，第3页。

⑤ 参见尚永亮：《忠奸之争与感士不遇——论屈原贾谊的意识倾向及其在贬谪文化史上的模式意义》，《社会科学战线》1997年第4期。

也是他被贬的直接原因。孙权虽能纳谏，但面对刚直进谏如虞翻者，便失去了君人之量。所以陈寿在《虞翻传》末谓："虞翻古之狂直，固难免乎末世，然权不能容，非旷宇也。"①一个是"狂直"之士，一个是"不能容"之君，二者的碰撞，必然导致虞翻屡逆龙鳞而"难免乎末世"的后果。裴注引《江表传》云，虞翻遭弃岭南十余年后，孙权曾不无后悔地说道："虞翻亮直，善于尽言，国之周舍也。"②并打算重新启用虞翻，然是时虞翻已卒。这种逢时不祥的际遇，使得虞翻作为诤臣而横遭屈枉的特点越发突出。

在中国历史上，由于对儒家道义的信奉和持守，确实造就了一批批"拂心逆耳，而有犯无隐；触法靡悔，守死不贰"③的刚直之士，但在专制皇权的强力打压下，这些刚直之士很少不走向被杀被贬的悲剧结局。而虞翻，正是这些刚直之士的早期代表。事实上，正是由于虞翻的刚直性格和枉贬性质特别突出，故"虞翻骨""虞翻枉"这类词汇便成为直士枉贬的代名词，而在后世同一遭遇的文人笔下被反复使用。诸如：宋之问《登粤王台》"迹类虞翻枉，人非贾谊才"④、韩愈《韶州留别张端公使君》"久钦江总文才妙，自叹虞翻骨相屯"⑤、皇甫汸《南征道中书情二十韵》"贾谊才犹远，虞翻枉未伸"⑥、汤鹏《投贺柘农编修》"贾谊才华新涕泪，虞翻骨相旧风尘"⑦，等等，比比皆是，不胜枚举。从这些既咏叹虞翻又借古人自浇块垒的诗作中，不难体悟出历代文人那种异体同构的生命共感。后人谈及虞翻生平时，无一不对其枉贬进行渲染，虞翻由此在集体抒情下成为贬谪史上直谏枉贬的典型。

（二）贬后上表程式及其回归意识

虞翻被贬岭南，久历年岁，恶劣自然环境和远离故土的心灵重压，不能不使

---

① （晋）陈寿撰，（南朝宋）裴松之注：《三国志》卷五七《吴书·虞翻传》，第 1341 页。

② （晋）陈寿撰，（南朝宋）裴松之注：《三国志》卷五七《吴书·虞翻传》，第 1324 页。

③ （宋）王钦若等：《册府元龟》卷五三四《谏诤部·直谏》，第 6383 页。

④ （清）彭定求等编撰：《全唐诗》卷五三，第 651 页。

⑤ （唐）韩愈撰，钱仲联集释：《韩昌黎诗系年集释》卷一二，第 1255~1256 页。

⑥ （明）皇甫汸：《皇甫司勋集》卷二四，影印文渊阁《四库全书》，台湾"商务印书馆"1986 年版，第 1275 册，第 657 页。

⑦ （清）汤鹏：《海秋诗集》卷二〇，第 439 页。

他萌生出强烈的回归意识。故在谪居九年、孙权即尊号时，上表陈情：

> 陛下膺明圣之德，体舜、禹之孝，历运当期，顺天济物。奉承策命，臣独抃舞。罪弃两绝，拜贺无阶，仰瞻宸极，且喜且悲。臣伏自刻省，命轻雀鼠，性辖毫厘，罪恶莫大，不容于诛，昊天罔极，全宥九载，退当念戮，频受生活，复偷视息。臣年耳顺，思咎忧愤，形容枯悴，发白齿落，虽未能死，自悼终没，不见宫阙百官之富，不睹皇舆金轩之饰，仰观巍巍众民之谣，傍听钟鼓侃然之乐，永陨海隅，弃骸绝域，不胜悲慕，逸豫大庆，悦以忘罪。①

这是中国历史上现存最早的一篇完整的贬臣上表，其中不仅展示虞翻的贬后心态，也一定程度地规范了贬臣上表的写作程式。一方面，耳顺之年的虞翻历经磨难，早已是"形容枯悴，发白齿落"了，此番若不能还朝，他就将"永陨海隅，弃骸绝域"了。想到这一点，他不能不悲从中来，满纸哀声，甚至说出"罪恶莫大，不容于诛"的话来；但另一方面，表中多处颂圣文字，在很大程度上又只能视为虚应故事，惯例使然。对自己曾经坚持的道义，他并无一字反悔；否则，他就不会于数年后再度上表吕岱反对孙权报聘辽东，以致被复贬苍梧了。他的目的，不过是借痛切的言辞以表哀慕，希望打动孙权，被赦还朝。虞翻这份强烈的回归意识及其上表范式，在六百年后唐代贬臣韩愈那里得到了全面的沿袭和套用。

元和十四年（819）正月，韩愈因排佛谏主被贬潮州，作了更为有名的一篇《潮州刺史谢上表》：

> 陛下哀臣愚忠，恕臣狂直……既免刑诛，又获禄食，圣恩宏大，天地莫量；破脑刳心，岂足为谢！……臣少多病，年才五十，发白齿落，理不久长；加以罪犯至重，所处又极远恶，忧惶惭悸，死亡无日。单立一身，朝无

---

① （晋）陈寿撰，（南朝宋）裴松之注：《三国志》卷五七《吴书·虞翻传》裴注引《虞翻别传》，第1322页。

亲党，居蛮夷之地，与魑魅为群，苟非陛下哀而念之，谁肯为臣言者？……当此之际，所谓千载一时不可逢之嘉会；而臣负罪婴衅，自拘海岛，戚戚嗟嗟，日与死迫，曾不得奏薄技于从官之内、隶御之间，穷思毕精，以赎罪过，怀痛穷天，死不闭目，瞻望宸极，魂神飞去。伏惟皇帝陛下，天地父母，哀而怜之，无任感恩恋阙惭惶恳迫之至。①

仔细对读韩文和虞文，不难发现二者存在大量相似之处。两人皆先赞君主之恩德，继而皆用"发白齿落"言自己年迈，着重表现贬后的悲凉处境与沉郁心态。韩愈对岭南绝域的环境描述相比虞翻更加突出，虞翻仅用"海隅""绝域"来表达贬所之僻远，韩愈却用了"涛泷壮猛，难计程期；飓风鳄鱼，患祸不测。州南近界，涨海连天；毒雾瘴氛，日夕发作"等百余字，极力渲染贬所的荒凉与气候的恶劣，以强调自己的悲凉处境，希望被赦还朝。与虞文一样，韩愈也说自己"罪犯至重"，但却对谏佛骨一事略过不提，其耿直心性深藏于文字底层。这种对虞文的直接承袭，明眼人如何焯者早就看穿："《潮州刺史谢上表》，此文亦仿虞仲翔《交州上吴大帝书》，须玩其位置之巧，篇中并无乞怜，只自伤耳。"②说它"不乞怜"，似不合事实，但说韩文在写作程式上仿虞文，且都表现了浓郁的不能还朝的感伤情怀，却是切中肯綮的。

据此而言，虞、韩两篇上表，无论篇章结构，还是词汇表达、情感抒发，尤其是强烈至极的回归意识，都如出一辙，都可看出韩对虞的自觉承接。而以韩文为中介，后世贬臣承此套路者不在少数，由此大大拓展了虞翻模式的影响范围。

（三）持中变通与教化一方

谪臣被贬后以何种心态处世，以什么样的行为方式来对待贬谪生活，往往导致他们或走向执著，或走向超越。屈原放流江湘，指斥群小，九死不悔，终至以死殉志，表现出强烈的执著意识。贾谊远适长沙，悲愤郁积，"自以

---

① （唐）韩愈撰，马其昶校注，马茂元整理：《韩昌黎文集校注》卷八，上海古籍出版社1986年版，第617~620页。

② （清）何焯撰，崔高维点校：《义门读书记》卷三三，中华书局1987年版，第595页。

寿不得长"①，欲以超越忧患、纵躯委命，由此一定程度地展示出超越意向。②与之相较，虞翻既无屈原那种宗教般的政治热情，也不像贾谊那样沉重的郁积嗟叹。他有对理想的执著，但少了些激愤；有对逆境的超越，但绝不逃逸。他以其学者的文化责任和道义担当，将全副精力投入著述和讲学，以图承续文脉，教化一方。这是一种持中变通的选择，这一选择，既使枯寂的谪居生活得到了充实，又大大减弱了政治打击造成的心理重压，似乎更为符合君权专制实情下贬谪士人对人格理想和文化理想的坚守。

如前所言，虞翻在岭南贬所十余年，著述不辍，讲学不辍，不仅训注《老子》《论语》《国语》诸书，写下《明杨》《释宋》等学术著作，而且教化一方，培养了大批学人，在一定程度上实现了多种文化的交流沟通。在这一点上，他以谪居之身，行学者之事，发挥了文化使者的功用，提供了屈原、贾谊所欠缺的贬谪经验和生活方式，并为后世贬臣在贬所著述讲学、施行教化树立了楷模。诸如韩愈在潮州积极兴学，柳宗元在永州发愤著述、苏轼在儋州讲学明道，或强学固本，或德化一乡，均载于方册，皎皎著明。

诚然，谪臣在贬所兴学传道，主要是他们血液中穷且益坚、自强弘毅的儒家精神使然，他们未必需要直接从虞翻那里沾溉流风。且囿于文献所限，我们也无法找到相关资料证明他们在贬所兴学受到了虞翻的影响。但是，探溯谪臣兴学源头，恐怕很难舍虞翻而绕行。虞翻的示范意义在于将弘毅的儒家精神纳入贬谪的文化语境，将贬谪与兴学联系起来，使得谪臣兴学弘道有了新的实践意义。虞翻在贬所著述讲学的行为具有普遍性，已远远超出岭南而辐射各地，或隐或显地产生影响，潜移默化为后世谪臣转移被逐悲愤和实现人生价值的自觉行为。

(四) 在文学史上的久远影响

从贬谪的时间因素看，虞翻之贬历时久，且贬上加贬，谪居岭南终老未还。从空间因素看，岭南遥远荒僻，乃化外之地、瘴疠之乡的代名词。故而其长贬岭

---

① （汉）司马迁撰，（刘宋）裴骃、（唐）司马贞、张守节注：《史记》卷八四《屈原贾生列传》，第3022页。

② 参见尚永亮：《贬谪文化与贬谪文学》之导论《从执著到超越》，兰州大学出版社2004年版，第7~8页。

南体现的悲剧意味甚大，足以与屈、贾同列，成为后世文人持续歌咏的典型逐臣。

如所熟知，从汉末开始，岭南逐渐成为历代放逐罪臣的重要场所，而虞翻则成为被贬岭南的第一重臣。自此之后，被贬岭南者代不乏人，以唐宋两代论，即有宋之问、沈佺期、韩愈、柳宗元、牛僧孺、李德裕、寇准、吕惠卿、苏轼、郑侠、秦观、邹浩、赵鼎、李纲、胡诠、胡寅、刘克庄等。正如清人张维屏《宾谷方伯建虞仲翔先生祠于诃林招同诸词人设祀赋诗》所谓"海滨竟类屈原放，身后空思周舍言。吾粤后先数迁客，宋首大苏唐首韩。……功曹傲骨来轩轩，前房后蒋应随肩"①，便是此一情形的写照。在某种意义上，这些逐臣迁客都是追随虞翻足迹来到岭南的，而来到岭南之后，他们自然会对虞翻南贬的遭际予以关注，感同身受。《艺文类聚·居处部》引《娄承先传》载："娄玄到广州，遂徘徊踯躅于仲翔宅故处，哀咽凄怆，不能自胜。"②楼玄乃东吴晚期直臣，因为性格耿介，数迕孙皓意而被贬岭南。到广州之后，楼玄密访虞翻故宅旧址，表达对先贤虞翻的礼敬缅怀之意。如果从唐以后文人对虞翻事迹的吟咏看，按其性质，则主要表现在以下两类篇什：

其一，借虞翻事以自喻自伤。韩愈被贬潮州而"自叹虞翻骨相屯"，已如前述。苏轼是继韩愈之后岭南贬谪史上最具影响力的文人，在其诗中，虞翻成了频频出现的人物，如《庚辰岁人日作时闻黄河已复北流老臣旧数论此今斯言乃验二首》其一："老去仍栖隔海村，梦中时见作诗孙。天涯已惯逢人日，归路犹欣过鬼门。三策已应思贾让，孤忠终未赦虞翻。"③《广倅萧大夫借前韵见赠复和答之二首》其一："生还粗胜虞，早退不如疏。"④前诗作于苏轼尚在海南之日，后诗作于他被赦后离岛北归途中。无论身在谪籍还是遇赦北归，他都借虞翻自喻自比，

① （清）张维屏：《花甲闲谈》卷五，《四库未收书辑刊》，北京出版社2000年版，第10辑，第3册，第319~320页。
② （唐）欧阳询撰，汪绍楹校：《艺文类聚》卷六四，上海古籍出版社1982年版，第1143页。（宋）李昉等编撰：《太平御览》卷一八〇《居处部·宅》（第877页）亦引："《楼承先别传》曰：'楼玄到广州，密求虞仲翔故宅处，遂徘徊踯躅，哀咽凄怆，不能自胜耳。'"
③ （宋）苏轼撰，（清）王文诰辑注，孔凡礼点校：《苏轼诗集》卷四三，第2342~2343页。
④ （宋）苏轼撰，（清）王文诰辑注，孔凡礼点校：《苏轼诗集》卷四四，第2393页。

可见其受影响之深。曾燠《六榕寺有怀坡公作歌》有言："坡公窜逐来南荒，前身恐是虞仲翔。"①把苏轼视为异代虞翻，可谓有见。苏轼之后，屡次提及虞翻的，还有南宋那位因开罪权贵而数次遭贬的刘克庄。在题名《虞翻》的诗中，他对白头于交州的虞翻深致感怀："孝廉已称帝，宾佐尽封侯。不道投荒客，交州白了头。"②其《记梦》诗云："昔梦趋旒厦，巍冠预讲论。孤忠鄙张禹，薄命类虞翻。稍觉刍言戆，徐瞻玉色温。放臣绝朝谒，无路可酬恩。"③借虞翻等人事叹喟放臣无缘朝谒，孤愤之情甚明。

其二，在送别、酬赠诗特别是送别被贬友人时，频频援引虞翻事，寄慨劝慰。如钱起《送毕侍御谪居》："宁嗟人世弃虞翻，且喜江山得康乐。"④陆粲《送陈太仆谪教海阳六首》其一："十载台郎滞尔身，白头重作岭南人。只缘汲黯忧时切，不信虞翻骨相屯。"⑤何良俊《送冯侍御谪戍雷州二首》其一："长沙悲贾谊，粤徼滞虞翻。……他乡多胜事，远道亦何论。"⑥此类送别谪友的诗歌引用虞翻之贬是有所指的，它们意旨较为集中，落脚点都是表达对好友的抚慰与同情。除了送别贬臣，其他寄赠诗中也常以虞翻之贬为例。如李白《赠易秀才》"地远虞翻老，秋深宋玉悲"⑦，欧阳辂《寄答世滋》"元伯经年成死别，虞翻终古未生还"⑧。这类诗歌援引虞翻，多表达与知己好友地远难聚之意。

要之，援引虞翻岭南长贬的诗歌，若是自抒块垒，大多充满悲愤之思；若是送赠友人，则亦不乏悲凉情调。而作为长贬岭南的逐臣，虞翻形象通过这些歌咏

---

① （清）曾燠：《赏雨茅屋诗集》卷八，《续修四库全书》，上海古籍出版社 2002 年版，第 1484 册，第 86 页。

② （宋）刘克庄撰，辛更儒校注：《刘克庄集笺校》卷一四，第 814 页。

③ （宋）刘克庄撰，辛更儒校注：《刘克庄集笺校》卷二四，第 1334 页。"薄命类虞翻"，辛更儒笺校本作"薄命害虞翻"，笔者据《四部丛刊初编》本《后村先生大全集》改之。

④ （清）彭定求等编撰：《全唐诗》卷二三六，第 2604 页。

⑤ （明）陆粲：《陆子馀集》卷八，影印文渊阁《四库全书》，台湾"商务印书馆"1986 年版，第 1274 册，第 700 页。

⑥ （明）何良俊：《何翰林集》卷四，《四库全书存目丛书》，齐鲁书社 1997 年版，集部第 142 册，第 44 页。

⑦ （唐）李白撰，瞿蜕园、朱金城校注：《李白集校注》卷一一，上海古籍出版社 1980 年版，第 725 页。

⑧ （清）邓显鹤编撰：《沅湘耆旧集》卷一三一，第 279 页。

也获得了多层面的展现，并在文学史上成为经久不衰的典型。

探赜虞翻之贬的多重意义，有利于洞察整个岭南贬谪文化的源流。文化传播中有一条优势扩散原理，指文化交流中，先进文化往往会表现出较强的传播能力，影响并征服落后文化。而由虞翻开启的岭南之贬，在将优势文化传播到岭南的同时，也对众多后来者形成一种明显的导向作用。清人汪瑔在《光孝寺虞仲翔祠神弦曲序》中指出："迁谪自仲翔以后，贤人君子后先相望，昌黎潮阳之贬，子瞻儋耳之行，忠定新州之安置，安世梅州之转徙，殊方万里，哲士千秋，莫不婴交广之流离，继功曹而颠踬，是则粤之经术，仲翔有其功，粤之流寓，仲翔为之始。"①张之洞《祭汉虞仲翔唐韩文公宋苏文忠公文》一文，也将虞翻、韩愈、苏轼三位谪臣并列，认为"维三君，立德、功、言，兼三不朽；历汉、唐、宋，为百世师"②。细味斯言，不难见出虞翻对岭南文化的开创之功，而通过虞翻与其后继者韩愈、苏轼等人的合力，更建构出内蕴丰厚的岭南贬谪文化，形成一条地域色彩极为鲜明的贬谪主线。

综上所言，虞翻之贬在文化史上意义重大，他在当时传播了学术文化，其贬后之叹也对中国哀祭文化产生了一定影响，对后人气节观与知己意识的形成亦有潜移默化的影响。他开创的直谏枉贬的贬谪模式意义重大，其劝谏精神与随缘委命、持中变通的贬谪意识倾向与行为生活方式，影响了历代谪臣。

第二节　"二宫构争"与江东士族心态及文学

三国史研究中，"二宫构争"在整个东吴政局中的历史定位如何？它对江东士族的心态有何影响？对东吴西晋的文学有何影响？

一、东吴盛衰的转折点

张大可《论孙权》一文认为："公元 229 年，孙权四十八岁称尊号，即皇帝

---

① （清）汪瑔：《随山馆丛稿》卷一，第 8 页。汪瑔所谓"忠定新州之安置"恐是误记，刘安世谥忠定，新州安置者为蔡确（字持正），当为"持正新州之安置"。

② （清）张之洞：《张之洞全集》，武汉出版社 2008 年版，第 12 册，第 414 页。

位，从此，东吴政权从顶峰走向衰败。孙权称帝前建都武昌，是一种前进的姿态；称帝后迁都建业，实际意味着限江自保。"①方北辰则云："'二宫构争'事件，是孙吴政治兴衰的分水岭。自此之后，孙吴的政治就进入衰败期。"②张、方二位三国史研究名家对东吴由盛转衰的转捩点定位，一个定在孙权称帝，一个定在"二宫构争"，孰者为是？值得商榷。

如何判定一个政权由盛转衰的转捩点？我们可以从唐史研究中得到启示。唐史研究者常常以"安史之乱"为分水岭，将李唐王朝分为前后两期，其主要依据就是"安史之乱"对唐王朝国运走向的巨大影响。这一事件的发生，使唐王朝在政治、经济、文化等诸方面都产生了深远的影响。有鉴于此，纵观东吴政权，"二宫构争"比孙权称帝更适合作为东吴政权由盛转衰的转折点。

一般认为，发生在东吴中期的"二宫构争"，是由于吴主孙权晚年"嫡庶不分，闺庭错乱"③，导致东吴政权中出现了两股势力，分别支持太子孙和、鲁王孙霸谁为储君而进行的政治权力斗争事件。"二宫构争"的实质，方北辰在《魏晋南朝江东世家大族述论》中认为是江东世家大族与淮泗集团的政治利益博弈，而王永平《论孙权与儒学朝臣间政治观念的分歧及其斗争——从一个侧面看孙吴政权之性质》④一文，则认为"二宫构争"的实质在于出身寒门的孙氏皇权与江东儒学世家大族的矛盾冲突。较之而言，王说比方说更深刻。

东吴赤乌四年(241)，孙权太子孙登病死，由于第二子孙虑之前已去世，第三子孙和被立为太子。赤乌五年(242)，孙霸被封为鲁王，孙权对其"宠爱崇特，与和无殊"⑤。加之孙权长期不立皇后，所以严格的嫡长子继承制度也无法搬上台面，这就令孙霸也有了争夺储君的机会。因此，从赤乌五年(242)到赤乌十三年(250)，围绕着孙和、孙霸谁能成为储君，东吴政权"中外官僚将军大臣举国中分"⑥，分别

① 张大可：《三国史研究》，第178~194页。

② 方北辰：《魏晋南朝江东世家大族述论》，台北文津出版社1991年版，第44页。

③ （晋）陈寿撰，（南朝宋）裴松之注：《三国志》卷五○《吴书·妃嫔传》，第1203页。

④ 王永平：《孙吴政治与文化史论》，上海古籍出版社2005年版，第120~142页。

⑤ （晋）陈寿撰，（南朝宋）裴松之注：《三国志》卷五九《吴书·吴主五子传·孙霸传》，第1371页。

⑥ （晋）陈寿撰，（南朝宋）裴松之注：《三国志》卷五九《吴书·吴主五子传·孙和传》引《通语》，第1369页。

选择支持孙和或孙霸，发展为一场政治斗争，史称"二宫构争"（又称南鲁党争①、二宫之争）。以淮泗集团为主的成员拥护鲁王孙霸，江东儒学士族则大都拥护太子孙和。八年时间内，淮泗集团与江东儒学士族围绕孙霸、孙和相互倾轧，最终两败俱伤，孙和被罢黜，孙霸被赐死。"二宫构争"的一年多以后，统治东吴约半个世纪的吴大帝孙权病逝。大树倾倒，从此东吴政权陷入相对混乱的局面。

一个国家的国运走向，很大程度上取决于政权的稳定与否。"二宫构争"使孙权最后立八岁幼子孙亮为太子。孙亮在一年多以后即位，幼主莅朝极易造成辅政大臣独揽大权以及权臣之间的相互倾轧。孙亮即位翌年，辅政大臣诸葛恪掌握吴国军政大权，并兴功伐魏，耗财劳民。后继续"专擅国宪，废易由意，假刑劫众，大小屏息"②，被辅政大臣孙峻设计杀害。继而孙峻掌权，在攻魏期间病逝，其弟孙綝继续掌权，专政嗜杀。皇帝孙亮仍被架空，"孙亮童孺而无贤辅，其替位不终"③，终被孙綝废黜。太平三年（258），孙綝迎权第六子孙休即位，綝继续权倾朝野。朝野间群臣的斗争更加激烈，并且孙休与孙綝的矛盾日益恶化。同年，丁奉在孙休的示意下用计杀掉了孙綝。孙休虽然在位期间进行过一些改革，但已无力挽回东吴衰败的势头。孙亮、孙休各为吴主六年，在这期间，东吴政局混乱，不少将领投降北方曹魏。东吴在末帝孙皓这位有名的暴君统治16年后，被西晋吞灭。所以，不难看出，"二宫构争"动摇了东吴政权的国本，破坏了孙氏皇权与江东儒学士族的关系，致使幼主无力驾驭权臣，政局波荡，国柄频移，影响甚大。直至末帝孙皓上台，混乱局面表面上予以结束，但东吴政权的败亡已成定局。这场殃流子嗣的事件对东吴政坛产生了巨大的负面影响，时人亦有评骘。如陆凯谓："幼主嗣统，柄在臣下，军有连征之费，民有凋残之损。贼臣干政，公家空竭。"④华覈也云："自是之后，强臣专政，上诡天时，下违众议，忘

---

① （清）钱大昕：《廿二史考异》考《三国志·吴书·是仪传》（上海古籍出版社 2004 年版，第 312 页）云："案：赤乌五年，立子和为太子，霸为鲁王，权宠爱霸，与和无殊，故有二宫之称。和废徙后二年，乃封南阳王，则霸已赐死久矣。南、鲁之文，于义不通。当云东宫与鲁王初立，下文乃共称二宫，斯得之。"

② （晋）陈寿撰，（南朝宋）裴松之注：《三国志》卷六四《吴书·诸葛恪传》，第 1441 页。

③ （晋）陈寿撰，（南朝宋）裴松之注：《三国志》卷四八《吴书·三嗣主传》，第 1178 页。

④ （晋）陈寿撰，（南朝宋）裴松之注：《三国志》卷六一《吴书·陆凯传》引《江表传》，第 1408 页。

安存之本，邀一时之利，数兴军旅，兵劳民困，无时获安。"①此皆洞达之论。

三国鼎立的局面确立以后，东吴政权中的矛盾日益显现出来，积极进取的姿态放缓，所以张大可把孙权即位的229年定为东吴由盛转衰的转捩点，这有一定的道理。然而，东吴政权开始出现滑坡态势，却是由于"二宫构争"的巨大影响，因此把"二宫构争"作为东吴由盛转衰的转捩点更为合理。

二、江东士族心态

所谓士人心态，是作为一个群体的士人们的普遍心理趋向。罗宗强说："影响中国古代士人心态的很重要的一个方面，是政局的变化。"②"二宫构争"对东吴政局产生了巨大影响，作为东吴国运转衰的转捩点，它牵涉人数多，史载"群司坐谏诛放者十数"③。这场政争前后持续了八年，无疑会对东吴士人的心态造成影响。

东吴士人，概言之，主要由北方淮泗集团和江东本土儒学士族组成。江东儒学士族主要集中在吴、会稽二郡。吴郡士族以顾、陆、朱、张四姓为主，会稽士族以虞、魏、孔、贺四姓为主。其中吴郡士族大都走入东吴政权的核心层，会稽士族任职则不太显要。"二宫构争"中，孙权在两大集团的斗争中，虽表面各打五十大板，但为了孙氏皇权的利益，孙权偏向淮泗集团，对江东士族予以沉重打击，所以下面主要探讨江东士族士人心态。

"二宫构争"中，江东士族群体心态如何？

首先，我们来看江东士族的领袖人物——陆逊。陆逊是江东士族群体的中流砥柱，是东吴的柱石之臣，也是江东士族中老年一辈的代表性人物。"二宫构争"中，见太子孙和地位受到鲁王孙霸的威胁，时在武昌的陆逊接连上疏，云："太子正统，宜有盘石之固，鲁王藩臣，当使宠秩有差，彼此得所，上下获安。谨叩头流血以闻。"上疏未见效果，陆逊又请求赴建业与孙权面谈，即所谓"书三四上，及求诣都，欲口论嫡庶之分，以匡得失"。陆逊赴都面谏的请求结果

---

① （晋）陈寿撰，（南朝宋）裴松之注：《三国志》卷六五《吴书·华覈传》，第1465页。

② 罗宗强：《玄学与魏晋士人心态》，中华书局2019年版，第404页。

③ （晋）陈寿撰，（南朝宋）裴松之注：《三国志》卷五九《吴书·吴主五子传·孙和传》，第1369页。

是孙权"既不听许"。由于陆逊支持太子孙和，遭致孙权数责。史载"权累遣中使责让逊，逊愤恚致卒"①。以功见疑，加之支持孙和，陆逊最终忧愤而死。由于陆逊的政治思想、军事战略构想与孙权有着很大差异，在"二宫构争"时期，孙权对陆逊加以格外的责让与打击，致使这位功勋卓著的江东士人领袖颇感不平，终至郁郁而终，随着东吴这一社稷之臣的陨落，江东儒学士族的实力大损。

吴郡陆氏不止陆逊一人被打压，其族子陆胤亦如此。史载："太子和闻其名，待以殊礼。会全寄、杨竺等阿附鲁王霸，与和分争，阴相谮构，胤坐收下狱，楚毒备至，终无他辞。后为衡阳督军都尉。赤乌十一年，交阯九真夷贼攻没城邑，交部骚动。以胤为交州刺史、安南校尉。"②赤乌十一年（248），陆胤被任命为交州刺史，并且在交州任职十多年。从这段记载看，表面上是因为交州骚乱，孙权派陆胤前去安抚，但这恐怕还有更深层的原因。裴松之在注《陆胤传》时，引用《吴录》曰：

> 太子自惧黜废，而鲁王觊觎益甚。权时见杨竺，辟左右而论霸之才，竺深述霸有文武英姿，宜为嫡嗣，于是权乃许立焉。有给使伏于床下，具闻之，以告太子。胤当至武昌，往辞太子。太子不见，而微服至其车上，与共密议，欲令陆逊表谏。既而逊有表极谏，权疑竺泄之，竺辞不服。权使竺出寻其由，竺白顷惟胤西行，必其所道。又遣问逊何由知之，逊言胤所述。召胤考问，胤为太子隐曰："杨竺向臣道之。"遂共为狱。竺不胜痛毒，服是所道。初权疑竺泄之，及服，以为果然，乃斩竺。③

陆胤在下狱之后，"终无他辞"，《三国志》没有明言孙权对其进行惩罚，但其后来任职衡阳督军都尉，远离都城，应该说就是一种追责。赤乌十一年（248），

---

① （晋）陈寿撰，（南朝宋）裴松之注：《三国志》卷五八《吴书·陆逊传》，第1354页。

② （晋）陈寿撰，（南朝宋）裴松之注：《三国志》卷六一《吴书·陆凯传附弟胤传》，第1409页。

③ （晋）陈寿撰，（南朝宋）裴松之注：《三国志》卷六一《吴书·陆凯传附弟胤传》，第1409页。

"二宫构争"尚未结束，此时正是构争白热化阶段。孙权把陆胤远调交州，这种离都城建业越来越远的调动，其实就是一种变相贬谪，而这当源于陆胤支持太子孙和忤逆了孙权之意。直至孙权去世（252），也没有把陆胤从交州调回，以至于华覈在永安元年（258）上表请求将其召还予以重任。所以说孙权对陆胤进行变相打击，是十分合理的推测。史籍未载陆胤在交州十多年的心态如何，但可想而知，这种远赴蛮荒之地的长时间任职，心情当有幽愤郁闷的一面。

其次，再看江东士族中支持太子孙和的另一核心人物——顾谭。顾谭其人，乃丞相顾雍之孙，亦为江东士族中年轻一辈的代表性人物。孙登《临终上疏》说："张休、顾谭、谢景皆通敏有识断，入宜委腹心，出可为爪牙。"[1]太子孙登临死前向孙权推荐顾谭等人，希望他们能够得到重用。薛综云："谭心精体密，贯道达微，才昭人物，德允众望。"[2]这是薛综推荐顾谭任选曹尚书时的评语。胡综亦谓："精识时机，达幽究微，则顾谭。"[3]薛综与胡综，都是避难江东的北方流寓士人，两人对于江东本土的顾谭有如此评誉，可见顾谭确实德行服众。裴松之引陆机《顾谭传》云："宣太子正位东宫……妙简俊彦，讲学左右，时四方之杰毕集……而谭以清识绝伦，独见推重。自太尉范慎、谢景、羊徽之徒，皆以秀称其名，而悉在谭下。"[4]阎缵亦云："吴太子登，顾谭为友，诸葛恪为宾，卧同床帐，行则参乘，交如布衣，相呼以字。"[5]诸多材料表明，顾谭是一个有才干的人，他在二三十岁时，就能获誉如此，且得到重用，无疑是股肱之臣的绝佳人选，可谓仕途无量。

"二宫构争"中，顾谭上疏曰："臣闻有国有家者，必明嫡庶之端，异尊卑之礼，使高下有差，阶级逾邈，如此则骨肉之恩生，觊觎之望绝……今臣所陈，非

---

①　（晋）陈寿撰，（南朝宋）裴松之注：《三国志》卷五九《吴书·吴主五子传·孙登传》，第1365页。

②　（晋）陈寿撰，（南朝宋）裴松之注：《三国志》卷五二《吴书·顾雍传附孙谭传》，第1230页。

③　（晋）陈寿撰，（南朝宋）裴松之注：《三国志》卷五九《吴书·吴主五子传·孙登传》引《江表传》，第1364页。

④　（晋）陈寿撰，（南朝宋）裴松之注：《三国志》卷五二《吴书·顾雍传附孙谭传》，第1230页。

⑤　（唐）房玄龄等：《晋书》卷四八《阎缵传》，第1355页。

有所偏，诚欲以安太子而便鲁王也。"①顾谭所持观点与陆逊相仿，都以太子孙和为正统，希望孙权能安太子孙和之位。顾谭的上疏忤逆了孙权之意，加之淮泗集团中全琮父子等人的诬罔，孙权将顾谭流放交州。从都城建业到交州，基本算从吴国疆域的最东北部到了最西南部，且当时交州乃蛮荒之地、瘴疬之乡，时人华覈如此描述交州："苍梧、南海，岁有(旧)暴风瘴气之害，风则折木，飞砂转石，气则雾郁，飞鸟不经。"②流贬至此，无疑是一种巨大的惩罚，会给被贬谪的人带来巨大的心理伤痛。史载"谭在交州，幽而发愤，著《新言》二十篇，其中有《知难》一篇，因自伤而作。"③《新言》属于子学范畴，《知难》的拟题与立意，应是别有深意，可能暗指吴主孙权不知自己忠贞之心，表现了自己的枉贬与伤悼之意。信臣蒙冤，前后处境落差之大，自然愤懑不平。与顾谭一起被贬的还有弟弟顾承，两人流贬交州，至死未归。且二人英年早逝，顾谭42岁卒于交州，顾承37岁卒于交州。气候原因与心理苦痛的阴影，应该是导致他们早逝的主要原因。

最后，再略看一下其他支持太子孙和的江东士人。太子太傅吾粲"坐数与逊交书，下狱死"④。朱据"据拥护太子，言则恳至，义形于色，守之以死"，也被"左迁新都郡丞"⑤，后追赐死。张休、姚信则随顾谭、顾承一起被贬交州，史载如此："为鲁王霸友党所谮，与顾谭、承俱以芍陂论功事，休、承与典军陈恂通情，诈增其伐，并徙交州""顾谭、顾承、姚信，并以亲附太子，枉见流徙。"⑥

综上，"二宫构争"中，亲附太子的诸多江东儒学士族，顾(如顾谭、顾承)、陆(如陆逊、陆胤)、朱(如朱据)几大家族，皆有代表，或忧愤而卒，或下狱而死，或被贬遐荒，都受到了沉重的打击，这一事件令他们的生命沉沦充满了浓厚的悲剧意味。陆逊、顾谭两人分别是江东士族中老年一辈与年轻一辈的代表人

① (晋)陈寿撰，(南朝宋)裴松之注：《三国志》卷五二《吴书·顾雍传附孙谭传》，第1230页。

② (晋)陈寿撰，(南朝宋)裴松之注：《三国志》卷六一《吴书·陆凯传附弟胤传》，第1409页。

③ (晋)陈寿撰，(南朝宋)裴松之注：《三国志》卷五二《吴书·顾雍传附孙谭传》，第1230页。

④ (晋)陈寿撰，(南朝宋)裴松之注：《三国志》卷五八《吴书·陆逊传》，第1354页。

⑤ (晋)陈寿撰，(南朝宋)裴松之注：《三国志》卷五七《吴书·朱据传》，第1340页。

⑥ (晋)陈寿撰，(南朝宋)裴松之注：《三国志》卷五八《吴书·陆逊传》，第1354页。

物。从上述材料可以看出，有一个字集中体现了他们的心态，那就是"愤"：陆逊"愤恚致卒"，顾谭"幽而发愤"。无论被贬蛮荒之地，抑或下狱而死，他们都怀有极度的愤懑不平。可以说，顾谭"幽而发愤"，著书明志，不仅仅是个人心理的不满体现，而且是当时受到"二宫构争"牵连的整个江东士族的集体心理表征。

考察完"二宫构争"中江东士族士人心态之后，我们再来看"二宫构争"发生若干时期以后，江东士族士人心态又如何。

由于文献不足征，关于"二宫构争"后的江东士人心态，无法做太多考量，但仍可从一些简单的记载中做出合理推测。

陆逊、顾谭等人的悲剧命运，在后来的诸多年里仍然是江东儒学士族为之喟叹的对象。陆机乃陆逊之孙、陆抗之子，曾经撰写了《吴丞相陆逊铭》《吴故丞相陆公诔》《吴大司马陆抗诔》《吴太常顾谭诔》《顾谭传》等文，这些文章或全或残，流传至今，无一不表现了对先辈的怀念与同情。陆机的这种心态，很大程度上代表了东吴晚期到西晋时期江东士人对"二宫构争"中受到沉重打压的先辈们的同情。后人对陆逊的悲剧命运多有感慨，如东晋袁宏《三国名臣序赞》云："伯言謇謇，以道佐世。出能勤功，入亦献替。谋宁社稷，解纷挫锐。正以招疑，忠而获戾。"[1]北宋苏辙《范蠡大夫种列传》亦云："陆逊之于孙权，高颎之于隋文，言听计从，致君于王伯矣，而忮心一起，二臣不得其死，可不哀哉。"[2]后人对顾谭的悲剧命运也多有感叹，如清代曾燠在《光孝寺新建虞仲翔祠碑》中云："是故孟德之害士也，非独文举。季珪、正平之类，并就刑诛；仲谋之害士也，亦非独仲翔，张温、顾谭之徒，皆罹重谴。"[3]将顾谭之贬与虞翻的直谏枉贬比较而言，也体现了一种深深的同情。

三、"二宫构争"与"二陆"文学的悲情特征

与曹魏政权相比，东吴不重文学，加之文献大量亡佚，历来文学史多阙而不

---

① （唐）房玄龄等：《晋书》卷九二《袁宏传》，第 2397 页。

② （宋）苏辙：《古史》卷三七，影印文渊阁《四库全书》，台湾"商务印书馆"1986 年版，第 371 册，第 517 页。

③ （清）曾燠《赏雨茅屋外集》，《续修四库全书》，上海古籍出版社 2002 年版，第 1484 册，第 251 页。

论，或仅仅简单谈及韦昭的《博弈论》。下面主要概论吴季入西晋时期的文学，并以"二陆"为代表。

在江东士族的眼里，东吴天下由江东士族与孙氏共同撑起，没有江东士族的支持，孙吴不可能在江东立足。陆逊从子陆凯《上疏谏吴主皓不遵先帝二十事》有云："先帝外杖顾、陆、朱、张，内近胡综、薛综，是以庶绩雍熙，邦内清肃。"①江东士族的家族宗亲伦理观念较强，在与孙氏皇权的政治合作之下，他们趋向于紧密团结，这样更利于谋取世家大族的利益。

"二宫构争"致使江东士族利益大大受损，尤以吴郡陆、顾二家为甚。顾谭、顾承两人在交州贬所身亡，有关他们后人的相关事迹，史料阙略，无法考证。陆逊忧愤而卒，陆凯、陆抗在吴季时期仍在朝中担任要职，但陆氏家族昔日荣宠不再。陆机、陆云兄弟二人，在家邦颠覆之后北上入晋廷为官，两人不忘曩日氏胄之盛，在强烈的士族宗亲伦理观念支配下，有着较为强烈的功名欲望，希望重振门阀，于此，前人多有论述，兹不赘述。

汉末动荡社会一定程度上唤醒了人们的忧患意识，这令士人审美倾向有所改变，魏晋文学情感主旋律有了浓厚的悲愤、伤感、嗟叹情绪。"二陆"作品中的悲情意识浓厚，历来为人评骘，尤其是陆机之作。如章太炎《陆机赞》云："辞赋多悲，懿亲雕丧，怀土不衰，张华以为声有楚焉。"②这三点，概言之，即悲情意识、家族意识、乡曲之思。有论者注意到了"二陆"作品中的悲情意识、家族意识(或云士族意识③)、乡曲之思(或云江东情结)等，却鲜见有人注意到这些特点与"二宫构争"存有某种内在的深层联系。

陆机出生时，"二宫构争"已经结束十多年了，且祖父陆逊也已忧卒十多年。身在家族宗亲观念较强的江东大族家庭，陆机打小就应听闻过祖辈的显赫功绩，尤其对祖父陆逊钦佩之至。顾谭是陆逊的外甥，也是陆机的前辈。"二宫构争"中，陆逊、顾谭等人深受打击，陆机当是同情的。家邦颠覆，加之仕途不顺，心情愤懑，自然能够联想到祖父辈的洪勋。前已述及，陆机撰有《吴丞相陆逊铭》

---

① （晋）陈寿撰，（南朝宋）裴松之注：《三国志》卷六一《吴书·陆凯传》，第1406页。

② 章太炎：《太炎文录初编》，《章太炎全集》第1辑，第237页。

③ 如孙明君：《陆机诗歌中的士族意识》(《北京大学学报》2005年第6期)认为，陆机在中国诗史上的最大贡献在于他第一次深刻地表现了士族意识。

《吴故丞相陆公诔》《吴大司马陆抗诔》《吴太常顾谭诔》《顾谭传》等文，表现了对陆逊与顾谭的哀悼、怀念之情。加之"二陆"其他诗赋中的家族意识与乡曲之思的频繁出现，可以推断"二陆"，尤其是陆机，对"二宫构争"应该是有看法的。只不过可能是碍于为尊者讳，现存陆机所撰文献没有明确地表现出对这一事件的具体看法，抑或是相关文献亡佚了。但我们推断"二陆"作品中悲情的抒情主调，一定程度上来源于"二宫构争"导致的国败家亡，这一说法当是极为合理的。这里以陆机《怀土赋》为例：

> 背故都之沃衍，适新邑之丘墟。遵黄川以葺宇，被苍林而卜居。悼孤生之已晏，恨亲没之何速。排虚房而永念，想遗尘其如玉。眇绵邈而莫觌，徒伫立其焉属。感亡景于存物，愧隙年于拱木。悲顾眄而有余，思俯仰而自足。留兹情于江介，寄瘁貌于河曲。玩通川以悠想，抚征辔而踯躅。伊命驾之徒勤，惨归途之良难。愍栖鸟于南枝，吊离禽于别山。念庭树以悟怀，忆路草而解颜。甘堇荼于怡苨，纬萧艾其如兰。神何寝而不梦，形何兴而不言。[1]

单从题目的拟定来看，就极能说明陆机的乡曲之思。此赋的用语较为奇特，除了少数几句，大都以动词打头，然后接以表现悲伤的名词或动词。如"背故都""悼孤生""恨亲没""想遗尘""徒伫立""感亡景""愧隙年""悲顾眄""思俯仰""留兹情""寄瘁貌""惨归途""愍栖鸟""吊离禽""忆路草"等，全然一片悲情意绪融于赋中，对故乡的怀念溢于言表，不禁让读者被其极度伤感的情绪打动。而"悼孤生之已晏，恨亲没之何速。排虚房而永念，想遗尘其如玉"这几句中，陆机感叹自己生不逢时，对于亲人的早逝表现出怅惘与悲伤，先辈们功勋赫赫，他们的英雄事迹遗留下来是多么值得称道。陆机对家国之痛的悲痛与对先辈的怀念，在诸如《怀土赋》等作品中表现得较为明显。"二陆"是江东士族入晋为官的代表，他们作品中的家族意识、悲情意识、江东话语等，可以说是江东士族文学作品的共同特点，而这些特点或多或少都与"二宫构争"有着深刻的联系。

要之，"二宫构争"对江东士族打击巨大，使江东士族群体忧愤自伤，集体

---

① （晋）陆机撰，刘运好校注：《陆士衡集校注》卷二，第134~135页。

心理蒙上了阴影。这一影响东吴政权兴衰的重大事件，一定程度上促使了以"二陆"为代表的江东士人文学作品中悲情意绪的产生，成为西晋文学悲情主调的来源之一。

第三节　东吴后期权臣秉政与帝王宗室之废贬

孙权去世之后与孙皓即位之前的这段时期（252—264），可以划归东吴后期①，这12年内，实际掌权的主要是东吴的几位权臣，先后是诸葛恪、孙峻、孙綝、濮阳兴等人，此时可称为权臣政治时期。此间，权臣相继擅权，对孙权一脉皇权统治构成了较大威胁，既有对宗室的贬谪，甚至出现对皇帝的废立。直至孙皓即位收治濮阳兴、张布，东吴后期的权臣秉政才予以结束，东吴政治又回归到实质上的君主专制道路。

一、诸葛恪秉政时期的孙休、孙奋之贬

太元二年（252）五月，孙权临死前召诸葛恪、滕胤、吕据、孙峻嘱以后事，辅助幼主孙亮。所以诸葛恪乃顾命大臣之一，且为诸顾命之首。幼主即位，极易造成权臣秉政的局面。诸葛恪秉政时间不长，仅仅一年有余，却造成了较大影响。

诸葛恪受命之际，幼主孙亮虚岁方十岁，为了避免宗室诸王争位，更为了巩固自己的权力，诸葛恪对部分宗室实施了贬谪。《三国志·孙休传》载："诸葛恪秉政，不欲诸王在滨江兵马之地，徙休于丹杨郡。太守李衡数以事侵休，休上书乞徙他郡，诏徙会稽。"②又《孙奋传》载："权薨，太傅诸葛恪不欲诸王处江滨兵马之地，徙奋于豫章。奋怒，不从命，又数越法度。恪上笺谏曰……。奋得笺惧，遂移南昌。……傅相谢慈等谏奋，奋杀之。坐废为庶人，徙章安县。"③诸葛

---

① 东吴分期参见王永平：《孙吴政治与文化史论》（第52页）。分为前中后三段：孙策定江东至孙权称帝（196—229）；孙权称帝至孙权去世（229—252）；孙权去世至东吴灭亡（252—280）。

② （晋）陈寿撰，（南朝宋）裴松之注：《三国志》卷四八《吴书·三嗣主传·孙休传》，第1155页。

③ （晋）陈寿撰，（南朝宋）裴松之注：《三国志》卷五九《吴书·吴主五子传·孙奋传》，第1373~1374页。

恪为何对孙休、孙奋进行贬徙，陈寿云"不欲诸王处江滨兵马之地"。此言不差，却未道明深层原因。

孙权有长子登、次子虑、三子和、四子霸、五子奋、六子休、少子亮。孙权去世时，在世的儿子有四个：孙和、孙奋、孙休、孙亮。当时孙和由于"二宫构争"已被孙权贬谪故鄣。《孙和传》载："竟徙和于故鄣，群司坐谏诛放者十数。众咸冤之。"①孙亮即位时，只有孙奋居武昌、孙休居虎林（今安徽贵池），武昌、虎林皆长江边的战略要地，利于进军退守。孙休受封琅琊王居虎林，时虚岁18，孙奋生年无考，但因为是孙休之兄，故而比孙休年长。相比十岁即位的孙亮，这两位兄长确实可能威胁到帝位。由于是孙亮的顾命大臣之首，诸葛恪为了避免因帝位的更替而造成自己势力的减弱，于是选择了对孙休、孙奋实施贬谪性质的迁调。孙休居虎林不久，就被诸葛恪迁移到丹阳，后又迁移到会稽。孙奋被诸葛恪从武昌迁移到南昌。两人皆从长江边迁调到非江滨之地。诸葛恪对孙休、孙奋的贬谪迁调，无疑是对自己权威的巩固，是对自己势力的一种扩张。诸葛恪秉政，开启了东吴权臣秉政风气，东吴君权统治开始受到较大的挑战。

二、孙峻掌权时期的孙和之贬杀

如果说诸葛恪秉政是异姓掌权，那么孙峻擅权则仍是孙氏掌权。不过，孙峻这一支脉与孙亮这一支脉不同。孙亮属于孙坚、孙权一脉，孙峻则属于孙坚之弟孙静一脉。自古父子亲疏关系甚于兄弟。皇位继承，多以父子相传，所谓嫡长子继承制，就是针对父子血缘关系与皇位继承权而言的制度。

孙峻与诸葛恪一样同为顾命大臣，为了争权，趁诸葛恪兴师伐魏引起内耗民怨时，孙峻联合幼主孙亮用计杀害诸葛恪，从而大权独揽。诸葛恪被杀，与之有关的一批人被贬，《孙綝传》载：永安元年（258），孙休下诏云"其罢恪等事见远徙者，一切召还"②。说明当年牵涉诸葛恪被贬的人不少，但史书未详细记载，所以不知名姓，这批人被贬五年，终得召还。"建兴中，孙峻专政，公族皆患

---

① （晋）陈寿撰，（南朝宋）裴松之注：《三国志》卷五九《吴书·吴主五子传·孙和传》，第1369页。

② （晋）陈寿撰，（南朝宋）裴松之注：《三国志》卷六四《吴书·孙綝传》，第1451页。

之"①公族即诸侯宗室。孙峻秉政两年有余，同样对孙权一脉的宗室进行了贬谪，尤其是秉政初期，就对废太子南阳王孙和进行了贬杀。孙和之前由于"二宫构争"被孙权贬至故鄣，后又封南阳王，贬至长沙。"《吴书》曰：权寝疾，意颇感寤，欲征和还立之，全公主及孙峻、孙弘等固争之，乃止。"②另外，孙峻"与公主鲁班私通"③。足见，孙峻一直都是与全公主孙鲁班一起反对孙和的。孙峻专权不久，就将废太子孙和迁移到新都，后派使者赐死孙和。

孙和为何被孙峻贬杀？由于幼主孙亮在孙峻的掌控之中如同傀儡，孙峻同诸葛恪一样，希望能够巩固自己的权势，诸葛恪对孙休、孙奋的贬谪，已经起到了较好的效果，削弱了两人的势力。废太子孙和，成为余下能对孙峻专权最有威胁的一个宗室王。加之此前民间传言，因为孙和妃子张氏是诸葛恪的外甥女，诸葛恪将会迎接孙和代替孙亮即位。因此，孙峻为了避免孙和东山再起，为了继续擅权对孙和予以了贬杀。

三、孙綝擅权时期的帝王废贬与新立

在孙峻专权近三年病逝后，权力交给了其弟孙綝，孙綝同样专权两年有余。随着孙亮年龄渐长，其亲莅政事的渴望也越来越强烈。孙綝对于皇帝孙亮的成长感到害怕，"綝以孙亮始亲政事，多所难问，甚惧"。孙綝"欲以专朝自固"④的愿望与孙亮亲莅政事的愿望共同存在，不免会滋生龃龉。

所以，孙亮在与全公主孙鲁班、太常全尚、将军刘承议的商议下打算诛杀孙綝，但由于孙亮之妃的泄密，孙綝废掉了孙亮，并贬孙亮为会稽王，后又黜为候官侯(封地在今福建省闽侯县)，孙亮于赴封地道中自杀⑤。孙亮再次被贬候官，原因在于封地谣传他将回建业复辟。无论传闻是否属实，孙亮身殁对于孙綝总是有利的。

---

① （晋）陈寿撰，（南朝宋）裴松之注：《三国志》卷五〇《吴书·妃嫔传》，第1200页。
② （晋）陈寿撰，（南朝宋）裴松之注：《三国志》卷五九《吴书·吴主五子传·孙和传》，第1370页。
③ （晋）陈寿撰，（南朝宋）裴松之注：《三国志》卷六四《吴书·孙峻传》，第1444页。
④ （晋）陈寿撰，（南朝宋）裴松之注：《三国志》卷六四《吴书·孙綝传》，第1448页。
⑤ 学界另外一种观点认为，孙亮也可能是被孙休派人毒死的。

　　孙綝在废掉孙亮的同时，贬全尚于零陵，迁公主于豫章。被迁豫章的全公主乃孙权之女，从"二宫构争"时支持鲁王孙霸，到支持孙峻专权，直到反对孙峻，全公主都是东吴朝廷举足轻重的一员。"全公主之被流放，是孙吴后期政治斗争中的一件大事，这标志着孙权精心设计的由皇族人物前台执政，由全公主幕后操纵的政治格局至此终结了。"①

　　孙綝废孙亮迎孙休，这是东吴首次出现的权臣废主事件。可谓到了孙綝秉政时期，孙权一脉的皇权受到了最大挑战，达到了权臣废主的地步。虽然即位的孙休也是孙权一脉，但由于诸葛恪、孙峻、孙綝前后对孙权诸子的打压，且全公主也被流放，孙权一脉力量受到了较大损伤。孙綝废亮迎休以后，继续权倾朝野。孙綝专权，"一门五侯，皆典禁兵"②，此时权臣秉政可以说达到了顶点。孙休即位时年24，毕竟不同于年幼的孙亮，遂除孙綝。孙休在位期间，颁布良制，嘉惠百姓，在一定程度上促进了东吴的繁荣。孙休即位将东吴权臣秉政的局面予以拨正，在一定程度上遏制了东吴的权臣势力，孙权一脉的统治得以渐趋回归。

四、濮阳兴专权时期的废主与擅立

　　孙休即位时已经成人，相比而言东吴君权有了较大程度的回归。然而，孙休的即位并不代表东吴权臣的消失。权臣秉政的例子似乎已经形成了惯例，在诸葛恪、孙峻、孙綝三位权臣专权之后。孙休一朝又迎来了濮阳兴、张布这两位权臣。不过在孙休为帝期间，两人还不至于太过放肆。孙休病危，临终时指定濮阳兴和张布辅佐太子。濮阳兴在万彧的建议之下，与张布一起废休嫡子而迎立孙皓。孙皓乃孙和长子，至此孙家帝位延及第三代。虽然濮阳兴与张布有拥立之功，但孙皓即位不久后就贬杀了濮阳兴与张布，《濮阳兴传》载："十一月朔入朝，皓因收兴、布，徙广州，道追杀之，夷三族。"③这就是东吴权臣秉政的终场，也是东吴君权统治的真正回归。自此以后，孙皓专权十余年，直至东吴灭亡。

　　综上，可以看出，在孙权去世(252)之后与孙皓即位(264)之前的这段时期，

---

①　王永平：《孙吴政治与文化史论》，第58页。
②　(晋)陈寿撰，(南朝宋)裴松之注：《三国志》卷六四《吴书·孙綝传》，第1450页。
③　(晋)陈寿撰，(南朝宋)裴松之注：《三国志》卷六四《吴书·濮阳兴传》，第1452页。

东吴权臣秉政，从诸葛恪、孙峻到孙綝、濮阳兴，从宗室贬谪，到宗室贬杀，直到擅行废立，权臣势力越来越大，造成了东吴朝政动荡，国力日衰。帝王宗室的被贬，无疑是皇权旁落的体现，东吴权臣政治到君主专制的回归，期间经历了12年，吴末帝孙皓治国无道，更加速了东吴政权的衰败，东吴被西晋吞灭已是必然。

东吴权臣废主事件，与曹魏政权司马氏废魏帝曹芳一样，有着共同的特点，即皆是由于君主即位时年幼弱小，容易被权臣掌控。可以说，东吴与曹魏皇帝的被废被贬，是两国权臣对汉末权臣董卓、曹操等人的效仿。这一时期走马灯般的权臣秉政，是汉末以来特殊的政治权力构成形式，具有特殊的时代意义。同时，它们又具有普遍意义，因为汉末曹魏、东吴的权臣秉政与帝王宗室被贬，是对汉家皇帝宗室被贬的重新演绎，更是中国古代政治历史规律的一种体现。

第四节　孙皓强权下的宗室、士人之流贬

东吴永安七年(264)，景帝孙休病危，临终时指定濮阳兴与张布辅佐太子即位。但濮阳兴在万彧的建议之下，与张布一起废休嫡子而迎立孙皓。孙皓即位不久，杀濮、张二人。孙皓即位，权臣被清算，标志着东吴皇权政治的回归。从此，东吴进入孙皓专权时代，此时贬谪事件时有发生。信臣被杀、家属被徙体现了孙皓暴政的残酷，其背后的深层原因值得探讨。

一、宗室、士人之贬杀与家属流徙①

孙皓即位期间(264—280)发生的贬谪事件较多，依据《三国志》与《晋书》的记载，钩稽史料，以时间顺序考述如下：

(一)朱皇后与孙霄等人之贬杀

朱皇后乃孙休之后，但在孙休去世之后，她却遭到贬杀。《孙皓传》载，孙

---

① 严格来说，士人被杀不算贬谪，但是士人家属被徙离不开士人被杀事件，所以本节把士人被杀、家属被流纳入考察范围，而单纯只有士人被杀的情况则不考虑。少数士人被免与孙皓专权有关，也予以考虑。

皓即位之后，立即贬朱太后为景皇后，翌年(265)，又逼杀之。孙𩅖本为孙休所立的太子，孙休病逝，理应由孙𩅖继承皇位，所以这位废太子在孙皓的眼中是敌对的一方。264年，孙皓即位之后，"封休太子𩅖为豫章王"①。孙𩅖从太子的地位沦落到诸侯王，无疑是一种贬谪。同时，孙皓封孙休另外三子分别为汝南王、梁王、陈王。翌年(265)，孙皓"又送休四子于吴小城，寻复追杀大者二人"②，把孙休四个儿子送于小城，其实就是变相拘禁，并且孙𩅖与汝南王不久又被孙皓杀害。

(二)"二宫构争"中参与陷害孙和者家属之徙

孙皓乃孙和之子，"二宫构争"中，孙和被江东世家大族拥戴，而以北方流寓士人为主的鲁王孙霸集团乃孙和集团的对手。孙皓即位之后，"皓以诸父与和相连及者，家属皆徙东冶"③。东冶在今福建福州地区。裴松之注引《吴录》将这一流徙事件列于甘露元年(265)之后，所以孙皓对当年参与陷害自己父亲的人员的流徙，应在甘露元年。

(三)孙基、孙壹、谢姬之贬

孙基、孙壹，皆为鲁王孙霸之子，谢姬乃孙权夫人，孙霸之母。孙基、孙壹当为同父异母的兄弟，清人何焯云："孙霸，和同母弟也。'同母'二字衍，传后云，霸二子，与祖母谢姬俱徙乌伤，则和出自王，霸出自谢矣。"④《吴主五子传》云孙霸乃和同弟，当是误记。孙基曾经在太平二年(257)因为盗乘御马被收付狱，后被免责。"孙皓即位，追和霸旧隙，削基、壹爵土，与祖母谢姬俱徙会稽乌伤县。"⑤所

---

① （晋)陈寿撰，(南朝宋)裴松之注：《三国志》卷四八《吴书·三嗣主传·孙皓传》，第1163页。

② （晋)陈寿撰，(南朝宋)裴松之注：《三国志》卷四八《吴书·三嗣主传·孙皓传》，第1164页。

③ （晋)陈寿撰，(南朝宋)裴松之注：《三国志》卷四八《吴书·三嗣主传·孙皓传》引《吴录》，第1165页。

④ （清)何焯撰，崔高维点校：《义门读书记》卷二八，第485页。

⑤ （晋)陈寿撰，(南朝宋)裴松之注：《三国志》卷五九《吴书·吴主五子传·孙霸传》，第1373页。

以，据此而言，孙皓对孙基、孙壹、谢姬的贬谪举动，当在264年或265年，即孙皓即位初期。

(四)徐绍家属之徙

徐绍，本为东吴寿春城守将，投降魏国。甘露元年(265)，孙皓派遣使者随同徐绍、孙彧报聘魏国，"绍行到濡须，召还杀之，徙其家属建安，始有白绍称美中国者故也"[①]。徐绍因称赞魏国而被杀，家属被徙建安(今福建建瓯市地区)。

(五)王蕃家属之徙

王蕃，庐江(今安徽庐江县或安徽潜山县)人。博学多闻，为时人所赞，是东吴晚期著名直臣。由于"中书丞陈声，皓之嬖臣，数谮毁蕃。蕃体气高亮，不能承颜顺指。时或迕意，积以见责"，所以孙皓对王蕃应时有诛杀之心。甘露二年(266)，孙皓大会群臣，"蕃沈醉顿伏，皓疑而不悦，举蕃出外。顷之请还，酒亦不解。蕃性有威严，行止自若，皓大怒，呵左右于殿下斩之"。王蕃醉酒之间被戮，引起较大影响。"蕃死时年三十九，皓徙蕃家属广州"。《王蕃传》又载："二弟著、延皆作佳器，郭马起事，不为马用，见害。"[②]据《三嗣主传》云郭马反叛在天纪三年(279)夏，所以说，王蕃家属被徙广州至少13年。

(六)楼玄、楼据之贬

楼玄，沛郡蕲(今安徽宿州市东南)人。楼玄清忠，众人服其德操，亦是东吴晚期著名直臣。楼玄"奉法而行，应对切直，数迕皓意，渐见责怒。"足见其直谏性格已忤孙皓多次。"后人诬白玄与贺邵相逢，驻共耳语大笑，谤讪政事，遂被诏诘责，送付广州。"这是导致楼玄被贬的导火线。华覈上疏为其辩护，"皓疾玄名声，复徙玄及子据，付交阯将张奕，使以战自效，阴别敕奕令杀之。据到交阯，病死。玄一身随奕讨贼，持刀步涉，见奕辄拜，奕未忍杀。会奕暴卒，玄殡

---

① (晋)陈寿撰，(南朝宋)裴松之注：《三国志》卷四八《吴书·三嗣主传·孙皓传》，第1164页。
② (晋)陈寿撰，(南朝宋)裴松之注：《三国志》卷六五《吴书·王蕃传》，第1453~1454页。

敛奕，于器中见敕书，还便自杀。"①华覈的辩护反而增强了孙皓嫉贤妒能之心。裴注引《江表传》的另一记载，认为以玄之清高，不会做出亏节之事，"见奕辄拜"以保其身之说当属不实。

据上可知楼玄、楼据父子先被流放广州，后又再徙交阯。楼据到交阯即病亡，楼玄后来自杀，具体年限不可考。所谓"玄一身随奕讨贼"，所以推知楼玄被贬交阯时间应不会太短。楼玄何时被贬广州、交阯？据陆抗的一封奏疏可以大致考实。史载"闻武昌左部督薛莹征下狱，抗上疏曰：'夫俊乂者，国家之良宝，社稷之贵资……故大司农楼玄、散骑中常侍王蕃、少府李勖，皆当世秀颖，一时显器，既蒙初宠，从容列位，而并旋受诛殛，或阢族替祀，或投弃荒裔。'"②据考，薛莹下狱在建衡三年（271），李勖被杀在建衡二年（270），据陆抗上疏，楼玄被投弃荒裔应在建衡三年之前。天册元年（275），孙皓"下诏诛玄子孙"③。可知楼玄被贬岭南应在五年以上。

（七）缪袆之贬

缪袆，《三国志·吴书·薛莹传》云薛莹有同郡好友缪袆，可知缪袆是沛郡竹邑（今安徽濉溪）人。建衡三年（271），"选曹尚书同郡缪袆以执意不移，为群小所疾，左迁衡阳太守。既拜，又追以职事见诘责，拜表陈谢。因过诣莹，复为人所白，云袆不惧罪，多将宾客会聚莹许。乃收袆下狱，徙桂阳，莹还广州。未至，召莹还，复职"④。由此可知，缪袆先是被贬衡阳（今衡阳市蒸湘地区），继而又远徙桂阳（今湖南桂阳县地区）。

（八）薛莹之贬

薛莹，沛郡竹邑（今安徽濉溪）人，东吴名儒薛综之子，父子皆有文才。孙皓降晋的降书就是薛莹所撰。"是岁，何定建议凿圣溪以通江淮，皓令莹督万人

①　（晋）陈寿撰，（南朝宋）裴松之注：《三国志》卷六五《吴书·楼玄传》，第1454~1455页。
②　（晋）陈寿撰，（南朝宋）裴松之注：《三国志》卷五八《吴书·陆抗传》，第1358页。
③　（晋）陈寿撰，（南朝宋）裴松之注：《三国志》卷六五《吴书·贺邵传》，第1459页。
④　（晋）陈寿撰，（南朝宋）裴松之注：《三国志》卷五三《吴书·薛莹传》，第1256页。

往，遂以多盘石难施功，罢还，出为武昌左部督。后定被诛，皓追圣溪事，下莹狱，徙广州。"①可知，薛莹被徙广州，时间应该在何定被诛之年，据《孙皓传》云"凤皇元年秋八月……何定奸秽发闻，伏诛"②。所以薛莹被贬广州在凤皇元年（272），由于华覈的上疏，孙皓"遂召莹还，为左国史"，后来薛莹由于缪袆之贬受到牵连，再次被贬广州，未至被召还复职。可知，薛莹曾经三次被贬，第一次（271）被贬武昌左部督，第二次（272）被贬广州，被贬时间不长，第三次（272）被贬广州，未至而还。

（九）万彧子、弟之徙

万彧，里籍无考，疑为南昌人。万彧为乌程令时就与孙皓相善。孙皓即位，万彧起了很大的举荐之功。所以孙皓即位之后，他任右丞相，与左丞相陆凯一起辅佐孙皓。凤皇元年（272）八月，趁孙皓出游之际，万彧与丁奉等商议废立之事，谋泄，孙皓阴衔之，万彧因此郁郁而终。即所谓"凤皇元年秋八月……是岁右丞相万彧被遣忧死，徙其子弟于庐陵"③。可知万彧子弟被徙庐陵（今江西吉安）在凤皇元年（272）。

（十）丁温家属之徙

丁温，丁奉之子，庐江安丰（今安徽寿县）人。《晋书·五行志》载"豕祸"条云："吴孙皓宝鼎元年，野豕入右大司马丁奉营，此豕祸也。后奉见遣攻谷阳，无功而反。皓怒，斩其导军。及举大众北出，奉及万彧等相谓曰：'若至华里，不得不各自还也。'此谋泄，奉时虽已死，皓追讨谷阳事，杀其子温，家属皆远徙，豕祸之应也。"④丁温被杀，家属被远徙，当在凤皇元年（272）。

---

① （晋）陈寿撰，（南朝宋）裴松之注：《三国志》卷五三《吴书·薛莹传》，第1255~1256页。
② （晋）陈寿撰，（南朝宋）裴松之注：《三国志》卷四八《吴书·三嗣主传·孙皓传》，第1169页。
③ （晋）陈寿撰，（南朝宋）裴松之注：《三国志》卷四八《吴书·三嗣主传·孙皓传》，第1169页。
④ （唐）房玄龄等：《晋书》卷二九《五行志下》，第882页。

(十一)韦昭家属之徙

韦昭,又名韦曜,吴郡云阳(江苏苏州地区)人。能属文,以《博弈论》名世,同时是东吴著名史臣,小学成就斐然。史载"皓欲为父和作纪,曜执以和不登帝位,宜名为传。如是者非一,渐见责怒。"后来"皓以为不承用诏命,意不忠尽,遂积前后嫌忿,收曜付狱,是岁凤皇二年也。……遂诛曜,徙其家零陵。"①凤皇二年(273),韦昭家属被徙零陵(今湖南永州地区),其子韦隆也在被徙之列。

(十二)陆凯家属之徙

陆凯,吴郡吴人(江苏苏州地区),乃陆逊族子。孙皓为帝时,好犯颜直谏。"初,皓常衔凯数犯颜忤旨,加何定谮构非一,既以重臣,难绳以法,又陆抗时为大将在疆场,故以计容忍。抗卒后,竟徙凯家于建安。"②陆凯直谏之所以被多次容忍,主要是因为有陆抗兵权的震慑。陆凯之弟陆胤,陆胤之子陆式,"天册元年,与从兄祎俱徙建安。天纪二年,召还建业,复将军、侯。"③足见,陆凯家属被迁徙建安(今福建建瓯市地区),在天册元年(275)。陆胤、陆式被贬建安三年。

(十三)贺邵家属之徙

贺邵,会稽山阴(今浙江绍兴)人。为人贞正奉公,乃当时名士。由于有人"共谮邵与楼玄谤毁国事,俱被诘责,玄见送南州,邵原复职。后邵中恶风,口不能言,去职数月,皓疑其托疾,收付酒藏,掠考千所,邵卒无一语,竟见杀害,家属徙临海。……是岁天册元年也,邵年四十九"。贺邵家属徙临海(今浙江省临海市地区),贺邵的儿子贺循也在被贬之列。裴松之引虞预《晋书》曰:"循丁家祸,流放海滨,吴平,还乡里。"④可知贺循被贬临海在天册元年(275),

---

① (晋)陈寿撰,(南朝宋)裴松之注:《三国志》卷六五《吴书·韦曜传》,第1462~1464页。

② (晋)陈寿撰,(南朝宋)裴松之注:《三国志》卷六一《吴书·陆凯传》,第1403页。

③ (晋)陈寿撰,(南朝宋)裴松之注:《三国志》卷六一《吴书·陆凯传附弟胤传》,第1410页。

④ (晋)陈寿撰,(南朝宋)裴松之注:《三国志》卷六五《吴书·贺邵传》引虞预《晋书》,第1459页。

被贬五年，直到东吴灭亡方返回乡里。后来贺循在西晋为官，对当时朝廷宗庙礼仪建设贡献颇大。

(十四) 华覈之免

华覈，吴郡武进(今常州武进地区)人，是东吴晚期著名直臣，曾经上疏劝谏君主，疏表超过百篇，真可谓以劝谏为己任。"天册元年以微谴免，数岁卒"[1]。华覈被免也可能是由于直谏犯颜、积怒已久的结果。

(十五) 诸姓公孙者之徙

裴松之引"《汉晋春秋》曰：先是，吴有说谶著曰：'吴之败，兵起南裔，亡吴者公孙也。'皓闻之，文武职位至于卒伍有姓公孙者，皆徙于广州，不令停江边。及闻马反，大惧曰：'此天亡也。'"[2]《三嗣主传》载郭马反叛在天纪三年(279)夏，所以远徙公孙者，当在279年之前，具体时间无考。孙皓的迷信昏聩于此流徙事件可见一斑。

(十六) 张尚之免

孙皓在位期间，"皓使尚鼓琴，尚对曰：'素不能。'敕使学之。后宴言次说琴之精妙，尚因道'晋平公使师旷作清角，旷言吾君德薄，不足以听之。'皓意谓尚以斯喻己，不悦。后积他事下狱，皆追此为诘，送建安作船。"[3]张尚先因言获罪，后又被孙皓揪住把柄，被送建安作船，具体时间无考。

二、贬杀与流徙的深层原因

由上所述，可知孙皓即位之初，首先对宗室大行贬谪。孙皓贬杀朱皇后，且对孙休之子或杀或贬，这无疑是以非正常手段即位的新君对前任君主之妻、子的

---

① (晋)陈寿撰，(南朝宋)裴松之注：《三国志》卷六五《吴书·华覈传》，第1469页。
② (晋)陈寿撰，(南朝宋)裴松之注：《三国志》卷四八《吴书·三嗣主传·孙皓传》引《汉晋春秋》，第1173页。
③ (晋)陈寿撰，(南朝宋)裴松之注：《三国志》卷五三《吴书·张尚传》，第1246页。

惩罚性与防范性措施。究其原因在于孙皓并非前任君主所指定的人选，其即位于礼不通。所以为了防患孙休之子夺位，孙皓不仅对其进行贬谪，且杀死了其中两个年长者。

继而，孙皓把昔日陷害自己父亲的诸多士人家属流徙到东冶。当年的"二宫构争"，孙皓父亲孙和与孙基、孙壹父亲孙霸是敌对的双方，围绕谁为储君争斗多年，牵涉众多人物，影响深远。这一点，前文已述及，兹不赘述。孙皓即位时，孙和、孙霸皆亡世多年，唯有孙霸二子尚存。故孙皓追和、霸旧隙，对其进行贬谪，这一举动，可以视为"二宫构争"的延续，是孙皓利用君主势位进行公报私仇的一种体现。

孙皓为何贬谪孙基、孙壹？除了报复"二宫构争"中父亲孙和与自家所受陷害，还有巩固自己的势力，防止宗室争位。264年，孙皓即位时22岁。孙基、孙壹年龄无考，但可以肯定的是，他们应在14~20岁。孙霸赤乌十三年（250）被赐死，所以二子至少14岁。孙基曾经在太平二年（257）因为盗乘御马被收付狱，能够盗乘御马，年龄应该不至于太小，至少应该有10余岁，所以孙基在孙皓即位时，大致20余岁应该不差。孙壹年龄稍小，但也离弱冠不远。这两位年龄较大的孙权之孙，也可能成为孙吴天下的统治者人选，所以孙皓为了避免二位有机会夺位，思忖对其进行打击。孙皓对孙基、孙壹的贬谪采取了外宽内严的形式。"削基、壹爵土，与祖母谢姬俱徙会稽乌伤县"[①]，削爵土无疑是减秩之惩。与祖母谢姬俱徙会稽乌伤县，可以给予孙基、孙壹一个到安静之地奉养祖母以行孝道的名头。且谢姬被安排到会稽，想必也是以养老之名为之。所以这一贬谪措施看似宽容，实际却产生了较好的效果。

孙皓在大贬宗室之后，又陆续对士人大加杀戮或贬黜，并对被杀士人家属实施远徙。据上述，孙皓即位之后，被杀戮、贬黜的士人或遭流家属前后大致有：徐绍家属、王蕃家属、楼玄、楼据、缪祎、薛莹、万彧子弟、丁温家属、韦昭家属、陆凯家属、贺邵家属、华覈、姓公孙者、张尚等。以表4-1明晰之：

---

① （晋）陈寿撰，（南朝宋）裴松之注：《三国志》卷四八《吴书·三嗣主传·孙皓传》，第1373页。

表 4-1　孙皓在位期间士人被贬、家属遭徙统计表

序号	姓名/家属	士人里籍	被贬/免时间	被贬地点	被贬年限
1	徐绍家属	无考	265	建安	无考
2	王蕃家属	庐江郡	266	广州	13 年以上
3	楼玄、楼据	沛郡蕲	271 稍前	广州、交趾	5 年以上
4	缪袆	沛郡竹邑	271	衡阳、桂阳	无考
5	薛莹	沛郡竹邑	271、272	武昌、广州	1 年内
6	万彧子弟	南昌？	272	庐陵	无考
7	丁温家属	庐江安丰	272	远徙，地点无考	无考
8	韦昭家属	吴郡云阳	273	零陵	无考
9	陆凯家属	吴郡吴县	275	建安	3 年
10	贺邵家属	会稽山阴	275	临海	5 年
11	华覈	吴郡武进	275		无考
12	诸姓公孙者		279 前	广州	数年
13	张尚	广陵	264—280	建安	无考

表 4-1 中，除了华覈、张尚是被免官，其他士人都是本人被杀，家属被徙，或者士人自己被贬。从徐绍、王蕃开始，接连不断有士人被杀、家属遭流。为何会出现这种现象呢？

东吴孙氏出身寒门，在汉末动乱的背景下趁势而起，所建立的政权性质乃寒门政权。相对来说，孙吴统治者不重儒学与礼制，治国思想也偏向于法家的专制。① 孙皓秉承了孙家"轻脱"的生活习性，好酒色，喜滑稽。其性格有猜忌的一面，类似其祖孙权。孙皓即位不久就使"大小失望"②。所以说，东吴寒门立国，一直存在着君主与儒学朝臣政治态度相左的情况。孙皓的强权统治与儒学士人的

---

① 关于孙吴政权的性质、生活习性之"轻脱"、君主与儒学士大夫的矛盾等，参见王永平：《论孙权父子之"轻脱"》《论孙权与儒学朝臣间政治观念的分歧及其斗争》《孙吴后期皇权的运作及其儒学士大夫之间的冲突》等文，皆载于《孙吴政治与文化史论》一书。

② （晋）陈寿撰，（南朝宋）裴松之注：《三国志》卷四八《吴书·三嗣主传·孙皓传》，第 1163 页。

矛盾，是士人被杀被贬、家属遭流的主要原因。

士人被贬被杀原因可以归为几类：第一，因犯颜直谏，触怒龙颜而遇事被贬，如王蕃、韦昭被杀，家属被流。陆凯卒后多年，家属被流。第二，被诬陷毁谤国事，如楼玄、楼据、贺邵等。第三，由于孙皓无道，朝臣谋划废立失败而被杀被贬，如万彧子弟、丁温家属。这三类被贬情况，无疑都是由于孙皓的无道造成了儒学朝臣的不满，因此或犯颜直谏，或议论国事，或谋划废立。其中，犯颜直谏与议论国事者，大都是儒学仁义之士，谋划废立如万彧者，算不上清正之士。

孙权统治时期，虽然也倾向于法家思想，但其对儒学士大夫仍然有尊敬宽容的一面。孙权掌握东吴大权约半个世纪，史料记载杀戮士人的情况，除了集中在晚年"二宫构争"时期以外，其他例子不多。而孙皓在位 16 年，士人被杀的例子却频频出现，这无疑与孙皓本人的暴虐有极大关系。东吴晚期，孙皓的无道导致国力日衰，面临被北方西晋吞灭的命运。鉴于此，东吴的清正忠臣，忧心本国命运，接连直谏犯颜，即使初有一、二士人被诛，诸臣并未三缄其口，而是前赴后继，但孙皓怙恶不悛，这样就导致了士人被杀，家属被徙时常发生。

考察表 4-1 中士人里籍，可考的十家士人中，北方人士有王蕃家属、缪祎、薛莹、丁温家属、楼玄五家，东吴本土人士有万彧、韦昭、陆凯、贺邵、华覈五家，可见南北人士各约半数。其中陆、贺两家是东吴有名的儒学士族，分别是吴郡顾、陆、朱、张与会稽郡虞、魏、孔、贺士族的代表。

对于孙皓的无道，不仅遭到王蕃、楼玄等北方流寓士人的反对，还遭到东吴本土世家大族的反对。陆凯、贺邵，分别是吴郡、会稽郡的代表。他们鉴于孙皓的无道，忧心国之未来，频频上疏。随举数例：

陆凯上疏，措辞严厉，谓："况陛下危恻之世，又乏大皇帝之德，可不虑哉？"又谓："当今内宠之臣，位非其人，任非其量，不能辅国匡时，群党相扶，害忠隐贤。"尤其是被称为《上疏谏吴主皓不遵先帝二十事》的这封奏疏，气势充沛，接连举例说明孙皓无道，以与孙权统治进行鲜明对比，其措辞相当激烈。如"纵令陛下一身得安，百姓愁劳，何以用治？此不遵先帝一也""先帝亲贤，陛下反之，是陛下不遵先帝二也""陛下临阼以来，游戏后宫，眩惑妇女，乃令庶事多旷，下吏容奸，是不遵先帝六也""先帝简士，不拘卑贱，任之乡间，效之于事，举者不虚，受者不妄。今则不然，浮华者登，朋党者进，是不遵先帝十四也"①。陆凯所言可谓字字铿锵，针针见血。臣子上疏君上一般选择委婉的劝谏方式，但陆凯却直言觐见，难免会令君上对其不满。在陆凯在世期间，孙皓慑于陆氏家族的势力以及陆凯的威望，不敢对其实施明确打压，但当在军中威望极高的陆抗去世之后，孙皓就对陆凯家属进行了远徙。

又如贺邵上疏云：

> 至于陛下，严刑法以禁直辞，黜善士以逆谏臣，眩耀毁誉之实，沈沦近习之言。……自登位以来，法禁转苛，赋调益繁；中宫内竖，分布州郡，横兴事役，竞造奸利；百姓罹杼轴之困，黎民罢无已之求，老幼饥寒，家户菜色，而所在长吏，迫畏罪负，严法峻刑，苦民求办。是以人力不堪，家户离散，呼嗟之声，感伤和气。②

此疏把孙皓严刑峻法的一面揭露得淋漓尽致。当时东吴国内"老幼饥寒，家户菜色"，这样的民情刺痛了东吴直臣的心，却没有打动君主的心。

总的来说，孙皓用小人陈声、何定、岑昏等，用校曹、弹曲制度，负责监察百官，对儒学朝臣进行打击贬杀，这些君臣关系的矛盾，源自孙皓强权。被杀被贬之士，大都倾向儒家仁政，孙皓的治国思想以法家为主。东吴皇权专制下的士人贬谪，体现了该国皇帝与儒学朝臣的矛盾一直存在。

从表 4-1 可以看出，越到统治后期，孙皓对士人及家属的贬谪频率越高，从侧面体现了东吴政局的衰败程度越来越深。强权政治、君主专制导致忠良排坠，信臣被害，东吴晚期士人之贬杀是东吴后期政局的一种缩影。

三、流徙事件对东吴政坛的影响

孙皓专权时期，士人贬杀占据这一时期贬谪事件之主流，其所造成的影响不

---

① （晋）陈寿撰，（南朝宋）裴松之注：《三国志》卷六一《吴书·陆凯传》，第 1402~1409 页。

② （晋）陈寿撰，（南朝宋）裴松之注：《三国志》卷六五《吴书·贺邵传》，第 1456~1458 页。

容小觑。徐绍被杀，家属被远徙，这是《三国志·吴书》记载的孙皓即位后对士人的第一次贬杀，不过由于徐绍叛吴投魏在前，所以他的被杀与家属被徙，并没有产生什么影响。而接下来的王蕃之死、家属被徙，可以视为开启了孙皓时期士人被杀、家属遭徙的恶劣风气，这给东吴晚期士人心态造成了很大影响。

对于王蕃被杀，多人表示不满，或前或后上疏论其冤。如陆凯上疏云："中常侍王蕃黄中通理，处朝忠謇，斯社稷之重镇，大吴之龙逢也，而陛下忿其苦辞，恶其直对，枭之殿堂，尸骸暴弃。邦内伤心，有识悲悼，咸以吴国夫差复存。"[1]龙逢是夏末直臣，因忠谏而被夏桀所杀，陆凯把王蕃比作龙逢，无疑是对这位直臣的同情与哀悼。陆凯还把孙皓比作吴王夫差，可见他对杀王蕃一事非议甚大。陆抗也上疏云："故大司农楼玄、散骑中常侍王蕃、少府李勖，皆当世秀颖，一时显器，既蒙初宠，从容列位，而并旋受诛殛，或圮族替祀，或投弃荒裔。"[2]陆抗所列三人，楼玄、王蕃、李勖，都是被枉杀、枉贬的，其中王蕃被杀，家属被远徙广州13年以上，应该直至东吴灭亡也不见召还。这样的惩罚无疑太过残酷，所以引起了众人的同情。贺邵也上疏云：

> 故常侍王蕃忠恪在公，才任辅弼，以醉酒之间加之大戮。近鸿胪葛奚，先帝旧臣，偶有逆迕，昏醉之言耳，三爵之后，礼所不讳，陛下猥发雷霆，谓之轻慢，饮之醇酒，中毒陨命。自是之后，海内悼心，朝臣失图，仕者以退为幸，居者以出为福，诚非所以保光洪绪，熙隆道化也。[3]

所谓"邦内伤心，有识悲悼""海内悼心，朝臣失图"，足见王蕃等被杀、家属被徙广州，在很大程度上使东吴晚期政坛产生了一种离心力，对东吴政权造成了较大的负面影响。而随着接二连三的士人贬杀事件发生，这种政坛离心力逐步扩大，以至于出现"仕者以退为幸，居者以出为福"的局面，可以推测这一时期的东吴士人，其参政议政心态受到了极大影响。

---

① （晋）陈寿撰，（南朝宋）裴松之注：《三国志》卷六一《吴书·陆凯传》，第1405页。
② （晋）陈寿撰，（南朝宋）裴松之注：《三国志》卷五八《吴书·陆抗传》，第1358页。
③ （晋）陈寿撰，（南朝宋）裴松之注：《三国志》卷六五《吴书·贺邵传》，第1457页。

王蕃乃北方流寓士人，其人被杀，家属被徙，对北方士人的影响应该不小。接下来的几年内，楼玄、楼据、薛莹、缪祎被贬，都属于北方流寓士人之贬。对于北方流寓士人或家属的流徙，孙皓选择了广州、交趾等地，这是东吴一国最为僻远的贬所。不过孙皓并不是专对北人进行贬杀，对于江东本土士人，孙皓也如此残暴。天册元年(275)，陆凯家属、贺邵家属被徙就是对江东本土世家大族的贬谪，这对江东本土士人也会产生较大影响。对于江东本土世家大族之贬，孙皓选择了零陵、建安、临海等处，这比起交、广之地要近得多。如此推断，似乎可以肯定孙皓对于江东本土士族的惩罚性措施要轻于对北方流寓士人的惩罚。

从表4-1中不难看出，孙皓即位期间，以272年为界，大致可以划定为前后两期，前期贬杀对象主要是北方流寓士人，后期则主要是江东本土士人。贬杀对象从北方流寓士人转移到江东本土士人，究其原因，可以作如下推测。

北方流寓士人由于接二连三被杀被贬，整个集团倾向于噤若寒蝉。而江东本土士人鉴于君主的无道而忧戚满怀，不得不为国直谏，等到天册元年，江东世家大族的代表陆凯家属、贺邵家属被徙，江东士人也就整体倾向于寂静无言了。此时，离东吴灭亡只有五年时间。在余下的五年时间内，东吴政坛士人直谏的声音已经越来越少，没有相关史料记载东吴最后五年有如陆凯、华覈一般的直臣进言出现。东吴晚期政坛的情形是："是以上下离心，莫为皓尽力，盖积恶已极，不复堪命故也。"[1]所以说，孙皓对士人的贬杀，使士人参政议政心态严重受挫，对政坛产生的负面影响不言自明。

《三国志》的末尾卷六十五，所列诸大臣如王蕃、楼玄、贺邵、韦昭、华覈等都是直臣，或被杀，或被贬，或被免。他们的劝谏行为代表着东吴的志士仁人在政局没落时所作的最后劝谏抗争，然而暴君怙恶不悛，东吴最终没有逃脱被西晋吞灭的命运。

---

① （晋）陈寿撰，（南朝宋）裴松之注：《三国志》卷四八《吴书·三嗣主传·孙皓传》，第1173页。

第五章　西晋党争、宗室内乱与贬黜文学

西晋一朝有两大政治特征较为明显，一是朝廷党争，二是宗室内乱。学界已有共识，西晋立国名义上不符合儒家纲常与道义，因此没有维护朝纲的有力思想原则，朝廷没有向心力与凝聚力。西晋政风对士风的影响甚大，西晋政局混乱，党争时现，士人普遍卷入党争，他们或出或入，都没有真正走向庄子式的超脱①。西晋士人热衷于对名器的追求，他们在党争、宗室内乱中汲汲功名，其人格心态也在各种冲突之中与禄利诱惑之下显现出两重性，他们在乱世中演绎别样的风流与倜傥，带有时代的特殊印记，这些士人传奇的一生往往与贬黜事件联系紧密。此外，由杨骏、贾后之争引发的"八王之乱"，更令西晋几近倾覆。西晋宗室内乱导致的废主弃后与被贬宗室较多，此时出现了专门幽囚他们的场所——金墉城，这一具有浓厚悲剧色彩与警示意义的场所也值得讨论。

第一节　晋初党争与张华之贬

张华（232—300），字茂先，范阳方城（今河北固安）人。他是西晋一朝著名清流士人的代表，与当时普遍道德沉沦、生活放纵的士族士人相比，他在为政、为人、为文方面都广受赞誉。张华曾卷入由争嗣产生的党争中，被排挤外贬三年，回京后又一度任闲职并被免黜共五年，前后政治仕途受抑期达到八年时间，其间留下了若干作品。详细考察其贬谪生活，有利于明晰其贬后心态与作品编年。

---

① 参见罗宗强：《玄学与魏晋士人心态》第三章"西晋士人心态的变化与玄学新义"。

一、司马攸争嗣与张华之贬

太康初期，晋廷有两位重要人物被贬。一是太康三年（282）初，著名士人张华被贬幽州。二是太康三年末至四年（283）初，宗室齐王司马攸被迫出镇藩国。这一时期，还有曹植庶子博士祭酒曹志与七位太常博士被罢官。这些前后相隔不远的贬黜事件的发生，与晋初朋党之争①有关，而此党争的实质又与晋初嗣位传承有关，其事牵涉一位重要人物——司马攸②，他的命运关乎西晋一朝的国运走向。王夫之《读通鉴论》云："西晋之亡，亡于齐王攸之见疑而废以死也。攸而存，杨氏不得以擅国，贾氏不得以逞奸，八王不得以生乱。"③足见司马攸被贬忧愤而卒产生的重要影响。

司马攸的悲剧人生源于司马昭的立嗣态度。王鸣盛《十七史商榷》中有"昭构炎攸嫌隙"一条云："愚谓昭本以爱攸之故，欲废长立少耳，岂为攸嗣师后，奉其兄炎尝计邪？攸传云'每见攸，必抚床呼其小字曰：'此桃符坐也。'乃云'此景王之天下'，将欲谁欺？不思炎、攸皆其子乎？卒令兄弟遂成嫌隙，昭实构之。"④此论精当。司马攸本为司马昭次子，被过继给司马师。《晋书·司马攸传》载："齐献王攸字大猷。少而岐嶷。及长，清和平允，亲贤好施，爱经籍，能属文，善尺牍，为世所楷。才望出武帝之右，宣帝每器之。景帝无子，命攸为嗣。"⑤可见过继之事决定权在司马懿，这一过继所象征的政治意义不言而喻。因为司马懿死后，继承嗣统的当为长子司马师，司马师卒后，理所当然由司马攸承嗣。也就是说，才能超出长兄司马炎的司马攸，是司马懿指定的司马家族隔代接班人。然而，司马师早逝，当时司马攸才七岁，所以由司马昭踵继其事，掌曹魏

---

① 关于晋初党争的详细论述，可参见曹文柱：《西晋前期的党争与武帝的对策》（《北京师范大学学报》1989 年第 5 期）；徐高阮：《山涛论》（《"中央研究院"史语所集刊》，1969 年，第 41 本第 1 分）。

② 关于司马攸争位的论述，可参见吕思勉：《两晋南北朝史》第三章第一节"齐献王争立"；王永平：《晋武帝立嗣及其斗争考论——以齐王攸夺嫡为中心》，《河南科技大学学报》2004 年第 3 期；仇鹿鸣：《魏晋之际的政治权力与家族网络》（上海古籍出版社 2015 年版）第四章第二节"齐王攸问题的再检讨"。

③ （清）王夫之：《读通鉴论》卷一一，中华书局 1975 年版，第 817 页。

④ （清）王鸣盛：《十七史商榷》卷四四，上海书店 2005 年版，第 323~324 页。

⑤ （唐）房玄龄等：《晋书》卷三八《文六王传·齐王攸传》，第 1130 页。

政权。司马师的早逝给司马攸日后承嗣造成了变数。司马昭在世时也很喜欢次子司马攸,司马攸虽然过继给司马师,但司马昭仍然有意立其为太子,言"文帝以景帝既宣帝之嫡,早世无后,以帝弟攸为嗣,特加爱异,自谓摄居相位,百年之后,大业宜归攸"①。不过,司马昭长子司马炎也是争嗣的一方人选,且得到当时众多朝臣的支持,如何曾、贾充、裴秀、羊琇、山涛等人皆支持立司马炎,最后司马昭遵循了嫡长子制,在咸熙二年(265)将司马炎定为继承人。这是司马攸与司马炎争嗣阶段。

司马炎代魏之后,司马攸被封为齐王,总理军政事务,在晋廷初创时期贡献颇大。司马炎即位之后一年余就将司马衷立为太子,是年为泰始三年(267)正月,此举无疑表示司马攸将永远为臣。司马攸为藩王尽职尽责,辅政之功卓越,见称士林。司马炎即位之后,诸子平庸,且太子司马衷愚鲁,不堪政事,所以众多朝臣忧虑晋廷国祚,有意劝司马炎传位给齐王司马攸。总的来说,支持司马攸的大都是正直清流之士,如任恺、张华、庾纯、卫瓘、羊祜、和峤、王恺,被论者②称为玄学名士派。支持司马衷的有贾充、荀勖、冯紞、荀顗、杨珧、王恂、华廙等,他们大都是谄谀取巧之士,在司马氏夺取政权中有过重要贡献,被称为新礼法派。两派形成党争之势,围绕司马攸与司马衷孰能承嗣进行了一系列斗争。但武帝司马炎有意传位于自己的儿子司马衷,所以诸多支持司马攸的朝臣或被免,或被贬,司马攸最后也被迫出藩,不久忧愤而卒。这是司马攸与司马衷争嗣的阶段。

总的来说,司马攸先后两次参与争嗣,一次是与兄长司马炎,一次是与侄子司马衷。其中第二次争嗣关系着晋初诸位朝臣之贬。咸宁二年(276)正月,司马炎因病废朝,此时继承人问题凸显,不少朝臣希望司马攸继任大统。史载河南尹夏侯和对贾充表示,在贾充二女婿司马攸、司马衷之间,应该选择有德行之人承嗣,言下之意指应以司马攸为嗣,贾充闻之默而不答。武帝听说此事,遂夺贾充兵权,徙夏侯和为光禄勋。闻之朝臣属意于司马攸,司马炎当年八月就把司马攸从镇军大将军迁为司空,算是变相削夺兵权。武帝病愈后,在接下来的几年内对

---

① (唐)房玄龄等:《晋书》卷三《武帝纪》,第49页。

② 参见王晓毅:《司马炎与西晋前期玄、儒的升降》,《史学月刊》1997年第3期。

司马攸的防忌措施越来越多。到了太康三年(282)，朝廷诸臣希望司马攸继嗣的呼声越来越强烈，荀勖、冯紞等趁机进谗，武帝遂令齐王司马攸出镇藩国。此事当时遭到诸臣反对：王浑上书谏止不果；曹志鉴于父亲曹植的遭遇，上疏希望留齐王辅政，触怒武帝被免；七位太常博士也因持异议被罢官；王济稽颡泣请被斥居外；河南尹向雄极力劝谏不成郁郁而亡；扶风武王司马骏表谏恳切不听亦愤怒病卒……这一系列的反对之声终究无用，武帝最后强迫司马攸出镇，司马攸在出镇不久之后就郁郁而终。

司马攸与司马衷争嗣过程中，不少朝臣认为应该立司马攸，揆诸当时实情，争立司马攸者是基于为晋廷未来的安危考虑，故《读通鉴论》云"故举朝争之，争晋存亡之介也"①。在支持司马攸被免被贬的士人之中，有一位极具影响力的政治家、文学家，他就是张华。

张华出身寒门，乃庶族士人②，他的政绩在贾后时期尤为显著，《晋书·张华传》评云："华遂尽忠匡辅，弥缝补阙，虽当暗主虐后之朝，而海内晏然，华之功也。"③张华在争嗣过程中，支持立司马攸，忤旨被贬。《晋书·张华传》这样记载：

> 华名重一世，众所推服，晋史及仪礼宪章并属于华，多所损益，当时诏诰皆所草定，声誉益盛，有台辅之望焉。而荀勖自以大族，恃帝恩深，憎疾之，每伺间隙，欲出华外镇。会帝问华："谁可托寄后事者?"对曰："明德至亲，莫如齐王攸。"既非上意所在，微为忤旨，间言遂行。乃出华为持节、都督幽州诸军事、领护乌桓校尉、安北将军。抚纳新旧，戎夏怀之。东夷马韩、新弥诸国依山带海，去州四千余里，历世未附者二十余国，并遣使朝献。于是远夷宾服，四境无虞，频岁丰稔，士马强盛。朝议欲征华入相，又欲进号仪同。初，华毁征士冯恢于帝，紞即恢之弟也，深有宠于帝。紞尝侍

---

① （清）王夫之：《读通鉴论》卷一一，第817页。
② 庶族并非平民，只是相对高门士族而言的寒门。毛汉光：《中国中古社会史论》(北京科学技术出版社，2024年)将统治阶层的出身分为士族、小姓、寒素三类，其中将张华列入"小姓"(第181页)，是位于士族与寒素的中间阶层。
③ （唐）房玄龄等：《晋书》卷三六《张华传》，第1072页。

帝，从容论魏晋事，因曰……"帝默然。顷之，征华为太常。以太庙屋栋折，
免官。遂终帝之世，以列侯朝见。①

司马昭咸熙元年（264）创制五等爵制，西晋时期秉承此制，列侯居于五等爵
之下，是异姓低爵。张华力排众议支持武帝平吴，及东吴灭（280），封为广武县
侯。《张华传》云其在太康后期被免官后以列侯朝见，乃有爵无官。张华本有台
辅之望，只因为支持司马攸而被荀勖抓住机会进谗被贬幽州（282），被贬期间，
他做了很多安抚少数民族的事情，可谓政绩显著。所以"朝议欲征华入相"，但
由于冯紞间言，只是被任命为掌管祭祀礼仪等事务的太常（285），两年后又因
"太庙屋栋折"免官②，直至武帝去世（290），这八年乃张华仕途受抑期，可谓栖
迟八年。

二、张华之贬与作品系年

纵观张华仕途，大致可分为三个时期：其一，50岁之前，即太康三年（282）
被贬之前，他仕途较为顺利，尤以支持武帝平吴被封爵，异姓封爵，可谓荣宠，
这一时期乃政治升迁期；其二，50岁至58岁之间，由于荀勖、冯紞等人先后谗
之，在太康三年至太熙元年（290）的八年期间，乃政治受抑期；其三，58岁之
后，即惠帝即位（290）之后，张华被起为太子少傅，仕途开始进入第二次升迁期，
屡居要职，封壮武郡公，后升任司空，直至"八王之乱"中被赵王司马伦所杀
（300），此乃第二次政治升迁期。

张华本有文集传世，但亡佚已久，若计算残句残篇在内，现存诗40余首，
存文30余篇。太康三年（282）至太熙元年（290），即被贬幽州到武帝去世，可
视为张华的贬谪生活时期。这八年间，张华的苦闷心态轻重强度前后各有不
同，其中前三年在幽州任地方官，中间两年任闲职，最后三年无职。贬谪期
间，张华进行了不少创作，以此来抒发贬后心境。由于史料阙略，要严格系年

---

① （唐）房玄龄等：《晋书》卷三六《张华传》，第1070~1071页。
② 参见姜亮夫：《成均楼文录 陆平原年谱 张华年谱》（合刊），《姜亮夫全集》，云南人
民出版社2002年版，第22册，第446~450页。

张华作品难度甚大①，但我们若紧密联系其贬谪生涯之心路历程，并对其诗文进行文本细读，是可以对部分作品的写作时间背景做一些合理推测的。

(一)《博陵王宫侠曲》与《博物志》可能作于太康三年至太康六年(282—285)

此一时期，张华被贬幽州，任持节、都督幽州诸军事、领护乌桓校尉、安北将军。他镇守一方，也算是地方要员。虽从中央被排挤到地方，但张华掌有不少地方实权，据《晋书·职官志》，持节有生杀大权，平日可杀无官之人，战时可斩杀二千石以下官员。张华对边境少数民族进行安抚，令他们宾服晋廷，在他的治理下，幽州地区连年丰收，他保境安民与地方治理的功劳颇大。可见，幽州三年，张华积极为政，既是为官分内之事，同时应该也是抱有被召回京的向往。

西晋时期的幽州主要在今北京与河北北部，治所在范阳。张华乃范阳方城人，所以被贬幽州算是回故乡为官。现存作品中，《博陵王宫侠曲二首》可能作于被贬幽州期间。该诗如下：

> 侠客乐幽险，筑室穷山阴。獠猎野兽稀，施网川无禽。岁暮饥寒至，慷慨顿足吟。穷令壮士激，安能怀苦心。干将坐自□，繁弱控余音。耕佃穷渊陂，种粟着剑镡。收秋狭路间，一击重千金。栖迟熊罴穴，容与虎豹林。身在法令外，纵逸常不禁。
>
> 雄儿任气侠，声盖少年场。借友行报怨，杀人租市旁。吴刀鸣手中，利剑严秋霜。腰间叉素戟，手持白头镶。腾超如激电，回旋如流光。奋击当手决，交尸自纵横。宁为殇鬼雄，义不入圈墙。生从命子游，死闻侠骨香。身没心不惩，勇气加四方。②

诗歌对侠客遁世的清苦生活进行描绘，将侠客尚气杀人、视死如归的行为表现出来，具有一种慷慨悲歌之气。博陵王宫，乃指东汉博陵王刘珪的宫室。西晋

---

① 姜亮夫：《张华年谱》；陆侃如：《中古文学系年》(人民文学出版社 1998 版)；汪春泓：《中国文学编年史·两晋南北朝卷》(湖南人民出版社 2006 版)等，对现存张华大部分诗歌都未系年，可见系年难度较大。

② 逯钦立辑校：《先秦汉魏晋南北朝诗》晋诗卷三，中华书局 1983 年版，第 612 页。

置博陵国，在今河北安平县、深州市等地，治所在安平，此地属于冀州，当地有尚气任侠的风气。该诗被《乐府诗集》收录，但以该题为名的作品，仅见张华之作，未见他作。根据乐府诗的命名规律，此题似乎为张华独创，而创制该题的原因极有可能是他经过博陵王宫故地，见到当地任侠尚气，因而受到启发所作。根据张华本传记载，他一生行迹主要在幽州与京都洛阳间往返，无论从幽州到洛阳，还是从洛阳到幽州，都需要经过博陵安平一带。张华在幽州范阳长大，在幽州地区生活了22年，一直到曹魏嘉平六年（254）初，范阳太守鲜于嗣推荐他任太常博士，需要赴京都洛阳，此时他会经过博陵安平一带。再就是太康三年（282）被贬幽州，以及太康六年（285）从幽州返回京都。所以张华经过博陵王宫一共有三次，分别是嘉平六年（254）、太康三年（282）、太康六年（285），《博陵王宫侠曲》理当作于这三者之一，也就是说此诗要么作于张华22岁时，要么作于50岁以后的贬谪时期。那么，《博陵王宫侠曲》到底应该系于年轻时期，还是贬谪期呢？囿于史料不足，实难定论。不过作于谪居期间的可能性更大，因为其中第一首，张华所描绘的是遁世的侠客，如果是此诗写于刚刚弱冠不久，那么笔下一般会强调任侠尚气的行为，而不会细致描绘侠客遁世的景况，此诗着重描写侠客筑室山间幽险之地，自耕自种，狩猎山林。之所以有这种情形，可能与张华谪居期间对官场的反思与感叹有关，其间夹杂的隐逸情怀由此可以得到相对合理的解释。这里对其做保守系年，姑且云可能作于太康三年至六年（282—285）。

另外，值得一提的是，张华还有《博物志》十卷，载四方奇异物事。据东晋王嘉《拾遗记》称，此书原四百卷，晋武帝令张华删为十卷，所以此书成书应在武帝去世即太熙元年（290）之前。这一博物书籍，材料收集理当是长期积累的过程，张华50到53岁期间被贬幽州，这一时期也应该是《博物志》部分内容的收集与撰写时间，至于哪些材料为幽州时期所收集，难以考察，且非本节论述重点，故略之。

（二）《情诗》《杂诗》《永怀赋》《励志诗》《归田赋》《游仙诗》《招引诗》《赠挚仲洽诗》等应作于太康六年至太熙元年（285—290）

从现有作品来看，张华在任太常与免官之后有不少抒怀之作。包括张华最著名的《情诗》（五首）、《杂诗》（三首），以及《永怀赋》《励志诗》（九章）、《归田赋》《游仙诗》（四首）、《赠挚仲洽诗》《招引诗》（二首）等，这些都应是贬谪生涯期间所撰。

太康六年(285)，本有台辅之望的张华被召回京都洛阳，由于冯紞间言，只任太常一职，此官堪称闲职。《太康六年三月三日后园会诗》四章作于此时，这是张华唯一一首注明写作日期的诗歌，写春天宴饮之乐，表达被召返京酬感圣恩之意，是回京不久后所作。太康八年(287)，张华又因太庙屋栋折被免官三年。此事，姜亮夫云"太庙屋栋折，华请免官"①。《晋书·张华传》《北堂书钞》《太平御览》《册府元龟》《通志》等书载此事都云免官，未见古籍记载张华是自请免官，唯有姜亮夫云自请免官，当为误记。太庙乃皇家祖庙，属于太常掌管，屋栋折毁，想必庙内供奉之物必有损害，此乃重罪，当是被免。

张华原有台辅之望，却被谗仅任太常一职，本就应该愁闷难抒，再加之屋栋折应属"天灾"，太常职务又被免，不遇心态理当更加浓郁。太康六年到八年(285—287)任太常时，他希冀受到重用的心态较为明显，《情诗》《杂诗》《永怀赋》当为这时所作，这些作品中洋溢着不遇心态，虽然表达含蓄，但仍然能见其寄托之意。试举《情诗》《杂诗》各一首如下：

《情诗》其一

北方有佳人，端坐鼓鸣琴。终晨抚管弦，日夕不成音。
忧来结不解，我思存所钦。君子寻时役，幽妾怀苦心。
初为三载别，于今久滞淫。昔耶生户牖，庭内自成阴。
翔鸟鸣翠偶，草虫相和吟。心悲易感激，俯仰泪流衿。
愿托晨风翼，束带侍衣衾。②

《杂诗》其三

荏苒日月运，寒暑忽流易。同好逝不存，迢迢远离析。
房栊自来风，户庭无行迹。兼葭生床下，蛛蝥网四壁。

---

① 姜亮夫：《成均楼文录 陆平原年谱 张华年谱》(合刊)，《姜亮夫全集》，第22册，第450页。
② 逯钦立辑校：《先秦汉魏晋南北朝诗》晋诗卷三，第618~619页。

怀思岂不隆，感物重郁积。游雁比翼翔，归鸿知接翮。

来哉彼君子，无然徒自隔。①

张华的《情诗》《杂诗》，两者美学风格基本相同，被《文选·杂诗》收录。"杂诗"类收录的皆以"情诗""杂诗"为题名的作品，只有曹植与张华两人，且从两人诗歌文本表达来看，张华无疑受到了曹植很大的影响。曹植的《情诗》（《玉台新咏》中题为《杂诗》）与《杂诗》，大都应作于贬谪期间，主旨是托弃妇、思妇、游子等形象表达自己的被贬被弃，体现的是希望受到重用的仕进心态。张华任太常，掌宗庙礼仪，无实权，形同贬谪，这种不被重用的处境与曹植后期的际遇相似，所以《情诗》《杂诗》在拟题立意方面都承继曹植。徐公持亦云"张华的规步对象主要是曹植"②。《情诗》《杂诗》的意义重大③，正是贬谪背景刺激了他的创作。另外，《永怀赋》所表达的主旨也与《情诗》《杂诗》相似，兹不赘引。而《励志诗》表达了勤学上进的心态，同时又杂有些许道家的恬淡心态，可能是其任太常时所作，此诗常为后人所引用或拟写，以表达劝诫励志之意。

太康八年(287)被免官，张华希冀重用的愿望落空，政治仕途可谓跌至谷底，此时他的心态逐渐趋向归隐。张华所处时代乃玄风大盛之时，在这样的背景下，他也当熏染了道家习气。具体来说，"元康时期，在思想上多受《庄子》学的影响，'激烈派'的思想流行"④，太康、元康前后相继，想必太康后期，闲居的张华有充裕时间参与玄谈，与朋友的交游会更多。《游仙诗》《招引诗》《赠挚仲洽诗》《归田赋》当作于这一时期，单从诗文的拟题来说，就能见其心迹。

《招引诗二首》云：

隐士托山林，遁世以保真。连惠亮未遇，雄才屈不伸。

栖迟四野外，陆沉背当时。循名掩不著，藏器待无期。羲和策六龙，弭节越崦嵫。盛年俯仰过，忽若振轻丝。⑤

---

① 逯钦立辑校：《先秦汉魏晋南北朝诗》晋诗卷三，第620~621页。
② 徐公持：《魏晋文学史》，第278页。
③ 曹旭：《张华〈情诗〉的意义》，《文学评论》2012年第5期。
④ 汤用彤：《魏晋玄学论稿及其他》，北京大学出版社2010年版，第92页。
⑤ 逯钦立辑校：《先秦汉魏晋南北朝诗》晋诗卷三，第622页。

第一首中，作者引用少连、柳下惠的典故，柳下惠曾经任掌管刑法的官员，三次被罢免，张华以此自比，表达雄才难施的郁闷。第二首中，作者表达了藏器待时的观点，同时表达时光易逝、生命荒废的忧虑，这应是在免官之后已有一段时间后的感叹，当不是免官初期所作。《游仙诗》与《赠挚仲洽诗》都流露出求仙长生、回归自然的恬淡自适心态。《归田赋》更是顾名思义，题名立意皆祖述张衡，当作于从仕途转向退隐之际。考其仕履，唯有被免官后有此以虚静之心观照山水的机会与心态。该赋云："时逍遥于洛滨，聊相佯以纵意。目白沙与积砾，玩众卉之同异。扬素波以濯足，溯清澜以荡思……以退足于一壑，故处否而忘泰。"[1]全然一片优游自适之意。此赋当作于免官后期，"时逍遥于洛滨"之"时"字，似乎带有回忆性质。《世说新语·言语》记载："诸名士共至洛水戏。还，乐令问王夷甫曰：'今日戏乐乎？'王曰：'裴仆射善谈明理，混混有雅致；张茂先论史汉，靡靡可听；我与王安丰说延陵、子房，亦超超玄箸。'"[2]此处乐令乃乐广，王夷甫乃王衍，裴仆射乃裴頠，张茂先乃张华，王安丰乃王戎，太康末期，他们都在京为官，这段记载应该就是张华《归田赋》中所谓"逍遥于洛滨"的日子。

张华在谪居期间，还对当时的年轻人进行奖掖延誉，"二陆"就是在太康十年（289）经过张华的称誉而名声大振。张华身处西晋，此时的士人大都有强烈的仕进心态，热衷功名利禄，张华亦是如此，后因贪恋权位不听劝诫归隐而被赵王司马伦所诛即体现此点。他虽然有一些表达退隐的想法，但却不能真正做到完全超脱。故而在武帝去世之后，张华并没有拒绝出仕，而是被启为太子少傅，从此张华的政治仕途基本是一帆风顺，直至任司空，一直位居枢要。所以在惠帝时期，他不太可能集中写作上述那些表达体现仕进与归隐矛盾心态的诗文。

张华是西晋一朝政坛、文坛上都极具影响力的人物，通过对他贬谪生活与作品的分析，我们有理由相信上述诗文是张华谪居期间的真实心理写照，而这些作品又大都是张华的代表作，所以说，张华的例子印证了一点，士人贬谪生活导致的生命沉沦对其艺术创作起到了较大的刺激作用。

---

① （清）严可均校辑：《全晋文》卷五八，《全上古三代秦汉三国六朝文》，第1789页。
② （南朝宋）刘义庆撰，（南朝梁）刘孝标注，余嘉锡笺疏，周祖谟等整理：《世说新语笺疏》卷上之上，第100~101页。

第二节　晋初党争与潘岳之贬

潘岳(247—300)，字安仁，荥阳中牟(今属河南)人。这位著名文人貌美才高、至情至孝，却又因为轻躁趋利给世人留下人品低劣的印象，这一矛盾印象是西晋一朝士人人格心态的缩影。仕途蹭蹬、才品不一的潘岳并不是西晋一朝出现的个案，他可谓西晋政失准的时士无操持的典型人物。潘岳仕途舛厄，贬黜生活对其思想演变与文学创作产生了深刻影响。

一、潘岳仕履概述

前一节在论述张华之贬时，曾提及晋初的党争问题，它是影响西晋朝廷的一件大事，尤其在西晋前期的斗争强度较为激烈，前后持续三四十年。不仅张华卷入党争，当时很少有朝臣能避免牵涉其中，潘岳也是其中一员。关于潘岳的仕履，学界多有述及，下面简要论述。

潘岳 50 岁时作《闲居赋》，其序自谓："自弱冠涉乎知命之年，八徙官而一进阶，再免，一除名，一不拜职，迁者三而已矣。"①可见，潘岳 30 年的仕途生涯中，升官只有一次，而其他有两次被免官，一次被除名，一次不被拜职，三次被贬谪。下面，根据傅璇琮《潘岳系年考证》②、徐公持《潘岳早期任职及徙官考辨》、王晓东《潘岳研究》，将潘岳的仕途生涯大致理清如下：

晋武帝时期：

泰始二年(266)，20 岁，约于本年任贾充掾属。

咸宁五年(279)，33 岁，约在前一年或本年外出为河阳令，有《河阳县作二首》。

---

① （晋）潘岳撰，王增文校注：《潘黄门集校注》，中州古籍出版社 2002 年版，第 74 页。
② 徐公持：《潘岳早期任职及徙官考辨》(《文学遗产》2001 年第 5 期)认为傅璇琮：《潘岳系年考证》(《文史》第 14 辑，中华书局 1982 年版)一文"所考潘岳之生卒年、初出仕时间，以及三十二岁以后之行事、任职、著述等，皆称精当，无懈可击"。潘岳 32 岁以后仕履，本书主要从傅文。

太康三年(282)，36岁，约于本年春初转为怀县令，有《在怀县作二首》。

太康四年(283)，37岁，约于今后数年间入为尚书度支郎①，迁廷尉评。有《怀旧赋》。

太熙元年(290)，44岁，因公事免，闲居洛阳。有《狭室赋》。

晋惠帝时期：

永熙元年(290)五月，为杨骏太傅府主簿。

永平元年(291，后改年号元康)，45岁，三月，为公孙宏所救，除名为民。

元康二年(292)，46岁，五月，携老扶幼赴任长安令，八月，作《西征赋》。

元康六年(296)，50岁，迁博士，未拜，因母疾去官，闲居洛阳，作《闲居赋》。

元康七年(297)，51岁，为著作郎。

元康八年(298)，52岁，六、七月妻杨氏卒于洛阳，作《哀永逝文》。

元康九年(299)，53岁，为黄门侍郎。正月，作《关中诗》。春《悼亡赋》。秋、冬，作《悼亡诗三首》。

永康元年(300)，54岁，被孙秀所杀，灭三族。

由此可见，潘岳自谓“八徙官”的说法是符合实情的，其仕途可谓屡受踬踣。这与西晋党争有莫大关系，他前后不同时期分别依傍不同权臣，其政治生涯也随权臣浮沉而起伏不定。

《晋书·潘岳传》云：“岳才名冠世，为众所疾，遂栖迟十年。出为河阳令，

---

① 傅璇琮：《潘岳系年考证》(《文史》第14辑)一文将“今后数年间入为尚书度支郎，迁廷尉评”定为285年，似误。王晓东：《潘岳研究》(上海古籍出版社2011年版，第57~58页)第二章“潘岳生平事迹考辨”之第二节“从屏居天陵到出令长安”认为潘岳在怀县约两年时间，回洛阳为尚书度支郎在太康四年(283)，本书从王说。

负其才而郁郁不得志。"①此说潘岳开始步入仕途后，就一直在贾充幕中任掾属②，少负盛名的他却被众人排挤，所以栖迟十年(非确指，乃成数)，甚不得志。潘岳早年栖迟十年，主要是因为他追随贾充，但同时又与贾充政敌和峤、庾纯、任恺等人有交往，遂既不能被贾充荐举重用，又被贾充政敌们当作贾充心腹加以打压，所以就长期沉沦下僚。③

栖迟十年之后，潘岳并未升迁，而是接连被贬外地。33 岁时他被贬河阳为令，又转为怀县令，两任地方官，潘岳勤勉有加，政绩颇丰。约 39 岁时，他被调回京，任尚书度支郎，后又迁廷尉评，皆品级不高，又因公事免官，所谓公事为何？史无明载。44 岁时，潘岳被引为太傅杨骏的幕中，任主簿，从此潘岳追随杨骏。杨骏其人，执政严酷，遍树亲党，四处树敌。加之此时惠帝即位不久，贾后开始干政，遇到杨骏的阻挠，遂与杨骏产生龃龉，贾后与其争权态势激烈。翌年，贾后与楚王司马玮合谋，诛灭杨骏及亲党。原本潘岳也在被诛灭的名单之列，但为楚王长史公孙宏所救，除名为民。公孙宏乃潘岳任河阳令时所识，当时他孤贫有才，潘岳待之甚厚，因公孙宏在楚王面前为其辩护，谓潘岳只是临时官员，故其逃过一死。潘岳为杨骏主簿时间才十个月又被除名。46 岁时，潘岳任长安令，在外任职约四年。50 岁时，他被拜为博士，但因母疾去官，遂闲居洛阳。

潘岳之前先后追随贾充、杨骏，且因杨骏差点被诛，远离政治以自全应是他较好的选择，但他迷恋权势，却再次谄事贾谧，并且将趋利行为演绎到极致。贾后专政之后，亲外甥贾谧成为新权臣，晋廷又一次上演了之前权臣秉政的戏剧。潘岳闲居不久之后，加入了贾谧集团，即所谓"二十四友"，并且因为文才而成为其中的核心成员。之后他任著作郎，后转散骑侍郎，后又为黄门侍郎。在这期间，晋廷的党争不仅没有平息，反而更加白热化，赵王司马伦等以谋害太子之名

① (唐)房玄龄等：《晋书》卷五五《潘岳传》，第 1502 页。

② 关于潘岳早年任掾属之说，傅璇琮《潘岳系年考证》(《文史》第 14 辑)认为他前后任贾充、荀颉、裴秀三人掾属。徐公持《潘岳早期任职及徙官考辨》(《文学遗产》2001 年第 5 期)则认为他一直在贾充幕中任掾属，并未任荀颉、裴二人掾属。徐说为佳，本书从徐说。

③ 关于潘岳早年栖迟原因的详细论述，可参见王晓东：《潘岳研究》(第 73~84 页)第三章第一节"潘岳与晋初党争"。

废掉贾后，贾谧也随之倒台，潘岳受到牵连，由于此前与孙秀有隙，遂被孙秀杀害，并被夷灭三族。

纵观潘岳一生仕履，他前后跟随贾充、杨骏、贾谧三位权臣，以求政治发达，但却事与愿违，他的仕途也随着这些权臣的命运而起伏。主官失势，掾属当受牵连，尤其是追随杨骏、贾谧时，一次几乎殒命，另一次则导致身死族灭。

二、潘岳之贬及其心路历程

经过傅璇琮、徐公持等的探讨，潘岳仕履已较为明晰。关于潘岳的创作与心态演变，大多论者把潘岳仕履与创作分为前后两个时期来谈，基本都是以永熙元年（290）惠帝即位为界，把前期定为栖迟下僚期，后期定为宦海浮沉期。论者对其仕途之心路历程与创作剖析不出此一畦迳，这样的分期与论述略显不足，对其心态变化的纵向连续性考察不够，其间或许有心态漏洞未被触及，且对贬黜所造成的生命沉沦与心理苦闷也强调不够，因此不能深刻了解潘岳的心路历程与相关创作。

潘岳之仕在晋武帝与晋惠帝时期，概言之，在京为官约 20 年，外任地方官约 10 年。除了升官（职务低，任期短），其他或贬或免，都属政治受抑，本节综而论之。无论是在京为官，还是在地方为官，潘岳的官阶品级都不高。潘岳入仕之后长期任掾属官员，本就不得志，外出为河阳令，更郁郁不平。究其原因，主要是京官外任意味着贬谪，所以本节所谓贬谪生活从外出任河阳令开始算起，并将此后的免死除名、免官闲居等一并纳入贬谪范围讨论。

（一）外贬河阳、怀县时期

潘岳此前在京栖迟十余年，咸宁五年（279）前后，外任河阳令，由于史书未载被贬的具体原因，所以无法详细了解个中缘由，不过仍可作合理推测。潘岳在任贾充掾属期间，过于轻躁。《世说新语·政事》载："山公以器重朝望，年逾七十，犹知管时任。贵胜年少，若和、裴、王之徒，并共言咏。有署阁柱曰：'阁东有大牛，和峤鞅，裴楷秋，王济剔嬲不得休。'或云潘尼作之。"《世说新语》云山涛（205—283）"年逾七十"，由此推算，题谣发生至少在 274 年以后。刘孝标注引王隐《晋书》云："初，涛领吏部，潘岳内非之，密为谣曰：'阁东有大牛，王济鞅，裴楷秋，和峤刺促不得休。'"①房玄龄《晋书》潘岳本传将此事系于其被贬河阳时期当误，《世说新语》与刘孝标注引王隐《晋书》未明确记载题谣时间。又《晋书·山涛传》载"咸宁初，转太子少傅，加散骑常侍；除尚书仆射，加侍中，领吏部"②，咸宁年间乃275—280年，所谓初年，当云275年或276年，即此时山涛领吏部，有荐举人才的权力。所谓"知管时任"，即指主持官吏任选。山涛在咸宁年间直至太康初年都掌选职。王隐《晋书》云"初，涛领吏部"，当指275年或276年，这就是题谣事件发生的大致时间。此时潘岳为贾充掾属，和峤、裴楷、王济三人与贾充为政敌，潘岳如此题谣，已经超越了个人臧否人物的性质，带有党争评骘政敌的色彩，也许就是受贾充指示所为。通过题谣事件，我们可以看出潘岳为人轻躁的一面。可以猜想，潘岳出为河阳令，很可能就是因为此前这一轻躁的讥讪事件而被排挤出京③，至少与其轻躁性格有关。被排挤出京的猜测，似乎可以在他谪居河阳的作品中找到佐证。

河阳在京都洛阳北面，离洛阳不算太远。潘岳被贬河阳之后，他的反应是"负其才而郁郁不得志"。《河阳县作二首》当在被贬河阳后不久所作：

> 微身轻蝉翼，弱冠忝嘉招。在疚妨贤路，再升上宰朝。猥荷公叔举，连陪厕王寮。长啸归东山，拥耒耨时苗。幽谷茂纤葛，峻岩敷荣条。落英陨林趾，飞茎秀陵乔。卑高亦何常，升降在一朝。徒恨良时泰，小人道遂消。譬如野田蓬，斡流随风飘。昔倦都邑游，今掌河朔徭。登城眷南顾，凯风扬微绡。洪流何浩荡，修芒郁岩峣。谁谓晋京远，室迩身实辽。谁谓邑宰轻，令名患不劭。人生天地间，百年孰能要。颎如槁石火，瞥若截道飙。齐都无遗声，桐乡有余谣。福谦在纯约，害盈由矜骄。虽无君人德，视民庶不恌。
>
> 日夕阴云起，登城望洪河。川气冒山岭，惊湍激岩阿。归雁映兰畤，游

① （南朝宋）刘义庆撰，（南朝梁）刘孝标注，余嘉锡笺疏，周祖谟等整理：《世说新语笺疏》卷上之下，第197~198页。

② （唐）房玄龄等：《晋书》卷四三《山涛传》，第1225页。

③ 傅璇琮：《潘岳系年考证》（《文史》第14辑）一文也认为题谣事件当发生在被贬河阳之前，然而未做详细考证。王晓东：《潘岳研究》（第54~56页）第二章第二节"从屏居天陵到出令长安"也认为题谣应在被贬河阳前。

鱼动圆波。鸣蝉厉寒音，时菊耀秋华。引领望京室，南路在伐柯。大厦缅无觌，崇芒郁嵯峨。总总都邑人，扰扰俗化讹。依水类浮萍，寄松似悬萝。朱博纠舒慢，楚风被琅邪。曲蓬何以直，托身依丛麻。黔黎竟何常，政成在民和。位同单父邑，愧无子贱歌。岂敢陋微官，但恐忝所荷。①

第一首诗中，潘岳开篇即对此前仕途进行了回忆，弱冠应聘入仕途，却栖迟许久，感叹自己的处境卑微。接着他在自我嘲讽的同时继续透露出自己不遇的愤慨，其胸中耿耿介怀者在于"升降在一朝"。"徒恨良时泰，小人道遂消"，这似乎在暗示自己被贬外出乃政敌攻讦排挤所致。潘岳感叹当下遭际如田间蓬草，只能随风飘动，无法自己决定命运。当他登上河阳当地的城楼，远眺南方的京都洛阳，个中滋味实难尽述。"谁谓晋京远，室迩身实辽"，京都洛阳离此并不远，但作者感叹自己离它却很遥远，为何呢？只因那朝廷委实难立足，自己有才难施啊！此时的潘岳有着人生苦短的感慨，心中能想到的是即使官职卑微，也要勉励为政，以期做好自己的本职工作。第二首诗中，潘岳再次登楼，引领遥望南方京都，崇山峻岭却挡住了自己的视线，看不到巍峨的朝阙，崇山峻岭挡住的不只是视线，更是挡住了自己仕途晋升的路。自己从京都被贬外地，在地方为官，异乡为客，犹如随水飘零的浮萍，犹如寄托在松树上的悬萝，孤独悲凉可想而知。清人吴淇在《六朝选诗定论》中对此诗如此评论：

> 凡人久居清华之地，忽而外补，苦；外补近在王畿之内，尤苦。此诗前首序事，此首从河阳近京生意。凡望，晴则远见，阴则否。至日夕阴云起矣，而犹望不已，恃其近也，兼寓有浮云蔽日之意。曰"望洪河"，又若不为望京邑者，借洪河以喻小人之间阻。"川气""惊湍"，河之险；"冒山岭""激岩阿"，河之险而且高。"归雁"四句，非间点景，谓登城所望见者止河以北之景，而河之南，一无所见矣。无所见而必求其见，故再加引领。然而京室眇然，终于莫觌，仅仅望见芒山，是洪河一障，而芒山又添一障矣。②

_____

① （晋）潘岳撰，王增文校注：《潘黄门集校注》，第272~276页。
② （清）吴淇：《六朝选诗定论》卷八，《四库全书存目丛书补编》，齐鲁书社2001年版，第11册，第166页。

吴淇之论颇中肯綮，将潘岳对京都洛阳的向往道得甚明。潘岳确是怀着有朝一日能回到京都的愿望，存有这一动力与目标，所以他并未因为官职卑微而自暴自弃，而是要像汉代朱博一样尽心治理地方事务。不过作者仍然担心自己有着如宓子贱一样在地方为官的事实，却不能得到当局统治者的信任，以至于怕有辱自己的职责。这两首诗中，内心活动描写细腻，仕途失意的忧伤溢于言表，但同时也洋溢着积极的仕进心态，此时，潘岳作品中透露出甘为循吏的倾向。二首河阳之叹，潘岳两次"登城"，且用"南顾""南路"二词，体现了潘岳对京都的向往，其鸣玉阙廷的梦想时刻萦绕在心中。

谪居河阳时期，潘岳还有《河阳庭前安石榴赋》云："位莫微于宰邑，馆莫陋于河阳。虽小县陋馆，可以遨游。"①作者宣泄幽愤的同时，还透露出知足常乐之心。此一时期，在亲情伦理方面，他也表达了自己的至情性格。《内顾诗》即在河阳所作，该诗表达了对妻子杨氏的思念之情，同时将自己孤寂悲凉的心理感受抒发出来。总之，怀才难施的愤慨，自勉为政的鼓励，希冀重用的期许，加之思念妻子与亲人，是潘岳初次被贬河阳时期的主要心态。

太康三年（282）春，即在河阳为令近四年后，潘岳转为离京都更远的怀县令。到怀县上任途中，潘岳可能到过虎牢山。《登虎牢山赋》可作佐证：

> 辞京辇兮遥迈，降远游兮东夏。朝发轫兮帝墉，夕结轨溪中野。凭修坂兮停车，临寒泉兮饮马。眷故乡之辽隔，思纡轸以郁陶。步玉趾以升降，凌汜水兮登虎牢。览河洛之二川，眺成平之双皋。崇岭巇以崔崒，幽谷豁以寥寥。路逶迤以迫荫，林廓洛以萧条。尔乃仰荫嘉木，俯藉芳卉；青烟郁其相望，栋宇懔以鳞萃。彼登山而临水，固先吉吉之所哀。矧去乡而离家，邈长辞而远乖。望归云以叹息，肠一日而九回。良劳者之咏事，爰寄言以表怀。②

这篇残赋见录于《艺文类聚》，详细写作时间未知。王晓东将写作时间系于泰始二年（266），其理由是："考潘岳一生之中，离开京城，'远游东夏'，仅有一次，

---

① （晋）潘岳撰，王增文校注：《潘黄门集校注》，第135页。
② （晋）潘岳撰，王增文校注：《潘黄门集校注》，第71～72页。

时在晋武帝泰始二年春。当是时，尚未入仕的潘岳因父亲潘芘出任琅琊内史，亦随父前往任所……至于潘岳何以会有如此难以排遣的愁怀，或许与其新婚未久，不得不和爱妻暂时分别有关。"①这里对《登虎牢山赋》的写作时间与主旨情感的判断都有欠妥之处，所谓离开京城，远游东夏，仅有一次，这种说法有误。

为便于论述，下面以图5-1示之：

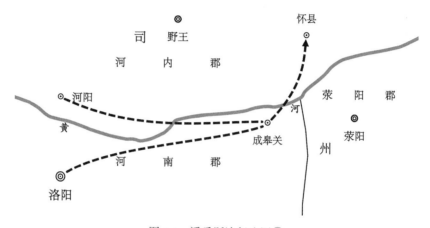

图5-1　潘岳贬谪行迹图②

首先，潘岳所谓辞京辇、游东夏，东夏乃指京都洛阳以东地区，从地理方位来说，是从西往东。河阳在黄河北岸，离当时的京都洛阳很近。潘岳应该是从河阳出发，沿着黄河由西向东行进。即便是从京辇之地洛阳出发（赴任怀县前，潘岳也可能一度回京），其方向也是沿黄河由西向东。赋中所云"京辇""帝墟"，既可代指洛阳，也可泛指洛阳京畿之地河阳地区。虎牢山即虎牢关，在荥阳县汜水镇，即上图中的成皋关，这是潘岳赴任怀县的必经之路。所以《登虎牢山赋》作于赴任怀县之前，在地理方位上是说得通的。其次，从该赋的句式来看，明显受

---

①　王晓东：《潘岳研究》，第154~155页。

②　此图是以《中国历史地图集》第三册（谭其骧主编，中国地图出版社1982年版）之"西晋—司州"部分地图为底图绘制而成，底图乃西晋太康二年（281）地理分布图。本书在引用底图过程中仅做地名等删减处理。

到了《离骚》与《九辩》的影响，《离骚》乃屈原被贬之后的作品，《九辩》乃宋玉被免职后的作品。该赋的情感主旨在于抒发对故乡的思念，充满了一种忧愁，正是近乡情怯的体现，因为潘岳由西向东离家乡中牟(见图 5-1 右下角)越来越近。可以说这时的潘岳不仅思乡，且有被贬怀县的愁郁所在。潘岳此时的际遇与屈原、宋玉类似，所以登山作赋，就是抒发被贬与思乡的苦闷。最后，泰始二年(266)正是潘岳弱冠之时，刚刚入洛步入仕途，并非赋中所云去乡离家，此时他怀着积极进取的仕进之心，不太可能写作如此抒发愁闷的赋作。且王晓东所谓"'远游东夏'，仅有一次，时在晋武帝泰始二年春"，此指随父至任琅琊，傅璇琮《潘岳系年考证》一文系此事于前一年，即他 19 岁时随父东游。潘岳 20 岁时是从琅琊入洛，其新婚也未必在弱冠之前。故而，王说《登虎牢山赋》写于泰始二年基本可以否定。综考潘岳仕履，只有太康三年(282)潘岳去怀县赴任在时间与地点上都符合《登虎牢山赋》的写作背景，此点未见他人论及，故证于此。

怀县在洛阳东北部，比起在京畿附近的河阳县，怀县要远上数倍。在怀县，潘岳有《在怀县作二首》，诗云：

南陆迎修景，朱明送末垂。初伏启新节，隆暑方赫羲。朝想庆云兴，夕迟白日移。挥汗辞中宇，登城临清池。凉飙自远集，轻襟随风吹。灵圃耀华果，通衢列高椅。瓜瓞蔓长苞，姜芋纷广畦。稻栽肃芊芊，黍苗何离离。虚薄乏时用，位微名日卑。驱役宰两邑，政绩竟无施。自我违京辇，四载迄于斯。器非廊庙姿，屡出固其宜。徒怀越鸟志，眷恋想南枝。

春秋代迁逝，四运纷可喜。宠辱易不惊，恋本难为思。我来冰未泮，时暑忽隆炽。感此还期淹，叹彼年往驶。登城望郊甸，游目历朝寺。小国寡民务，终日寂无事。白水过庭激，绿槐夹门植。信美非吾土，祇搅怀归志。眷然顾巩洛，山川邈离异。愿言旋旧乡，畏此简书忌。祇奉社稷守，恪居处职司。①

潘岳在河阳勤勉为政，希望能以政绩调回京都。然而，不料四年之后，竟然

---

① 　(晋)潘岳撰，王增文校注：《潘黄门集校注》，第 278~280 页。

转任离京都更远的怀县。怀县二首之作，亦是抒发仕途艰难之感，情绪较之此前河阳之作更为低沉。吴淇《六朝选诗定论》云此诗"题上特着一'在'字"格外精妙，"题曰《在怀县作》，悲其身之无定"①。诗题拟名更显潘岳之苦闷。第一首中，前半部分写景，后半部分抒情，写景乃盛夏隆暑之景，抒情乃现寒冬凄凉之意，客观之景与主观之情两相对比，更加凸显潘岳之苦闷。作者于此诗感叹俸禄微薄，政绩无法施行，再次自嘲才能不堪朝廷大用，只能在外为小官，末尾又以越鸟表现对西南方向京都的向往与对故乡的思念。第二首中，更是将潘岳在地方为官的落寞心迹表现得淋漓尽致。起篇即书写时间易逝，继而回忆初到怀县之时冰雪未融，此时却忽然到了隆暑之际，一种生命荒废感油然而生。作者登城远望，映入眼帘的是朝廷官署，果真如此吗？非也！潘岳所见官署乃主观想象，真正见到是郊甸而已，景色虽美，却并非桑梓之地。

需要提及的是，为何作者在河阳诗作中未叙思乡之情？到了怀县就多写思乡之意呢？这与怀县所处地理位置有关。潘岳乃荥阳中牟人，其地处于怀县东南方。所以"徒怀越鸟志，眷恋想南枝""信美非吾土，衹搅怀归志"都是针对故乡而言的。河阳县离洛阳不远，加之潘岳初次外任，所以有急于回京的渴望。到了怀县，离洛阳较远，相对离故乡荥阳中牟就近了一些，有近乡情怯之意。怀县西南方乃洛阳之地，东南方乃中牟之地，怀县处于洛阳与荥阳中间偏北之处。所以潘岳怀县之作中除了有对京都的向往，也多了对故乡的怀念。加之怀县任令属于贬上加贬，苦闷更甚，也更容易滋生思乡之情。此点亦未见论者道及，姑论于此。

在怀县这地小人少之地，潘岳整日无事可做，只想回归京都，但又害怕违反策命文书的规定，也只能勉强居处守着本职工作罢了。吴淇《六朝选诗定论》评此诗曰：

> 终日无事，明邑之小可知。前《河阳诗》"总总"云云，民务尚多；"朱博纠慢"，犹有事可作；"政成人和"，尚有绩可奏。此"小国"云云，分明是调简。夫外补苦矣，外补而又调简，苦又何如哉？凡人得意时，有事做尚可忘

---

① （清）吴淇：《六朝选诗定论》卷八，第166页。

怀，最苦镇日无事而又是长日。①

吴淇将河阳、怀县前后两地事务多寡进行比较，对潘岳的生命荒废之感分析甚佳，是恰中肯綮之论。比起之前的河阳时期，在怀县时期的潘岳不遇之苦更深，生命荒废感更强烈，这一贬谪处境，在其诗歌中显露牢骚满腹。

综合来看，在河阳、怀县两地，潘岳留下四首诗歌，全是登城述志抒怀之作，处处洋溢着士不遇心态与对京都的回归之意，且在谪居怀县时期，思乡之情更甚。《晋书·潘岳传》云潘岳在地方为县令时"频宰二邑，勤于政绩"②，他此时的积极仕进心态很大程度上是为了早日回京。

(二) 入为尚书度支郎到免官闲居时期

太康四年(283)，由于潘岳在地方勤于政事，颇有功绩，入为尚书度支郎，后迁廷尉评，迁廷尉评的具体时间难考。《晋书·职官志》谓"县大者置令，小者置长"③，此前潘岳两任地方县令，河阳县与怀县当不会太小。又据《通典·职官·晋官品》，可知"诸县置令秩千石者"属六品，"诸县置令六百石者"属七品④。河阳县邻京都，当为六品，怀县相对僻远人少，或六品，或七品。尚书度支郎与廷尉评皆六品。《潘岳传》载其回京为官用了"调补"二字，当为平级调动。对于潘岳来说，即便品级未升，但从地小人寡的怀县回到京都为官，可谓终于实现了重回京都的愿望，他的心态较之此前应该有所好转。尚书度支郎掌军国财赋支计，《晋书·挚虞传》就记载了潘岳曾与挚虞争论古今尺长短之事。廷尉评掌管刑狱之事。潘岳在京任尚书度支郎、廷尉评的时间在七年左右，直到因公事免官。

据多数论者的意见，《怀旧赋》似乎作于从怀县刚回京之际，主要表达了对岳父杨肇及其子杨潭的凭吊怀念之意，乃缅怀亲旧之文。潘岳在京任尚书度支

---

① (清)吴淇：《六朝选诗定论》卷八，第 167 页。

② (唐)房玄龄等：《晋书》卷五五《潘岳传》，第 1503 页。

③ (唐)房玄龄等：《晋书》卷二四《职官志》，第 746 页。

④ (唐)杜佑撰，王文锦等点校：《通典》卷三十七《职官·晋官品》，中华书局 1988 年版，第 1004~1005 页。

郎、廷尉评约七年时间，但《潘岳传》仅用"调补尚书度支郎，迁廷尉评，以公事免"①一笔带过，更无法考订此间有何文学作品存世，故难以考知此时他的相关心态。不过可以推测，在京为官，即使品级未有迁升，其心态相比地方为令应该要好。

太熙元年（290），此时潘岳已由公事被免，公事为何？史料阙略，无从考知。被免之后，潘岳闲居洛阳，复与夏侯湛等交游。有《狭室赋》云：

> 历甲地以游观，旋陋巷而言观。伊余馆之褊狭，良穷弊而极微。阁寥戾以互掩，门崎岖而外扉。室侧户以攒楹，檐接柜而交榱。当祝融之御节，炽朱明知隆暑。沸体恧其如铄，珠汗挥其如雨。若乃重阴晦冥，天威震曜。汉潦沸腾，丛溜奔激，白灶为之沉溺，器用为之浮漂。彼处贫而不怨，嗟生民之攸难。匪广厦之足荣，有切身之近患。青阳萌而畏暑，白藏兆而惧寒。独味道而不闷，喟然向其时叹。②

此赋全篇着力描写自己闲居之处的简陋，尤其是天热之时挥汗如雨，霖雨之际又屋漏漂器，可谓简陋至极。我们可以通过这篇赋的描写将潘岳被免的时间进一步精确。傅璇琮《潘岳系年考证》一文云太熙元年（290）潘岳已经被免官，但何时被免却未说明，王晓东《潘岳研究》也认为其被免于太康十年或太熙元年年初。③ 如果根据《狭室赋》的描写，似乎可认定潘岳至少在太康十年（289）隆暑之时已经被免。因为《狭室赋》着力描写盛夏酷热与阴雨屋漏之景。太熙元年四月惠帝即位改元永熙，潘岳在永熙元年（290）五月丙子被选为杨骏主簿，已经不再闲居。如果如实描写经历的盛夏与阴雨天的话，只能是在前一年，所以说至少在太康十年（289）隆暑之时，潘岳已经被免闲居。当然，潘岳赋中如此描写盛夏阴雨之天，可能有夸饰成分。"彼处贫而不怨，嗟生民之攸难。匪广厦之足荣，有切身之近患。"潘岳于此表达自己的陋居褊狭不堪，并且云贫而不怨，恐怕只是愤

---

① （唐）房玄龄等：《晋书》卷五五《潘岳传》，第1503页。
② （晋）潘岳撰，王增文校注：《潘黄门集校注》，第86~87页。
③ 参见王晓东：《潘岳研究》（第59页）第二章第二节"从屏居天陵到出令长安"。

恨与焦躁的体现，并不是真正的恬淡自处。因为他在感叹自己陋居的同时，又与广厦形成鲜明对比，透露出对功名无比的向往。可见被免后栖身狭室之中，潘岳并未平静下来，其贪恋利禄之心依然强烈。

(三) 任杨骏主簿到免死除名时期

晋惠帝即位，杨骏辅政，潘岳被选为主簿，此事发生在永熙元年(290)五月丙子。在闲居一段时间之后，潘岳终于再次踏上仕途。在为杨骏主簿不久之后，潘岳挚友夏侯湛去世，其冬日撰《夏侯常侍诔》云"元康元年夏五月壬辰，寝疾于延熹里第"①。说明夏侯湛的去世只在潘岳任主簿之后半个月。《世说新语·容止》载夏侯湛与潘岳才貌皆善，喜欢同行，时人誉之"连璧"。因为夏侯湛的去世，想必潘岳有过一段悲伤的时期。其《夏侯常侍诔》写得感情真挚，催人泪下。

元康元年(291)三月，晋廷发生政变，杨骏被楚王司马玮等所杀，所以潘岳为杨骏主簿不到一年，仅十个月。主官被杀，潘岳也受牵连，幸赖公孙宏所救，只是除名为民。除名后的潘岳心情理当沉重。在亲身经历过一场腥风血雨的政变之后，潘岳体会到了宦海中政治斗争的恐怖。当杨骏被杀之后，其曾经提携过的阎缵邀请潘岳、崔基等人共同埋葬主官杨骏，潘岳与崔基畏罪，等到埋葬之时逃离，唯有阎缵葬杨骏而去。潘岳贪生畏死心理由此可见，这次经历性命之虞的他想必是心有余悸的。如果说之前追随贾充只是被排挤打压，那么这次经过政变差点殒命的潘岳对仕途必定有了新的感受。杨骏被杀之后，他过着战战兢兢、如履薄冰的生活。其后所撰《西征赋》如此形容："危素卵之累壳，甚玄燕之巢幕。心战惧以兢悚，如临深而履薄。夕获归于都外，宵未中而难作。匪择木以栖集，鲜林焚而鸟存。"②潘岳至此仍感叹自己的不幸源于政治仕途中所托非人，丝毫没有对自己贪恋利禄的偏执进行反思。这一点符合心理学中的归因理论，即在解释自己行为失败时倾向于多强调外因，而较少思考自身原因。

(四) 西赴长安到再次免官闲居时期

元康二年(292)，潘岳在被除名一年之后，又被起为长安令。这次离开京都，

---

① (晋)潘岳撰，王增文校注：《潘黄门集校注》，第216页。
② (晋)潘岳撰，王增文校注：《潘黄门集校注》，第2页。

比起之前的河阳与怀县之贬要远得多。长安时为雍州治所，潘岳自谓"一进阶"，当指从被除名到任长安令。虽然算是升官，但仍为品级不高的县令，并未达到潘岳的政治预期。

在西赴长安途中经过新安之时，潘岳出生不久的儿子夭折，只能在路边草草埋葬了事。本来经过血腥政变死亡的阴影还在，又扶老携幼西赴远方为官，其心里当有不乐，再加之途中丧子，此时的潘岳承受着巨大的伤痛。据《伤弱子辞》可知，其幼子仅活了两个月便夭亡，他叹儿子无辜，罪在自身。此时他含泪写下了"咨吾家之不嗣"①，此子乃潘岳唯一的儿子，却不幸去世，他感叹潘家香火可能断绝，对于至孝的潘岳来说，无子承嗣，悲痛可知。后来潘岳又作《思子诗》，云"奈何念稚子，怀奇陨幼龄……一往何日还，千载不复生"②，表达对幼子早逝的怀念。

到了长安，潘岳见到的是一番衰败萧条之景。不久之后他所撰《西征赋》如此描述长安：

> 于是孟秋爰谢，听览余日，巡省农功，周行庐室。街里萧条，邑居散逸。营宇寺署，肆廛管库，蕞芮于城隅者，百不一处。所谓尚冠修成，黄棘宣明，建阳昌阴，北焕南平，皆夷漫涤荡，无其处而有其名。尔乃阶长乐，登未央，泛太液，凌建章；萦馺娑而款骀荡，辖枌诣而轹承光。徘徊桂宫，惆怅柏梁。鸑雉雏于台陛，狐兔窟于殿旁。何黍苗之离离，而余思之芒芒！洪钟顿于毁庙，乘风废而不悬。禁省鞠为茂草，金狄迁于灞川。③

潘岳在闲暇之时，巡视一番治所，看到的不是昔日皇家宫殿的辉煌，而是冷落凋零之景，昔日的宫殿如今成了狐兔藏身的居所，此时的潘岳不免有黍离之悲。"洪钟顿于毁庙"，似乎暗示黄钟毁弃，以此比喻自己不遇。《西征赋》描述潘岳从洛阳到长安之途所经历之地，洋洋洒洒数千言，属于典型的纪行赋。潘岳西赴

---

① （晋）潘岳撰，王增文校注：《潘黄门集校注》，第185页。
② （晋）潘岳撰，王增文校注：《潘黄门集校注》，第291页。
③ （晋）潘岳撰，王增文校注：《潘黄门集校注》，第7页。

途中见闻颇多，经临许多地点都怀古抒怀，发思古之幽情，此作可谓一路上的心情写照。此赋主旨，主要是抨击历代统治者的昏庸与腐朽，同时透露出自己的政治理想，满怀激愤。总之，他在这体制宏大、内容丰赡的数千言里，通过对历史的追述来抨击现实，一抒自己心中块垒。

潘岳任长安令约四年，其间想必也是勤于政绩。到了元康六年（296），潘岳50岁时，迁博士，回京未拜，因母疾去官，闲居洛阳。经过此前政变几乎得诛之后，在长安又磨炼了四年，潘岳再次回京，闲居时刻，心境有变。此一时所作《闲居赋》云：

> 自弱冠涉于知命之年，八徙官而一进阶，再免，一除名，一不拜职，迁者三而已矣。虽通塞有遇，抑亦拙之效也……太夫人在堂，有羸老之疾，尚何能违膝下色养，而屑屑从斗筲之役乎？于是览止足之分，庶浮云之志。筑室种树，逍遥自得。池沼足以渔钓，春税足以代耕。灌园鬻蔬，以供朝夕之膳。牧羊酤酪，以俟伏腊之费。孝乎惟孝，友于兄弟，此亦拙者之为政也。乃作闲居之赋，以歌事遂情焉。其辞曰：
>
> 遨坟素之长圃，步先哲之高衢。虽吾颜之云厚，犹内愧于宁蘧。有道吾不仕，无道吾不愚。何巧智之不足，而拙艰之有余也。于是退而闲居于洛之涘。身齐逸民，名缀下士……爰定我居，筑室穿池。长杨映沼，芳枳树樆；游鳞漾濑，菡萏敷披；竹木蓊蔼，灵果参差……寿觞举，慈颜和。浮杯乐饮，绿竹骈罗。顿足起舞，抗音高歌。人生安乐，孰知其他？
>
> 退求己而自省，信用薄而才劣。奉周任之格言，敢陈力而就列。几陋身之不保，尚奚拟于明哲？仰众妙而绝思，终优游以养拙。①

《闲居赋》在考察潘岳一生的思想行迹方面具有重要意义。该赋着力表现出作者拙于为政、厌倦官场的心态，全然一片欲归田园的隐逸情怀，栖迟衡门之趣颇为他此时所好，看来经过几十年的贬黜生涯与血腥政变事件的影响，潘岳心里已经滋生了一些归隐之意。不过，考虑到不久之后他又依附贾谧的行为，此时他

---

① （晋）潘岳撰，王增文校注：《潘黄门集校注》，第74~76页。

的出仕心态与归隐心态相比，出仕心态还是占大头。这篇赋中透露出的更多是一种潜藏的躁竞心理，前人多有论述。元好问曾以《论诗绝句》(其六)讽之云："心画心声总失真，文章宁复见为人。高情千古闲居赋，争信安仁拜路尘。"①赵翼《廿二史札记》云："《潘岳传》载《闲居赋》，见其迹恬静而心躁竞也。"②今人缪钺《读潘岳〈闲居赋〉》亦云："然余细绎《闲居赋》，觉其自伤仕宦不偶，以偏宕之笔，发愤慨之思，并非真恬淡，与陶潜《归去来辞》之心平气和超然自远者迥乎不同。"③足见，仕途蹭蹬的潘岳，至此功名利禄之心仍然强烈，赋中一片恬淡之境下隐藏着一颗趋利之心。他欲归田园之语不过是面对仕途舛厄的愤恨之言而已，身在山林、心存魏阙才是他此时心中最深层的想法。

(五)依附贾谧时期

《闲居赋》作后不久，潘岳又依附贾谧，成为"二十四友"的核心成员。其实，在作《闲居赋》时，潘岳再次寻找主官依附的想法已经萌生，再次投机趋利倾向渐为明显，所以依附贾谧并不是偶然，而是必然。

元康七年(297)，51岁的潘岳为著作郎，此后又转散骑侍郎、黄门侍郎。在其生命的最后三四年内，潘岳积极效力于贾谧，所谓"与石崇等谄事贾谧，每候其出，与崇辄望尘而拜"④。德行亏缺在此时体现得最为明显，尤其是在元康九年(299)参与构陷废除愍怀太子一事，成为潘岳被后人诟病的最大污点。此一时期，潘岳续娶妻子去世，他作《哀永逝文》表达丧妻之痛，后又作《悼亡赋》《杨氏七哀诗》《悼亡诗》等，表达对笃爱妻子的怀念之情。由于此一时期已经算不上潘岳的贬黜生涯，故这里从略。

潘岳的一生多舛，他的贬黜命运引起了后人深深的同情。如唐代谪人白居易《不准拟二首》其二云："忆昔谪居炎瘴地，巴猿引哭虎随行。多于贾谊长沙苦，

---

① 郭绍虞：《杜甫戏为六绝句集解 元好问论诗三十首小笺》(合刊本)，人民文学出版社1978年版，第62页。

② (清)赵翼撰，王树民校证：《廿二史札记校证》卷七，中华书局1984年版，第153页。

③ 缪钺：《读史存稿》，三联书店1963年版，第19页。

④ (唐)房玄龄等：《晋书》卷五五《潘岳传》，第1504页。

小校潘安白发生。"白居易在"多于贾谊长沙苦"后自注"予自左迁江峡，凡经七年"[1]。将自己的谪居生活与贾谊、潘岳两位谪人进行对比，无疑体现了白居易在贬谪生活中生发的深深怅惘之意。

纵向来看潘岳的一生，他才大名高，却长期沉沦下僚，屡受踬踣。汲汲功名与不婴世务的矛盾是他仕途中的一大特点，明显表现出人格的二重性，其中汲汲功名心态占了主要部分，这在西晋一朝文人人格心态中具有典型性。西晋权臣往往是宗室或外戚，士族名士要依靠他们才能在仕途上有所发展，承欢权贵是他们不得已的选择。世乱时艰的时代，他们逡巡于个人名利，周旋于各种政治斗争之中，常常以文才而屈节侍奉权臣，在后世或多或少都得到非议。究其原因，与当时"名教即自然"的社会风向有很大关系，他们追求身名俱泰，讲究奢侈挥霍。尤其是惠帝一朝，政治风气更坏，已经从此前武帝朝的新礼法派与清流名士派的斗争，发展成为完全的私利之争，以至于宗室内乱，朝纲解纽，这给士人价值观造成了决定性的影响，形成了士无特操的局面。总的来说，政失准的的政风，士无特操的士风，浮华躁竞的文风，一起构建了潘岳仕途躁竞不止与文名非常的传奇人生。

西晋有潘岳一样经历的士人还有夏侯湛等，夏侯湛曾任尚书郎，后出为野王令，"居邑累年，朝野多叹其屈"[2]，后内迁中书侍郎，又出补南阳相，前后或出或入，仕途塞踬。由于有关夏侯湛的贬谪史料相对较少，故此处提及，不作深入研究。

第三节　魏晋政权与金墉城的意蕴嬗变

在中国历史上，"金墉"最早是一个用于形容坚固城池的专用词汇。概始于东汉，它便与地处西方而颇富道教色彩的宫馆、城池挂起钩来；到了魏晋时期，由于洛阳城西北角一座小城被命名为金墉，该词遂由虚拟转向实指，成为一座具有实际用途的军事防御设施的专称。而随着历史的演进，此城之功能又逐渐从战

①　（唐）白居易撰，朱金城笺校：《白居易集笺校》卷二八，第 1973 页。
②　（唐）房玄龄等：《晋书》卷五五《夏侯湛传》，第 1499 页。

略防御转向安置被废弃贬黜的皇亲宗室，成了囚居一代代废帝废后的特殊场所，由此遂使其具有了远为丰富的政治文化内涵和强烈的悲剧色彩。本节试从此一词汇的早期渊源入手，对其与魏晋政权之关联及其内在意蕴的嬗变予以索解，以图获取若干文化层面的新的认知。

一、金墉源起及其兴废变迁

《说文解字》对"金""墉"二字的解释分别是："金，五色金也。黄为之长。久薶不生衣，百炼不轻，从革不违。西方之行。生于土，从土。左右注，象金在土中形。""墉，城垣也。"①因为"金"有较好的坚固性、延展性，又在方位上代表西方，所以其与"墉"字合用，即指位于西方的坚固城垣。此乃金墉一词的本义。

从词源学角度看，金墉一词合用，目前可知最早出自张衡《西京赋》："似阆风之遰坂，横西洫而绝金墉。"《文选》李善注引东吴薛综《二京解》云："阆风，昆仑山名也。洫，城池也。墉，谓城也。绝，度也。言阁道似此山之长远，横越西池，而度金城也，西方称之曰金。"②据五行学说，西方属金，这里的金墉，即西方之城。又，《离骚》写屈原西行有"朝吾将济于白水兮，登阆风而緤马"之句，王逸注谓："言己见中国溷浊，则欲渡白水，登神山，屯车系马，而留止也。"③则张衡借"阆风"与"金墉"对举，无形中更增加了此一西方之城的辽远神秘气息，使人极易与道教传说中的金墉城联系起来。

据道教传说，西王母居住在昆仑山金墉城。唐末五代道士杜光庭的《墉城集仙录》，专记古今女子得道升仙之事，其叙有云："女仙以金母为尊，金母以墉城为治。"④这里的"金母"，实即西王母；"金母以墉城为治"，即谓西王母的治所在金墉城。进一步看，早于《墉城集仙录》，大约成书于东晋以前的道教上清派经典《上清大洞真经》，已有多处涉及"金墉"：卷一有"金墉映玉清"，卷二有"飞升云馆入金墉"，卷二有"绿霞焕金墉"。细详文意，这三处"金墉"更近于代

---

① （汉）许慎撰，（清）段玉裁注：《说文解字注》一四篇上、一三篇下，第702、688页。
② （南朝梁）萧统编撰，（唐）李善注：《文选》卷二，第41页。
③ （宋）洪兴祖撰，白化文等点校：《楚辞补注》卷一，第30页。
④ （宋）张君房编，李永晟点校：《云笈七签》卷一一四，中华书局2003年版，第2527页。

指仙界宫馆。用《大洞真经》之校释本《大洞玉经》对"绿霞焕金墉"的注释来说，便是："金墉者，九天馆名。"①据此而言，在道教典籍中，金墉又有了宫馆和城池两种指向。

我们知道，道教初创于东汉，正是张衡生活的时代，关于张衡所受道教思想影响，学界已有不少论述。那么，在《西京赋》中，张衡以与东京洛阳相对的西京长安为描写对象，使用"阆风""金墉"诸语典，既取其地理方位之西方指向，又不无道教传说的神秘色彩，便是不难理解的了。而推其渊源，甚或本即出于道教典籍，亦未可知。

道教传说中的金墉城，坚固宏伟且位于西方昆仑山。最初修筑金墉城的统治者即绍承其坚固与方位之义，来命名洛阳城西北角的一座卫城，由此实现了金墉由道教仙宫名到现实城池名的转换。那么，现实中的金墉城始建于何时呢？

寻绎史籍，涉及金墉城始建时间的主要有如下几条史料：

其一，《初学记》引陆机《洛阳地记》（又名《洛阳记》）云："洛阳城内西北角，金墉城；东北角，有楼高百尺，魏文帝造。"②

其二，《太平御览》引陆机《洛阳地记》曰："洛阳城内西北角，有金墉城；东北角，有楼，高百尺，魏文帝造也。"③

其三，郦道元《水经注》云："谷水又东迳金墉城北，魏明帝于洛阳城西北角筑之，谓之金墉城。"④

其四，杨衒之《洛阳伽蓝记》云："瑶光寺北有承明门，有金墉城，即魏氏所筑。"⑤

其五，吴正子注李贺诗《恼公》时引顾野王《舆地志》云："金墉，洛阳故城西

①　《上清大洞真经》卷一、卷二、卷二，《大洞玉经》卷上，《中华道藏》，华夏出版社2004年版，第6、12、13、58页。

②　（唐）徐坚等：《初学记》卷二四《居处部·楼》，第573页。该版断为"洛阳城内西北角，金墉城东北角，有楼，高百尺，魏文帝造"，据文意，此断句有误。

③　（宋）李昉等：《太平御览》卷一七六《居处部·楼》，第859页。

④　（北魏）郦道元撰，陈桥驿校证：《水经注校证》卷一六，中华书局2007年版，第393页。

⑤　（北魏）杨衒之撰，周祖谟校释：《洛阳伽蓝记校释》卷一，中华书局2010年版，第40页。

北角，魏明帝筑。"①

以上五条材料主要交代了金墉城所处地点和始建时间。关于地点，均明谓其位于洛阳城西北角，对此，当今考古成果也有佐证②，兹不赘述。关于始建时间，郦道元、顾野王都说魏明帝修筑了金墉城，这是明证。杨衒之云"魏氏所筑"较为笼统。距魏文帝、魏明帝最近的陆机则云百尺高楼为魏文帝所造，并没有明言金墉城的建造者为谁。比陆机略早的陈寿在《三国志·魏书·陈群传》中提及"后皇女淑薨，追封谥平原懿公主"一事时，载陈群上疏，力劝明帝不宜为之逾礼致哀，并谓必不得已，可为之"缮治金墉城西宫"③，权作安置。而其结果是"帝不听"。考同书《后妃传》，知"明帝爱女淑薨"④在太和六年（232），则陈群所谓"缮治金墉城西宫"亦当在同年，此时距明帝即位仅仅六年。由此推论，金墉城之始建必当在此前数年，否则不会有"缮治"之说。

大致厘清了金墉城的始建时间，接下来的问题便是考察魏明帝即位后为何要修筑这样一座小城？这座小城又有着什么样的现实功用？

关于金墉城的修筑目的，由于史无明载，已很难给出准确的答案。李善注陆云《为顾彦先赠妇二首其二》引陆机《洛阳记》曰"金墉城在宫之西北角，魏故宫人皆在中"⑤。也许金墉城最初修建，是作为魏宫人的居住地。另外，作为洛阳城附近的卫城，金墉有着重要的战略防守功用。魏国为了防止当时西北部的羌胡与鲜卑族入侵，修筑金墉城无疑具有战略防守意义。《晋书·蔡谟传》有载："金墉险固，刘曜十万所不能拔，今征西之守不能胜也。"⑥史载刘曜曾率兵攻打洛阳，此处言十万兵不能拔城，即说明了金墉城的坚固程度。金墉城从一座传说中的道教仙宫，被借用为现实城池之名，其间的主要关联点，除地理方位同在西部之外，即当在于二者均坚固险要，具有远超一般城池的特点。用西晋潘岳《西征

①　（唐）李贺撰，（宋）吴正子注、刘辰翁评：《笺注评点李长吉歌诗》卷二，影印文渊阁《四库全书》，台湾"商务印书馆"1986年版，第1078册，第513~514页。

②　参见钱国祥、肖淮雁《汉魏洛阳故城金墉城址发掘简报》，《考古》1999年第3期。

③　（晋）陈寿撰，（南朝宋）裴松之注：《三国志》卷二二《魏书·陈群传》，第636页。

④　（晋）陈寿撰，（南朝宋）裴松之注：《三国志》卷五《魏书·后妃传》，第163页。

⑤　（南朝梁）萧统编撰，（唐）李善注：《文选》卷二五，第354页。

⑥　（唐）房玄龄等：《晋书》卷七七《蔡谟传》，第2037页。

赋》的话说，便是"金塘郁其万雉，峻崭峭以绳直"①。

金塘城并非一直以金塘为名，它曾一度改称"永昌宫"或"永安宫"。《晋书·惠帝纪》载："丙寅，迁帝于金塘城，号曰太上皇，改金塘曰永昌宫。"②同书《五行志》又载："赵王伦废惠帝于金塘城，改号金塘城为永安宫。"③这里的"永昌宫""永安宫"两个名称，实际上在此前的史书中就已存在了。《宋书》中即有"赵王伦废惠帝于金塘城，改号金塘为永安宫"④的记载；《文选》注干宝《晋纪·总论》引臧荣绪《晋书》则有"永昌宫"⑤的说法。而据李昉《历代宫殿名》记载，西晋有永昌宫而无永安宫。则此二宫名似以永昌宫为是。因史料不足征，姑留待存疑。

此外，史料中还有"金塘宫"的记载，由此引出金塘城与金塘宫的关系问题。

《北史·高祖孝文帝纪》载："（八月）丁巳，诏诸从兵从征被伤者皆听还本。金塘宫成。甲子，引群臣历宴殿堂。"⑥

《资治通鉴·齐纪·高宗明皇帝》载："八月，乙巳……魏金塘宫成，立国子、太学、四门小学于洛阳。"⑦

上述史料中的魏为北魏，其建宫时间为北魏孝文帝太和十九年（495）。是年拓跋宏迁都洛阳，因洛阳宫阙未成，金塘城曾作为其临时居处。所谓"金塘宫"，实乃拓跋宏对金塘城修缮和扩建后的称谓。

金塘城自从修筑以后，虽一直被沿用，中间也曾遭毁弃，如《北齐书》载北齐神武帝高欢毁金塘。金塘城在后来又被重筑，史载北周宣帝曾"驻跸金塘"⑧。到了隋末，金塘城曾经被瓦岗起义军李密等占领，《隋书》、两《唐书》等均有记载。到了唐贞观初年，洛州洛阳县、河南县曾将治所设在金塘城，后迁移他处，

---

① （晋）潘岳撰，王增文校注：《潘黄门集校注》，第6~7页。"峻崭"，王增文校注本作"峻萩"，《文选》等皆作"峻崭"，笔者据以改之。

② （唐）房玄龄等：《晋书》卷四《惠帝纪》，第97页。

③ （唐）房玄龄等：《晋书》卷二八《五行志中》，第835页。

④ （南朝）沈约：《宋书》卷三一《五行志》，第900页。

⑤ （南朝梁）萧统编撰，（唐）李善注：《文选》卷四九，第689页。

⑥ （唐）李延寿：《北史》卷三《高祖孝文帝纪》，中华书局1974年版，第115页。

⑦ （宋）司马光等：《资治通鉴》卷一四〇"明帝建武二年条"，第4389页。

⑧ （唐）令狐德棻等：《周书》卷七《宣帝纪》，中华书局1971年版，第118页。

如《旧唐书·地理志》载洛阳县时云："贞观元年，徙治金墉城。六年，移治都内之毓德坊。"又载河南县时云："贞观二年，徙理金墉城。六年，移治都内之毓德坊。"①自此之后，未见利用金墉城的记载。大概从贞观六年（632）以后，金墉城逐渐被废弃。如此看来，从魏明帝初建到入唐后渐被废弃，金墉城存续时间达400余年。

二、魏晋政争与金墉城的悲剧色彩

作为一座附属于都城洛阳的小城，金墉城自有其独到的特点。一方面，它城坚楼高，在战时固然可以起到拱卫洛阳的作用；另一方面，它僻处西北角，相对幽静冷清，在和平时期最适于安置那些在政治斗争中落败又不宜移徙荒远的皇亲贵族。而魏晋时期，朝争不断，政柄频移，在偶尔一次成为幽禁废主的场所以后，金墉城竟然在接下来的时间内屡屡迎来新的政争失败者，而且入住的都是废主弃后或被贬宗室。由此，此城渐渐沦为废主弃后及被贬宗室的幽禁之地，成为魏晋之际政权更迭的缩影和象征。

下面主要依据《三国志》《晋书》的记载，将魏晋之际曾被幽禁在金墉城的主要人物，按年代先后列表 5-1 于下：

表 5-1 金墉城幽囚废主废后宗室统计表

时间	姓名	身份	原因与结果	主要出处
嘉平六年（254）	曹芳	皇帝	被大将军司马师废，废贬为齐王，迁金墉城，后病逝	《三国志·三少帝纪》《晋书·范粲传》
咸熙二年（265）	曹奂	皇帝	禅位后，被废为陈留王，迁金墉城。后迁邺城，病殁于邺城	《三国志·三少帝纪》《晋书·安平献王孚传》
元康元年（291）	杨芷	皇太后	贾后矫诏废为庶人，并杀之	《晋书·孝惠帝纪》

① （后晋）刘昫等：《旧唐书》卷三八《地理志》，第 1422 页。

续表

时间	姓名	身份	原因与结果	主要出处
元康九年（299）	司马遹与王惠风及三子彪、臧、尚	皇太子与太子妃及三皇孙	贾后废太子为庶人，将其与太子妃及其三子幽于金墉城，后徙许昌宫，并杀之	《晋书·孝惠帝纪》《晋书·愍怀太子传》
永康元年（300）	贾南风	皇后	被赵王司马伦废为庶人，赐死	《晋书·孝惠帝纪》《晋书·赵王伦传》
永宁元年（301）	司马衷	皇帝	司马伦迁帝于金墉城，号曰太上皇。后复位，被毒死	《晋书·孝惠帝纪》《晋书·五行志》
永宁元年（301）	司马伦与子荂等	伪帝与子	司马冏等起兵反司马伦，伦兵败，同四子被幽金墉城，后被赐死	《晋书·赵王伦传》
太安元年（302）	司马冏与三子超、冰、英	齐王与三子	长沙王司马乂攻冏，杀之，幽其诸子于金墉城	《晋书·孝惠帝纪》《晋书·齐王冏传》
太安二年（303）	司马乂	长沙王	东海王司马越执长沙王乂，幽于金墉城，寻被害	《晋书·孝惠帝纪》《晋书·长沙王乂传》
永兴元年（304）	羊献容	皇后	成都王司马颖废皇后羊氏，幽于金墉城。期间被屡废屡立，多次入居金墉城	《晋书·孝惠帝纪》《晋书·后妃传》
永嘉元年（307）	司马覃	清河王	东海王司马越矫诏囚清河王覃于金墉城，寻害之	《晋书·孝怀帝纪》

从表5-1可知，被幽于金墉城的主要有三类人物：废主、废后、被贬宗室。从时间上看，从嘉平六年（254）到永嘉元年（307）的50余年间，金墉城幽禁了众多被贬帝后及宗室。其中最为频繁的幽禁事件发生在元康元年（291）到永嘉元年（307），此一时期，恰是影响西晋政权极为重要的历史事件——"八王之乱"的发

生时间。

三国时期的曹芳被废，幽于金墉城，首开金墉城幽禁废主的先例。魏晋易代之际的曹奂被废幽于金墉城，沿袭了这一幽囚事件。不过，此时的金墉城虽已幽囚过两位废主，但其作为卫城的战略防守功用仍然是比较明确的，也还未成为专门幽禁废主的场所。据夏侯湛作于泰始年间（265—275）的《抵疑》，知当时"乡曲之徒，一介之士，曾讽《急就》、习甲子者，皆奋笔扬文，议制论道，出草莱，起林薮，御青琐，入金墉者，无日不有"①。这就是说，"八王之乱"前，金墉城还被视为下层士子盼望仰慕的高高在上的朝廷象征，其中充盈的，是与后来阴晦幽暗相对立的祥和华瑞之气。

然而，始于"八王之乱"，贾后（贾南风）专政，先是废囚皇太后杨芷于金墉，继而与贾谧等诬陷太子司马遹谋反，将其囚于金墉。由于在不长的时间内，多位皇亲帝胄入囚其中，所以金墉城的幽禁功能不断彰显。到了晋惠帝司马衷被幽金墉，此城已基本沦为幽囚废主弃后及被贬宗室的场所，成了贬黜幽禁的代名词。我们知道，司马衷是被赵王司马伦废囚于金墉城中的，复位（301）之后，嵇绍《上惠帝反正疏》云："臣闻改前辙者则车不倾，革往弊者则政不爽。大一统于元首，百司役于多士，故周文兴于上，成康穆于下也。存不忘亡，《易》之善义。愿陛下无忘金墉，大司马无忘颍上，大将军无忘黄桥，则祸乱之萌无由而兆矣。"②帝王被幽，失去自由，源于个体和国家的楚囚之痛与泣血之叹无疑给其生命打上了至深的烙印。故当其复位后，嵇绍以无忘金墉之囚来警示、激励之，便会产生其他说辞难以匹敌的效用。在这里，金墉既是被废帝王的幽囚之地，又是复出帝王回忆往事的伤心之地、警惧之地。综合考察"八王之乱"前后派系政争、宗室播迁的过程，不难看出，帝后宗室从缥缈的云端跌入人间谷底，废黜、贬谪、幽囚、屈辱乃至死亡，已成为落难帝、后及被贬宗室最常遭遇的生命状态，而作为幽禁场所的金墉城，以废弃贬黜为其主要特点，也成为充满政治意味和悲剧色彩的文化符号。

金墉城幽囚废主的功用，在"八王之乱"以后逐渐减少，但其幽禁功能仍在，

---

① （唐）房玄龄等：《晋书》卷五五《夏侯湛传》，第1493页。
② （唐）房玄龄等：《晋书》卷八九《忠义传·嵇绍传》，第2299页。

只是幽禁的对象由废主转向失宠嫔妃。北魏时期，金墉城多被用作废后弃妾的住所，从而进一步强化了其幽囚失宠女子的冷宫功能。

三、金墉意象的内在蕴含

由于史籍对金墉城及相关历史事件的记述，尤其是《晋书》的屡次提及，金墉城作为帝后嫔妃及宗室之幽禁场所这一功能日益深入人心，在其内里，遂积淀了越来越多的以贬黜文化为核心、极具悲剧色彩的政治蕴涵。同时，作为一个古今通约的文化符号，其中还饱含深刻的面向现实的警示意义。于是，在后世文人笔下，金墉便超越了早期的道教仙宫、坚固城池这样一些单一指称，而具有了既涵纳历史又面向现实，既咏叹王朝兴亡、帝后播迁，又寄托作者政治感怀和人生体悟的多重意蕴。换言之，金墉城已由一个单一物象转变成了具有丰富文化意蕴的文学意象。

首先值得关注的是，此一意象中充溢的以废弃贬黜为内核的历史遗恨及其表征的悲剧意蕴。

魏晋政权的更迭特别是"八王之乱"，令魏晋两代的帝王及皇室成员如走马灯般频繁变换，而被更替、废黜者一入金墉，便不仅会经受肉体的磨难、人格的羞辱，而且会直接感受到朝不保夕的死亡威胁。于是，这些当事者曾经感触而未能表达的种种经历和体验，便常常成为后世文学作品的咏叹对象或表现主题。赵翼《和友人洛阳怀古四首》之二题名《金墉城》，便是一首以金墉为题专咏魏晋史事的诗作："另筑名都处让皇，洛阳城外又宫墙。近非别苑游春地，闲似禅家退老堂。正朔尚留殷沫土，附庸略彷汉山阳。累他一个羊皇后，打作秋千上下忙。"①全诗从魏至晋，娓娓道来，先将魏元帝曹奂与禅位后被降为山阳公的汉献帝刘协作比，对曹奂禅位后被降为陈留王并困居金墉城的经历、处境浓墨重染，其间透露出一种"闲似禅家退老"实则悲感无限的苍凉情韵；而后跨越数十年，拈出曾被五废六立、多次入居金墉城的羊皇后，将魏晋两代废主弃后的无奈历史一笔写尽。所谓"另筑名都""处让皇""洛阳城外又宫墙""打作秋千上下忙"，围

---

① （清）赵翼：《瓯北集》卷九，《清代诗文集汇编》，上海古籍出版社2010年版，第362册，第73页。

绕金墉城的兴建及功用，将一段朝纲错乱、饱含屈辱的历史不动声色地展示出来，令人读后感慨无端。与赵诗相似而描写更直接、用语更激烈的，不乏其诗。诸如彭而述《读史杂吟》其一四"留台几赐死，金墉仍苟全"①、王士禛《胶乐张雉画葛洪移家图歌》"惠怀之际那可道，万乘不洗金墉羞"②、桑调元《吊石季伦二首》其二"铣溪何足问，往事叹金墉。世乱幽囚数，财雄祸患重"③、黄淳耀《羊氏女》"宫女如花委道边，金墉天人亦瓦全"④，这些诗句中频繁出现的"幽囚""苟全""瓦全""祸患"等字眼，特别是"金墉羞""叹金墉"这类话语，既概括展示了废主弃后们的幽囚生活，又表达了对被幽囚者毫无气节苟且偷生行为的不满，从而强化了金墉意象内含的悲惨气息和悲伤格调。

当然，作为政治斗争中的落败者，魏晋不少废主虽大节有亏，但因其已陷身图圄，成为弱势的一方，其命运又有令人同情的一面。这种同情，经后世文人用"恨""冤""泣""伤"等字词的反复渲染，益发突出了其经历的痛苦和悲剧色彩。梁炳《金墉城》有言："凄绝金墉里，年年负至冤。"⑤"年年"，见出负冤时间之久，"至冤"，见出冤恨程度之深；这两句诗，超越了一人一事的具体描述，而从宏观角度概括了金墉城郁积冤恨之多且重，由此呈现出"凄绝"的特点，读来令人满纸血泪，悲风飒然。在关注废主弃后的同时，不少诗人还将视线转向与之有联系的臣子，对其或忠贞或悲惨的命运一洒同情之泪。罗惇衍《范粲》诗所谓"金墉遗憾泣苍穹"⑥，便是对曹芳之臣范粲忠义行为的歌咏。据《晋书·范粲传》载："齐王芳被废，迁于金墉城，粲素服拜送，哀恸左右。时景帝辅政，召群官会议，粲又不到，朝廷以其时望，优容之。粲又称疾，阖门不出……粲因阳

---

①　（清）彭而述：《读史亭诗集》卷四，《清代诗文集汇编》，上海古籍出版社 2010 年版，第 21 册，第 714 页。

②　（清）王士禛：《渔洋续诗》卷二〇，《带经堂集》，《清代诗文集汇编》，上海古籍出版社 2010 年版，第 134 册，第 137 页。

③　（清）桑调元：《嵩山集》卷上，《弢甫五岳集》，《清代诗文集汇编》，上海古籍出版社 2010 年版，第 277 册，第 502 页。

④　（明）黄淳耀：《陶庵全集》卷九，影印文渊阁《四库全书》，台湾"商务印书馆" 1986 年版，第 1297 册，第 754 页。

⑤　（清）潘衍桐：《两浙輶轩续录》卷九，光绪十七年（1891）浙江书局。

⑥　（清）罗惇衍：《集义轩咏史诗钞》卷二四，《清代诗文集汇编》，上海古籍出版社 2010 年版，第 657 册，第 273 页。

狂不言，寝所乘车，足不履地……不言三十六载，终于所寝之车。"①范粲心恋故主，独抱忠心，以三十六年不开口的方式，表现对曹芳被废被囚的不满，也从侧面凸显了主上曹芳被囚金墉的无辜和冤恨。另如王士禛《张茂先宅》之"流恨金墉城，伤心洛阳陌"②、茹纶常《张茂先须帛》之"金墉恨难泯"③等诗句，则在表现西晋名臣张华遭遇的同时，映带出时局的艰危和朝纲的错位。张华具王佐之才，忠义之行，但在"八王之乱"中惨遭赵王伦杀害，被夷灭三族，其根源即在其不与有篡位野心的司马伦合作。诗人歌咏张华而提及金墉，实际上间接反映了张华故主，同时被赵王伦囚居于金墉城的晋惠帝司马衷的悲剧命运，其中充盈的，仍是一种因"至冤"而形成的"凄绝"情调。

由于金墉城已成为幽禁帝后的场所，成为皇族落难的象征，所以后世文人在描写不同时期被幽禁之帝后时，也常常借用金墉意象。如北宋靖康之变，导致徽、钦二帝被俘北上，宋钦宗被囚禁于悯忠寺（今北京法源寺）。清祝德麟《悯忠寺咏古三首》之三咏叹其事曰："抛尽山河竟北迁，仓皇休说靖康年。黎侯失国悲旄葛，宁武从君纳橐饘。无复含元朝唤仗，好偕老衲夜谈禅。幽州且作金墉寄，冰雪临潢倍可怜。"④这里，作者连用"黎侯失国""宁武从君"之典，深刻地展示了宋钦宗悲惨的流亡生活；而"金墉寄"三字，更将笔触伸向历史的深处，使人在对前后代落难帝王相似性经历的观照中，想见宋钦宗被金人俘掠千里，寄身幽州，面对漫天冰雪的凄惨处境，从而大大强化了作品的情感冲击力。

其次，在主要反映帝后蒙难、王室播迁的金墉意象中，还不乏作者的时事感怀、故国悲思和源于历史面向现实的忧患意识。

前凉文王张骏的《薤露行》，是以金墉意象入诗感叹历史兴衰的首创之作。该诗通过记载西晋宫廷政变、"八王之乱"、外族入侵、晋室南迁等历史事件，表现了诗人强烈的忧国心态及恢复旧域的愿望。所谓"储君缢新昌，帝执金墉

---

① （唐）房玄龄等：《晋书》卷九四《隐逸传·范粲传》，第 2431~2432 页。
② （清）王士禛：《渔洋续诗》卷一三，《带经堂集》，第 267 页。
③ （清）茹纶常：《容斋诗集》卷一六，《清代诗文集汇编》，上海古籍出版社 2010 年版，第 385 册，第 396 页。
④ （清）祝德麟：《悦亲楼诗集》卷一二，《清代诗文集汇编》，上海古籍出版社 2010 年版，第 402 册，第 119 页。

城"，借"缢""执"二字，将臣强主弱、祸起萧墙的历史现实拉到眼前；"义士扼素腕，感慨怀愤盈"①，更是直抒胸臆，表现了强烈的扼腕之愤。明人李东阳《南风叹》记叙贾后专政，幽杀皇太后杨芷于金墉城，以及贾后自己也终被幽杀于金墉城的经历。由于杨、贾二人皆权倾一时，最终命丧金墉，结局相似，故作者发出了"金墉城，城近远，朝来暮去谁能免"②的感慨。清沈赤然《五研斋诗文钞》中的组诗对金墉众囚的描绘更为集中，作者以惠帝、贾后、愍怀太子、赵王伦等为题，或同情惠帝、愍怀太子，或抨击贾后、赵王伦，在褒贬抑扬中显示其春秋笔法。表面看来，这是在咏史，但透过一层看，又无不是通过感叹王朝兴衰，评判历史人物，表现作者对现实的某种思考。

与前述诸作相比，陈维崧的五言排律《金墉城》表现了更强烈的现实针对性。该篇先从壮丽的金墉城开始，引出"八王之乱"的历史，发出"天潢争践踏，国计孰弥缝"的感叹；继而从历史回忆走向现实，在"可怜空宛雏，何日靖兵烽"的愿望和"惟余陆浑在，山翠落金墉"③的描写中，表达出深长的历史悲感。在作者看来，"八王之乱"的悲惨一幕虽已成陈迹，但殷鉴不远，风烟又起，遥望掩映在群山翠色中的金墉城，其内心的苍凉沉痛可想而知。在《念奴娇·临津怀古》一词中，陈维崧再次怅然感怀："历数汉苑唐陵，沧桑转瞬，大抵皆如此。绣岭金墉，都换了，何况弹丸黑子。"④以绣岭、金墉两座古宫城的消亡入句，极写"沧桑转瞬"的历史变迁，其中寄寓着一种贯通古今的精神气脉和苍凉情怀。

吴伟业身处江山易代之际，其感怀悲歌具有更浓郁、明确的现实指向。《行路难》之三有云："君不见，金墉城头高百尺，河间成都弄刀戟，草木萌芽杀长沙，狂风烈烈吹枯骨。人生骨肉那可保，富贵荣华几时好。龙子作事非寻常，夺枣争梨天下扰。金床玉几不得眠，一朝零落同秋草。"⑤粗略地看，这是对"八王

---

① （宋）郭茂倩编撰：《乐府诗集》卷二七，第 397 页。

② （明）李东阳：《怀麓堂集》卷一，影印文渊阁《四库全书》，台湾"商务印书馆"1986 年版，第 1250 册，第 10 页。

③ （清）陈维崧：《湖海楼诗集》卷一一，《湖海楼全集》，《清代诗文集汇编》，上海古籍出版社 2010 年版，第 96 册，第 186～187 页。

④ （清）陈维崧：《湖海楼词集》卷一一，《湖海楼全集》，《清代诗文集汇编》，上海古籍出版社 2010 年版，第 96 册，第 351 页。

⑤ （清）吴伟业：《梅村家藏稿》前集卷二，第 21 页。

之乱"前后夺枣争梨、王室播迁之史事的描写，但从深层看，其中处处折射出明末清初天崩地坼之历史风云的面影。在金墉、刀戟、狂风、枯骨、秋草等意象、物象的叠加中，贯穿着诗人对相似性历史的深入观察和思考，渗透了他亲身经历的黍离之感和故国之悲。

如果说，上述作品的警示意义主要还是在咏怀历史、感叹兴亡中间接表现的，那么，明人刘基的《煌煌京洛行》，则借助大段的议论，明确点出了金墉城对后代历史的昭戒，以及作者强烈的忧患意识："用人混哲否，孽芽出萧墙。兄弟相唊食，同气成豺狼。金墉岂不固，清谈漫洋洋。……殷勤京洛篇，厥鉴不可忘。"①全诗最后一句，将"厥鉴"主旨狠狠地掷于读者面前，可谓直抒胸臆，振聋发聩。清人夏之蓉《浣衣里》借嵇绍典故申言："此衣慎勿浣，衣上血初溅。金墉未可忘，臣血久恐变。"②据《晋书·嵇绍传》载："值王师败绩于荡阴，百官及侍卫莫不溃散，唯绍俨然端冕，以身捍卫，交兵御辇，飞箭雨集，绍遂被害于帝侧，血溅御服，天子深哀叹之。及事定，左右欲浣衣，帝曰：'此嵇侍中血，勿去'。"③"八王之乱"中，嵇绍血染御服的忠义之举，与晋惠帝被囚金墉城的悲剧命运，成为常被后人提及的典型事例，诗人在此借忠臣之血，提示帝王勿忘金墉之耻，其所具有的警示人心的作用是显而易见的。

要之，后人以金墉为题，或咏史怀古，或借古鉴今，或感慨历史之兴亡，或表达现实之忧患，从而赋予金墉意象以多重意义内涵。所有这些，在金墉城从历史单一指称对象到多元文学意象生成的过程中，均具有不可忽视的作用。

---

① （明）刘基：《太师诚意伯刘文成公文集》卷一〇，《四部丛刊初编》。
② （清）夏之蓉：《半舫斋编年诗》卷一三，《清代诗文集汇编》，上海古籍出版社 2010年版，第 287 册，第 385 页。
③ （唐）房玄龄等：《晋书》卷八九《忠义传·嵇绍传》，第 2300 页。

第六章　东晋贬谪事件与门阀政治的发展

"八王之乱"引胡参战，洛阳沦覆，中原因此陆沉，晋室南迁，偏安于江左，前后持续百年之久，是为东晋。这一时期是士族与皇权共治的时代。大致而言，前后经历了王、庾、桓、谢等门阀士族掌权时期，这些时期的政治势力角逐时有发生，政治生态环境相当复杂。

东晋一朝，以文学名世的郭璞、葛洪、王羲之、孙绰、许询、支遁、湛方生、陶渊明等士人基本上与贬谪现象无关，这令探讨东晋贬谪文学产生了无米之炊的困难。之所以出现这种情形，除了史料阙略之外，主要与当时政治社会背景下的士人心态有关。东晋玄风大畅，以文学名世的诸人基本无心仕途，他们身上大都有着固辞不就的故事，如葛洪、王羲之等皆有屡征不就的经历，而如许询是终身不仕，支遁更是方外之人。即使出仕者，也大都不为权势所羁縻，在其位者不谋其政，他们亦官亦隐，"居官无官官之事，处事无事事之心"①，这些人对山林皋壤、餐霞饮露的兴趣要大于朝堂魏阙，他们喜交佛道，性耽清谈，萧散自适。在这样的大环境里，贬谪文学缺席就可想而知了。不过，东晋被贬者不乏其人，下面择其要者而论之，从其被贬的经历探讨被贬的深层原因。联系门阀政治大背景，可以从这些武将、士人、宗室被贬的境遇中寻找一些有意义的问题。这些问题涉及当时的政治背景与社会文化等诸多方面，间或与文学相涉。

第一节　琅琊王氏与陶侃之贬

陶侃(267—332)，字士行(或作士衡)。本为鄱阳(今江西鄱阳)人，后徙庐

---

① （唐）房玄龄等：《晋书》卷七五《刘惔传》，第1992页。

江寻阳(今江西九江西),乃陶渊明之曾祖。陶侃是南方没落豪强之后,出身孤贫,曾为士人所轻。但他通过自己的才干与努力,最终成为东晋开国时期的名将,不仅军功显赫,同时富有文才。这位晋初重臣曾经一度被免,又被贬广州十年,其被贬原因、谪居期间的心态与地方治理之功值得一探。

一、陶侃之贬的深层原因

陶侃早年因范逵举荐,被庐江太守张夔举为孝廉,有机会入洛结识晋廷名流,然而因出身寒素为士人所轻。惠帝末期为孙秀舍人。太安二年(303),陶侃被荆州刺史刘弘辟为南蛮长史,讨伐农民运动领袖张昌,因功封为东乡侯。刘弘是赏识陶侃的一位伯乐式人物,对其仕途晋升起了重要作用。此后陶侃又迁江夏太守、武昌太守。

永嘉元年(307),东海王司马越以太傅身份辅政,琅琊王司马睿受命为安东将军都督扬州江南诸军事,与王导等渡江至建业,晋室政治中心开始逐渐南移。这一时期,在豫章的王敦为江南最高军事将领,他看中了陶侃的才干。永嘉、建兴年间,政局混乱异常。晋愍帝建兴元年(313),陶侃被王敦表为使持节、荆州刺史。陶侃任荆州刺史是其仕途的重要一环。此时,晋愍帝朝廷遣第五猗南下为安南将军、荆州刺史,与琅琊王司马睿的势力范围相渗透。且王冲、杜曾、杜弢等都在荆湘地区活动,以至于荆州地区的形势极为复杂。陶侃站在琅琊王与王敦这一方,为其出生入死,还曾一度被免,经过艰难重重的战争,陶侃等最终战胜王冲、杜曾、杜弢等人。然而陶侃的努力却为王敦做了嫁衣裳。《晋书·王敦传》云:"侃之灭弢也,敦以元帅进镇东大将军、开府仪同三司,加都督江扬荆湘交广六州诸军事、江州刺史,封汉安侯。敦始自选置,兼统州郡焉。"[1]陶侃协助王敦,征战荆、湘、江等州,这些地区因而由王敦控制。陶侃在荆湘的军功与战绩让王敦深为猜忌。于是,王敦上表琅琊王司马睿,建兴三年(315),陶侃被贬广州。

关于陶侃之贬,《晋书·陶侃传》如是记载:

---

[1] (唐)房玄龄等:《晋书》卷九八《王敦传》,第2554页。

王敦深忌侃功。将还江陵，欲诣敦别，皇甫方回及朱伺等谏，以为不
可。侃不从。敦果留侃不遣，左转广州刺史、平越中郎将，以王廙为荆州。
侃之佐吏将士诣敦请留侃。敦怒，不许。侃将郑攀、苏温、马俊等不欲南
行，遂西迎杜曾以距廙。敦意攀承侃风旨，被甲持矛，将杀侃，出而复回者
数四。侃正色曰："使君之雄断，当裁天下，何此不决乎！"因起如厕。谘议
参军梅陶、长史陈颁言于敦曰："周访与侃亲姻，如左右手，安有断人左手
而右手不应者乎！"敦意遂解，于是设盛馔以饯之。侃便夜发。敦引其子瞻为
参军。侃既达豫章，见周访，流涕曰："非卿外援，我殆不免！"侃因进至
始兴。①

可见，由于功高，陶侃曾一度有性命之虞，他被贬的主要原因是王敦对其猜
忌与防范。关于这一点，有必要进行深究。王敦为何对陶侃予以防范？个中原因
为何？这还要从陶侃的出身与司马睿集团中南北士族的矛盾说起。

司马睿集团南渡，主要依靠琅琊王氏家族等北方士人的支持。南渡之前，司
马睿在北方所行的大事基本上由王导出谋划策。南渡之后，这种局面更甚。南渡
后，王导居内，位掌机枢，王敦居外，统御重兵总征讨，王氏家族在司马睿集团
中任职颇多，势力雄厚。永嘉南渡，真正根基雄厚的北方世家大族往往不愿南
迁。"两晋之际南渡的士族，即江左的侨兴士族，他们南来前夕多数在北方还没
有发展到根深蒂固、枝繁叶茂的地步，可赖以雄踞一方的宗族势力还不强大，可
溯的世系还不长久。"②西晋时期，琅琊王氏比起博陵崔氏、范阳卢氏、弘农杨氏
等传统世家大族，其势力要弱。琅琊王氏跟随司马睿南渡，算是寻找到了一个借
此发展壮大的时机，经营江东的过程中，王氏家族势力日盛，直至左右南渡之初
的江东政局。

司马睿集团的核心成员中，北方士族居多。"百六掾"的组成可以充分说明
这一点。面对大量南下的北方士族，江东本土士族是持冷淡与不欢迎态度的，因
为西晋王朝中央政府对于曾属东吴国的江东士族本就不太信任，北方士族也一直

---

① （唐）房玄龄等：《晋书》卷六六《陶侃传》，第 1772~1773 页。
② 田余庆：《东晋门阀政治》，北京大学出版社 2012 年版，第 322 页。

歧视江东士族。所以，"'百六掾'是侨寓江东的司马氏皇室为稳固其在江东的统治地位，利用北方士族与江东士族之间的矛盾而采取的一项重用北方士族的措施"[1]。司马睿在江东立足得到了南渡北方士族的大力支持，他们互为依靠。身为南方士族的陶侃，因为军功显赫，势力逐渐增强。我们来看拥戴陶侃的诸人，如皇甫方回避乱荆州，是"南土人士咸崇敬"[2]之人。朱伺，亦为安陆人。而郑攀、苏温、马俊等，虽无法明其籍贯，但他们支持陶侃，大都应该是南方人士。至于周访，祖辈于汉末避乱江南，吴亡时改为庐江寻阳人，更与陶侃为同乡。试想，军功显赫的陶侃拥有一批南人的支持，身为北方士族的王氏兄弟理当对其进行抑制。这反映了当时司马睿集团内部南北士族之争的实情。当陶侃之佐吏将士竭力请求王敦留陶侃时，王敦更加明白陶侃深得众人拥戴，其或可成为王氏家族的潜在对手。

具体到王敦对陶侃的猜忌上，除了有南北士族之间的矛盾因素，还体现了王敦个人的野心。之后的王敦之乱，很明显体现了这位政治野心家的潜藏之志。所谓王敦深忌侃功，以从弟廙代侃，就是担心陶侃势力越发强大难以遏制，此时是他"专擅之迹渐彰"[3]的时期。且陶侃此前任荆州刺史，此为要职，其所掌地区荆州是一个极为重要的地区。荆州处于长江中游，对长江下游的建业具有重要的战略遏制意义，当年晋灭吴即由长江东下攻克建业。试想司马睿集团要想在建业立足，理当牢牢对荆州进行控制。这一战略要地由日渐强大的南人陶侃来掌管，司马睿等人也会有防忌心理。所以王敦在陶侃平定荆州之后就过河拆桥，将其左转广州刺史、平越中郎将。王氏兄弟开创的东晋门阀政治，对东晋的政局影响巨大。田余庆谓："琅琊王氏王导、王敦兄弟与司马氏'共天下'，开创了东晋门阀政治的格局，建立了祭则司马、政在士族的政权模式，维持了一个世纪之久。"[4]陶侃之贬就是门阀政治发展过程中的一个必然结果，是王敦对其特意打压的结果。

① 方亚光：《释"百六掾"——兼论北方士族与晋初政治》，《江苏社会科学》1990 年第 6 期。
② （唐）房玄龄等：《晋书》卷五一《皇甫方回传》，第 1418 页。
③ （唐）房玄龄等：《晋书》卷九八《王敦传》，第 2555 页。
④ 田余庆：《东晋门阀政治》，第 6 页。

陶侃之贬只是东晋门阀政治发展过程中的一个典型案例，当时如陶侃一样被贬的还有周访、刘胤、阮裕等人，只不过陶侃功高遭忌，他对王敦的威胁最大，其贬谪最具典型性。《晋书·周访传》载：

> 初，王敦惧杜曾之难，谓访曰："擒曾，当相论为荆州刺史。"及是而敦不用。至王廙去职，诏以访为荆州。敦以访名将，勋业隆重，有疑色。其从事中郎郭舒说敦曰："鄙州虽遇寇难荒弊，实为用武之国，若以假人，将有尾大之患，公宜自领，访为梁州足矣。"敦从之。访大怒。①

可见，王敦食言，让周访仍任梁州刺史，这是变相贬谪，原因在于其对周访的猜忌。《晋书·刘胤传》载："王敦素与胤交，甚钦贵之，请为右司马。胤知敦有不臣心，枕疾不视事，以是忤敦意，出为豫章太守，辞以脚疾，诏就家授印绶。"②刘胤被贬豫章太守的具体时间不可考，但基本可以推测在东晋建立初期。又有《晋书·阮裕传》云："宏达不及放，而以德业知名。弱冠辟太宰掾。大将军王敦命为主簿，甚被知遇。裕以敦有不臣之心，乃终日酣觞，以酒废职。敦谓裕非当世实才，徒有虚誉而已，出为溧阳令，复以公事免官。"③东晋建立，王敦为大将军，此时前后，阮裕被王敦命为主簿，他被贬也在东晋建立不久之后。可见王敦的不臣之心不仅致使陶侃被贬，也使周访、刘胤、阮裕等人被贬。后来王敦攻入建康以后自任丞相，更是大行贬黜。《魏书·僭晋司马叡传》云："敦自为丞相……于是改易百官及诸州镇，其余转徙黜免者过百数，或朝行暮改，或百日半年。"④诸多黜免事件是王氏门阀势盛的结果与体现，这在东晋门阀政治的发展过程中具有普遍性。

二、贬谪期间的心态与贬所治理之功

陶侃赴任广州在建兴三年（315），翌年，长安的晋愍帝出降匈奴前赵刘曜，

---

① （唐）房玄龄等：《晋书》卷五八《周访传》，第1581页。
② （唐）房玄龄等：《晋书》卷八一《刘胤传》，第2114页。
③ （唐）房玄龄等：《晋书》卷四九《阮裕传》，第1367页。
④ （北齐）魏收：《魏书》卷九六《僭晋司马叡传》，中华书局1974年版，第2094页。

西晋灭亡，司马睿在建业称晋王。次年，晋愍帝之死的消息传至江东，司马睿遂即皇位。从此，东晋据长江中下游与淮河、珠江流域。因此，可知陶侃赴广州之后的一年多以后西晋灭亡，东晋政权建立。陶侃被贬广州十年，即从 315 年至 324 年王敦被平，他的绝大部分贬谪生活在东晋度过。

被贬岭南，陶侃仍然掌握一方兵权，在人身限制方面当不同于后世一般士人之贬。那么陶侃谪居期间的心态如何？

《晋书·陶侃传》载："在州无事，辄朝运百甓于斋外，暮运于斋内。人问其故，答曰：'吾方致力中原，过尔优逸，恐不堪事。'其励志勤力，皆此类也。"[1]这一运甓之事体现了陶侃奋发功业的励志之心。陶侃运甓的故事在后世常被人引用，成为与祖逖、刘琨闻鸡起舞一样表达奋发励志的典故。诸例甚多，如唐人元稹《纪怀赠李六户曹崔二十功曹五十韵》："运甓调辛苦，闻鸡屡寝兴。"[2]又如宋人刘克庄《代上西山》云："睹陶公运甓之风，每思勤恪；慕清献携琴之事，愈自洁修。"[3]陶侃乃心怀大志之人，早年家贫时款待范逵、事张夔等，都说明了他的奋发砥砺之心。在广州运甓之事又显露出他心系中原形势，不甘心只在交广地区为刺史，他心中应时有北归之望。

关于陶侃在广州地区的具体活动，史料阙略，无法详知。但基本可以肯定，广州地区相对僻远安定，陶侃在此处任职较为清闲，运甓之事即说明这一点。陶侃雄毅明悟，治民治军皆有方略。广州十年，陶侃治理交、广两地，安边之功甚大。在陶侃至岭南之前，交广地方政府的统治力量相对薄弱，地方谋反之事频生。陶侃初至广州时，就以雷厉风行之势平定了叛乱。太兴初（318 或 319），陶侃进号平南将军，寻加都督交州军事。永昌元年（322），时交州刺史王谅为贼梁硕所陷，侃遣将平之，领交州刺史。至此，陶侃领广、交两州刺史。太宁三年（325），王敦被平之后，陶侃迁都督荆、雍、益、梁州诸军事，领护南蛮校尉、征西大将军，复为荆州刺史。面对陶侃的回归，当地"楚郢士女莫不相庆"[4]。可见陶侃曾经的荆州之任已经深得民心，在交广之地的十年安边安民之功，陶侃由

---

① （唐）房玄龄等：《晋书》卷六六《陶侃传》，第 1773 页。
② （唐）元稹撰，冀勤点校：《元稹集》卷一一，中华书局 1982 年版，第 122 页。
③ （宋）刘克庄撰，辛更儒校注：《刘克庄集笺校》卷一一七，第 4829 页。
④ （唐）房玄龄等：《晋书》卷六六《陶侃传》，第 1773 页。

此对地方治理经验更为丰富。《晋书·陶侃传》与《世说新语》中记载了好几则有关陶侃节俭、勤奋、惜时、廉洁、尽忠等品质的故事，因此他被部分史家奉为东晋难得的纯臣①。

由于有关陶侃贬地生活的史料不足，这里无法对其进行更深入的探讨，仅着重分析他的被贬现象与东晋初年门阀政治发展间的关系。此后庾、桓、谢等门阀士族相继掌权，东晋诸多士人、武将或宗室被贬，都可以从陶侃之贬中窥斑知豹。

第二节　桓温得势与永和十年的贬黜事件

桓温(312—373)，字元子，谯国龙亢(今安徽怀远县)人，是谯国桓氏的代表人物。谯国桓氏是东晋门阀士族中继王、庾之后的世家大族，桓氏家族前后两次掌权，象征了东晋门阀士族权力发展到顶点，此时皇权旁落至最低点。桓氏虽为望族，但在魏晋时期已势衰，相比其他几族，桓氏刚入江东时显得族单势孤。随着诸子成长起来，桓温的势力也逐渐强大，最终势盛江左。在桓氏家族势盛的过程中，发生了诸多贬黜事件，这些贬黜事件对当时的政治、文化产生了一定影响。其中永和十年(354)发生了与桓温有关的两起贬黜事件，殷浩、习凿齿都在这一年被贬黜，这两起贬黜事件背后的深层原因为何？它们与桓氏门阀士族的发展有何关系？下面予以索解。

一、殷浩之废

殷浩(？—362 或 356)，字深源，陈郡长平(今河南西华县)人。殷浩好老庄，乃玄谈名士，《世说新语》多有记载。《晋书·殷浩传》亦载："浩识度清远，弱冠有美名，尤善玄言，与叔父融俱好《老》《易》。融与浩口谈则辞屈，著篇则融胜，浩由是为风流谈论者所宗。"②这位名士曾经做过征西将军庾亮的记室参

---

① （清）王鸣盛：《十七史商榷》卷五〇（第 369 页）"陶侃被诬"条称其为"东晋第一纯臣"。

② （唐）房玄龄等：《晋书》卷七七《殷浩传》，第 2043 页。

军，累迁司徒左长史，后隐居墓所旁近十年，为士林推许，声名远播，时人将其比拟为管仲、诸葛亮。时江夏相谢尚、长山县令王濛皆劝他出仕，但他固辞不起，后又对褚裒的推荐辞让再三。在会稽王司马昱的多次相劝之下，殷浩最终接受了晋廷的起用。晋廷为何起用殷浩？《晋书·殷浩传》如此记述："时桓温既灭蜀，威势转振，朝廷惮之。简文以浩有盛名，朝野推伏，故引为心膂，以抗于温，于是与温颇相疑贰。"①可知，以司马昱为首的辅政集团猜忌桓温，希望用名士殷浩来掣肘他。殷浩在永和二年(346)被晋廷起用。田余庆云："这一年，司马昱辅政，用殷浩主扬州。二年到十年，司马昱与殷浩模式，使得东晋朝廷一度安稳……司马昱与名士殷浩的中枢集团，基本是一个清流名士玄谈集团，无实际经纶世务的能力。"②殷浩之任标志着他与桓温矛盾的开始，从此两人矛盾不断，但却未明显表现出来，所以殷浩任职的七八年间，晋廷相对安稳。

殷浩之任的目的在于与桓温抗衡，不过这位名士虽然善于玄谈，但在政治、军事方面的才能一般，终至蹙国丧师。殷浩与桓温早年令名相埒，之前就有交往，桓温对殷浩应该早有了解。所以说桓温在扩张自己势力的时候，并非急于用事，而是稳扎稳打，步步为营，时刻等待着殷浩铸错。朝廷用殷浩抗衡桓温，殷浩遂得以参议朝权，他擢升荀羡为吴郡太守、王羲之为护军将军等，欲将诸人引为党羽以抗桓温。王羲之认为殷浩应该与桓温同心协力，才能令晋廷安稳，但殷浩不从。殷浩受到重用后，以恢复中原为己任。同时桓温也数次上表希望能够北伐，不过朝廷并未允许。永和八年(352)，殷浩上表北伐获许，由于张遇在许昌据城叛变，谢尚又败，所以无功而返。永和九年(353)冬，殷浩再次大举北伐获败，朝廷甚有怨恨之声。一向忌恨殷浩的桓温借此机会上奏朝廷，列举殷浩罪状，迫朝廷对其进行惩处。因此，永和十年(354)正月，殷浩被废为庶人，徙东阳信安县(今浙江衢州)。从此桓温掌内外大权，《晋书·桓温传》云"温复进督司州，因朝野之怨，乃奏废浩，自此内外大权一归温矣"③。

殷浩北伐的屡败正为桓温势力的彰显提供了契机，他正是抓住这一机遇逼晋

---

① (唐)房玄龄等：《晋书》卷七七《殷浩传》，第2045页。

② 田余庆：《东晋门阀政治》，第169页。

③ (唐)房玄龄等：《晋书》卷九八《桓温传》，第2571页。

廷废黜殷浩，扩大自己的势力。可见，永和十年(354)初的殷浩之废是桓温势力大增的一个显著信号。殷浩被废的同时，晋廷同意了桓温的北伐请求。永和十年(354)二月，桓温开始了第一次北伐。

值得一提的是，殷浩之废贬在后世引起了众人的同情与感叹。如后世文人读晋史时，都不免对其废贬有所感怀。明李东阳《次王主事叔武韵五首》其二云："谁将闷怀郁，转使悲歌放。兀坐比书空，咄咄成悲怆。"[1]清人罗惇衍《殷浩》一诗谓："五军北讨全师溃，一谪东阳怪事新。书付洪乔流水去，空函开闭悟前因。"[2]殷浩之废得以赢取后人同情，主要原因在于后人对桓温的非议。殷浩、桓温本齐名，少时有交往，皆为当时士人之领袖式人物，桓温奏劾殷浩之举实乃不义，且其篡逆之心也易遭后人非议，所以后人对殷浩之废给予同情。

二、习凿齿之贬

习凿齿(？—约384)，字彦威，襄阳人。他出自地方豪强之家，博学能文。初被荆州刺史桓温辟为从事，又转西曹主簿，累迁别驾。曾受桓温赏识，跟随桓温一直居机要之职，但其受重用的情况却一朝得变。当时桓温手握重兵，居长江中上游，建康朝廷穆帝年幼，以宰相、琅琊王司马昱为首主政朝廷。司马昱对桓温进行牵制，属于中央与方镇之间的矛盾。习凿齿后奉桓温之命到建康公办，受到司马昱的礼遇，因此对其颇怀好感，从而遭致桓温的猜忌。《晋书·习凿齿传》云："时清谈文章之士韩伯、伏滔等并相友善，后使至京师，简文亦雅重焉。既还，温问：'相王何似？'答曰：'生平所未见。'以此大忤温旨，左迁户曹参军。"[3]另一事也让习凿齿遭贬，"初，凿齿与其二舅罗崇、罗友俱为州从事。及迁别驾，以坐越舅右，屡经陈请。温后激怒既盛，乃超拔其二舅，相继为襄阳都督，出凿齿为荥阳太守"[4]。这两件事情，体现了习凿齿由桓温亲信成为被猜忌与遭贬的对象。

---

① (明)李东阳：《怀麓堂集》卷九八，第1056页。
② (清)罗惇衍：《集义轩咏史诗钞》卷二七，第307页。
③ (唐)房玄龄等：《晋书》卷八二《习凿齿传》，第2153页。
④ (唐)房玄龄等：《晋书》卷八二《习凿齿传》，第2153页。

据上，习凿齿先后至少被贬两次，一次贬为户曹参军，一次出为荥阳太守。① 户曹参军乃管理户籍、农桑的官员，当时桓温在荆州（襄阳为治所）任职，习凿齿理当是荆州户曹参军，此时虽被贬，但仍在桓温身边。第二次出为荥阳太守，乃离开桓温被外贬，虽说任地方太守品秩反升，且从桓温僚属变为晋廷命官应为升职，但史臣用语应有所本。相比殷浩被废之时间确凿无疑，习凿齿之贬因史料阙略而显得模糊不清，不过我们仍然可以进行合理推断。

《晋书·习凿齿传》云习凿齿之仕途始于被荆州刺史桓温辟为从事。《晋书·穆帝纪》云："（永和元年）秋七月庚午，持节、都督江荆司梁雍益宁七州诸军事、江州刺史、征西将军、都亭侯庾翼卒……八月，豫州刺史路永叛奔于石季龙。庚辰，以辅国将军、徐州刺史桓温为安西将军、持节、都督荆司雍益梁宁六州诸军事，领护南蛮校尉、荆州刺史。"②则知永和元年（345）秋，以徐州刺史桓温继任荆州刺史。如此推断，习凿齿最早可能在永和元年八九月间或稍后几年被辟为从事。又习凿齿本传云江夏相袁乔数赞习凿齿之才于桓温，故转西曹主簿。《晋书·袁乔传》载袁乔曾以江夏相的身份跟随桓温伐蜀。《晋书·穆帝纪》载桓温伐蜀在永和二年（346）十一月辛未至三年（347）四月，袁乔在桓温面前称赞习凿齿，极有可能发生在永和二年或三年。

那么，习凿齿左迁户曹参军在哪一年呢？

永和元年（345）八九月，徐州刺史桓温继任荆州刺史。《世说新语·文学》载："习凿齿史才不常，宣武甚器之，未三十，便用为荆州治中。凿齿谢笺亦云：'不遇明公，荆州老从事耳！'后至都见简文，返命，宣武问：'见相王何如？'答云：'一生不曾见此人。'从此忤旨，出为衡阳郡，性理遂错。于病中犹作《汉晋春秋》，品评卓逸。"刘孝标注引《续晋阳秋》云："凿齿少而博学，才情秀逸，温甚奇之，自州从事岁中三转至治中，后以忤旨，左迁户曹参军、衡阳太守，在郡著《汉晋春秋》，斥温觊觎之心也。"③足见，习凿齿受桓温赏识，未三十岁便为荆州治中。且一年内，由荆州从事三转而为荆州治中。《北堂书钞·设官·别驾·在州境十年》引《晋中兴书·习录》："习凿齿，刺史桓温甚器之，在州境十年。"①联系《晋书·习凿齿传》与《世说新语》注引《续晋阳秋》，以及《北堂书钞》引《晋中兴书·(襄阳)习录》，大致可厘清习凿齿在桓温时代的任职，其先后任荆州从事、西曹主簿、治中、别驾、户曹参军、荥阳(或曰衡阳，乃误，应为荥阳，详见下文考辨)太守。其中，户曹参军应是习凿齿在荆州最后之任，此后便赴任荥阳。习凿齿左迁户曹参军，当在赴任荥阳之前不久，要解决此问题，还得先考知习凿齿何时赴任荥阳。

《晋书·穆帝纪》云：

> (永和十二年)秋八月己亥，桓温及姚襄战于伊水，大败之。襄走平阳，徙其余众三千余家于江汉之间，执周成而归。使扬武将军毛穆之，督护陈午，辅国将军、河南太守戴施镇洛阳。……十一月，遣兼司空、散骑常侍车灌，龙骧将军袁真等持节如洛阳，修五陵。十二月庚戌，以有事于五陵，告于太庙，帝及群臣皆服缌，于太极殿临三日。②

《晋书·桓温传》云：

> 母孔氏卒，上疏解职，欲送葬宛陵，诏不许。……温葬毕视事，欲修复园陵，移都洛阳，表疏十余上，不许。进温征讨大都督、督司冀二州诸军事，委以专征之任。……升平中，改封南郡公，降临贺为县公，以封其次子济。隆和初，寇逼河南，太守戴施出奔，冠军将军陈祐告急，温使竟陵太守邓遐率三千人助祐，并欲还都洛阳，上疏曰："……。"诏曰："……召温入参朝政。"温上疏曰："……。"诏不许，复征温。温至赭圻，诏又使尚书车灌止之，温遂城赭圻，固让内录，遥领扬州牧。属鲜卑攻洛阳，陈祐出奔，简

---

① (唐)虞世南编：《北堂书钞》卷七三，《续修四库全书》，上海古籍出版社 2002 年版，第 1212 册，第 346 页。

② (唐)房玄龄等：《晋书》卷八《穆帝纪》，第 201 页。

文帝时辅政，会温于洌洲，议征讨事，温移镇姑孰。会哀帝崩，事遂寝。①

据上可知，永和十二年（356）八月，桓温一度收复洛阳，并屡请迁都，隆和初（隆和元年为362年）又上书要求还都洛阳，亦未得许可。桓温永和十二年收复洛阳，晋置司州，辖河东、荥阳、陈留三郡。② 则永和十二年秋，桓温收复失地，荥阳重入晋廷之手，习凿齿可能于此年年底或次年（357）离开荆州任荥阳太守。又据《晋中兴书·习录》"在州境十年"之说，习凿齿在荆州约十年后离开，则其被桓温辟为从事当在永和三年（347）或四年。前已谓《晋书·袁乔传》载袁乔曾以江夏相身份跟随桓温伐蜀，此即《晋书·习凿齿传》所谓"江夏相袁乔深器之，数称其才于温，转西曹主簿"之时，时在永和二年或三年。合而言之，习凿齿被桓温辟为从事在永和三年或四年，习凿齿因袁乔推荐而转西曹主簿在永和二年或三年，且其一年内，由荆州从事三转而为荆州治中，那么习凿齿被桓温辟为从事在永和三年前后，应是最为可能，如此方能绾合各方时间记录。

《晋书·习凿齿传》谓桓温使别驾习凿齿至京师公办，受司马昱雅重，习凿齿归来盛赞司马昱而忤桓温，左迁户曹参军。史书言简，未明言习凿齿何时至京师，也未明言公办何事。或可做一合理推测，有关桓温首次北伐，《晋书·穆帝纪》载："（永和十年）秋九月辛酉，桓温粮尽，引还。"③《晋书·桓温传》："而健芟苗清野，军粮不属，收三千余口而还。帝使侍中黄门劳温于襄阳。"④永和十年（354）九月，桓温首次北伐初战告捷，但因粮尽还军襄阳，朝廷遂派人到襄阳慰问桓温。此时，桓温极有可能命习凿齿赴建康感谢朝廷的犒劳，借此一探中央虚实，或结交建康权贵以图后事。考虑到襄阳到建康距离七八百公里，往返需耗费时日。九月辛酉，桓温粮尽，帝遣人劳温于襄阳当在十月前后，习凿齿再由襄阳赴建康，往返耗时，约在年底才能回襄阳。故而，习凿齿归来盛赞司马昱左迁户

① （唐）房玄龄等：《晋书》卷九八《桓温传》，第2571~2575页。
② 可参徐文范《东晋南北朝舆地表》卷二、卷三（《丛书集成初编》，上海商务印书馆，第3065、3066册，第94~95、100页）。陈留郡一般归属兖州，徐文范谓司州辖河东、荥阳、陈留三郡之说，不知何据，暂存疑。
③ （唐）房玄龄等：《晋书》卷八《穆帝纪》，第200页。
④ （唐）房玄龄等：《晋书》卷九八《桓温传》，第2571页。

曹参军，极可能在永和十年年底或十一年年初。终习凿齿一生事迹记录，此一推测颇符合相关史实。若此推测有误，则习凿齿归来盛赞司马昱而左迁户曹参军，也应大致在永和中后期。

习凿齿之所以左迁为户曹参军，乃史书谓其盛赞司马昱而忤逆了桓温之意。习凿齿对司马昱进行称赞，一来是因为自己受到礼遇，二来可能是两人基于思想爱好方面的共同点。为论者熟知，司马昱乃爱好玄学之人，其玄学修养颇深。习凿齿与诸多清谈雅士相友善，其玄学修养亦当不浅，这一类人在思想爱好等方面都有共同点。习凿齿对司马昱的称赞，很大原因可能出于他们的共同爱好。加之司马昱乃晋廷皇室宗亲，为京师掌权之相王，习凿齿对其称赞也属于对晋廷的忠心。而他的这些忠君思想，与桓温处心积虑的篡权思想相悖，当时司马昱与桓温矛盾渐显，此时当他称赞司马昱被贬也就在情理之中了。

但是，习凿齿仅仅是因言获罪被贬的吗？桓温仅因为习凿齿称赞司马昱就将其左迁，似乎有点牵强。如果仅因为称赞司马昱这件事情就将一位跟随自己很久且才干高异的人才贬谪，雄才大略的桓温当不至于如此糊涂。因言获罪的背后应该有更深原因，如果做一合理猜测的话，可能与习凿齿受命到建康一事的目的有关。前已谓，永和十年（354）年底前后，桓温在因粮不继引还襄阳之后，可能命习凿齿赴建康表达谢意并探虚实。习凿齿如果在这样的任务安排下赴建康，在受到礼遇的情况下高度称颂司马昱代表的中央政权，无疑会引起桓温的猜忌。因此，所谓仅称赞司马昱，当不至于"大忤温旨"，它只是被贬的导火线而已，"大忤温旨"的背后原因应是对桓温给予的任务未完成，且不赞成桓温篡晋所致。

《晋书·习凿齿传》又云习凿齿被外贬荥阳太守，这又发生在哪一年呢？外贬荥阳太守当在左迁户曹参军后不久，两次贬谪间隔时间不长。

《晋书·习凿齿传》谓"出凿齿为荥阳太守"，然《世说新语·文学》注引《续晋阳秋》云"后以忤旨，左迁户曹参军、衡阳太守"，是有"衡阳"与"荥阳"之别，此点向有争议。如余嘉锡《世说新语笺疏》引清人程炎震之言，认为荥阳属司州，在穆帝末已陷没，谓当作衡阳为是，[1] 但刘静夫《习凿齿评传》认为，永

---

[1]　（南朝宋）刘义庆撰，（南朝梁）刘孝标注，余嘉锡笺疏，周祖谟等整理：《世说新语笺疏》卷上之下，第306页。

和十二年(356),桓温曾一度收复洛阳,东晋置司州,辖河东、荥阳、陈留,故作"荥阳"无误。① 又《晋书·哀帝纪》云:"兴宁元年春二月己亥,大赦,改元。三月壬寅,皇太妃薨于琅邪第。癸卯,帝奔丧,诏司徒、会稽王昱总内外众务。夏四月,慕容暐寇荥阳,太守刘远奔鲁阳。"②则兴宁元年(363)四月,慕容暐寇荥阳时,荥阳太守乃刘远,习凿齿当为刘远前任太守。若从永和十二年秋冬桓温收复洛阳算起,至兴宁元年四月,东晋或控制荥阳约七年。③ 东晋莅民之守宰的任职一般是六年一任④,若习凿齿于永和十二年年底或次年赴任荥阳太守,则其离任荥阳,应在升平五年(361)或六年,继任者为刘远,这从时间而言符合逻辑。

习凿齿缘何被贬? 根本原因应是习凿齿传统的儒家名教观念与桓温的篡逆思想相左。关于习凿齿的政治观念、伦理纲常观念,可以从其不愿凌居二位舅舅之上一事见斑窥豹。另外,其撰《汉晋春秋》以蜀汉为三国正统,此观念反映了他的历史观乃偏向传统儒家政教。《晋书·习凿齿传》与《晋书·徐广传》史臣评云:"习氏、徐公俱云笔削,彰善瘅恶,以为惩劝。夫蹈忠履正,贞士之心,背义图荣,君子不取。而彦威迹沦寇壤,逡巡于伪国。野民运遭革命,流连于旧朝。行不违言,广得之矣。"⑤史官将习凿齿与徐广并言,赞其忠贞,足见习凿齿乃忠贞之士。

永和十年(354)正月,桓温逼迫朝廷废黜殷浩之后,势力大增,其野心也渐明。身为被器重的幕僚,习凿齿不可能看不出桓温的篡逆之心。而谨守传统儒家名教思想的习凿齿,对于桓温的不臣之心当有所规劝。外贬荥阳太守,名义上是因为超拔二舅而屡次陈请惹怒桓温,深层原因恐怕在于习凿齿对桓温的规劝。

---

① 《魏晋南北朝史论文集》,齐鲁书社 1991 年版,第 324 页。
② (唐)房玄龄等:《晋书》卷八《哀帝纪》,第 207 页。
③ 东晋因与前燕等国战事频繁,司州境内区域频易领土控制权,且文献不足,难以对此时期的政区做精确的复原与定点。因缺乏升平三年(359)之前几年晋廷控制荥阳的直接证据,胡阿祥等著《中国行政区划通史·三国两晋南朝卷》(复旦大学出版社 2017 年版,第 834 页)认为荥阳郡于 359 年前至 362 年在晋廷控制之下,系年相对谨慎。
④ (唐)房玄龄等:《晋书》卷七五《范宁传》(第 1986 页)引范宁陈时政的奏疏云:"守宰之任,宜得清平之人。顷者选举,惟以恤贫为先,虽制有六年,而富足便退。"
⑤ (唐)房玄龄等:《晋书》卷八二《习凿齿传》《许广传》,第 2159 页。

《世说新语·文学》云习凿齿"出为衡（荥）阳郡，性理遂错"①，这说明他神智似有不清，是一种急切无奈的体现。桓温提拔了二位舅父，这正符合了习凿齿的陈请愿望，他不可能因此沮丧以至于神志混乱。致使习凿齿"性理遂错"的原因，应是他对桓温的规劝被否定之后反而被外贬荥阳。

习凿齿被贬荥阳期间，还撰写了史学著作《汉晋春秋》。关于此书的撰写目的，《晋书·习凿齿传》云："是时温觊觎非望，凿齿在郡，著《汉晋春秋》以裁正之。"②《汉晋春秋》以蜀国为三国正统的观念，其史学影响多有论者谈及，兹不赘述。

按理说，如果习凿齿秩满，当另有官职授予，但为何他却归乡。具体原因未知，但仍可推测，习凿齿极有可能因为规劝桓温勿行篡逆之事不果，又不愿为桓温效力，且因疾缠身，故自请退居襄阳。

《晋书·习凿齿传》还录有一封书信，是习凿齿秩满归乡居襄阳时写给桓温之弟桓秘的，正体现了习凿齿规劝桓温之心，此信当作于其任荥阳太守期满之后。隆和元年（362），此时桓温经过两次北伐，威望、势力进一步增强，野心也进一步扩大。升平五年（361年）五月丁巳日，晋穆帝崩，哀帝即位，改元隆和，此时大将桓温当国，哀帝形同傀儡。桓温开始独揽朝政，野心昭彰。《晋书·穆帝纪》云升平五年冬十月，安北将军范汪被废为庶人。《晋书·范汪传》载："既而桓温北伐，令汪率文武出梁国，以失期，免为庶人。朝廷惮温不敢执，谈者为之叹恨。"③桓温借北伐出兵失期的罪名，奏废范汪为庶人。诸如此类的贬黜事件都是桓温势力扩大过程中的个案。习凿齿见此，仍然希望能规劝桓温勿行叛逆之事，所以写信给桓秘。

《晋书·习凿齿传》如此记载：

凿齿既罢郡归，与秘书曰：

吾以去五三日来达襄阳，触目悲感，略无欢情，痛恻之事，故非书言之

---

① （南朝宋）刘义庆撰，（南朝梁）刘孝标注，余嘉锡笺疏，周祖谟等整理：《世说新语笺疏》卷上之下，第 305 页。

② （唐）房玄龄等：《晋书》卷八二《习凿齿传》，第 2154 页。

③ （唐）房玄龄等：《晋书》卷七五《范汪传》，第 1984 页。

所能具也。每定省家舅，从北门入，西望隆中，想卧龙之吟；东眺白沙，思凤雏之声；北临樊墟，存邓老之高；南眷城邑，怀羊公之风；纵目檀溪，念崔徐之友；肆睇鱼梁，追二德之远，未尝不徘徊移日，惆怅极多，抚乘踌躇，慨尔而泣。日若乃魏武之所置酒，孙坚之所陨毙，裴杜之故居，繁王之旧宅，遗事犹存，星列满目。琐琐常流，碌碌凡士，焉足以感其方寸哉！

夫芬芳起于椒兰，清响生乎琳琅。命世而作佐者，必垂可大之余风；高尚而迈德者，必有明胜之遗事。若向八君子者，千载犹使义想其为人，况相去不远乎！彼一时也，此一时也，焉知今日之才不如畴辰，百年之后，吾与足下不并为景升乎！①

此文颇有文采，尤其是其间以排比句式引用名人典故，抒发心志，可谓佳辞。文中透露出习凿齿曾经伤感异常，惆怅满怀。不过他引史抒情，最后还是表达了一种洒脱风度。我们从此文可读出言外之意。全篇列举了三类人：一是命世而作佐者，如诸葛亮、羊祜等；二是高尚而迈德者，如庞德公、司马德操等；三是琐琐常流，碌碌凡士，如曹操、孙坚等。前面两类是习凿齿肯定的对象。所谓常流凡士，应是影射桓温等人。习凿齿此信是写给桓秘的，旨在让桓秘规劝、警示兄长桓温，告诫其勿以曹操、孙坚等人为榜样，而应学习诸葛亮、羊祜等人，以匡世辅主为己任。桓秘为人，偏于恬静。《晋书·桓秘传》载："温疾笃，秘与温子熙、济等谋共废冲。冲密知之，不敢入。顷温气绝，先遣力士拘录熙、济，而后临丧。秘于是废弃，遂居于墓所，放志田园，好游山水。"②桓秘放志田园、好游山水的性格，应与习凿齿相善，故而习凿齿希望通过他来劝谏桓温。无论是《汉晋春秋》的撰写目的，抑或是写给桓秘的书信，都体现了习凿齿传统的儒家名教观念。

经过钩沉并厘清史料，综合殷浩、习凿齿之贬，可知在永和十年(354)年初，先是桓温政敌殷浩被废，在当年年底或次年前后，又有桓温幕僚习凿齿被贬。这两起贬谪事件与桓温篡逆之心的渐明有着紧密联系。尤其是习凿齿的两次被贬，

①　(唐)房玄龄等：《晋书》卷八二《习凿齿传》，第 2153~2154 页。

②　(唐)房玄龄等：《晋书》卷七四《桓秘传》，第 1947 页。

是传统儒家忠贞之士与门阀势力发展之间的矛盾体现。永和十年（354），桓温开始首次北伐，借此契机扩张自己的势力，桓氏门阀势力的大大扩张正是从这一年开始的。此后，桓温逐渐掌内外大权，直到最终行废立之事。

第三节　桓氏父子掌权与帝王宗室之废贬

门阀政治作为一种历史现象，主要体现在皇权与士族的共治。因此，最能体现门阀政治特征的互动关系当是君臣关系，以及由此对应相生的宗室与权臣关系。东晋一朝门阀政治的发展过程中，由于皇权衰弱，势盛门阀士族与皇族的利益时有龃龉，发生了一系列君主被废、宗室被贬甚至被杀的事件，考察这些帝王宗室之废贬，有利于更清楚地认识门阀政治这一特殊的历史现象。

东晋初期，王氏兄弟掌权，君主对于高门士族的发展当然不是绝对支持，而是有限制与猜忌，它们之间是一种互相制约的相对平衡关系。孔愉之贬就体现了晋元帝司马睿与琅琊王氏家族之间的博弈。《晋书·孔愉传》云："于时刁协、刘隗用事，王导颇见疏远。愉陈导忠贤，有佐命之勋，谓事无大小皆宜咨访。由是不合旨，出为司徒左长史，累迁吴兴太守。"[1]司马睿重用刘隗、刁协等人，目的就是抑制琅琊王氏的势力。孔愉之贬体现的皇权与高门士族的关系是东晋主相博弈的一个缩影，这种皇权与士族的博弈在后来的门阀政治发展过程中逐渐升级，甚至出现了高门士族掌权后对帝王与宗室进行废贬的情形，这也是东晋门阀政治发展到顶峰的必然现象。

据现有史料来看，庾亮掌权后对司马宗进行诛杀，对司马羕予以贬黜，开启了东晋权臣对宗室的贬杀先例。司马宗、司马羕因谋反而被贬杀，与后来诸多宗室被贬性质稍有不同，但由权臣对其行使贬谪是它们的共同点。后来的权臣对帝王宗室的废贬，以桓温、桓玄父子掌权时期最为典型。

一、桓温与帝王宗室之废贬

晋废帝司马奕（342—386），字延龄，乃晋成帝之子，晋哀帝同母弟。兴宁三

---

[1]　（唐）房玄龄等：《晋书》卷七八《孔愉传》，第 2052 页。

年(365)，晋哀帝司马丕去世时无子嗣，崇德太后褚蒜子建议立司马奕为帝，次年改元太和，在位六年。司马奕即位之时，桓温此前已经过两次北伐，声望势力大增。桓温早有篡逆之心，奈何朝中有王、谢等其他家族掣肘。且司马奕一直礼敬桓温，其自身并无过失，所以无法找到借口将其废黜，不过司马奕为帝也形同傀儡。

但是这种情况终有改变，桓温苦心积虑终于找到理由行废立之事，关于司马奕被废，《晋书·海西公纪》如是记载：

> (太和六年)十一月癸卯，桓温自广陵屯于白石。丁未，诣阙，因图废立，诬帝在籓夙有痿疾，嬖人相龙、计好、朱灵宝等参侍内寝，而二美人田氏、孟氏生三男，长欲封树，时人惑之，温因讽太后以伊霍之举。己酉，集百官于朝堂，宣崇德太后令曰："王室艰难，穆、哀短祚，国嗣不育，储宫靡立。琅邪王奕亲则母弟，故以入纂大位。不图德之不建，乃至于斯。昏浊溃乱，动违礼度……是而可忍，孰不可怀！今废奕为东海王，以王还第，供卫之仪，皆如汉朝昌邑故事……

> 初，桓温有不臣之心，欲先立功河朔，以收时望。及枋头之败，威名顿挫，逐潜谋废立，以长威权。然惮帝守道，恐招时议。以宫闱重闼，床笫易诬，乃言帝为阉，遂行废辱……

> 咸安二年正月，降封帝为海西县公。四月，徙居吴县，敕吴国内史刁彝防卫，又遣御史顾允监察之……帝知天命不可再，深虑横祸，乃杜塞聪明，无思无虑，终日酣畅，耽于内宠，有子不育，庶保天年。时人怜之，为作歌焉。朝廷以帝安于屈辱，不复为虞。太元十一年十月甲申，薨于吴，时年四十五。①

以上记载表明，桓温经过前两次北伐，已经望实剧增，本打算在第三次北伐成功之后行篡逆之事。然而因枋头之败而声望俱损，所以他希望通过行废立之事以长威权。于是桓温在太和六年(371)十一月屯军建康白石，以势压逼褚太后废

---

① (唐)房玄龄等：《晋书》卷八《海西公纪》，第214~215页。

黜了司马奕。桓温废帝的理由是"帝在籓夙有痿疾"，且指二美人田氏、孟氏所生三子并非司马家族血统，而是司马奕的男宠相龙、计好、硃灵宝等人之子。这无疑是言司马奕不能生子嗣，无子嗣即不能承继晋统，于皇族而言，承嗣是极为重要之事，关乎国家大计，以无子承嗣这一理由废黜司马奕，可谓名正言顺。司马奕是否真有生殖缺陷，据上面记载不难看出，这全属捏造之罪名。首先，所谓"诬帝在籓夙有痿疾"，史官用一"诬"字，即指以假话诬枉司马奕，这是掩人耳目的行为。其次，司马奕被贬吴县时，过着形同幽禁的生活，"有子不育"，这明显是迫于桓温压力而故意迎合其意的做法，他唯有如此方能保命。后人对此多有辩白，如明人杨慎《桓温诬海西公》谓：

> 晋废帝为桓温所废，降为海西公。崇德太后诏，数其"昏浊溃乱，动违礼度。有此三孽，不知谁子。人伦道丧，丑声遐布"，温之矫诏，盖皆诬辞。又造谣言，谓海西公不男，使内人与向（相）龙交而生子，所谓"本言是马驹，今诧（定）成龙子"也。又欲杀海西三子，乃造谣云"青青御路杨，白马紫游缰。汝非皇太子，安得甘露浆"。谣言传，布人遂以为实矣。温既杀君，不厚诬其恶，何以为辞？按臧荣绪《晋书》云"废帝深虑横祸，乃杜塞聪明。既废之后，终日酣畅，耽于内，有子不育，以保天年，时人怜之，为作歌焉"，以此证之，桓温矫诏之辞，奸党伪造之谣，其可信乎？海西公可谓受诬千载矣。温公《通鉴》书此，亦不分别史氏之言，其可尽信乎。①

杨慎的辩白可谓确论。臧荣绪《晋书》乃房玄龄版《晋书》之蓝本，上述所谓桓温散播的谣言，唐修《晋书·五行志》皆有记载。当司马奕被废离京时，群臣莫不嘘唏，时人还作歌表怜悯之心，这都说明对于司马奕的被废被贬，时人多给予同情。后人对于司马奕的遭遇也多有感触。如清人沈赤然在读《晋书》后作有《海西公》一诗："犊车自出神兽门，昨日六龙今短辕。群臣空有拜辞泪，谁能殿

---

① （明）杨慎：《升庵集》卷四七，第382页。

下诛桓温。"①诸句表达了对司马奕的无限同情，将其受制于桓温的屈辱之境表现得很真切。

东晋一朝，帝王被废由权臣桓温开启，这表明门阀政治发展到顶峰。司马奕被废之后，桓温并未自立，当是朝中其他如王坦之、谢安家族的抗衡所致。桓温于是与褚太后立司马昱，是为晋简文帝。司马昱曾经辟殷浩抗衡桓温，与桓温有矛盾，但桓温依旧立他，原因在于此时司马宗室凋零，晋穆帝无子，晋哀帝无嗣，晋元帝以下的子嗣多夭亡，只有会稽王司马昱与其兄武陵王司马晞两人为尊，符合承嗣身份。而司马晞甚有军事才干，不易操控，司马昱喜好清谈，政治才能一般，无治世大略，易于控制，且其当时年龄已过半百，桓温可能有逼其日后禅让的打算，所以最终选择了立司马昱为帝。

司马昱被立为帝，处境也形同傀儡，他对桓温礼遇有加，就是因为常恐被废。《晋书·简文帝纪》载："温既仗文武之任，屡建大功，加以废立，威振内外。帝虽处尊位，拱默守道而已，常惧废黜。"又载其曾咏庾阐诗云"'志士痛朝危，忠臣哀主辱'，遂泣下沾襟"②。司马昱的皇帝生活并不惬意，由此概可见矣！他也是在桓温的势力阴影下过活。不过司马昱并非完全无能，加之王、谢家族的支持，桓温并不能完全只手遮天。司马昱在位不足两年，即在忧惧之中幽愤而卒。病逝前的司马昱本拟诏依周公居摄的故事，且效刘备托孤于桓温，言其可自取帝位，但由于王坦之强烈反对，改诏为桓温仿效诸葛亮、王导一样辅政太子，桓温的禅让之梦由此破灭，简文帝第三子司马曜得以继位，是为晋孝武帝。

桓氏家族作为高门士族，在当时晋廷的权势首屈一指。以桓温为主的桓氏家族，不仅对晋廷帝王进行废立，还对司马氏宗室进行了打压与贬谪。司马晞、司马晃被废贬就是个中显例。

武陵王司马晞，字道叔，乃晋元帝司马睿第四子，甚有军事才干。穆帝时就任镇军大将军、太宰，常为桓温所忌。作为司马宗室，司马晞的命运当系于皇族一脉，因此与桓氏的利益相冲突。所以当桓温行废立之事后，就马上对这位颇晓

---

① （清）沈赤然：《五研斋诗钞》卷九，《续修四库全书》，上海古籍出版社 2002 年版，第 1465 册，第 542 页。

② （唐）房玄龄等：《晋书》卷九《简文帝纪》，第 223、223~224 页。

军事的宗室进行了打压。咸安元年（371）辛亥，即立司马昱的当月，桓温就上表劾司马晞。《晋书·武陵威王晞传》载：

> 温乃表晞曰："晞体自皇极，故宠灵光世，不能率由王度，修己慎行……请免晞官，以王归藩，免其世子综官，解子璏散骑常侍。"璏以梁王随晞，晞既见黜，送马八十五匹、三百人杖以归温。温又逼新蔡王晃使自诬与晞、综及著作郎殷涓、太宰长史庾倩、掾曹秀、舍人刘强等谋逆，遂收付廷尉，请诛之。简文帝不许，温于是奏徙新安郡，家属悉从之，而族诛殷涓等，废晃徙衡阳郡。①

桓温出于忌惮司马晞军事才能的原因，奏劾其"聚纳轻剽，苞藏亡命"，将其免官。又逼新蔡王司马晃诬称自己与司马晞父子等人谋反，以至于司马晞被废为庶人，与家属一起被流放新安郡（今浙江淳安以西、安徽新安江流域、祁门及婺源等地），新蔡王司马晃也被贬衡阳郡（今湖南衡阳）。晋孝武帝司马曜太元六年（381），司马晞卒于新安郡，可知司马晞被流放整整九年。

上述宗室被废贬事件发生在桓温行废立之事后不久，说明桓温急于削弱司马家族的势力，为自己的篡逆之心扫平阻碍。但桓温于晋孝武帝司马曜宁康元年（373）八月病卒。桓温去世后，王坦之与谢安一同辅政。谯国桓氏家族左右朝廷的局面暂时得以缓解，直至桓玄再次掌权。

二、桓玄与帝王宗室之废贬

桓玄（369—404），字敬道，桓温幼子。桓温去世时，桓玄仅四岁余，袭爵南郡公。由于时议桓温有不臣之迹，所以桓玄兄弟早年皆为素官。晋孝武帝司马曜太元末（396左右），桓玄任义兴太守，深感不得志，遂弃官归国。南郡国在荆州，桓玄居此，优游无事，荆州刺史殷仲堪对其较为敬畏。晋安帝司马德宗隆安三年（399），桓玄历经多次战斗，灭荆州殷仲堪、雍州杨佺期，终于占据荆江地区。荆江地区地处建康上游，凡据此战略要地之人，若有不臣之心，极易威胁下

---

① （唐）房玄龄等：《晋书》卷六四《元四王传·武陵威王晞传》，第1727页。

游建康朝廷。桓玄作为桓温之子，素有大志，为人有乃父风范，其心怀篡逆已久，故在荆江地区训练兵马。次年，桓玄请求讨伐信奉五斗米道教的起义军孙恩，朝廷不许。隆安五年（401），孙恩进攻京口，逼近建康，桓玄以勤王之名出兵，趁机在辖区进行了军事调动与人员更换，并扣留朝廷官员，与朝廷矛盾重重。元兴元年（402），当时朝廷司马元显掌权，下令讨伐桓玄。桓玄在卞范之的建议下，亦亲自率兵东下，一路势如破竹，刘牢之率北府军投降桓玄，桓玄于三月进入建康总掌国事，自此桓氏家族再次左右晋廷。

桓玄到建康之后大行贬黜。《晋书·桓玄传》载：

> 玄入京师，矫诏曰："义旗云集，罪在元显。太傅已别有教，其解严息甲，以副义心。"又矫诏加己总百揆，侍中、都督中外诸军事、丞相、录尚书事……玄表列太傅道子及元显之恶，徙道子于安成郡，害元显于市。于是玄入居太傅府，害太傅中郎毛泰、泰弟游击将军邃，太傅参军荀逊、前豫州刺史庾楷父子、吏部郎袁遵、谯王尚之等，流尚之弟丹阳尹恢之、广晋伯允之、骠骑长史王诞、太傅主簿毛遁等于交广诸郡，寻追害恢之、允之于道。①

桓玄自谓出兵乃义举，义旗临京，乃因罪在司马元显。当时掌朝政的先后是司马道子与其子司马元显，桓玄入京，首先问罪二人，尤其是司马元显。因为当时司马元显与谯王司马恬诸子担当起晋廷抗桓的重任，一旦桓玄得势入京，首先被诛杀的就是这些人。桓玄先流贬司马道子于安成郡（今江西新余市以西部分地区），数月后又毒杀之，并诛杀司马道子诸属官，以及大敌司马元显。且将谯王司马尚之诛杀，贬其弟司马恢之、司马允之至广州，亦于途中杀之。足见，桓玄对司马宗室大行贬杀，无疑令宗室势力大损，司马宗室面临东晋开国以来的最大灾难。

桓玄并未就此作罢，而是在翌年年底改移晋鼎，逼晋安帝司马德宗禅位，称帝立国，史称桓楚。所谓一山不容二虎，桓玄称帝，当不容晋安帝司马德宗，他

---

① （唐）房玄龄等：《晋书》卷九九《桓玄传》，第 2590~2591 页。

贬司马德宗为平固王，不久又迁于寻阳。经过桓玄对帝王的废贬及对宗室的残酷清洗，东晋司马政权已经行将就木。桓玄也在不久之后遭到刘裕、何无忌、刘毅等人的讨伐，终于兵败被杀，桓玄被杀预示着门阀政治的终场。东晋朝廷也在挣扎十多年后被刘裕改朝换代。

三、桓氏父子对帝王宗室废贬的比较思考

太和六年(371)桓温掌握朝政，在 31 年后，即元兴元年(402)，桓玄又踵武其父，秉政晋廷。谯国桓氏因桓温、桓玄二人在东晋门阀士族中跻身于四大家族之列，且在山东琅琊王氏、河南颍川庾氏、安徽谯国桓氏和河南陈郡谢氏这四大家族之中，唯有桓氏的兴衰最为大起大落。桓氏父子在掌握朝政之后，都对晋廷统治者进行了打压，如果将他们对帝王宗室的打压措施进行比较，能够说明什么呢？至少可归为以下四点：

首先，士族专兵，帝王宗室方被操控，东晋无中央军，无法抵御门阀士族的举兵向阙。桓温父子两人皆是利用兵力入京以胁迫晋廷，操控朝政。两人入京对晋廷的控制表明，晋廷实无一支强有力的军队与地方高级门阀士族进行抗衡，以至于屈辱受制，这是东晋皇权衰落的根本原因。桓温是屯军建康白石，威逼褚太后废帝。桓玄亦是率军进入建康后总掌国事。两人都是利用强大的兵势迫晋廷就范。权臣拥兵自重，可用武力为自己的政治博弈取得谈判的筹码，兵临魏阙因此成为他们的拿手好戏。从桓氏父子兴兵用兵的过程来看，他们都是在荆州地区发迹，经过积蓄力量之后威胁长江下游的建康朝廷，这说明了荆州地区的战略地位之重。

其次，两人对帝王宗室的打压措施轻重不同，尤其是对宗室的控制，桓温废帝之后另立新主，只是对司马晞、司马晃等宗室进行流贬。桓玄不仅逼帝禅位篡晋，而且对诸宗室进行贬杀。一立一篡，一贬一杀，体现了两人心性不同。二人皆奸雄，桓温雄才大略，为人谨慎，桓玄才略胸怀等皆不及乃父。

再次，帝王与宗室同姓，是有血缘关系的一脉，但他们之间的关系却很微妙，既有共同的利益，又有争利的实情。东晋一朝，宗室力量虽远逊西晋，但也是一支不可忽视的力量。他们周旋于权臣与皇权的博弈中，寻找自己的生存罅隙，时常起到一些平衡作用。不过总的来说，东晋宗室多次被权臣凌驾、受辱被

贬被杀，说明了他们的力量较为薄弱。

最后，从桓氏父子二人对宗室的废贬到贬杀来看，说明了门阀士族政治在桓温时期的发展遇到了较大的阻力，而桓玄入京时期所遇阻力稍小。不过门阀政治始终是皇权政治的变态形式，无论是桓温时期，还是桓玄时期，都终将被皇权政治掩杀，桓玄的篡位只是门阀政治的回光返照，皇权政治的回归乃是必然。

作为东晋叱咤风云一时的桓氏父子，他们的历史定位如何？一般基于传统儒家君臣观念来看，大都云其为叛臣或篡臣。王鸣盛《十七史商榷·奸臣叛臣逆臣》云"王敦、桓温、桓玄、王弥等以及祖约、苏峻、孙恩、卢循辈入叛臣可也"①，这基本就是后人对此两人的总体历史评价。田余庆谓："皇帝不能选择士族，而士族却可以按自己的门户利益而在一定的条件下和一定的范围内选择皇帝。"②所谓士族选择皇帝，在桓温、桓玄父子身上体现得最为明显。权震人主，政由桓出，这是东晋士族选择皇帝的最好例证。

---

① （清）王鸣盛：《十七史商榷》卷五一，第381页。
② 田余庆：《东晋门阀政治》，第254页。

第七章　三国两晋贬谪事件与时代文化精神

贬谪作为一种文化现象，必定与其所处的时代文化精神有联系。由于三国两晋之职官、流徙等制度与后世大一统时代不同，加之相对而言年代寝远，史料阙略更甚，探讨此时贬谪事件与时代文化精神的关系，较之探讨唐及以后的贬谪事件与文化精神难度更大。此时的士人之贬与魏晋风度有一定关系，而帝王宗室作为被贬的对象在此时较为明显，多次出现权臣废主的现象，反映了此时主弱臣强的历史事实。这些贬谪事件与时代文化精神一定程度体现了这段乱世的特色与魅力。

第一节　士人之贬与魏晋风度及事功精神

魏晋风度是一个历久弥新的话题，学界已有相当数量的成果从不同角度对魏晋风度进行了观照，却未见有从贬谪视域来进行探讨的，故本节拟从这一视角来看魏晋风度，以期能对其与贬谪事件之间的关系有一定发现，以及对此一时期的贬谪事件与士人心态有更深入的认识。

一、士人之贬与魏晋风度

魏晋名士大致可分为清谈派与放诞派，前者重思辨玄谈，后者重行为任达。清谈思想与任诞纵情的行为并不是决然分开的，后者往往是前者具体的实践表现，都是魏晋士人突出的人格特征，这些人格特征是魏晋风度的重要组成因子。今所谓魏晋风度，主要代表人物是正始名士、竹林名士、中朝名士等人，他们中间的大多数人有着绝俗的行为与思想，所以后人为之风流着迷甚久。魏晋名士大都有仕宦经历，仕宦中被贬黜者不乏其人，被贬黜缘由各有不同，其中部分人正是因为在行为方面举动违常而被贬黜。由于清谈、行为任诞是魏晋风度的外在表征，因此本节主要从这些具体角度来探讨魏晋风度与士人之贬。总之，魏晋风度与士人之贬应有互动关系，即具有放荡不羁行为的士人可能会因言行被贬，而某些士人往往在贬后洒脱不羁，又体现出一种魏晋风度。

首先，我们来看魏晋风度一定程度上促成了士人之贬。魏晋时期的士人文化心理结构具有悖礼纵情的倾向，部分士人因为傲诞不羁的言行遭贬被逐。比如蜀汉孟光、来敏即为其中代表，此二人虽一般未被视为是魏晋风度的代表人物，然若据其行为方式来看，亦可与孔融、祢衡等人一起被看作魏晋风度的开创者。孟光直言臧否、弹射利病，来敏议论乱群，关于他们因言获罪的论述已见本书前文，兹不赘述。曹魏"浮华案"所涉及被免官的诸人，也是因清议之风被黜。所谓"浮华案"，指魏明帝太和时期以"浮华交会"或"浮华朋党"的罪名，对当时京都洛阳进行的聚众交游、清谈议论风气活动实施的镇压与取缔，以至于涉案的李胜、何晏、邓飏等人被免官且加以数年的禁锢。王晓毅将浮华聚会看作是魏晋玄学思潮的萌动与前兆①，这是较有道理的。西晋阮咸因为耽酒浮虚、任达不拘而与典选之职失之交臂。《晋书·阮咸传》载："山涛举咸典选，曰：'阮咸贞素寡欲，深识清浊，万物不能移。若在官人之职，必绝于时。'武帝以咸耽酒浮虚，遂不用。"②阮咸嗜酒程度已经超过了常人，其与猪共饮③的故事为众人熟知，晋武帝对其过于放达的行为予以否定，因此不信任他能胜任典选之职。《晋书·刘伶传》载："泰始初对策，盛言无为之化。时辈皆以高第得调，伶独以无用罢。竟以寿终。"④同样嗜酒如命的刘伶，也是在晋武帝泰始初因为策论主张无为而治被认为是无能被免。刘伶荷锸随行、死便埋我的放浪形骸之举同样为人熟知，其未

---

① 王晓毅：《论曹魏太和"浮华案"》，《史学月刊》1996 年第 2 期。

② （唐）房玄龄等：《晋书》卷四九《阮咸传》，第 1362 页。

③ （南朝宋）刘义庆撰，（南朝梁）刘孝标注：《世说新语·任诞》载："诸阮皆能饮酒，仲容至宗人间共集，不复用常杯斟酌，以大瓮盛酒，围坐，相向大酌。时有群猪来饮，直接去上，便共饮之。"（余嘉锡笺疏，周祖谟等整理：《世说新语笺疏》卷下之上，第 863 页）后人大都认为阮咸与猪同饮。阎步克《阮咸何曾与猪同饮》（《文史知识》2007 年第 1 期）经过考证，认同许绍早主编《世说新语译注》（吉林教育出版社 1989 年版）中的观点，即"直接去上"指舀去被猪弄脏的浮面一层，"便共饮之"指与"诸阮"共饮，非与猪共饮。

④ （唐）房玄龄等：《晋书》卷四九《刘伶传》，第 1376 页。

被重用，也许与此有很大关系。由于沉浸清谈、违常放纵的行为确实会在很大程度上贻误政事，统治者对于这些狂狷行为进行打压是符合统治需要的。上面所云皆是因疏放行为而被贬的例子，可以看作魏晋风度对士人之贬有促动影响。

再者，我们来看士人贬后洒脱行为体现出的魏晋风度。不在意被贬而依旧不羁者，其思想倾向于老庄处世，他们无意仕途，事功意识也相对浅弱。这主要集中在一些曾拒绝出仕的名士身上，他们在勉强出仕之后可能因事被贬，贬后仍然任达放纵，毫不介怀。如《世说新语·雅量》载："谢安南免吏部尚书还东，谢太傅赴桓公司马出西，相遇破冈。既当远别，遂停三日共语。太傅欲慰其失官，安南辄引以它端。遂信宿中涂，竟不言及此事。太傅深恨在心未尽，谓同舟曰：'谢奉故是奇士。'"[1]若论官阶，吏部尚书并不算小，谢奉对于被贬并不在意，足见其雅量之大。像谢奉这一类被贬之后并不在意者在魏晋时期应该不少，不过相关记载却不多，为何如此？这就值得令人深思了。个中原因可以从两方面来谈：其一是由于文献亡佚甚多，造成史料阙略过多，这一点不用深发；其二是与实施任诞行为的意图有关。仕途中人如多任诞行为，其原因极有可能是借其寻找心理慰藉，并借以躲避政敌的攻讦，或者借以避免升迁，所以此时任诞行为有着避灾远祸意义，一旦被贬之后，反而可能任诞行为变得更少。还有，未仕之人多任诞，可能是借任诞行为来躲避朝廷的征辟。宋人叶梦得《石林诗话》云："晋人多言饮酒，有至于沉醉者，此未必意真在于酒。盖时方艰难，人各惧祸，惟托于醉，可以粗远世故。"[2]无论是嵇康锻铁，还是阮籍醉酒、阮咸嗜酒，早已成为一个在乱世中面临征辟与仕途升迁时进行抉择的文化符号性行为，它体现的更多是避祸栖身的意义。魏晋风度在本质上是注重精神自由，是对物累的摒弃，是对生命智慧、生存价值的超拔脱俗的追求，因此它得以存在的背景多为不仕或甘愿沉沦下僚，所以被贬反而可能成为这些无意仕途之人心中所好。基于以上理由，士人被贬之后多任诞行为的记载并不多也就可想而知了。

其实，被贬者在贬后表现出愁闷不甘是人之常情，魏晋时期的谪官亦是如

---

① （南朝宋）刘义庆撰，（南朝梁）刘孝标注，余嘉锡笺疏，周祖谟等整理：《世说新语笺疏》卷中之上，第441~442页。

② （宋）叶梦得《石林诗话》，何文焕《历代诗话》，中华书局1981年版，第434~435页。

此。且大多数被贬之人并不能像谢奉那样，他们应该对贬谪的事实有着消极的心理反应。为何有如此推论呢？因为现存最能表现魏晋士人风度的《世说新语》一书在贬黜方面所选择的材料大致可以说明这一点。《世说新语·黜免》记载了九则有关贬黜的事情，主要表现的就是士人被贬之后的落寞心态。

一般而言，被贬之后心有不甘者，历朝历代不乏其人。儒学衰微，玄风大畅的东晋，士人被贬，按说应该看得更开，但事实可能并非如此。其中主要是那些积极出仕、怀有较强事功意识的士人，他们一旦被贬就心有不满。还有部分名士虽勉强出仕，但被贬之后内心其实并不平衡。积极出仕被贬后愤恨不已者，如殷仲文，乃东晋末年的名人，善属文，性贪吝。《世说新语·黜免》载："桓玄败后，殷仲文还为大司马咨议，意似二三，非复往日。大司马府厅前有一老槐，甚扶疏。殷因月朔，与众在厅，视槐良久，叹曰：'槐树婆娑，无复生意！'"①又载："殷仲文既素有名望，自谓必当阿衡朝政。忽作东阳太守，意甚不平。及之郡，至富阳，慨然叹曰：'看此山川形势，当复出一孙伯符。'"②如果说前一则记载体现的被贬不甘还较为含蓄的话，那么后一则记载则明显体现出殷仲文对被贬的不满。比起殷仲文在被贬之后将愁郁不满写于脸上、发于口中，还有一些士人在被贬之后虽未有明显的不满，实际上却愁郁挂心，比如殷浩，《世说新语·黜免》载："殷中军被废，在信安，终日恒书空作字。扬州吏民寻义逐之，窃视，唯作'咄咄怪事'四字而已。"③《世说新语·黜免》又载："殷中军废后，恨简文曰：'上人箸百尺楼上，担梯将去。'"④《晋书·殷浩传》的记载更为详细：

> 浩虽被黜放，口无怨言，夷神委命，谈咏不辍，虽家人不见其有流放之
> 戚。但终日书空，作"咄咄怪事"四字而已。浩甥韩伯，浩素赏爱之，随至

---

① （南朝宋）刘义庆撰，（南朝梁）刘孝标注，余嘉锡笺疏，周祖谟等整理：《世说新语笺疏》卷下之下，第 1022 页。

② （南朝宋）刘义庆撰，（南朝梁）刘孝标注，余嘉锡笺疏，周祖谟等整理：《世说新语笺疏》卷下之下，第 1023 页。

③ （南朝宋）刘义庆撰，（南朝梁）刘孝标注，余嘉锡笺疏，周祖谟等整理：《世说新语笺疏》卷下之下，第 1015 页。

④ （南朝宋）刘义庆撰，（南朝梁）刘孝标注，余嘉锡笺疏，周祖谟等整理：《世说新语笺疏》卷下之下，第 1018 页。

徙所，经岁还都，浩送至渚侧，咏曹颜远诗云："富贵他人合，贫贱亲戚离。"因而泣下。后温将以浩为尚书令，遗书告之，浩欣然许焉。将答书，虑有谬误，开闭者数十，竟达空函，大忤温意，由是遂绝。①

殷浩乃东晋名士，年少即负清谈美名，为时人所称，正是因为名盛，才由会稽王司马昱提拔入处国钧。在北伐失败之后，殷浩被桓温奏劾废为庶人。殷浩被废之后出现了一种奇怪的行为，即书空。书空为何？书空其实是心有不满的体现，是一种泄愤。他口无怨言，心却不甘。司马昱曾经提拔殷浩以抗衡桓温，但最终却迫于桓温的压力将其废黜，殷浩对于司马昱类似过河拆桥的行为有所不满，所以用担梯来比喻其不义之举。殷浩从权倾当朝到被废为庶人，落差何其之大！谪居期间他处境悲苦，深感世态炎凉，故送行韩伯时以至于泣下沾襟。殷浩被废之后，桓温曾经一度打算启浩为尚书令，但他由于太过在意回信，以致适得其反发了空函给桓温，断绝了自己最后的出仕机会。殷浩乃时人推许的清徽雅量之士，他本无意仕途，之所以挑起大梁乃众议攸归。但殷浩在被废贬之后的种种表现，说明他并未完全做到洒脱无碍。大名士殷浩尚如此，何况他人？所以较之他朝，魏晋时期的士人在被贬之后，他们也大都有着同样消极的心理反应。

统而言之，清谈议政与任达不拘在一定程度上造成了士人之贬，而被贬之人的心态反应也一定程度上体现了魏晋风度。不过，以旷达与率真名世的魏晋名士在仕途受挫之后，少数人雅量高致，但大多数人还是有着愁郁与不快。

二、魏晋贬谪文学中的事功精神

本书所谓事功精神，主要指士人渴望通过仕途建功立业的一种意识，它体现的是一种积极进取的精神状态。同一个时代诸多士人的事功意识具有相似性，这些具有共性的事功意识所组成的具备时代特色的活力与状态可称作事功精神。事功意识并不是只在贬后才有，而是贯穿士人整个政治生命期。不过在贬谪以后，他们的事功意识可能更加明显，具体表现为仕途失意后对朝廷的回归渴望，是一

---

① （唐）房玄龄等：《晋书》卷七七《殷浩传》，第 2047 页。

种希望结束贬谪生活的复官向往，甚至可能有仕途晋升的企盼。士人之贬造成的生命沉沦与心理苦闷能激发文学创作，因此我们能够从作品中找到投射出的事功意识。魏晋贬谪文学在作者主体构成上，主要集中在曹植、张华、潘岳等人身上，因此这里主要针对他们文学作品中的事功意识进行述论，将他们作品中的事功意识进行共性特征与时代精神的归纳与提升，冀望能将魏晋时期贬谪士人的事功意识理解得更加透彻。

曹植是中国文学史上的名家，亦是贬谪文学史上的重要人物，他留存的作品相对较多。关于他作品中的事功意识，本书第二章中已有涉及，不过未进行综括论述。殊勋垂史的事功意识一直存在于曹植心中，随着政治环境的恶劣与宽松，他的事功意识也时隐时现。最能直白体现曹植事功意识的主要是一封书信与数次上表，它们直抒胸臆地表达了建功立业的愿望。《与杨德祖书》作于被贬之前，云"吾虽薄德，位为藩侯，犹庶几戮力上国，流惠下民，建永世之业，流金石之功，岂徒以翰墨为勋绩，辞赋为君子哉!"①《上责躬应诏诗表》《求自试表》等作于被贬之后，如《求自试表》更是通篇表现出强烈的请缨之愿，"若使陛下出不世之诏，效臣锥刀之用……必效须臾之捷，以灭终身之愧，使名挂史笔，事列朝策……如微才弗试，没世无闻，徒荣其躯而丰其体……虚荷上位而忝重禄……此徒圈牢之养物，非臣之所志也"②。曹植对魏明帝曹叡的这篇剖肝沥胆的陈述，真可谓句句恳切，字字真诚。曹植谪居期间还有诸多比兴寄托的作品，较为含蓄地投射出自己的进取精神与家国使命意识，兹不赘举。总之，谪居期间的创作明显体现了他明确的事功目标与韧性追求，他不愿成为终老笔砚之间的文字写手，这种恒定取向贯穿了曹植的一生。

除了深受儒家事功传统教育的影响，曹植强烈的事功意识与当时社会背景也有重大关系。以"三曹"和"七子"为核心的建安文学创作文人，常被认为是建安风骨的代表。众所周知，建安风骨的美学内涵重在高扬的政治理想与浓郁的悲剧色彩，曹植有着建功立业的理想和积极进取的精神，同时又有一种壮志难酬的感慨。"七子"多经历汉末离乱之苦，曹植则由于政治身份的前后变化，导致生命

---

① （魏）曹植撰，赵幼文校注：《曹植集校注》卷一，第227~228页。
② （魏）曹植撰，赵幼文校注：《曹植集校注》卷三，第552页。

沉沦与强烈的心理苦闷，在这样的人身限制与思想压抑之下，他的事功意识反而会越发强烈。以曹植为代表的汉魏之际的贬谪士人，想必大都有着在汉魏风云际会之时建功立业、书名竹帛的理想。因此，曹植贬谪文学中的事功意识是主体志愿与时代赋予的结晶，应该说在汉魏之际具有代表性意义。汉魏之际的士人事功精神更多体现出一种家国责任感与进取精神，文学趁此契机得以发展，以臻繁荣，终究成就了中国文学史上彪炳千古的建安风骨。

生活在魏晋之交的张华、潘岳，两人都被视为西晋文学的代表作家，张华年长，更是兼领政坛、文坛风骚的领袖式人物。他们谪居期间的文学作品，或多或少体现了事功意识。相比曹植，张华、潘岳的事功意识于作品中表现得没有那么直接，这与两人身份有较大关系。曹植作为宗室藩王，作为文帝曹丕之胞弟与明帝曹叡之叔父，直接上表请缨像是家人谈心，似乎不必顾虑太多。而张华、潘岳不太可能直接上表毛遂自荐，因此他们没有像曹植那样通过章表来直白地表明事功意识。

首先来看张华作品中的事功意识。《博陵王宫侠曲》（二首）可能作于被贬幽州期间。① 为人熟知，侠客题材的出现往往与修齐治平的人生理想有关，作者常常通过描写尚气任侠的侠客，间接体现自己的精神追求与价值准则。张华作《博陵王宫侠曲》的宗旨也不出这一矩矱。张华还有《游侠篇》《游猎篇》《壮士篇》等，其言情述志的宗旨与此类似，兹不赘述。此外，张华《励志诗》表达了勤学上进的积极心态，同时又杂有几分淡泊，当是谪居期间家国责任意识的显露。除此之外，著名的《情诗》《杂诗》更是张华渴望回京的体现。

再看潘岳作品中的事功意识。相比张华，潘岳的事功意识在西晋更具代表性，因为西晋士人的事功精神与功利主义紧密相连，他们更多是关注个人荣辱与利益得失，此时的士人少了几分死不旋踵、大道为公的进取心，多了几分畏葸退缩、攫利为私的权力欲。如果说张华的事功意识与家国责任感还有紧密联系的话，那么潘岳则与当时诸多汲汲功名的士人一样，他们的事功意识实质上已经偏离了儒家传统修齐治平的人生理想与价值观念。张华是西晋少数清流士人的代表，潘岳则在人品上受到更多诟病。张华身处西晋，此时的士人大都汲汲功名，

① 具体论述可参见本书第五章第一节之"张华之贬与作品系年"。

热衷仕宦,张华亦如此,潘岳更甚。当潘岳被贬河阳之后,他的反应是"负其才而郁郁不得志"[1],其《河阳县作二首》中云:"谁谓晋京远,室迩身实辽。谁谓邑宰轻,令名患不劭。"又云"引领望京室,南路在伐柯。大厦缅无觌,崇芒郁嵯峨"[2],体现的是鸣玉阙廷的渴望。潘岳作品虽然也带有做官为民、定邦佐君的真情与意旨,甚至是隐逸情怀,但他的诗歌中多了几分功利欲望,少了几分家国责任感。我们从张华的诗文中无法看到这种明显的回京渴望与禄利欲求。张华乃寒族出身,最终致显,潘岳亦属寒门,他们都是庶族士人。西晋时期,庶族士人大都须依附权贵方得以晋升,潘岳即为此类士人之代表,他先后依附贾充、杨骏、贾谧等权臣。人品心态之矛盾与复杂终其焦灼的一生,他的一生远比张华要更具时代悲剧性。张、潘二人的事功意识是西晋士人事功精神的具体代表,具有时代特征与共性特点。这两人的共同点在于他们的事功意识与汉魏之际士人的事功精神已有区别,汉魏之际士人的事功精神重在家国责任感以及进取精神,做官为公是其中心,而西晋时期的士人,其事功精神重在利禄追求与功名博弈,做官为私、身名俱泰则是其主要追求。当然,这种对比并不是绝对而言,只是相对比较。无论汉魏,抑或西晋,士人弘道济世的功业进取之心都兼而有之,同时也都兼具利禄渴求。

至于东晋士人的事功精神,由于这一时期的贬谪文学呈现出相对缺席的状态,因此无法从贬谪视域对其进行更多探讨。不过综合来说,由于偏安江左、玄风大畅的政治、文化环境,东晋一朝的士人,更多追求宁静而风流、优雅而从容的生活状态,他们对于麈尾犊裈的迷恋甚于对褒衣博带的喜好,因此他们的事功心态比起汉魏与西晋士人要浅弱一些,比如恢复中原、匡扶晋室的愿望在整个东晋一朝士人心中似乎并不明显,除了南渡初期的刘琨与祖逖,大多数人似乎习惯了偏安心态。

综上所言,可知从魏晋士人谪居期间的作品中,大致可以看出汉魏至西晋士人由济世为公到利禄为私的事功精神趋向,这种趋向受到社会历史背景的诸多影响,给后人留下了深深的思考空间。

---

① (唐)房玄龄等:《晋书》卷五五《潘岳传》,第1502页。
② (晋)潘岳撰,王增文校注:《潘黄门集校注》,第273～276页。

第二节　权臣废主母题政治文化意蕴的嬗变

所谓废帝，若作为名词来说，即指被废的皇帝。大致统计从秦汉至明清长达两千多年的时间内，由于各种原因被废的皇帝多达数十位。废帝产生的情况主要有三：一是死后被追废，如宋后废帝刘昱、金海陵王完颜亮；二是在位时被当朝权臣所废，权臣另立新帝而不易代，如汉废帝刘贺、魏齐王曹芳；三是因为暴力革命或禅让导致的朝代更替，前朝末帝亦被称为废帝，如后唐末帝李从珂，也被称为后唐废帝。本书探讨的主要是第二类，即当朝权臣废帝。中国历史上周而复始、如法炮制的权臣废帝现象不少。这一文化现象，既是我们研究君主专制制度发展过程的切入口，也是我们考察时代文化精神下士人政治信仰变迁的一个维度。

若从君臣的定义与范畴来看，君主以外的其他人都是臣民，君主是所有臣民的主人。因为君主范畴比皇帝要大，以"废主"代替"废帝"来概括废立现象更为恰当。母题是叙事的基本单位，具有可重复性与概括性，它的基本叙事单位不变，但其具体的外在表现形式与文化内核却可能前后相异。如今，母题概念早已由民俗学、神话学发展开来，涉及人文社会学科领域的方方面面。权臣废主作为一种特殊的文化现象，它有着较为恒定的基本表现模式，亦具有历史循环的客观事实，符合母题概念的核心定义，所以将权臣废主现象视为一种母题具有合理性。那么，权臣废主母题的具体演变过程是什么样的？背后的政治文化意蕴又是如何嬗变的？笔者初探，以做抛砖引玉之用。

一、权臣废主母题的形成与"用权安国"的政治文化意蕴

权臣废主现象中，权臣所征引的事实依据在古籍中常用两个专有名词表示："伊尹放太甲"与"霍光废昌邑"。母题所体现的是一种重复性的情节结构模式，权臣废主母题的基本情节模式是废旧立新，史料记载该模式的正式出现是从西汉霍光废昌邑开始的，而此母题原型起源则可追溯到伊尹放太甲。我们可以将商初的伊尹放太甲视为权臣废主母题的源头，西汉的霍光废昌邑对伊尹放太甲进行了强化，可以视为权臣废主母题废旧立新模式的正式确立。

(一)伊尹放太甲——废主迎归——权臣废主母题的萌发

《史记·殷本纪》的记载相对详细：

> 帝太甲既立三年，不明，暴虐，不遵汤法，乱德，于是伊尹放之于桐宫。三年，伊尹摄行政当国，以朝诸侯。帝太甲居桐宫三年，悔过自责，反善，于是伊尹乃迎帝太甲而授之政。帝太甲修德，诸侯咸归殷，百姓以宁。伊尹嘉之，乃作《太甲训》三篇，褒帝太甲，称太宗。①

这个故事在《左传·襄公二十一年》《孟子·尽心上》也有类似记载。似乎先秦人普遍认为，伊尹放逐太甲是为了安定社稷。不过西晋太康二年(281)出土的《竹书纪年·殷纪》则谓："仲壬崩，伊尹放太甲于桐，乃自立也。伊尹即位，放太甲七年，太甲潜出自桐，杀伊尹，乃立其子伊陟、伊奋，命复其父之田宅而中分之。"②孰者为是，从古至今聚讼纷纭，未成定论。不过事件的真实性往往与史料产生的文化影响不成绝对正比，伊尹放太甲故事多被古人认为是真实的。如《晋书·慕容盛载记》载："(常)忠曰：'伊尹非有周公之亲而功济一代，太甲乱德，放于桐宫，思愆改善，然后复之。使主无怨言，臣无流谤，道存社稷，美溢来今。'"③宋人杨时亦谓："伊尹所以事君，更无回互，唯知忠而已，所以能为放太甲之事。然如此而天下不疑者，诚意素著故也。"④常忠、杨时的观念，代表着古往今来大多数儒家士人对这一故事的看法，它早已成为儒家传统相传不衰的美谈。

伊尹放太甲故事的基本情节模式为：权臣辅政——君主不德——权臣废主——君主悔过——权臣迎归。所涉及的主要人物有两个，权臣伊尹与君主太甲。该故事中，

---

① (汉)司马迁撰，(刘宋)裴骃、(唐)司马贞、张守节注：《史记》卷三《殷本纪》，第128~129页。

② 方诗铭、王修龄：《古本竹书纪年辑证》，上海古籍出版社1981年版，第23页。

③ (唐)房玄龄等：《晋书》卷一二四《慕容盛载记》，第3102页。

④ (宋)杨时：《龟山先生全集》卷一一，《宋集珍本丛刊》，线装书局2004年版，第373页。

体现废主身份改变的主要有一个地域符号，即太甲居住场所的变更。宋人胡宏《皇王大纪论·伊尹放太甲》云：“何以谓之放乎？曰：‘桐宫非嗣王居忧之常所也，伊尹于是有废昏立明之意，故特谓之放也。’”①桐宫因此与魏晋之际的“金墉城”一样，在后世借指被贬君主或幽禁君主的专门场所。在汉霍光废昌邑对伊尹放太甲故事予以承续之后，权臣废主从废主迎归变为废旧立新，废主迎归模式由此成为绝响。

（二）霍光废昌邑—废旧立新—权臣废主母题的确立

太甲受放而不怨成为千古美谈，该故事体现了伊尹作为贤臣的人格魅力，是古代儒士群体渴望为帝王师的终极理想体现。在伊尹放太甲故事产生以后，最为类似且常被人道及的就是西汉元平元年（前74）发生的霍光废昌邑事件。《汉书·霍光传》载：

> 贺者，武帝孙，昌邑哀王子也。既至，即位，行淫乱。光忧懑，独以问所亲故吏大司农田延年。延年曰：“将军为国柱石，审此人不可，何不建白太后，更选贤而立之？”光曰：“今欲如是，于古尝有此否？”延年曰：“伊尹相殷，废太甲以安宗庙，后世称其忠。将军若能行此，亦汉之伊尹也。”……光即与群臣俱见白太后，具陈昌邑王不可以承宗庙状……当废……皇太后诏曰：“可。”……光坐庭中，会丞相以下议定所立……近亲唯有卫太子孙号皇曾孙在民间，咸称述焉。光遂复与丞相敞等上奏曰：“……孝武皇帝曾孙病已……至今年十八……躬行节俭，慈仁爱人，可以嗣孝昭皇帝后，奉承祖宗庙，子万姓。臣昧死以闻。”皇太后诏曰：“可。”……是为孝宣皇帝。②

相比史料对伊尹放太甲的简单记载，《汉书·霍光传》用了两千多字记载了霍光废昌邑的详细过程。相比伊尹废主，霍光废立出现如下几点新变：

其一，霍光废昌邑的情节模式表现为：权臣辅政—君主不德—权臣废主—迎

---

① （宋）胡宏撰，吴仁华点校：《胡宏集》，中华书局1987年版，第234页。
② （汉）班固撰，（唐）颜师古注：《汉书》卷六八《霍光传》，第2937～2947页。

立新主。权臣废主的情节模式由此前的废主迎归变为废旧立新，后世权臣遂循此例而行。

其二，霍光废昌邑时，开始援引废立的事实依据，即对伊尹放太甲的效仿，田延年的话可证明伊霍废主内在理路的相关性。田延年的身份具有谋士性质，他是霍光废主的明确建议者与事实依据的提出者。后世权臣废主时，同样有这一类人在权臣的暗示或指使下首先明确提出废主之议。

其三，霍光废昌邑所涉及的主要人物，除了权臣与君主，还增加了太后与其他臣僚。其中太后一人在权臣废主母题中起到的作用非同小可，她成为废贬君主时名义上颁发号令之人。说明废贬君主需要利用太后之名的重要性，以皇太后令行事成了后世权臣废主常用的旗号。

其四，霍光废昌邑中已经隐约展现出权臣在废主时拥兵之慑的必要性。虽然《霍光传》中没有明确提出霍光以兵权震慑刘贺与臣僚，但霍光当时任大司马大将军，毫无疑问握有兵权，因此他背后的军队是行废立之事的终极保障。后世废主的权臣多手握重兵而左右朝廷，这一点在霍光身上已有体现。

霍光效法伊尹行废立之事，常被后人和伊尹并提，称为"伊霍"。伊霍并提，有多重文化意蕴：首先，伊霍是社稷忠臣的代称，如《史通·品藻》载："世之称悖逆则云商、冒，论忠顺则曰伊、霍者。"①其次，伊霍亦为权臣、重臣、顾命大臣的代名词，如《北史·房彦谦传》谓："故蚩尤、项籍之骁勇，伊尹、霍光之权势，李老、孔丘之才智，吕望、孙武之兵术……"②又如《晋书·苻生载记》云："君公居伊霍之任，安危所系，见机之义，实在君公。"③最后，后人论及权臣废主时，或者权臣废主引用事实依据时，所提旧典皆为伊霍。伊霍之事、伊霍之举、伊霍故事、伊霍之谋等，都是权臣废主的代名词。如《南齐书·褚渊传》载："主上幼年微过易改，伊、霍之事，非季代所行，纵使功成，亦终无全地。"④《晋

①　(唐)刘知幾撰，(清)浦起龙通释，王煦华整理：《史通通释》卷七，上海古籍出版社2009年版，第172页。
②　(唐)李延寿：《北史》卷三九《房彦谦传》，第1419页。
③　(唐)房玄龄等：《晋书》卷一一二《苻生载记》，第2876页。
④　(南朝梁)萧子显：《南齐书》卷二三，中华书局1972年版，第428页。

书·东海王越传》载："先帝暴崩，多疑东宫。公盍思伊霍之举，以宁社稷乎？"①《南史·长沙宣武王懿传》载："若贼灭之后，仍勒兵入宫，行伊霍故事，此万世一时。"②《大唐新语·惩戒》载："炎居中执权，亲授顾托，未尽匡救之节，遽行伊霍之谋。"③如此种种，不一而足。

后人对伊尹与霍光的评价大多是正面肯定，从伊尹放太甲到霍光废昌邑，虽然情节模式由废主迎归变为废旧立新，但其背后体现的废立本质还未产生明显变化，所以说它们体现的文化精神相似，皆为用权安国。整体观之，从史料记载的翔实程度、发生时间、情节模式、人员参与等来看，霍光废昌邑都是具有原型模式意义的典型案例，标志着权臣废主母题的正式确立。

宋陈善《扪虱新话·伊周处人臣之变》载："后世据功名之地者，则必欲人以伊周誉己，是霍光之罪也……然光忠臣也，当废立之际，可以无失节……而曹操、司马懿之徒，欲夺人之国者，皆以伊周自处。此岂非霍光有以启之欤？"④清马骕《绎史·伊尹辅太甲》亦谓："废立之说，盖起于汉霍光将废昌邑。"⑤陈善、马骕等认为霍光真正开启了权臣废主，可见霍光废昌邑的典范意义之大。

二、权臣废主母题的变异与"计在自利"的政治文化意蕴

汉末魏晋时期，权臣废主的性质发生了根本改变，废主行为不再是为了国运兴衰，而成了权臣篡位的征兆，这是权臣废昏立明文化精神得以大变的体现。这一改变与汉末以来的政治腐败、士人意识形态巨变有紧密联系。东汉中后期梁冀杀质帝立桓帝，亦是权臣擅行废立的体现，但因为其先弑君后立新君，与本文所谓先废后立性质有异，且于其事，史料记载语焉不详，所以本文将董卓废刘辩立刘协视为对霍光废旧立新模式的第一次接受。

---

① （唐）房玄龄等：《晋书》卷五九《东海王越传》，第 1623 页。

② （唐）李延寿：《南史》卷五一，中华书局 1975 年版，第 1266 页。

③ （唐）刘肃撰，许德楠、李鼎霞点校：《大唐新语》卷一一，中华书局 1984 年版，第171 页。

④ （宋）陈善：《扪虱新话》下集卷四，《丛书集成初编》，上海商务印书馆，第 86 页。

⑤ （清）马骕：《绎史》卷一五，中华书局 2002 年版，第 200 页。

（一）董卓废刘辩立刘协——权臣废主母题政治文化意蕴的变异

汉末风云际会，董卓并没有戮力匡世的雄心，当他独揽朝权时，为了进一步树威立权，在昭宁元年（189），董卓以强大的兵力震慑群臣，行废立之事。《后汉书·董卓传》载：

> 初，卓之入也，步骑不过三千，自嫌兵少，恐不为远近所服……卓兵士大盛……因集议废立。百僚大会，卓乃奋首而言曰："……皇帝暗弱，不可以奉宗庙，为天下主。今欲依伊尹、霍光故事，更立陈留王，何如？"公卿以下莫敢对。卓又抗言曰："昔霍光定策，延年案剑。有敢沮大议，皆以军法从之。"坐者震动。尚书卢植独曰："昔太甲既立不明，昌邑罪过千余，故有废立之事。今上富于春秋，行无失德，非前事之比也。"卓大怒，罢坐。明日复集群僚于崇德前殿，遂胁太后，策废少帝。曰："皇帝在丧，无人子之心，威仪不类人君，今废为弘农王。"乃立陈留王，是为献帝。①

汉武帝时期，儒家思想开始处于一尊，但东汉末年儒学式微，朝纲不稳，以至于引发了黄巾起义、群雄争霸的局面，在这混乱的时代大背景下，容易催生权臣废主现象。董卓行废立，开始重复霍光废昌邑的废旧立新模式：有兵威震慑、有太后颁令、废主借口亦是君主不明。但此时废立本质有了明显改变，董卓虽明言效仿伊霍，但却秉承了梁冀杀帝新立的实质，遭到当时的舆论非议。卢植所谓当今皇帝行无失德而被废，正体现了废主文化精神的变异。董卓废主另立开启了权臣废主的新面貌，此后三国两晋南北朝时期不断上演具有篡逆实质的权臣废主事件，或肇始于此。

（二）魏晋南北朝的废主现象——废旧立新模式的群体接受

魏晋南北朝时期，政权更迭频繁，君臣关系紊乱。有了董卓擅行废立作为开端，效之者不在少数。这一时期的权臣废主事件主要见表 7-1：

---

① （南朝宋）范晔撰，（唐）李贤等注：《后汉书》卷七二《董卓传》，第 2323～2324 页。

表 7-1　魏晋南北朝权臣废主统计表①

朝代	时间	权臣	废主	新主	主要出处
曹魏	嘉平六年（254）	司马师	曹芳	曹髦	《三国志·魏书·三少帝纪》《晋书·景帝纪》
东吴	太平三年（258）	孙綝	孙亮	孙休	《三国志·吴书·三嗣主传》《三国志·吴书·孙綝传》
东晋	太和六年（371）	桓温	司马奕	司马昱	《晋书·简文帝纪》《晋书·桓温传》
刘宋	景平二年（424）	徐羡之等	刘义符	刘义隆	《宋书·少帝本纪》《宋书·文帝本纪》《宋书·徐羡之传》
南梁	大宝二年（551）	侯景	萧纲	萧栋	《梁书·简文帝纪》《梁书·侯景传》《南史·侯景传》
南梁	承圣四年（555）	陈霸先	萧渊明	萧方智	《梁书·敬帝纪》《陈书·高祖纪》
北魏	建明二年（531）	尔朱世隆	元晔	元恭	《魏书·东海王晔传》《魏书·前废帝纪》
北魏	普泰二年（532）	高欢	元恭元朗	元修	《魏书·前废帝纪》《魏书·出帝纪》
西魏	魏废帝三年（554）	宇文泰	元钦	元廓	《北史·西魏废帝纪》
北周	周闵帝元年（557）	宇文护	宇文觉	宇文毓	《周书·孝闵帝纪》《周书·明帝纪》《北史孝闵帝纪》《北史·世宗明帝纪》

魏晋南北朝被认为是乱世，乱世的政权体制相对不健全，所以权臣废主事件更容易出现。下面选择其中数起废立事件予以分析，以期对权臣废主母题的演变有更清楚的认识。

---

① 此表统计的是权臣废旧立新情况，权臣废主自立、杀主自立、杀主立新皆不在统计范围内。

　　首先来看司马师废曹芳，该事件的发生有一个导火索，即夏侯玄谋代司马师政变，这是曹魏集团中央势力对司马氏集团的最后一次绝地反击，结果事败而促使司马师废黜曹芳。根据《三国志·魏书·三少帝纪》的记载，司马师废曹芳的经过几乎与霍光废昌邑的过程若合符节：涉事主要人物也是权臣、废主、太后、臣僚诸人，同样是拥护司马师的人援引伊尹放太甲为事实依据，并且增加了霍光废昌邑作为佐证，司马师亦以太后的名义行事，废贬理由亦为君主不德，曹芳遭废，被幽金墉城，后迁河内。后人是伊霍而非司马师，根本原因在于司马氏取代曹魏另立新朝。魏鼎移晋的权力更替虽为禅让形式，但司马氏父子三代苦心经营的代魏之事，从君臣纲常来说属篡逆行为，因此非议司马师也就在情理之中。

　　再看桓温废司马奕。枋头之败后，桓温威望大减，于是采纳郗超废帝立威的建议。《晋书·海西公纪》记载了废帝的详细过程，参与人员、事实依据皆与司马师废曹芳类似，唯有废黜理由有异，乃诬帝有痿疾。司马奕被废，与曹芳被废一样，乃无辜被废。《晋书·海西公纪》史臣赞曰："海西多故，时灾见及。彼异阿衡，我非昌邑。"[①]正是对这已经变质的废主文化精神的一种感叹。由这两起废主事件不难看出，汉末以来政风大变造成的君臣关系紊乱，主尊臣卑的传统被逐渐打破，司马师与桓温被认为是承继了董卓废刘辩的篡逆实质，而抛弃了伊霍为公的精神。有鉴于此，东晋葛洪对魏晋之际的权臣废主现象予以强烈抨击。《抱朴子·外篇·良规》如此评述：

　　抱朴子曰：周公之摄王位，伊尹之黜太甲，霍光之废昌邑，孙綝林之退少帝，谓之舍（照按："舍"字于此文义不属，疑为"合"之误）道用权，以安社稷……致令王莽之徒，生其奸变，外引旧事以饰非，内包豺狼之祸心，由于伊、霍，基思乱也。将来君子，宜深鉴兹矣。夫废立之事，小顺大逆，不可长也。召王之谲，已见贬抑。况乃退主，恶其可乎！……官贤任能，唯忠是与，事无专擅，请而后行；君有违谬，据理正谏……何必夺至尊之玺绂，危所奉之见主哉！夫君，天也；父也。君而可废，则天亦可改，父亦可易也……而世人诚谓汤、武为是，而伊、霍为贤，此乃相劝为逆者也。又见废

<hr>

① （唐）房玄龄等：《晋书》卷八《海西公纪》，第216页。

之君，未必悉非也……规定策之功，计在自利，未必为国也。①

葛洪全盘否定权臣废主，认为君尊臣卑是亘古不变的真理，君主权威神圣不可侵犯，因此废立之风不可长。他之所以连伊霍废主也予以否定，根本原因就在于汉末三国时期诸例废主事件乃旧瓶装新酒，是打着为公的幌子做自利的勾当。北宋吕大临《明微论》一语道破了魏晋废立事件的篡逆实质："霍光废昌邑，假此为名，而更置其君，终身不复以政，然犹以公议而废也。至司马昭之废齐王，桓温之废海西公，则主无毫末之过可绝，特以私忿弃置，振威以胁天下，公议又无复有矣。"②君主无辜被废，源于权臣树威以行篡逆之举，废主不再是为公，而是为了一己私利，此乃魏晋废主事件的精神实质。下面继续看南北朝时期的权臣废主事件。

南北朝的权臣废主事件有一特例与众不同。景平二年（424），司空徐羡之、中书令傅亮、领军将军谢晦等联合起来，将皇帝刘义符废黜为营阳王，改立刘义隆为帝。这一废立事件，可以说是秉承了伊霍之废的精神实质，主要是为了社稷而用权。由于刘义符年少即位，昏庸无德，所以遭到诸顾命大臣的废黜。此前，如董卓、桓温等人废主，权臣皆以一人为主。但刘义符之废，权臣却主要有三个，且这三位皆为顾命大臣。三人共同决定废旧立新赢得后世大多数人的肯定。但是这起废立事件中，刘义符被废之后，徐羡之等又将其杀之，这一举动为其废立为公增添了一丝负面舆论。

整体观照上表统计的权臣废主事件，不难看出，魏晋南北朝的诸多权臣废主事件，大多已经远离了用权安国的文化精神。清人石韫玉《伊尹放太甲于桐辨》谓："后世不韪之臣，其胸中包藏莽、操之志，往往乐缘饰圣贤之事以济其奸。汉魏晋唐之不咸，孰不假名于伊霍之事乎？"③这正说明了汉魏之后权臣废主是以

① （晋）葛洪撰，杨明照校笺：《抱朴子外篇校笺》卷七，中华书局 1991 年版，第 277～292 页。

② 曾枣庄、刘琳等：《全宋文》卷二三八六，第 110 册，第 166 页。废曹芳为齐王者当为司马师，非司马昭，此处吕氏误记。

③ （清）石韫玉：《独学庐稿》初稿卷一"赋类"，《清代诗文集汇编》，上海古籍出版社 2010 年版，第 447 册，第 116 页。

伊霍为借口，行篡逆之实。清人黄恩彤《鉴评别录·齐纪》亦载："废昏立明，古今令典，此不学之言也。自古以臣废君，始于伊尹，然既废之，寻复之，未尝别有所立。其废君更立，得以令名终者，惟霍光耳！……魏晋而降，假伊霍之名以济其私者，可胜诛哉！"①为何废旧立新的权臣只有霍光一个人以令名终？原因在于他被认为是真正用权为公，并非以后的权臣假伊霍之名以权谋私。

要之，汉末董卓废刘辩作为由废立为公到废立为私的转捩点，改变了废立为公的原初内涵。到了魏晋南北朝时期，接二连三的废立事件，对这一变质的废主文化精神进行集中演绎，使得废旧立新从贤臣教诲君主、赓续社稷的意义，蜕变为权臣行篡逆之举的借口，权臣废主因而成为"主威不树，臣道专行"②的象征。自隋代大一统之后，权臣废主现象渐少以至几乎消失。五代时期的吴越国权臣胡进思在天福十二年(947)废钱倧立钱俶，似乎可以视为皇权社会权臣废主事件的终结。整个宋元明清大一统时期，没有出现类似霍光废昌邑的权臣废主事件，可以说，权臣废主母题在五代十国后步入消亡。

三、权臣废主的理论依据与文学表现

权臣废主往往是篡逆前的征兆，也是各种政治势力角逐的综合结果。权臣废主案例中，君主一般都是年幼之主，所以先帝为其指定辅佐大臣。幼主与辅政大臣之间基本上是一对政治上的矛盾体。幼主名义上为最高统治者，但却因为年幼缺乏统治决断能力，实权基本掌握在势位煊赫的辅政大臣手中。权势是一种令人心驰神往的东西，最高权力尤其具有诱惑力。当主上暗弱，权臣如贪权恋位不知止足的话，往往会生有篡逆之心，此时即使权倾天下仍不满足，觊觎帝位就成了他们权势欲膨胀的终极目标。他们在权势欲望的驱使下，并未成为济世安邦的补天手，反而成为祸国殃民的野心家，为了树威立权，废旧立新成了他们惯用的手段，这是中国古代政治史中的一个基本规律。

君主专制下，国家权力结构呈金字塔式，其顶端是拥有国家最高权力的君主，这种权力多以皇位世袭、父死子继的方式在皇族内部进行传递。君尊臣卑，乃皇权社会的基本伦理纲常。从君为臣纲的角度来看，权臣废主无疑是一种大逆

---

① (清)黄恩彤：《鉴评别录》卷三〇，《四库未收书辑刊》，北京出版社2000年版，第2辑，第29册，第534页。

② (南朝)沈约：《宋书》卷四二《王弘传》，第1324页。

不道行为。揆诸若干权臣废主事件，可以归纳出一些共性特征：被废的君主，或年幼，或懦弱，掌权能力较差，容易产生废主事件；权臣多膺顾命之重，或与君主同宗同脉，或为外戚、异姓武将等；从发生时间来看，废主事件多与乱世相始终，可谓乱世出伊霍。从这些特点出发，本书进一步探讨权臣废主发生的深层原因与其背后的理论依据与文学表现。

权臣废主除了援引伊霍之废为事实依据，还征引相应的理论依据，其理论依据源于孟子对伊尹放太甲与贵戚之卿易君的看法。《孟子·尽心上》载："公孙丑曰：'伊尹曰："予不狎于不顺。"放太甲于桐，民大悦。太甲贤，又反之，民大悦。贤者之为人臣也，其君不贤，则固可放与?'孟子曰：'有伊尹之志，则可；无伊尹之志，则篡也。'"①可见，孟子赞同出于为公的废主行为。《孟子·万章下》又载：

> 齐宣王问卿。孟子曰："王何卿之问也?"王曰："卿不同乎?"曰："不同；不贵戚之卿，有异姓之卿。"王曰："请问贵戚之卿。"曰："君有大过则谏；反覆之而不听，则易位。"王勃然变乎色。曰："王勿异也。王问臣，臣不敢不以正对。"王色定，然后请问异姓之卿。曰："君有过则谏，反覆之而不听，则去。"②

由此可知，孟子支持废主，此一观念对君主专制有一定的调节与制约作用，同时也会给予权臣废主一定的理论支持。司马光《疑孟》认为："孟子之言过矣……孟子之言，不足以格骄君之非，而适足以为篡乱之资也，其可乎?"③所谓"篡乱之资"，正说明了孟子给欲行篡逆之事的权臣提供了理论依据。朱熹《论孟精义》亦载："问：孟子此言，岂不起后世强臣擅废立之事乎? 曰：孟子此语，所以警戒齐王听谏，欲其必听，故其言深切。"④朱熹的间接回答，恰好从侧面反映出孟子易君正义论确实给后世权臣提供了理论依据。

---

① （宋）朱熹：《孟子集注》卷一三，《四书章句集注》，第 358 页。
② （宋）朱熹：《孟子集注》卷一〇，《四书章句集注》，第 324 页。
③ （宋）司马光：《温国文正司马公文集》卷七三，《四部丛刊初编》。
④ （宋）朱熹：《论孟精义》卷一〇，朱杰人等主编：《朱子全书》，上海古籍出版社、安徽教育出版社 2002 年版，第 7 册，第 764 页。

仔细分析孟子所言，可知他的易君正义论是有前提条件的。其一，废主要用权为公，即"有伊尹之志"。其二，废主的施动者，即权臣必须是贵戚之卿，而非异姓之卿。废主为公，这是权臣废主的表面动因，而实际上则并非一定如此。那么，为何孟子的易君正义论对于施动者身份是有条件限制的呢？因为这关系到君主利益集团的维护。一般而言，权臣废主事件中，从个人所代表的利益角度而言，君主反对废立，权臣则赞同废立，因为君主是利益受害者，而权臣多是受益者。实际上，君主与权臣的利益关系较为复杂，并非绝对相左的二元对立。宋代理学家胡宏在《释疑孟·卿》中说：

> 贵戚之卿，君之辅也，宗庙社稷之卫也。君不可辅，则宗庙有绝食之忧，社稷有变置之虞。乃若异姓之卿则去矣，而吾仕不可委，亲不可离，国有危难，咎将谁归？与其灭亡，俱为累囚，覆及宗庙，孰若废昏立明，以保国家乎？是道也，虽异姓之卿，予顾托之重，亦有行之者矣。故伊尹放太甲，使太甲终不类，则别立君必矣。后世霍光废昌邑，立孝宣，天下服之，人至于今称焉，而况贵戚之卿耶？孟子之言，可谓正而不苟矣。①

显而易见，无论权臣是否为贵戚之卿，胡宏都支持真正的废昏立明。贵戚之卿与异姓之卿，亦可谓权臣身份之两种。贵戚之卿与君主属于同一利益集团，异姓之卿则与皇族集团没有直接的利益关系。贵戚之卿的命运与国同休戚。如君主不德，可能会被农民起义、异族入侵等其他集团取代，所以为了规避此类事情的发生，这个集团内部会以废立方式进行自我整顿与自我防范。即胡宏所谓"与其灭亡，俱为累囚，覆及宗庙，孰若废昏立明，以保国家"，所以说权臣废主于理论上而言确有其用权安国的合理性。中国皇权社会的宗法制特征极为明显，对于皇族来说，家国同构，君主的命运与皇族的命运紧密相连，"废昏立明，以保国家"中的"国"也就是代表皇族利益的国。所谓贵戚之卿，孟子本意乃谓皇族同姓之宗室，外戚当不算在内。汉末赵岐注《孟子·万章下》谓："贵戚之卿谓内外亲

---

① （宋）胡宏撰，吴仁华点校：《胡宏集》，第326~327页。

族也，异姓之卿谓有德命为王卿也。"①"赵岐将贵戚之卿注为'内外亲族'，而异议无多，是由于汉代以后人们的观念如此。"②即在汉末魏晋时期，人们习惯将宗室、外戚都看作是贵戚之卿，这种看法影响深远。

除了孟子支持废昏立明，持有如此观点的儒家士人不在少数。朱熹对孟子易君正义论表达了这样的看法：

> 此章言大臣之义，亲疏不同，守经行权，各有其分。贵戚之卿，小过非不谏也，但必大过而不听，乃可易位。异姓之卿，大过非不谏也，虽小过而不听，已可去矣。然三仁贵戚，不能行之于纣；而霍光异姓，乃能行之于昌邑。此又委任权力之不同，不可以执一论也。③

朱熹并未否定权臣废主的合理性，他认为委任权力不同，不可一概而论。朱熹作为影响后世的大贤，《四书章句集注》更被后世举子奉为圭臬，他的观念对后世产生了重要影响。朱熹是君主专制的拥护者，但他反对皇权过分集中，连他也未完全否定孟子易君正义论的合理性，至于其他人则可想而知。

其实，就权臣废主的实质而言，无论是伊霍废主，还是魏晋南北朝的废主现象，都是复杂的权力之争的结果，不能以绝对的为公或为私来界定。无论何时的权臣废主，在当时都会既有支持者，也有反对者。权臣废主中，一般而言，贵戚之卿与异姓之卿是互为对立的两大阵营，贵戚之卿反对废主，异姓之卿则支持废主。但实际情况也不尽然如此，由于异姓通婚等情形的存在，贵戚之卿与异姓之卿的利益并非截然分开，而是有着千丝万缕的联系。统计皇权社会的权臣废主事件，不难发现，作为施动者的权臣，多为异姓之卿。霍光废主为异姓废主，后来的董卓、司马师、桓温、侯景、陈霸先、尔朱世隆、高欢、宇文泰等亦多如此。这也说明了皇权社会中出现的废主立新事件，多为权臣计在自利的行为。权臣废主事件，关涉君主传承，且权臣属性又可分为贵戚与异姓两种，所以这一文化母

---

① （汉）赵岐注，（宋）孙奭疏：《孟子注疏》卷一〇，《十三经注疏》，第 2746 页。
② 姚小鸥、杨晓丽：《屈原楚之同姓辨》，《文艺研究》2013 年第 6 期。
③ （宋）朱熹：《孟子集注》卷一〇，《四书章句集注》，第 324 页。

题就自然而然涉及君统与宗统的关系。贵戚之卿废主，是将君主置于宗统的范围来限制君主的权力，从而延续宗族的利益，此时君统受限于宗统。而异姓之卿废主，则是力图将原有君统破坏，而从自己宗统利益的角度重新推立一个君主，并希望能够逐渐形成另外的君统。贵戚之卿废主，君统与宗统是合作关系，利益是统一的，异姓之卿废主，君统与宗统是分离关系，利益是对立的。所以说，权臣废主文化母题的演变，体现了君统与宗统对立与统一的矛盾运动关系，且体现了君统与宗统的分合关系。

纵观历史，权臣废主很大程度上是世族政治、外戚专权的产物，这主要是君主专制制度发展不成熟的结果。"圣君贤相"是理想的君臣和谐状态，但事实往往并非如此。君主专制制度的演进过程中，君权与相权的矛盾斗争是一大主线。这里的宰相取广义，指在朝廷行使行政首脑职能的权臣。虽然权臣并非都是真正名义上的宰相，但他们常常左右一国行政，甚至军事，往往非宰相而胜于宰相。权臣废主事件中，君主被动，权臣施动，这是一反常态的权力互换很大程度上取决于君权与相权博弈的结果。秦汉到明清，总体而言，相权渐弱，君权渐强，这一演变趋势基本为学界公认。权臣废主事件在魏晋及以后得以集中出现，有其自身的特殊原因。因为南朝门阀士族轮番掌权，北朝的君权亦受到胡、汉贵族的压制，君权旁落在南北朝时期显得尤为明显，此时易出现权臣。直至李唐王朝，所谓关陇大族仍然大力掣肘君权，但总体言之，此时君权已经较之南北朝时期要强大。北宋开始，君权更为集中，直至明初宰相制度的废除，清初南书房的设立，君主对权力的掌控终至造极。可以说，权臣废主这一文化母题的演变与君主专制制度下君相博弈的发展成反比关系，君权强盛，则权臣废主事件较少或消亡，君主羸弱，则多权臣废主现象。

明人刘定之《宋论·诏经筵进讲朱熹治鉴纲目》说："汉唐有篡弑之臣，而宋无之。"[1]在宋代及以后的大一统王朝，没有出现魏晋南北朝那样的权臣废主现象，原因是多方面的。试举如下：一是这一时期中央集权制度已经逐渐发展成熟、完备，君权对相权的压制已非宋代之前所能比；二是权臣废主一般有强大的兵力震慑作为后盾，但宋代废藩镇支郡，实行崇文抑武的国策，使得权臣很难像

---

① 　（明）程敏政编：《明文衡》卷一一，《四部丛刊初编》。

前朝权臣那样拥有对军队的控制能力，这一特色延续至明清；三是门阀制度在唐代已瓦解，至宋，单独的某家某姓难以形成足够强大的势力左右朝政；四是经过晚唐五代的混战，宋代士人普遍有重建政治秩序的宏愿，在此背景之下，权臣废主开始慢慢失去滋生的土壤。较之此前，宋之后的大一统时代，儒家的"内圣外王"思想之体现更为明确，主张贤能政治的愿望也更强烈，此时更加注重科举考试与文人治国，士人更加坚守君尊臣卑的礼教传统。

今已为学界熟知的内藤命题，以唐宋变革为论，持宋代近世说，这一观点虽在学界有异议，部分学者认为应该走出"唐宋变革论"，但此说仍然有其存在的合理意义。权臣废主的演变在宋代及以后逐渐消失，这一趋势及背后的深层原因如此契合内藤命题，正是宋代近世说的具体佐证，我们似乎还不能立即抛弃"唐宋变革论"，而应对其进行辩证思考。

若从宏观层面略微谈及有关权臣废主母题的文学表现，笔者有初步思考。目前未见中国古代有集中的权臣废主母题的文学书写，有关此母题的文学表现，主要体现为文化典故的使用，以及相关历史事件的专门咏叹。比如伊霍典故的使用，伊霍并称，多在咏史诗、政论文、读史札记中出现，成为诗文中的有机组成部分。诗歌中的伊霍并称，大都象征着古人对社稷重臣的正面肯定。而政论文、读史札记中伊霍并称，又出现两种议论倾向：如"伊霍之功""伊霍之勋""伊霍之忠""伊霍之德""伊霍之任""伊霍之重"等表达，是对相关历史事件的正面肯定；"伊霍之事""伊霍之举""伊霍之语""伊霍之言""伊霍之权""伊霍之谋"等表达，则多实指或代指废主事件本身，属于中性或偏贬义的表达。此外，具体的咏史诗文中，有部分是关于伊尹、霍光、董卓、司马师、孙綝、桓温等个人或事件的专门描写，这种专门描写呈现出或正或反的面相。

中外历史具有会通性，探讨中国皇权社会权臣废主现象，也有利于他国政治史研究，此非本书论述的重点，不予展开。王朝末期禅让的废帝也被称为逊帝，逊帝与一般所谓废帝实质相似，都是国家权力变更的结果，但两者仍然有别。废帝与逊帝得以出现在历史上，其相关事件援引的事实依据不同，禅让多援引尧舜之让，而废立事件则多征引伊霍废主。相比通过大规模暴力战争形式造成的王朝更替，禅让与废立属于国家最高权力相对和平的传递方式，禅让重在权力的和平交接，废立重在权力的强制性转移。从对国家权力的破坏与重建力度来看，废立是仅次于禅让与易姓革命的权力转移方式，权臣废主产生的权力转移在利益集团内部，而禅让与革命易代则是利益集团之间的权力转移。禅让、革命易代、权臣废主，都是关乎伦理纲常、阶级利益的大事，它们之间的实质与表现形式有同有异。广义而言，禅让也是变相的权臣废主，禅让与权臣废主难以截然分开，至于禅让作为一种文化母题是如何演变的，它与权臣废主文化母题有何相关性，限于本书篇幅与主题，不予展开。

结　语

　　本书分别对三国两晋共五朝的贬谪事件进行了宏观与微观相结合的探讨，让我们对这段历史的贬谪概况与经典贬谪案例有了相对深入的认识，并对此时的贬谪事件与文化、文学、政治的关系及影响有了全面理解。

　　综观三国两晋约两百年的贬谪史，士人与君主在这段风云变幻的动乱年代各有遭际，我们能够通过他们的贬谪生活与创作来感触他们的悲哀。延康元年（220）与延康二年（221），这是两个特殊的年份，它们将被载入中国贬谪文化史册。延康元年，曹植开始了长达12年圈牢养物般的藩国生活，使其成为争嗣被幽贬的典型。延康二年，虞翻被贬交州，开始了长达18年的岭南谪居生活，因而也成为长贬岭南的典型谪臣，虞翻之贬开启了中国士人岭南之贬的风气。曹植与虞翻因此成为中国贬谪文化史上的重要谪臣，他们与此前的屈原、贾谊，此后的韩愈、苏轼等，一同成为中国贬谪文化长廊中的永久记忆。曹魏时期上演的"高平陵政变"与"夏侯玄代司马师政变"造成了诸例乐浪远徙案例，开启了远徙东北绝域的流贬风气，使乐浪逐渐成为了具有历史文化积淀的贬所之一。东吴"二宫构争"造成了诸多士人被贬岭南，这是中国士人群体第一次集体远谪岭南，虞翻与他们的岭南之贬对岭南成为中国历史上著名的贬所有着先导作用。诸葛亮治蜀期间，对蜀地的清议风气进行一定程度的遏制，其严峻刑政的风格与公平执法的原则令被贬者无怨无恨，诸葛亮因而成为中国历史上刑政依公的典型官员。西晋士人大多卷入党争与宗室内乱之中，他们的命运与依附的权臣密切相关，潘岳即为其中代表，汲汲名器与不婴世务的矛盾心态贯穿了他们仕途塞蹶的一生。金墉城经过"八王之乱"逐渐成为幽囚废主弃后的异时异地之"桐宫"，其文化意蕴也随着这场宗室内乱发生了巨变。东晋的诸多贬谪事件与王、桓等门阀士族的兴衰联系紧密，此时皇权与士族的矛盾能从诸贬谪事件中窥斑知豹。

贬谪不始于三国两晋，更未在此时结束，这两百年的时间内，士人与废主作为贬谪事件的两类不同主角，分别演绎了各自的悲剧人生。透过他们的人生起伏和悒郁感慨，我们对这些贬谪对象，对皇权社会专制的残酷性与政治权力争夺的血腥气获得了深一层的认知。

最后，笔者用一首小诗结束本书的写作：

鱼山豆釜泣陈王，交广青蝇吊仲翔。

谋反士宗徙乐浪，逆鳞公举戍永昌。

金墉托捧君王泪，建业逢迎敬道光。

自古贬迁谁会意，遥看乱世变沧桑。①

---

①　自注：鱼山在今山东东阿，乃曹植墓所在地，曹植晚年封陈王，最后几年居东阿，常游鱼山；虞翻字仲翔，被贬交广之地，有"生无可与语，死以青蝇为吊客，使天下一人知己者，足以不恨"的感叹；许允字士宗，曾涉"夏侯玄代司马师政变"，后又获罪，远徙当时曹魏版图最东北之乐浪郡(今朝鲜平壤等地)，未至道死；"逆鳞"典出《韩非子》，代指直臣触怒君主。费诗字公举，由于反对刘备称汉中王被远贬蜀汉最西南之永昌郡(今云南保山)；金墉城在曹魏与西晋时期常用作幽囚废主弃后与被贬宗室；桓玄字敬道，曾提兵向阙，在建康朝廷大行贬谪之事。

三国两晋贬谪事件编年

目　　录

凡例 ………………………………………………………… 259

曹魏贬谪事件 ………………………………………………… 261

　汉献帝朝(211—220) ………………………………………… 261

　　建安二十一年(丙申，216) ……………………………… 261

　　建安二十四年(己亥，219) ……………………………… 263

　　延康元年(庚子，220) …………………………………… 263

　【汉献帝朝年代不定者】 …………………………………… 264

　魏文帝朝(220—226) ……………………………………… 265

　　黄初元年(庚子，220) …………………………………… 265

　　黄初二年(辛丑，221) …………………………………… 266

　　黄初三年(壬寅，222) …………………………………… 266

　　黄初四年(癸卯，223) …………………………………… 267

　　黄初六年(乙巳，225) …………………………………… 268

　　黄初七年(丙午，226) …………………………………… 268

　【魏文帝朝年代不定者】 …………………………………… 269

　魏明帝朝(227—239) ……………………………………… 270

　　太和元年(丁未，227) …………………………………… 270

　　太和二年(戊申，228) …………………………………… 270

　　太和三年(己酉，229) …………………………………… 270

　　太和六年(壬子，232) …………………………………… 271

　　青龙三年(乙卯，235) …………………………………… 272

景初元年(丁巳，237) ⋯⋯⋯⋯⋯⋯⋯⋯⋯⋯⋯⋯⋯⋯⋯⋯⋯⋯⋯⋯ 272

景初二年(戊午，238) ⋯⋯⋯⋯⋯⋯⋯⋯⋯⋯⋯⋯⋯⋯⋯⋯⋯⋯⋯⋯ 272

景初三年(己未，239) ⋯⋯⋯⋯⋯⋯⋯⋯⋯⋯⋯⋯⋯⋯⋯⋯⋯⋯⋯⋯ 273

【魏明帝朝年代不定者】⋯⋯⋯⋯⋯⋯⋯⋯⋯⋯⋯⋯⋯⋯⋯⋯⋯⋯⋯⋯ 275

魏齐王芳朝(240—253) ⋯⋯⋯⋯⋯⋯⋯⋯⋯⋯⋯⋯⋯⋯⋯⋯⋯⋯⋯ 276

正始十年/嘉平元年(己巳，249) ⋯⋯⋯⋯⋯⋯⋯⋯⋯⋯⋯⋯⋯⋯ 276

嘉平三年(辛未，251) ⋯⋯⋯⋯⋯⋯⋯⋯⋯⋯⋯⋯⋯⋯⋯⋯⋯⋯⋯ 278

【魏齐王芳朝年代不定者】⋯⋯⋯⋯⋯⋯⋯⋯⋯⋯⋯⋯⋯⋯⋯⋯⋯⋯ 278

魏高贵乡公朝(254—259) ⋯⋯⋯⋯⋯⋯⋯⋯⋯⋯⋯⋯⋯⋯⋯⋯⋯ 280

嘉平六年/正元元年(甲戌，254) ⋯⋯⋯⋯⋯⋯⋯⋯⋯⋯⋯⋯⋯ 280

甘露二年(丁丑，257) ⋯⋯⋯⋯⋯⋯⋯⋯⋯⋯⋯⋯⋯⋯⋯⋯⋯⋯⋯ 282

甘露五年(庚辰，260) ⋯⋯⋯⋯⋯⋯⋯⋯⋯⋯⋯⋯⋯⋯⋯⋯⋯⋯⋯ 283

魏元帝朝(260—265) ⋯⋯⋯⋯⋯⋯⋯⋯⋯⋯⋯⋯⋯⋯⋯⋯⋯⋯⋯⋯ 284

景元五年(甲申，264) ⋯⋯⋯⋯⋯⋯⋯⋯⋯⋯⋯⋯⋯⋯⋯⋯⋯⋯⋯ 284

【魏元帝朝年代不定者】⋯⋯⋯⋯⋯⋯⋯⋯⋯⋯⋯⋯⋯⋯⋯⋯⋯⋯⋯ 284

蜀汉贬谪事件 ⋯⋯⋯⋯⋯⋯⋯⋯⋯⋯⋯⋯⋯⋯⋯⋯⋯⋯⋯⋯⋯⋯⋯⋯⋯ 285

汉献帝朝(210—220) ⋯⋯⋯⋯⋯⋯⋯⋯⋯⋯⋯⋯⋯⋯⋯⋯⋯⋯⋯⋯ 285

建安十五年(庚寅，210) ⋯⋯⋯⋯⋯⋯⋯⋯⋯⋯⋯⋯⋯⋯⋯⋯⋯ 285

建安十九年(甲午，214) ⋯⋯⋯⋯⋯⋯⋯⋯⋯⋯⋯⋯⋯⋯⋯⋯⋯ 285

【汉献帝朝年代不定者】⋯⋯⋯⋯⋯⋯⋯⋯⋯⋯⋯⋯⋯⋯⋯⋯⋯⋯⋯ 287

汉昭烈帝朝(221—222) ⋯⋯⋯⋯⋯⋯⋯⋯⋯⋯⋯⋯⋯⋯⋯⋯⋯⋯⋯ 287

建安二十六年/章武元年(辛丑，221) ⋯⋯⋯⋯⋯⋯⋯⋯⋯⋯ 287

蜀汉后主朝(223—263) ⋯⋯⋯⋯⋯⋯⋯⋯⋯⋯⋯⋯⋯⋯⋯⋯⋯⋯⋯ 288

建兴元年(癸卯，223) ⋯⋯⋯⋯⋯⋯⋯⋯⋯⋯⋯⋯⋯⋯⋯⋯⋯⋯⋯ 288

建兴四年(丙午，226) ⋯⋯⋯⋯⋯⋯⋯⋯⋯⋯⋯⋯⋯⋯⋯⋯⋯⋯⋯ 289

建兴六年(戊申，228) ⋯⋯⋯⋯⋯⋯⋯⋯⋯⋯⋯⋯⋯⋯⋯⋯⋯⋯⋯ 290

建兴九年(辛亥，231) ⋯⋯⋯⋯⋯⋯⋯⋯⋯⋯⋯⋯⋯⋯⋯⋯⋯⋯⋯ 291

建兴十三年(乙卯，235) ⋯⋯⋯⋯⋯⋯⋯⋯⋯⋯⋯⋯⋯⋯⋯⋯⋯ 292

延熙二十年(丁丑,257) ··· 292

【蜀汉后主朝年代不定者】 ··· 292

东吴贬谪事件 ··· 295

汉献帝朝(210—221) ·· 295

建安十五年(庚寅,210) ·· 295

延康二年(辛丑,221) ··· 296

【汉献帝朝年代不定者】 ··· 296

吴大帝朝(222—252) ·· 297

黄武三年(甲辰,224) ··· 297

黄武五年(丙午,226) ··· 298

黄龙三年(辛亥,231) ··· 298

嘉禾元年(壬子,232) ··· 300

赤乌七年(甲子,244) ··· 300

赤乌十三年(庚午,250) ·· 302

太元二年/神凤元年(壬申,252) ····································· 303

【吴大帝朝年代不定者】 ··· 304

吴会稽王朝(253—258) ··· 305

建兴二年(癸酉,253) ··· 305

五凤三年/太平元年(丙子,256) ····································· 306

太平三年(戊寅,258) ··· 306

【吴会稽王朝年代不定者】(253—258) ······························· 306

吴景帝朝(258—263) ·· 307

永安三年(庚辰,260) ··· 307

吴末帝朝(264—280) ·· 307

元兴元年(甲申,264) ··· 307

甘露元年(乙酉,265) ··· 309

甘露二年(丙戌,266) ··· 309

建衡三年(辛卯,271) ··· 310

凤皇元年(壬辰，272) ···························· 310

凤皇二年(癸巳，273) ···························· 311

凤皇三年(甲午，274) ···························· 312

天册元年(乙未，275) ···························· 312

【吴末帝朝年代不定者】······················ 313

西晋贬谪事件 ································· 315

晋武帝朝(265—290) ···························· 315

泰始元年(乙酉，265) ···························· 315

泰始四年(戊子，268) ···························· 316

泰始五年(己丑，269) ···························· 317

泰始六年(庚寅，270) ···························· 318

泰始七年(辛卯，271) ···························· 319

泰始八年(壬辰，272) ···························· 320

咸宁元年(乙未，275) ···························· 321

咸宁二年(丙申，276) ···························· 322

咸宁三年(丁酉，277) ···························· 323

咸宁四年(戊戌，278) ···························· 323

咸宁五年(己亥，279) ···························· 324

太康元年(庚子，280) ···························· 324

太康三年(壬寅，282) ···························· 325

太康六年(乙巳，285) ···························· 327

太康九年(戊申，288) ···························· 328

太熙元年(庚戌，290) ···························· 328

【晋武帝朝年代不定者】······················ 328

晋惠帝朝(291—306) ···························· 337

永平元年/元康元年(辛亥，291) ············ 337

元康二年(壬子，292) ···························· 341

元康四年(甲寅，294) ···························· 341

元康五年(乙卯，295) ···································· 342

元康六年(丙辰，296) ···································· 342

元康七年(丁巳，297) ···································· 343

元康九年(己未，299) ···································· 343

永康元年(庚申，300) ···································· 344

永宁元年(辛酉，301) ···································· 347

太安元年(壬戌，302) ···································· 349

太安二年(癸亥，303) ···································· 350

永兴元年(甲子，304) ···································· 350

永兴二年(乙丑，305) ···································· 353

【晋惠帝朝年代不定者】 ································ 353

晋怀帝朝(307—312) ······································· 355

永嘉元年(丁卯，307) ···································· 355

永嘉二年(戊辰，308) ···································· 355

永嘉三年(己巳，309) ···································· 356

晋愍帝朝(313—317) ······································· 356

建兴元年(癸酉，313) ···································· 356

建兴三年(乙亥，315) ···································· 357

【晋愍帝朝年代不定者】 ································ 358

东晋贬谪事件 ·· 359

晋元帝朝(317—322) ······································· 359

建武元年(丁丑，317) ···································· 359

太兴元年(戊寅，318) ···································· 360

太兴二年(己卯，319) ···································· 362

太兴三年(庚辰，320) ···································· 362

永昌元年(壬午，322) ···································· 363

【晋元帝朝年代不定者】 ································ 365

晋明帝朝(323—325) ······································· 367

太宁元年（癸未，323）⋯⋯⋯⋯⋯⋯⋯⋯⋯⋯ 367

太宁三年（乙酉，325）⋯⋯⋯⋯⋯⋯⋯⋯⋯⋯ 367

【晋明帝朝年代不定者】⋯⋯⋯⋯⋯⋯⋯⋯⋯⋯⋯ 368

晋成帝朝（326—342）⋯⋯⋯⋯⋯⋯⋯⋯⋯⋯⋯ 368

咸和元年（丙戌，326）⋯⋯⋯⋯⋯⋯⋯⋯⋯⋯ 368

咸和三年（戊子，328）⋯⋯⋯⋯⋯⋯⋯⋯⋯⋯ 370

咸和四年（己丑，329）⋯⋯⋯⋯⋯⋯⋯⋯⋯⋯ 371

咸和五年（庚寅，330）⋯⋯⋯⋯⋯⋯⋯⋯⋯⋯ 371

咸康二年（丙申，336）⋯⋯⋯⋯⋯⋯⋯⋯⋯⋯ 372

咸康五年（己亥，339）⋯⋯⋯⋯⋯⋯⋯⋯⋯⋯ 373

【晋成帝朝年代不定者】⋯⋯⋯⋯⋯⋯⋯⋯⋯⋯⋯ 374

晋康帝朝（343—344）⋯⋯⋯⋯⋯⋯⋯⋯⋯⋯⋯ 376

建元二年（甲辰，344）⋯⋯⋯⋯⋯⋯⋯⋯⋯⋯ 376

晋穆帝朝（345—361）⋯⋯⋯⋯⋯⋯⋯⋯⋯⋯⋯ 377

永和元年（乙巳，345）⋯⋯⋯⋯⋯⋯⋯⋯⋯⋯ 377

永和四年（戊申，348）⋯⋯⋯⋯⋯⋯⋯⋯⋯⋯ 378

永和六年（庚戌，350）⋯⋯⋯⋯⋯⋯⋯⋯⋯⋯ 378

永和八年（壬子，352）⋯⋯⋯⋯⋯⋯⋯⋯⋯⋯ 378

永和十年（甲寅，354）⋯⋯⋯⋯⋯⋯⋯⋯⋯⋯ 379

永和十二年（丙辰，356）⋯⋯⋯⋯⋯⋯⋯⋯⋯ 380

升平三年（己未，359）⋯⋯⋯⋯⋯⋯⋯⋯⋯⋯ 381

【晋穆帝朝年代不定者】⋯⋯⋯⋯⋯⋯⋯⋯⋯⋯⋯ 381

晋哀帝朝（362—365）⋯⋯⋯⋯⋯⋯⋯⋯⋯⋯⋯ 385

隆和元年（壬戌，362）⋯⋯⋯⋯⋯⋯⋯⋯⋯⋯ 385

兴宁三年（乙丑，365）⋯⋯⋯⋯⋯⋯⋯⋯⋯⋯ 385

晋废帝朝（366—370）⋯⋯⋯⋯⋯⋯⋯⋯⋯⋯⋯ 386

太和元年（丙寅，366）⋯⋯⋯⋯⋯⋯⋯⋯⋯⋯ 386

太和四年（己巳，369）⋯⋯⋯⋯⋯⋯⋯⋯⋯⋯ 386

太和五年（庚午，370）⋯⋯⋯⋯⋯⋯⋯⋯⋯⋯ 387

【晋废帝朝年代不定者】 …………………………………………… 388

晋简文帝朝（371—372） …………………………………………… 389

　　太和六年/咸安元年（辛未，371） ……………………………… 389

　　咸安二年（壬申，372） ………………………………………… 390

晋孝武帝朝（373—396） …………………………………………… 390

　　宁康元年（癸酉，373） ………………………………………… 390

　　太元十一年（丙戌，386） ……………………………………… 392

　　太元十三年（戊子，388） ……………………………………… 393

　　太元十四年（己丑，389） ……………………………………… 393

　　太元十七年（壬辰，392） ……………………………………… 395

　　太元十九年（甲午，394） ……………………………………… 395

【晋孝武帝朝年代不定者】 ………………………………………… 396

晋安帝朝（397—418） ……………………………………………… 398

　　隆安元年（丁酉，397） ………………………………………… 398

　　隆安二年（戊戌，398） ………………………………………… 398

　　隆安五年（辛丑，401） ………………………………………… 399

　　元兴元年（壬寅，402） ………………………………………… 400

　　元兴二年（癸卯，403） ………………………………………… 401

　　元兴三年（甲辰，404） ………………………………………… 402

　　义熙元年（乙巳，405） ………………………………………… 403

　　义熙三年（丁未，407） ………………………………………… 404

　　义熙四年（戊申，408） ………………………………………… 405

　　义熙六年（庚戌，410） ………………………………………… 405

　　义熙七年（辛亥，411） ………………………………………… 406

凡　例

    ＊　本书以时代、帝王年号为序，上起汉末三国鼎立时，下迄东晋灭亡，凡贬、流、免官(包括被流贬官员家人)，以及废帝、后、妃等均予著录。若一年之内有两个或两个以上年号者，目录中诸年号兼录，具体条目中的按语论述依据改年号前后之具体年号为准，若难以确定具体年号，则以该年第一个年号为准。

    ＊　所收被贬之人(即贬谪主体)，以文献明载为贬、流者为主，其他如罢、免等，则视具体情形分别裁定，酌予收录。至于已降贬诏而未至贬所或死于贬途者，亦皆收录，说明情况，以存全貌。本书所录贬谪主体，一般只记录某年的具体贬谪事件，但曹植、潘岳乃中国文学史上的名家，本书特别对待，依据情况，将其若干年的不遇生活皆算作贬谪生涯。如曹操去世后，曹植被迫就藩，虽就藩之后曹植曾由乡侯封县侯，名义上是升爵，但藩国生涯相对于此前曹操时代的世子生涯，曹植皆算作贬谪，即将曹植的藩国生涯统计为贬谪。潘岳仕途不顺，《晋书》卷五五《潘岳传》云："岳才名冠世，为众所疾，遂栖迟十年。出为河阳令，负其才而郁郁不得志。"潘岳在地方任职，由县令迁县令，或闲居，也算作贬谪。此外，帝后妃嫔被废，并非传统意义上的贬谪，但魏晋时期，帝后频繁被废、被迁，体现了时代特色，本书一并算作贬谪事件。自请出外者，一般不算作贬谪。

    ＊　每一条目，依序先列贬谪主体的姓名、贬因、贬地，或贬惩方式，后引相关文献以明出处，并交代被贬前后所任官职及谪居时间；其事、其时、其地有疑问者，则加按语以考辨说明。倘因一事而牵连多名贬官，则诸人共系一目，不再分列；所征引文献，一般以反映该事件、人物最详尽者列于前，与重要人物相关之文献随主名分列于后。或者先列有关贬谪事件的时间、地点等大背景文献，然后引据体现贬谪事件之具体文献。每条贬谪事件所引据的相关古籍文献，均标

明卷数，按语考证中再次出现该文献时，一般省略卷数，以图简洁。若所据文献中存有关于流贬事件的诏令奏章等，视情况全录或节录，以明流贬缘由。部分按语考证中，后来条目再次出现前有条目中的相关贬谪事件，为省篇幅，用"可参本书××年条"以互见。如再次提及齐王司马攸当之藩在太康三年，则云可参本书"太康三年"条。

    ＊   流贬处所，一般只列州郡县名，少数则据文献照录具体地名。

    ＊   凡贬年不详或因文献杂出而难以辨明者，分别置于各朝末之"年代不定者"内，并大致厘定其先后次序。

    ＊   本书所用文献，以《三国志》《宋书》《晋书》《资治通鉴》等史书为主，兼及《全上古三代秦汉三国六朝文》《先秦汉魏晋南北朝诗》等总集，以及《曹植集》《潘岳集》等别集。并参考《北堂书钞》《艺文类聚》《册府元龟》《太平御览》等类书。此外，亦参考今人论著。凡前贤已考定者，即从其说，注明出处；凡有疑问者，则续加辨析，或阙疑待考。部分史书乃前后因袭记载，如《晋书·五行志》对《宋书·五行志》颇多因袭，《册府元龟》等类书史料往往取自此前正史，本书一般兼取之，但对后出文献予以略引。

曹魏贬谪事件

汉献帝朝(211—220)

建安二十一年(丙申，216)

尚书仆射毛玠，因涉谤言曹操被免黜。

《三国志》卷一二《魏书·崔琰传》："后太祖为魏王，训发表称赞功伐，褒述盛德。时人或笑训希世浮伪，谓琰为失所举。琰从训取表草视之，与训书曰：'省表，事佳耳！时乎时乎，会当有变时。'琰本意讥论者好谴呵而不寻情理也。有白琰此书傲世怨谤者，太祖怒曰：'谚言"生女耳"，"耳"非佳语。"会当有变时"，意指不逊。'于是罚琰为徒隶，使人视之，辞色不挠。太祖令曰：'琰虽见刑，而通宾客，门若市人，对宾客虬须直视，若有所瞋。'遂赐琰死。"《三国志》卷一二《魏书·毛玠传》："太祖为司空丞相，玠尝为东曹掾，与崔琰并典选举。……魏国初建，为尚书仆射，复典选举。时太子未定，而临菑侯植有宠，玠密谏曰：'……。'崔琰既死，玠内不悦。后有白玠者：'出见黥面反者，其妻子没为官奴婢，玠言曰"使天不雨者盖此也"。'太祖大怒，收玠付狱。大理钟繇诘玠曰：'……具以状对。'玠曰：'……谨以状对。'时桓阶、和洽进言救玠。玠遂免黜，卒于家。"《三国志》卷二三《魏书·和洽传》："魏国既建，为侍中，后有白毛玠谤毁太祖，太祖见近臣，怒甚。洽陈玠素行有本，求案实其事。罢朝，太祖令曰：'今言事者白玠不但谤吾也。……和侍中比求实之，所以不听，欲重参之耳。'洽对曰：'如言事者言，玠罪过深重，非天地所覆载。……今圣恩垂含垢之仁，不忍致之于理，更使曲直之分不明，疑自近始。'太祖曰：'所以不考，欲两全玠及言事者耳。'洽对曰：'玠信有谤上之言，当肆之市朝；若玠无此，言事者加诬大臣以误主听；二者不加检核，臣窃不安。'太祖曰：'方有军事，安可受人言便考之邪？狐射姑刺阳处父于朝，此为君之诫也。'"《三国志》卷二《魏书·文帝纪》："（延康元年三月）己卯，以前将军夏侯惇为大将军。濊貊、扶余单于、焉耆、于阗王皆各遣使奉献。"裴松之注："《魏书》曰：'……。'臣松之案：《魏书》有是言而不闻其职也。丁亥令曰：'故尚书仆射毛玠、奉常王修、凉茂、郎中令袁涣、少府谢奂、万潜、中尉徐奕、国渊等，皆忠直在朝，履蹈仁义，并早即世，而子孙陵迟，恻然愍之，其皆拜子男为郎中。'"《册府元龟》卷四六〇《台省部·正直》、卷六一九《刑法部·案鞫》等所载略同。

按：《三国志》卷一《魏书·武帝纪》："（建安十八年）十一月，初置尚书、侍中、六卿。"裴松之注引《魏氏春秋》曰："以荀攸为尚书令，凉茂为仆射，毛玠、崔琰、常林、徐奕、何夔为尚书，王粲、杜袭、卫觊、和洽为侍中。"《三国志》卷二三《魏书·和洽传》谓"魏国既建，为侍中"，即指建安十八年（213）十一月，毛玠、崔琰、常林等为尚书，王粲、杜袭、卫觊、和洽为侍中。故而，毛玠为尚书时，其被免黜应在建安十八年十一月之后。《三国志》卷一二《魏书·毛玠传》谓"时太子未定，而临菑侯植有宠"，指曹植与曹丕争嗣。据《三国志》卷二《魏书·文帝纪》载"建安十六年，为五官中郎将、副丞相。二十二年，立为魏太子"，曹丕立为太子（魏王世子）在建安二十二年，故而本年之前，毛玠或仍在尚书仆射任上。又《三国志》卷一《魏书·武帝纪》谓"（建安二十一年）八月，以大理钟繇为相国"，《三国志》卷一二《魏书·毛玠传》所载"大理钟繇诘玠"，当在本年八月之前。《三国志》卷一二《魏书·崔琰传》谓崔琰被赐死在曹操为魏王时。《三国志》卷一《魏书·武帝纪》："（建安二十一年）夏五月，天子进公爵为魏王。"故而，崔琰被赐死在建安二十一年五月，毛玠被免官，亦在本年五月与八月间。又，《资治通鉴》卷六七"建安二十一年"（216）条系此事于五月。

东曹属徐奕，不事西曹掾丁仪，仪谮奕，出为魏郡太守。

《三国志》卷一二《魏书·徐奕传》："徐奕字季才，东莞人也。……太祖为司空，辟为掾属，从西征马超。超破，军还。时关中新服，未甚安，留奕为丞相长史，镇抚西京，西京称其威信。转为雍州刺史，复还为东曹属。丁仪等见宠于时，并害之，而奕终不为动。出为魏郡太守。太祖征孙权，徙为留府长史，谓奕曰：'君之忠亮，古人不过也，然微太严。昔西门豹佩韦以自缓，夫能以柔弱制刚强者，望之于君也。今使君统留事，孤无复还顾之忧也。'魏国既建，为尚书，复典选举，迁尚书令。"《资治通鉴》卷六七"建安二十一年"(216)条："夏，五月，进魏公操爵为王。……是时西曹掾沛国丁仪用事，玠之获罪，仪有力焉；群下畏之侧目。尚书仆射何夔及东曹属东莞徐奕，独不事仪，仪潜奕，出为魏郡太守。"

按：毛玠被免黜与徐奕出为魏郡太守，约在同时，《资治通鉴》卷六七"建安二十一年"条皆系于五月。

建安二十四年(己亥，219)

九月，中尉杨俊，坐西曹掾魏讽谋反案，左迁平原太守。相国钟繇，坐魏讽谋反案，免官。

《三国志》卷一《魏书·武帝纪》："(建安二十四年)九月，相国钟繇坐西曹掾魏讽反免。"《三国志》卷一三《魏书·钟繇传》："数年，坐西曹掾魏讽谋反，策罢就第。文帝即王位，复为大理。及践阼，改为廷尉，进封崇高乡侯。"《三国志》卷二三《魏书·杨俊传》："魏国既建，迁中尉。太祖征汉中，魏讽反于邺，俊自劾诣行在所。俊以身方罪免，笺辞太子。太子不悦，曰：'杨中尉便去，何太高远邪！'遂被书左迁平原太守。文帝践阼，复在南阳。"《册府元龟》卷六二八《环卫部·迁黜》所载略同。

按：曹操征汉中，魏讽反于邺，时在建安二十四年九月。《资治通鉴》卷六八"建安二十四年"(219)条详载魏讽谋反案始末，可参看。

延康元年(庚子，220)

二月，临淄侯曹植，因曹丕即魏王位，被迫就藩。

《三国志》卷一《魏书·武帝纪》："庚子，王崩于洛阳，年六十六。……谥曰武王。二月丁卯，葬高陵。"《三国志》卷二《魏书·文帝纪》："太祖崩，嗣位为丞相、魏王。……改建安二十五年为延康元年。……十月癸卯……庚午……改延康为黄初，大赦。"《三国志》卷一九《魏书·陈思王植传》："文帝即王位，诛丁仪、丁廙并其男口。植与诸侯并就国。"

按：《三国志》卷一《魏书·武帝纪》谓"庚子"，即东汉建安二十五年（220），三月，改元延康元年（220），十月，曹丕称帝，改元黄初元年（220）。曹植就藩应在此年曹丕即魏王位后。

【汉献帝朝年代不定者】

弘农太守贾逵，疑屯田都尉藏亡民，收之，数以罪，拷折脚，坐免。

《三国志》卷一五《魏书·贾逵传》："太祖征马超，至弘农，曰'此西道之要'，以逵领弘农太守。召见计事，大悦之，谓左右曰：'使天下二千石悉如贾逵，吾何忧？'其后发兵，逵疑屯田都尉藏亡民。都尉自以不属郡，言语不顺。逵怒，收之，数以罪，拷折脚，坐免。然太祖心善逵，以为丞相主簿。"

按：据《三国志》卷一《魏书·武帝纪》："（建安）十六年春正月，天子命公世子丕为五官中郎将，置官属，为丞相副。……张鲁据汉中，三月，遣钟繇讨之。公使渊等出河东与繇会。是时关中诸将疑繇欲自袭，马超遂与韩遂、杨秋、李堪、成宜等叛。遣曹仁讨之。超等屯潼关，公敕诸将：'关西兵精悍，坚壁勿与战。'秋七月，公西征，与超等夹关而军。"曹操西征马超，始于建安十六年（211）。贾逵任弘农太守当始于此年，其被免亦在此年或稍后。

卫尉程昱，坐与中尉邢贞争威仪，免。

《三国志》卷一四《魏书·程昱传》："人有告昱谋反，太祖赐待益厚。魏国既建，为卫尉，与中尉邢贞争威仪，免。文帝践阼，复为卫尉。"《册府元龟》卷一三○《帝王部·延赏》所载略同。

按：《三国志》卷一四《魏书·程昱传》云"魏国既建，为卫尉"，指曹操被汉献帝封为魏公，建立魏国。据《三国志》卷一《魏书·武帝纪》："（建安）十八年……五月丙申，天子使御史大夫郗虑持节策命公为魏公。"则卫尉程昱与中尉邢贞争威仪在建安十八年（213）或稍后。

魏郡西部都尉鲍勋，守正不挠，得罪曹丕，免官。

《三国志》卷一二《魏书·鲍勋传》："（建安）二十二年，立太子，以勋为中庶子。徙黄门侍郎，出为魏郡西部都尉。太子郭夫人弟为曲周县吏，断盗官布，法应弃市。太祖时在谯，太子留邺，数手书为之请罪。勋不敢擅纵，具列上。勋前在东宫，守正不挠，太子固不能悦，及重此事，恚望滋甚。会郡界休兵有失期者，密敕中尉奏免勋官。久之，拜侍御史。延康元年，太祖崩，太子即王位，勋以驸马都尉兼侍中。"《册府元龟》卷六七四《牧守部·公正》所载略同。

按：《三国志》卷二《魏书·文帝纪》载"建安十六年，为五官中郎将、副丞相。二十二年，立为魏太子"，《三国志》卷一二《魏书·鲍勋传》又谓"太祖时在谯，太子留邺"，时曹操尚在世，但具体时间难考。曹操卒于建安二十五年（220）正月，三月，汉献帝改元延康。且鲍勋本传谓延康元年（220）前，鲍勋又任侍御史。故而，奏免勋官事，当在建安二十二年至二十五年正月间。

魏文帝朝（220—226）

黄初元年（庚子，220）

十一月，汉献帝刘协被迫禅让，曹魏代汉，曹丕即位，贬刘协为山阳公。

《三国志》卷二《魏书·文帝纪》："黄初元年十一月癸酉，以河内之山阳邑万户奉汉帝为山阳公，行汉正朔，以天子之礼郊祭，上书不称臣，京都有事于太庙，致胙。"

十二月，长水校尉戴陵，谏曹丕不宜数行狩猎，丕怒，陵减死罪一等。

《三国志》卷二《魏书·文帝纪》："黄初元年十一月癸酉，以河内之山阳邑万户奉汉帝为山阳公，行汉正朔……是岁，长水校尉戴陵谏不宜数行弋猎，帝大怒；陵减死罪一等。"《册府元龟》卷一八一《帝王部·恶直》所载略同。

驸马都尉兼侍中鲍勋，谏曹丕不宜丧礼期间狩猎，出为右中郎将。

《三国志》卷一二《魏书·鲍勋传》："文帝受禅……文帝将出游猎，勋停车上疏曰：'臣闻五帝三王，靡不明本立教，以孝治天下。陛下仁圣恻隐，有同古烈。

臣冀当继踪前代，令万世可则也。如何在谅闇之中，修驰骋之事乎！臣冒死以闻，唯陛下察焉。'帝手毁其表而竟行猎，中道顿息，问侍臣曰：'猎之为乐，何如八音也？'侍中刘晔对曰：'猎胜于乐。'勋抗辞曰：'夫乐，上通神明，下和人理，隆治致化，万邦咸乂。移风易俗，莫善于乐。况猎，暴华盖于原野，伤生育之至理，栉风沐雨，不以时隙哉？昔鲁隐观渔于棠，《春秋》讥之。虽陛下以为务，愚臣所不愿也。'因奏：'刘晔佞谀不忠，阿顺陛下过戏之言。昔梁丘据取媚于遄台，晔之谓也。请有司议罪以清皇朝。'帝怒作色，罢还，即出勋为右中郎将。"《册府元龟》卷五三八《谏诤部·直谏》所载略同。

黄初二年（辛丑，221）

二月，临淄侯曹植，坐醉酒悖慢，劫胁使者，贬爵安乡侯，七月，改封鄄城侯。

《三国志》卷一九《魏书·陈思王植传》："黄初二年，监国谒者灌均希指，奏'植醉酒悖慢，劫胁使者'。有司请治罪，帝以太后故，贬爵安乡侯。其年改封鄄城侯。"《资治通鉴》卷六九"黄初二年"（221）条："二月，丁未朔，日有食之。……丁卯，葬武王于高陵。……王弟鄢陵侯彰等皆就国。临菑监国谒者灌均，希指奏'临菑侯植醉酒悖慢，劫胁使者。'王贬植为安乡侯……秋，七月，孙权遣使奉献。……皇弟鄢陵侯彰、宛侯据、鲁阳侯宇、谯侯林、赞侯衮、襄邑侯峻、弘农侯干、寿春侯彪、历城侯徽、平舆侯茂皆进爵为公。安乡侯植改封鄄城侯。"

按：据《资治通鉴》卷六九"黄初二年"条，黄初二年二月，曹植先被贬安乡侯，七月，改封鄄城侯，由乡侯改封县侯乃升爵，但相对于曹操时代，此时曹植仍属贬谪就藩生涯。

黄初三年（壬寅，222）

四月，鄄城侯曹植为鄄城王。

《三国志》卷二《魏书·文帝纪》："（黄初三年）夏四月戊申，立鄄城侯植为鄄城王。"《三国志》卷一九《魏书·陈思王植传》："三年，立为鄄城王，邑二千五百户。"《册府元龟》卷二六三《宗室部·封建》、卷二七四《宗室部·悔过》仅系于黄初三年，未载明月份。《资治通鉴》卷六九"黄初三年"（222）条系于黄初三年四月。

黄初四年（癸卯，223）

约七八月，鄄城王曹植，朝京后归鄄城，徙封雍丘王。

《三国志》卷一九《魏书·陈思王植传》："四年，徙封雍丘王。"《册府元龟》卷二六三《宗室部·封建》、卷二七四《宗室部·友爱》系于黄初四年，未载明月份。

按：张可礼《三曹年谱》（齐鲁书社，1983 年）认为"至秋归鄄城后，始有徙封之事"。"《赠白马王诗序》云：'……至七月与白马王还国。'据此，则徙封在七月后无疑矣。"（第 202 页）张可礼系此事于黄初四年七八月间。祝鼎民《曹植年谱考索·阮籍生平系年考略》（北京师范大学出版社，2023 年）亦认为"（黄初四年）七月，植返鄄城"（第 107 页），后来"植徙封雍丘王"（第 112 页）。

侍中苏则，以好直谏，左迁东平相（或曰河东相），未至，道病薨。

《三国志》卷一六《魏书·苏则传》："征拜侍中，与董昭同寮。……文帝问则曰：'前破酒泉、张掖，西域通使，敦煌献径寸大珠，可复求市益得不？'则对曰：'若陛下化洽中国，德流沙漠，即不求自至；求而得之，不足贵也。'帝默然。后则从行猎，槎桎拔，失鹿，帝大怒，踞胡床拔刀，悉收督吏，将斩之。则稽首曰：'臣闻古之圣王不以禽兽害人，今陛下方隆唐尧之化，而以猎戏多杀群吏，愚臣以为不可。敢以死请！'帝曰：'卿，直臣也。'遂皆赦之。然以此见惮。黄初四年，左迁东平相。未至，道病薨。"《太平御览》卷四五三《人事部》："《魏略》曰：'则为侍中，文帝时，人多饥困，而军数出，又兼治宫室，则又数面谏，由此，上颇不悦，其后出，以为河东相。'"《册府元龟》卷一八一《帝王部·恶直》："苏则为侍中，文帝时，人多饥困，而军数出，又兼治宫室，则数面谏，由此，帝颇不悦，其后出为河东相。"

按：《三国志》卷一六《魏书·苏则传》云左迁东平相，但《太平御览》与《册府元龟》引《魏略》谓出为河东相，未知孰是。

黄初六年(乙巳，225)

三月，右中郎将鲍勋，因谏曹丕勿征东吴，左迁治书执法。

《三国志》卷一二《魏书·鲍勋传》："黄初四年，尚书令陈群、仆射司马宣王并举勋为宫正，宫正即御史中丞也。帝不得已而用之，百寮严惮，罔不肃然。六年秋，帝欲征吴，群臣大议，勋面谏曰：'王师屡征而未有所克者，盖以吴、蜀唇齿相依，凭阻山水，有难拔之势故也。往年龙舟飘荡，隔在南岸，圣躬蹈危，臣下破胆。此时宗庙几至倾覆，为百世之戒。今又劳兵袭远，日费千金，中国虚耗，令黠虏玩威，臣窃以为不可。'帝益忿之，左迁勋为治书执法。"《册府元龟》卷一八一《帝王部·恶直》所载略同，未载明月份。《资治通鉴》卷七〇"黄初六年"(225)条："三月……辛未，帝以舟师复征吴，群臣大议。宫正鲍勋谏曰：'……臣窃以为不可。'帝怒，左迁勋为治书执法。……夏，五月，戊申，帝如谯。……八月，帝以舟师自谯循涡入淮。尚书蒋济表言水道难通，帝不从。"

按：《三国志》卷一二《魏书·鲍勋传》谓"六年秋，帝欲征吴"，《资治通鉴》谓三月辛未"帝以舟师复征吴"。据《资治通鉴》所载，"五月，戊申，帝如谯""八月，帝以舟师自谯循涡入淮。尚书蒋济表言水道难通，帝不从"，可知曹丕五月如谯，八月，又自谯循涡入淮。御史中丞鲍勋劝谏勿征东吴，当在群臣大议时，即应在曹丕离开魏都之前，而非如谯之后，故当系于三月。

黄初七年(丙午，226)

正月，骠骑将军曹洪，以舍客犯法，免为庶人。

《宋书》卷二三《天文志一》："(黄初)七年正月，骠骑将军曹洪免为庶人。"《晋书》卷一三《天文志下》所载相同。《三国志》卷九《魏书·曹洪传》："始，洪家富而性吝啬，文帝少时假求不称，常恨之，遂以舍客犯法，下狱当死。群臣并救莫能得。卞太后谓郭后曰：'令曹洪今日死，吾明日敕帝废后矣。'于是泣涕屡请，乃得免官削爵土。洪先帝功臣，时人多为觖望。明帝即位，拜后将军，更封乐城侯，邑千户，位特进，复拜骠骑将军。太和六年薨，谥曰恭侯。"

【魏文帝朝年代不定者】

谯郡太守卢毓，坐上表忤曹丕徙民充旧乡之本意，贬为睢阳典农校尉。

《三国志》卷二二《魏书·卢毓传》："魏国既建，为吏部郎。文帝践阼，徙黄门侍郎，出为济阴相，梁、谯二郡太守。帝以谯旧乡，故大徙民充之，以为屯田。而谯土地硗瘠，百姓穷困，毓愍之，上表徙民于梁国就沃衍，失帝意。虽听毓所表，心犹恨之，遂左迁毓，使将徙民为睢阳典农校尉。"《册府元龟》卷六八八《牧守部·爱民》所载略同。

太乐令、协律都尉杜夔，坐不惬曹丕意，黜免。

《三国志》卷二九《魏书·杜夔传》："黄初中，为太乐令、协律都尉。汉铸钟工柴玉巧有意思，形器之中，多所造作，亦为时贵人见知。夔令玉铸铜钟，其声均清浊多不如法，数毁改作。玉甚厌之，谓夔清浊任意，颇拒捍夔。夔、玉更相白于太祖，太祖取所铸钟，杂错更试，然知夔为精而玉之妄也，于是罪玉及诸子，皆为养马士。文帝爱待玉，又尝令夔与左愿、左骁等于宾客之中吹笙鼓琴，夔有难色，由是帝意不悦。后因他事系夔，使愿、骁等就学，夔自谓所习者雅，仕宦有本，意犹不满，遂黜免以卒。"《册府元龟》卷八五六《总录部·知音》所载略同。

幽州刺史崔林，坐不事上司，左迁河间太守。

《三国志》卷二四《魏书·崔林传》："文帝践阼，拜尚书，出为幽州刺史。北中郎将吴质统河北军事，涿郡太守王雄谓林别驾曰：'吴中郎将，上所亲重，国之贵臣也。仗节统事，州郡莫不奉笺致敬，而崔使君初不与相闻。若以边塞不修斩卿，使君宁能护卿邪？'别驾具以白林，林曰：'刺史视去此州如脱屣，宁当相累邪？此州与胡虏接，宜镇之以静，扰之则动其逆心，特为国家生北顾忧，以此为寄。'在官一期，寇窃寝息；犹以不事上司，左迁河间太守，清论多为林怨也。"又裴松之注："《魏名臣奏》载侍中辛毗奏曰：'昔桓阶为尚书令，以崔林非尚书才，迁以为河间太守。'与此传不同。"《册府元龟》卷六七四《牧守部·公正》

所载略同。

魏明帝朝（227—239）

太和元年（丁未，227）

约六月，雍丘王曹植徙封浚仪。

《三国志》卷一九《魏书·陈思王植传》："太和元年，徙封浚仪。"《册府元龟》卷二六三《宗室部·封建》所载略同。

按：张可礼《三曹年谱》（齐鲁书社，1983 年，第 216 页）认为："植明年所作《朔风诗》曰：'昔我初迁，朱华未希。'初迁，当指离雍丘。朱华，指荷花。曰'未希'，时当在六月前后。"可参看。

太和二年（戊申，228）

约九月，浚仪王曹植还雍丘。

《三国志》卷一九《魏书·陈思王植传》："二年，复还雍丘。"《册府元龟》卷二六三《宗室部·封建》所载略同。

按：张可礼《三曹年谱》（齐鲁书社，1983 年，第 217～218 页）认为："九月……曹植复还雍丘，上《求自试表》。……表中'流闻东军失备'等句，当指是年九月曹休败于石亭事。知植复还雍丘及上疏求自试，当在本年九月曹休为吴败后不久。"可参看。

太和三年（己酉，229）

十二月，雍丘王曹植徙封东阿。

《三国志》卷一九《魏书·陈思王植传》："三年，徙封东阿。"《册府元龟》卷二六三《宗室部·封建》所载略同。《资治通鉴》卷七一"太和三年"（229）条："十二月，雍丘王植徙封东阿。"

按：张可礼《三曹年谱》（齐鲁书社，1983 年，第 221 页）亦谓曹植徙封东阿王在十二月，可参看。

太和六年(壬子，232)

二月，东阿王曹植封陈王。

《三国志》卷一九《魏书·陈思王植传》："(太和六年)其二月，以陈四县封植为陈王，邑三千五百户。"《册府元龟》卷二六三《宗室部·封建》所载略同。

尚书诸葛诞、邓飏等，坐被论浮华，免官。

《三国志》卷九《魏书·曹爽传》："南阳何晏、邓飏、李胜、沛国丁谧、东平毕轨咸有声名，进趣于时，明帝以其浮华，皆抑黜之；及爽秉政，乃复进叙，任为腹心。飏等欲令爽立威名于天下，劝使伐蜀，爽从其言，宣王止之不能禁。"《三国志》卷一四《魏书·董昭传》："太和四年，行司徒事，六年，拜真。昭上疏陈末流之弊曰：'凡有天下者，莫不贵尚敦朴忠信之士，深疾虚伪不真之人者，以其毁教乱治，败俗伤化也。近魏讽则伏诛建安之末，曹伟则斩戮黄初之始。伏惟前后圣诏，深疾浮伪，欲以破散邪党，常用切齿；而执法之吏皆畏其权势，莫能纠摘，毁坏风俗，侵欲滋甚。窃见当今年少，不复以学问为本，专更以交游为业；国士不以孝悌清修为首，乃以趋势游利为先。合党连群，互相褒叹，以毁誉为罚戮，用党誉为爵赏，附己者则叹之盈言，不附者则为作瑕衅。至乃相谓"今世何忧不度邪，但求人道不勤，罗之不博耳；又何患其不知己矣，但当吞之以药而柔调耳"。又闻或有使奴客名作在职家人，冒之出入，往来禁奥，交通书疏，有所探问。凡此诸事，皆法之所不取，刑之所不赦，虽讽、伟之罪，无以加也。'帝于是发切诏，斥免诸葛诞、邓飏等。"《三国志》卷二八《魏书·诸葛诞传》："累迁御史中丞、尚书，与夏侯玄、邓飏等相善，收名朝廷，京都翕然。言事者以诞、飏等修浮华，合虚誉，渐不可长。明帝恶之，免诞官。"裴松之注引《世语》曰："是时，当世俊士散骑常侍夏侯玄、尚书诸葛诞、邓飏之徒，共相题表，以玄、畴四人为四聪，诞、备八人为八达，中书监刘放子熙、孙资子密、吏部尚书卫臻子烈三人，咸不及比，以父居势位，容之为三豫，凡十五人。帝以构长浮华，皆免官废锢。"

按：此即为曹魏"浮华案"。《三国志》卷一四《魏书·董昭传》将此案系于太和六年。而《资治通鉴》卷七一"太和四年"(230)条引《三国志》卷三《魏书·明帝纪》，将此案系于太和四年。王晓毅《论曹魏太和"浮华案"》(《史学月刊》1996年第2期)经考辨，仍定于太和六年，姑从此。

青龙三年(乙卯，235)

任城王曹楷，坐私遣官属诣中尚方作禁物，削县二千户。

《三国志》卷一九《魏书·任城威王彰传附曹楷传》："子楷嗣，徙封中牟。五年，改封任城县。太和六年，复改封任城国，食五县二千五百户。青龙三年，楷坐私遣官属诣中尚方作禁物，削县二千户。"《册府元龟》卷二九九《宗室部·专恣》所载略同。

景初元年(丁巳，237)

彭城王曹据，私遣人诣中尚方作禁物，削县二千户。

《三国志》卷二〇《魏书·彭城王据传》："太和六年，改封诸王，皆以郡为国，据复封彭城。景初元年，据坐私遣人诣中尚方作禁物，削县二千户。三年，复所削户邑。"裴松之注引《魏书》载玺书曰："制诏彭城王：'有司奏，王遣司马董和，赍珠玉来到京师中尚方，多作禁物，交通工官，出入近署，逾侈非度，慢令违制，绳王以法。……今诏有司宥王，削县二千户，以彰八柄与夺之法。昔羲、文作易，著休复之语，仲尼论行，既过能改。王其改行，茂昭斯义，率意无怠。'"《册府元龟》卷二九七《宗室部·谴让》所载略同。

己氏公曹琮，坐于中尚方作禁物，削户三百，贬爵为都乡侯。

《三国志》卷二〇《魏书·邓哀王冲传附曹琮传》："三年，进琮爵，徙封冠军公。四年，徙封己氏公。太和五年，加冲号曰邓哀王。景初元年，琮坐于中尚方作禁物，削户三百，贬爵为都乡侯。三年，复为己氏公。"《册府元龟》卷二九五《宗室部·复爵》所载略同。

景初二年(戊午，238)

十二月，大将军曹宇、领军将军夏侯献、屯骑校尉曹肇、骁骑将军秦朗等，皆因明帝曹叡病危而为人所间，免官。

《三国志》卷三《魏书·明帝纪》："（景初二年）十二月乙丑，帝寝疾不豫。辛巳，立皇后。赐天下男子爵人二级，鳏寡孤独谷。以燕王宇为大将军，甲申免，以武卫将军曹爽代之。"裴松之注引《汉晋春秋》曰："帝以燕王宇为大将军，使与领军将军夏侯献、武卫将军曹爽、屯骑校尉曹肇、骁骑将军秦朗等对辅政。中书监刘放、令孙资久专权宠，为朗等素所不善，惧有后害，阴图间之，而宇常在帝侧，故未得有言。甲申，帝气微，宇下殿呼曹肇有所议，未还，而帝少间，惟曹爽独在。放知之，呼资与谋。……帝得放言，大怒曰：'谁可任者？'放、资乃举爽代宇，又白'宜诏司马宣王使相参'，帝从之。放、资出，曹肇入，泣涕固谏，帝使肇敕停。肇出户，放、资趋而往，复说止帝，帝又从其言。放曰：'宜为手诏。'帝曰：'我困笃，不能。'放即上床，执帝手强作之，遂赍出，大言曰：'有诏免燕王宇等官，不得停省中。'于是宇、肇、献、朗相与泣而归第。"《三国志》卷九《魏书·曹休传附曹肇传》："明帝寝疾，方与燕王宇等属以后事。帝意寻变，诏肇以侯归第。正始中薨。"《三国志》卷一四《魏书·刘放传附孙资传》："景初二年……其年，帝寝疾，欲以燕王宇为大将军，及领军将军夏侯献、武卫将军曹爽、屯骑校尉曹肇、骁骑将军秦朗共辅政……命更为诏，帝独召爽与放、资俱受诏命，遂免宇、献、肇、朗官。太尉亦至，登床受诏，然后帝崩。"《三国志》卷二〇《魏书·曹宇传》："（景初二年）冬十二月，明帝疾笃，拜宇为大将军，属以后事。受署四日，宇深固让；帝意亦变，遂免宇官。三年夏，还邺。景初、正元、景元中，累增邑，并前五千五百户。常道乡公奂，宇之子，入继大宗。"《册府元龟》卷四七九《台省部·奸邪》所载略同。

按：《三国志》卷三《魏书·明帝纪》："（景初）三年春正月丁亥……即日，帝崩于嘉福殿。"则明帝崩于景初三年（239）正月初一。又据《三国志》卷一四《魏书·刘放传》《三国志》卷一四《魏书·孙资传》等，诏免官事应系于年前，即景初二年年底。

景初三年（己未，239）

吏部尚书卢毓，徙为仆射，又出为廷尉；大将军长史孙礼，出为扬州刺史：皆因曹爽秉政之故。

《三国志》卷二二《魏书·卢毓传》："齐王即位，赐爵关内侯。时曹爽秉权，将树其党，徙毓仆射，以侍中何晏代毓。顷之，出毓为廷尉，司隶毕轨又枉奏免官，众论多讼之，乃以毓为光禄勋。爽等见收，太傅司马宣王使毓行司隶校尉，治其狱。复为吏部尚书，加奉车都尉，封高乐亭侯，转为仆射，故典选举，加光禄大夫。"《三国志》卷二四《魏书·孙礼传》："明帝临崩之时，以曹爽为大将军，宜得良佐，于床下受遗诏，拜礼大将军长史，加散骑常侍。礼亮直不挠，爽弗便也，以为扬州刺史，加伏波将军，赐爵关内侯。……征拜少府，出为荆州刺史，迁冀州牧。"《资治通鉴》卷七四"景初三年"（239）条："二月，丁丑，以司马懿为太傅、以爽弟羲为中领军……爽事太傅，礼貌虽存，而诸所兴造，希复由之。爽徙吏部尚书卢毓为仆射，而以何晏代之，以邓飏、丁谧为尚书，毕轨为司隶校尉。晏等依势用事，附会者升进，违忤者罢退，内外望风，莫敢忤旨。黄门侍郎傅嘏谓爽弟羲曰：'何平叔外静而内躁，铦巧好利，不念务本，吾恐必先惑子兄弟，仁人将远而朝政废矣！'晏等遂与嘏不平，因微事免嘏官。又出卢毓为廷尉，毕轨又枉奏毓免官，众论多讼之，乃复以为光禄勋。孙礼亮直不挠，爽心不便，出为扬州刺史。"

太常傅嘏，坐与何晏不平，以微事免官。

《三国志》卷二一《魏书·傅嘏传》："正始初，除尚书郎，迁黄门侍郎。时曹爽秉政，何晏为吏部尚书，嘏谓爽弟羲曰：'何平叔外静而内铦巧，好利，不念务本。吾恐必先惑子兄弟，仁人将远，而朝政废矣。'晏等遂与嘏不平，因微事以免嘏官。起家拜荥阳太守，不行。太傅司马宣王请为从事中郎。曹爽诛，为河南尹。"《晋书》卷三九《荀顗传》："时曹爽专权，何晏等欲害太常傅嘏，顗营救得免。"

按：《资治通鉴》卷七四"景初三年"（239）条："（景初三年）二月，丁丑，以司马懿为太傅，以爽弟羲为中领军，训为武卫将军，彦为散骑常侍、侍讲，其余诸弟皆以列侯侍从，出入禁闼，贵宠莫盛焉。爽事太傅，礼貌虽存，而诸所兴造，希复由之。爽徙吏部尚书卢毓为仆射，而以何晏代之，以邓飏、丁谧为尚书，毕轨为司隶校尉。"可知，景初三年，何晏始任吏部尚书，其与傅嘏不平，当在此时。观傅嘏之言，应是何晏始任吏部尚书时，故系于景初三年。《资治通鉴》卷七四"景初三年"条系此事于二月。

【魏明帝朝年代不定者】

河南尹司马芝，坐与京都人交通，免官。

《三国志》卷一二《魏书·司马芝传》："黄初中，入为河南尹，抑强扶弱，私请不行。会内官欲以事讬芝，不敢发言，因芝妻伯父董昭。昭犹惮芝，不为通。……明帝即位，赐爵关内侯。……芝居官十一年，数议科条所不便者。其在公卿间，直道而行。会诸王来朝，与京都人交通，坐免。后为大司农。"

按：《三国志》卷一二《魏书·司马芝传》谓"黄初中，入为河南尹……芝居官十一年……与京都人交通，坐免"，若以黄初元年（220）计司马芝始任河南尹，则司马芝坐免事，至少在太和四年（230）或之后，具体时间难考。

散骑黄门侍郎夏侯玄，耻与毛皇后之弟并坐，为曹叡忌恨，左迁羽林监。

《三国志》卷九《魏书·夏侯玄传》："少知名，弱冠为散骑黄门侍郎。尝进见，与皇后弟毛曾并坐，玄耻之，不悦形之于色。明帝恨之，左迁为羽林监。正始初，曹爽辅政。玄，爽之姑子也。累迁散骑常侍、中护军。"

按：据《三国志》卷三《魏书·明帝纪》，景初三年（239），曹爽、司马懿始辅政。《三国志》卷九《魏书·夏侯玄传》谓正始元年（240）后，夏侯玄累迁散骑常侍。又据《三国志》卷五《魏书·毛皇后传》，景初元年，毛皇后被赐死。夏侯玄左迁为羽林监，应在毛皇后去世之前。

武威太守范粲，以重镇辄去职，左迁乐涫令。

《晋书》卷九四《范粲传》："及宣帝辅政，迁武威太守。到郡，选良吏，立学校，劝农桑。是时戎夷颇侵疆场，粲明设防备，敌不敢犯，西域流通，无烽燧之警。又郡壤富实，珍玩充积，粲检制之，息其华侈。以母老罢官。郡既接近寇戎，粲以重镇辄去职，朝廷尤之，左迁乐涫令。顷之，转太宰从事中郎。"《册府元龟》卷七五二《总录部·孝第》、卷八〇五《总录部·弃官》所载略同。

按：《晋书》卷九四《范粲传》谓"宣帝辅政，迁武威太守"，指司马懿辅政，时在景初三年（239）。故而范粲左迁乐涫令，当在此年或稍后。

魏齐王芳朝（240—253）

正始十年/嘉平元年（己巳，249）

大将军曹爽、中领军曹羲、武卫将军曹训、散骑常侍曹彦等，皆因"高平陵政变"被免官，后皆被诛之。征西将军夏侯玄被夺兵权，为大鸿胪。

《三国志》卷四《魏书·三少帝纪》："嘉平元年春正月甲午，车驾谒高平陵。太傅司马宣王奏免大将军曹爽、爽弟中领军羲、武卫将军训、散骑常侍彦官，以侯就第。戊戌，有司奏收黄门张当付廷尉，考实其辞，爽与谋不轨。又尚书丁谧、邓飏、何晏、司隶校尉毕轨、荆州刺史李胜、大司农桓范皆与爽通奸谋，夷三族。语在爽传。"《三国志》卷九《魏书·夏侯玄传》："为征西将军，假节都督雍、凉州诸军事。……爽诛，征玄为大鸿胪，数年徙太常。玄以爽抑绌，内不得意。"《资治通鉴》卷七五"嘉平元年"（249）条载"高平陵政变"，可参看。

讨蜀护军、右将军夏侯霸，闻"高平陵政变"而投蜀，其子被徙乐浪郡。

《三国志》卷九《魏书·夏侯渊传附夏侯霸传》："霸，正始中为讨蜀护军右将军，进封博昌亭侯，素为曹爽所厚。闻爽诛，自疑，亡入蜀。以渊旧勋赦霸子，徙乐浪郡。"《册府元龟》卷一三四《帝王部·念功》所载略同。

张蕃与何晏交好，"高平陵政变"，何晏被诛，蕃徙河间。

《晋书》卷三八《梁孝王肜传》："蕃素无行，本名雄，妻刘氏解音乐，为曹爽教伎，蕃又往来何晏所，而恣为奸淫。晏诛，徙河间，乃变名自结于肜。为有司所奏，诏削一县。"

梁王司马肜结交张蕃，为有司所奏，诏削一县。

《晋书》卷三八《梁孝王肜传》："武帝践阼，封梁王，邑五千三百五十八户。及之国，迁北中郎将，督邺城守事。时诸王自选官属，肜以汝阴上计吏张蕃为中大夫。蕃素无行，本名雄，妻刘氏解音乐，为曹爽教伎，蕃又往来何晏所，而恣为奸淫。晏诛，徙河间，乃变名自结于肜。为有司所奏，诏削一县。咸宁中，复以陈国、汝南南顿增封为次国。”

按： "高平陵政变"，何晏被诛，蕃徙河间，事在正始十年（249）初，故而司马肜被削一县，姑系于此年。

裴秀、王沈、王浑、卢钦等，因"高平陵政变"曹爽被诛，皆以爽故吏免。

《晋书》卷三五《裴秀传》："爽乃辟为掾，袭父爵清阳亭侯，迁黄门侍郎。爽诛，以故吏免。顷之，为廷尉正，历文帝安东及卫将军司马，军国之政，多见信纳。"《晋书》卷三九《王沈传》："大将军曹爽辟为掾，累迁中书门下侍郎。及爽诛，以故吏免。后起为治书侍御史，转秘书监。"《晋书》卷四二《王浑传》："袭父爵京陵侯，辟大将军曹爽掾。爽诛，随例免。起为怀令，参文帝安东军事，累迁散骑黄门侍郎、散骑常侍。"《晋书》卷四四《卢钦传》："卢钦字子若，范阳涿人也。祖植，汉侍中。……魏大将军曹爽辟为掾。爽弟尝有所属请，钦白爽子弟不宜干犯法度，爽深纳之，而罚其弟。除尚书郎。爽诛，免官。后为侍御史，袭父爵大利亭侯，累迁琅邪太守。"

尚书郎王弼，曹爽被诛，弼以公事免。

《三国志》卷二八《魏书·钟会传附王弼传》："弼好论儒道，辞才逸辩，注《易》及《老子》，为尚书郎，年二十余卒。"裴松之注引何劭《王弼传》："正始十年，曹爽废，以公事免。其秋遇疠疾亡，时年二十四，无子绝嗣。"《册府元龟》卷九三一《总录部·短命》所载略同。

幽州刺史杜恕，擅杀胡人而未上表，免为庶人，徙章武郡。

《三国志》卷一六《魏书·杜恕传》："恕在朝廷，以不得当世之和，故屡在外任。复出为幽州刺史，加建威将军，使持节，护乌丸校尉。时征北将军程喜屯蓟，尚书袁侃等戒恕曰：'程申伯处先帝之世，倾田国让于青州。足下今俱杖节，使共屯一城，宜深有以待之。'而恕不以为意。至官未期，有鲜卑大人儿，不由关塞，径将数十骑诣州，州斩所从来小子一人，无表言上。喜于是劾奏恕，下廷尉，当死。以父畿勤事水死，免为庶人，徙章武郡，是岁嘉平元年。恕倜傥任

277

意，而思不防患，终致此败。"《册府元龟》卷八七四《总录部·讼冤》、卷四〇六《将帅部·正直》、卷四四〇《将帅部·忌害》所载略同。

嘉平三年(辛未，251)

楚王曹彪之妃及诸子，因彪涉谋反案，皆免为庶人，徙平原。

《三国志》卷二〇《魏书·楚王彪传》："嘉平元年，兖州刺史令狐愚与太尉王凌谋迎彪都许昌。语在《凌传》。乃遣傅及侍御史就国案验，收治诸相连及者。廷尉请征彪治罪。于是依汉燕王旦故事，使兼廷尉大鸿胪持节赐彪玺书切责之，使自图焉。彪乃自杀。妃及诸子皆免为庶人，徙平原。彪之官属以下及监国谒者，坐知情无辅导之义，皆伏诛。国除为淮南郡。"《册府元龟》卷二九七《宗室部·谴让》所载略同。《三国志》卷二八《魏书·王凌传》："(嘉平)三年春，吴贼塞涂水。凌欲因此发，大严诸军，表求讨贼；诏报不听。凌阴谋滋甚，遣将军杨弘以废立事告兖州刺史黄华，华、弘连名以白太傅司马宣王。宣王将中军乘水道讨凌，先下赦赦凌罪，又将尚书广东，使为书喻凌，大军掩至百尺逼凌。……凌至项，饮药死。宣王遂至寿春。张式等皆自首，乃穷治其事。彪赐死，诸相连者悉夷三族。"

按：王凌等谋反案，即"淮南三叛"之一。《资治通鉴》卷七五"嘉平三年"(251)条，系王凌等谋反案于四月至六月。

【魏齐王芳朝年代不定者】

郭太后被曹爽等人迁于永宁宫。

《三国志》卷五《魏书·后妃传》："齐王即位，尊后为皇太后，称永宁宫。"《晋书》卷一《宣帝纪》："(正始)八年夏四月，夫人张氏薨。曹爽用何晏、邓飏、丁谧之谋，迁太后于永宁宫，专擅朝政，兄弟并典禁兵，多树亲党，屡改制度。帝不能禁，于是与爽有隙。五月，帝称疾不与政事。"《宋书》卷三四《五行志五》："正始六年二月丁卯，南安郡地震，是时曹爽专政，迁太后于永宁宫，太后与帝相泣而别。"《晋书》卷二九《五行志下》所载相同。《资治通鉴》卷七五"正始八年"(247)条："大将军爽用何晏、邓飏、丁谧之谋，迁太后于永宁宫，专擅朝政，多树亲党，屡改制度。太傅懿不能禁，与爽有隙。五月，懿始称疾，不与政事。"

按：郭太后被曹爽等迁于永宁宫一事，其时间有三说。其一，《宋书·五行志》与《晋书·五行志》皆系于正始六年（245）二月丁卯，乃前后相因所致。其二，《晋书》卷一《宣帝纪》《资治通鉴》皆系于正始八年，《资治通鉴》当本于《晋书》卷一《宣帝纪》。其三，《三国志》卷五《魏书·后妃传》未载迁永宁宫之时间，仅云"齐王即位，尊后为皇太后，称永宁宫"，似在正始元年。故而，郭太后迁于永宁宫一事有正始元年、六年、八年三说。因《三国志》卷四《魏书·三少帝纪》与《三国志》卷九《魏书·曹爽传》等皆未载郭太后迁于永宁宫一事，故而确切时间难考。又《资治通鉴》卷七五"正始八年"所载"迁太后于永宁宫"后，有胡三省注："据后魏起永宁寺于铜驼街西，意即前魏永宁殿故处也。又据陈寿志，太后称永宁宫，非徒也。意者晋诸臣欲增曹爽之恶，以迁字加之耳。《晋书·五行志》曰：'爽迁太后于永宁宫，太后与帝相泣而别。'盖亦承晋诸臣所记也。"

散骑侍郎钟毓，失大将军曹爽意，徙侍中，出为魏郡太守。

《三国志》卷一三《魏书·钟繇传附钟毓传》："正始中，为散骑侍郎。大将军曹爽盛夏兴军伐蜀，蜀拒守，军不得进。爽方欲增兵，毓与书曰：'窃以为庙胜之策，不临矢石；王者之兵，有征无战。诚以干戚可以服有苗，退舍足以纳原寇，不必纵吴汉于江关，骋韩信于井陉也。见可而进，知难而退，盖自古之政。惟公侯详之！'爽无功而还。后以失爽意，徙侍中，出为魏郡太守。爽既诛，入为御史中丞、侍中廷尉。"

按：据《三国志》卷四《魏书·三少帝纪》："（正始）五年春二月，诏大将军曹爽率众征蜀。……（五月）丙午，大将军曹爽引军还。"则曹爽伐蜀在正始五年（244）二月，五月无功而返。又嘉平元年（249）初，"高平陵政变"，曹爽被诛。故而，钟毓徙侍中，出为魏郡太守，当在正始五年五月后、嘉平元年前。

野王令郭奕，送羊祜出界数百里，坐免官。

《晋书》卷四五《郭奕传》："郭奕字大业，太原阳曲人也。少有重名，山涛称其高简有雅量。初为野王令，羊祜常过之，奕叹曰：'羊叔子何必减郭大业！'少选复往，又叹曰：'羊叔子去人远矣。'遂送祜出界数百里，坐此免官。咸熙末，为文帝相国主簿。"《册府元龟》卷八四三《总录部·知人》、卷七九一《总录部·知贤》所载略同。

按：《晋书》卷三四《羊祜传》："太原郭奕见之曰：'此今日之颜子也。'与王沈俱被曹爽辟。沈劝就征，祜曰：'委质事人，复何容易。'及爽败，沈以故吏免，因谓祜曰：'常识卿前语。'祜曰：'此非始虑所及。'"《晋书》卷四五《郭奕传》谓郭奕送祜出界数百里，坐此免官。据羊祜本传，知此事应在"高平陵政变"（249）之前。又羊祜生于黄初二年（221），其与郭奕交，至少在弱冠前后，当在正始年间。

太常王肃，因宗庙事免。

《三国志》卷一三《魏书·王郎传附子肃传》："正始元年，出为广平太守。公事征还，拜议郎。顷之，为侍中，迁太常。时大将军曹爽专权，任用何晏、邓飏等。肃与太尉蒋济、司农桓范论及时政，肃正色曰：'此辈即弘恭、石显之属，复称说邪！'爽闻之，戒何晏等曰：'当共慎之！公卿已比诸君前世恶人矣。'坐宗庙事免。后为光禄勋。"

按：据《三国志》卷一三《魏书·王肃传》载，其任太常，在正始元年（240）出为广平太守之后，故其坐宗庙事免应在此年后。王肃本传又谓"时大将军曹爽专权，任用何晏、邓飏"，皆在正始年间。"高平陵政变"（249），曹爽、何晏、邓飏等人被司马懿诛杀。故而，王肃因宗庙事免，在正始年间，可能在正始中后期。

魏高贵乡公朝（254—259）

嘉平六年/正元元年（甲戌，254）

二月，中书令李丰、光禄大夫张缉、黄门监苏铄、永宁署令乐敦、冗从仆射刘贤等，皆因涉太常夏侯玄代司马师为大将军案，三族外亲属徙乐浪郡。

《三国志》卷九《魏书·夏侯玄传》："数年徙太常。玄以爽抑绌，内不得意。中书令李丰虽宿为大将军司马景王所亲待，然私心在玄，遂结皇后父光禄大夫张缉，谋欲以玄辅政。丰既内握权柄，子尚公主，又与缉俱冯翊人，故缉信之。丰阴令弟兖州刺史翼求入朝，欲使将兵入，并力起。会翼求朝，不听。嘉平六年二月，当拜贵人，丰等欲因御临轩，诸门有陛兵，诛大将军，以玄代之，以缉为骠骑将军。丰密语黄门监苏铄、永宁署令乐敦、冗从仆射刘贤等曰：'卿诸人居内，多有不法，大将军严毅，累以为言，张当可以为诫。'铄等皆许以从命。大将军微闻其谋，请丰相见，丰不知而往，即杀之。事下有司，收玄、缉、铄、敦、贤等送廷尉。廷尉钟毓奏：'丰等谋迫胁至尊，擅诛冢宰，大逆无道，请论如法。'于是会公卿朝臣廷尉议，咸以为'丰等各受殊宠，典综机密，缉承外戚椒房之尊，玄备世臣，并居列位，而包藏祸心，构图凶逆，交关阉竖，授以奸计，畏惮天威，不敢显谋，乃欲要君胁上，肆其诈虐，谋诛良辅，擅相建立，将以倾覆京室，颠危社稷。毓所正皆如科律，报毓施行'。诏书：'齐长公主，先帝遗爱，原其三子死命。'于是丰、玄、缉、敦、贤等皆夷三族，其余亲属徙乐浪郡。"《晋书》卷四〇《贾充传》："初，充前妻李氏淑美有才行，生二女褒、裕，褒一名荃，裕一名濬。父丰诛，李氏坐流徙。后娶城阳太守郭配女，即广城君也。武帝践阼，李以大赦得还，帝特诏充置左右夫人，充母亦敕充迎李氏。"《册府元龟》卷一五二《帝王部·明罚》所载略同。

三月，张缉之女张皇后，因缉涉谋诛司马师案，被废。

《三国志》卷四《魏书·三少帝纪》："庚戌，中书令李丰与皇后父光禄大夫张缉等谋废易大臣，以太常夏侯玄为大将军。事觉，诸所连及者皆伏诛。辛亥，大赦。三月，废皇后张氏。"《资治通鉴》卷七六"正元元年"（254）条系此事于三月。

约六至九月间，中领军许允，因涉谋诛司马师案，徙为镇北将军，又以放散官物，徙乐浪，道死。

《三国志》卷九《魏书·夏侯玄传》："初，中领军高阳许允与丰、玄亲善。先是有诈作尺一诏书，以玄为大将军，允为太尉，共录尚书事。有何人天未明乘马以诏版付允门吏，曰'有诏'，因便驰走。允即投书烧之，不以开呈司马景王。后丰等事觉，徙允为镇北将军，假节督河北诸军事。未发，以放散官物，收付廷尉，徙乐浪，道死。"《资治通鉴》卷七六"正元元年"（254）条系此事于六月至九月间。

九月，帝曹芳，遭大将军司马师废为齐王，迁居河内郡别宫。

《三国志》卷四《魏书·三少帝纪》："（嘉平六年）秋九月，大将军司马景王将谋废帝，以闻皇太后。甲戌，太后令曰：'皇帝芳春秋已长，不亲万机，耽淫内宠，沉漫女德，日延倡优，纵其丑谑；迎六宫家人留止内房，毁人伦之叙，乱男女之节；恭孝日亏，悖傲滋甚，不可以承天绪，奉宗庙。使兼太尉高柔奉策，用一元大武告于宗庙，遣芳归藩于齐，以避皇位。'是日迁居别宫，年二十三。使者持节送卫，营齐王宫于河内重门，制度皆如藩国之礼。"裴松之注引《魏世谱》曰："晋受禅，封齐王为邵陵县公。年四十三，泰始十年薨，谥曰厉公。"《晋书》卷九四《范粲传》："齐王芳被废，迁于金墉城，粲素服拜送，哀恸左右。"《资治通鉴》卷七六"正元元年"（254）条系此事于九月。

甘露二年（丁丑，257）

东中郎将、广阳乡侯司马亮，讨诸葛诞于寿春，失利，免官。

《三国志》卷四《魏书·三少帝纪》："（甘露二年五月）乙亥，诸葛诞不就征，发兵反，杀扬州刺史乐綝。……己卯，诏曰：'诸葛诞造构逆乱，迫胁忠义，平寇将军临渭亭侯庞会、骑督偏将军路蕃，各将左右，斩门突出，忠壮勇烈，所宜嘉异。其进会爵乡侯，蕃封亭侯。'……冬十二月，吴大将全端、全怿率众降。三年春二月，大将军司马文王陷寿春城，斩诸葛诞。"《三国志》卷二八《魏书·诸葛诞传》："（甘露）二年五月，征为司空。诞被诏书，愈恐，遂反。召会诸将，自出攻扬州刺史乐綝，杀之。敛淮南及淮北郡县屯田口十余万官兵，扬州新附胜兵者四五万人，聚谷足一年食，闭城自守。遣长史吴纲将小子靓至吴请救。吴人大喜，遣将全怿、全端、唐咨、王祚等，率三万众，密与文钦俱来应诞。以诞为左都护、假节、大司徒、骠骑将军、青州牧、寿春侯。……六月，车驾东征，至项。大将军司马文王督中外诸军二十六万众，临淮讨之。大将军屯丘头。使基及安东将军陈骞等四面合围，表里再重，堑垒甚峻。又使监军石苞、兖州刺史州泰等，简锐卒为游军，备外寇。钦等数出犯围，逆击走之。吴将朱异再以大众来迎诞等，渡黎浆水，泰等逆与战，每摧其锋。孙綝以异战不进，怒而杀之。城中食转少，外救不至，众无所恃。将军蒋班、焦彝，皆诞爪牙计事者也，弃诞，逾城自归大将军。大将军乃使反间，以奇变说全怿等，怿等率众数千人开门来出。城中震惧，不知所为。三年正月，诞、钦、咨等大为攻具，昼夜五六日攻南围，欲决围而出。……大将军司马胡奋部兵逆击，斩诞，传首，夷三族。"《晋书》卷五九《汝南文成王亮》："少清警有才用，仕魏为散骑侍郎、万岁亭侯，拜东中郎将，进封广阳乡侯。讨诸葛诞于寿春，失利，免官。顷之，拜左将军，加散骑常侍、假节，出监豫州诸军事。"

按：据《三国志》卷四《魏书·三少帝纪》与《三国志》卷二八《魏书·诸葛诞传》，诸葛诞叛于甘露二年（257）五月，甘露三年二月，司马昭破寿春城，斩诸葛诞。据战争局势变化，诸葛诞先势盛，后转衰。甘露二年十二月，吴将全端、全怿率众降，此时诸葛诞已转衰。司马亮讨诸葛诞于寿春失利免官应在诸葛诞势盛之时，当在甘露二年十二月前，非在甘露三年一、二月。

甘露五年（庚辰，260）

大将军司马昭掾孙佑、满长武守阊阖门，因安阳侯司马干未得进，昭免佑为庶人，长武考死，父伟免为庶人。

《三国志》卷四《魏书·高贵乡公纪》："（甘露五年）五月己丑，高贵乡公卒，年二十。"裴松之注引《汉晋春秋》："帝见威权日去，不胜其忿。乃召侍中王沈、尚书王经、散骑常侍王业，谓曰：'司马昭之心，路人所知也。吾不能坐受废辱，今日当与卿自出讨之。'"《晋书》卷三九《荀勖传》："高贵乡公欲为变时，大将军掾孙佑等守阊阖门。帝弟安阳侯干闻难欲入，佑谓干曰：'未有入者，可从东掖门。'及干至，帝迟之，干以状白，帝欲族诛佑。勖谏曰：'孙佑不纳安阳，诚宜深责。然事有逆顺，用刑不可以喜怒为轻重。今成倅刑止其身，佑乃族诛，恐义士私议。'乃免佑为庶人。"《三国志》卷二六《魏书·满宠传附子伟、孙长武传》："景初二年，以宠年老征还，迁为太尉。……正始三年薨，谥曰景侯。子伟嗣。伟以格度知名，官至卫尉。"裴松之注引《世语》曰："伟字公衡。伟子长武，有宠风，年二十四，为大将军掾。高贵乡公之难，以掾守阊阖掖门，司马文王弟安阳亭侯干欲入。干妃，伟妹也。长武谓干曰：'此门近，公且来，无有入者，可从东掖门。'干遂从之。文王问干入何迟，干言其故。参军王羡亦不得入，恨之。既而羡因王左右启王，满掾断门不内人，宜推劾。寿春之役，伟从文王至许，以疾不进。子从，求还省疾，事定乃从归，由此内见恨。收长武考死杖下，伟免为庶人。时人冤之。"《册府元龟》卷七二三《幕府部·规讽》、卷四四八《将帅部·报私怨》所载略同。

按：据《三国志》卷四《魏书·三少帝纪》与《三国志》卷二八《魏书·诸葛诞传》，先有甘露二年(257)至三年，司马昭于寿春围歼诸葛诞事，即寿春之役，后有《三国志》卷四《魏书·高贵乡公纪》所载甘露五年高贵乡公之难事，即孙佑、满长武守闾阖掖门之事在甘露五年。

魏元帝朝(260—265)

景元五年(甲申，264)

太尉邓艾妻、子、孙，因艾遭司徒钟会诬陷致死，皆远徙西域。

《三国志》卷二八《魏书·钟会传》："(景元)四年秋……十二月……会内有异志，因邓艾承制专事，密白艾有反状，于是诏书槛车征艾。"《三国志》卷二八《魏书·邓艾传》："(景元四年)十二月，诏曰：'……。'钟会、胡烈、师纂等皆白艾所作悖逆，变衅以结。诏书槛车征艾。艾父子既囚，钟会至成都，先送艾，然后作乱。会已死，艾本营将士追出艾槛车，迎还。瓘遣田续等讨艾，遇于绵竹西，斩之。子忠与艾俱死，余子在洛阳者悉诛，徙艾妻子及孙于西域。"

按：据《三国志》卷二八《魏书·钟会传》与《三国志》卷二八《魏书·邓艾传》，朝廷下诏书槛车征艾在景元四年(263)十二月，其妻、子、孙被徙西域应在次年。

【魏元帝朝年代不定者】

吕安之兄巽幸安妻，事发，巽反告安，安流边郡，旋下狱，与嵇康俱死。

《文选》卷一六《思旧赋》注引干宝《晋纪》："(吕)安，巽庶弟，俊才，妻美。巽使妇人醉而幸之，丑恶发露，巽病之，告安谤己。巽于钟会有宠，太祖遂徙安边郡。遗书与康：'昔李叟入秦，及关而叹'云云。太祖恶之，追收下狱，康理之，俱死。"

按：嵇康卒年，有景元三年(262)、景元五年等说，吕安流放边郡事在嵇康之卒年。

蜀汉贬谪事件

汉献帝朝(210—220)

建安十五年(庚寅, 210)

从事庞统守耒阳令, 在县不治, 免官。

《三国志》卷三二《蜀书·先主传》:"琦病死, 群下推先主为荆州牧, 治公安。"《三国志》卷三七《蜀书·庞统传》:"先主领荆州, 统以从事守耒阳令, 在县不治, 免官。吴将鲁肃遗先主书曰: '庞士元非百里才也, 使处治中、别驾之任, 始当展其骥足耳。'诸葛亮亦言之于先主, 先主见与善谭, 大器之, 以为治中从事。亲待亚于诸葛亮, 遂与亮并为军师中郎将。"《册府元龟》卷七二六《幕府部·辟署》、卷八二八《总录部·论荐》所载略同。

按:《三国志》卷四七《吴书·吴主传》:"(建安)十四年, 瑜、仁相守岁余, 所杀伤甚众。仁委城走。权以瑜为南郡太守。刘备表权行车骑将军, 领徐州牧。备领荆州牧, 屯公安。"又《资治通鉴》卷六六"建安十四年"(209)条:"十二月, 操军还谯。……刘备表权行车骑将军, 领徐州牧。会刘琦卒, 权以备领荆州牧, 周瑜分南岸地以给备。备立营于油口, 改名公安。"则刘备领荆州牧, 在建安十四年十二月。庞统守耒阳令免官事, 当在次年。《资治通鉴》卷六六"建安十五年"(210)条系庞统被免事于建安十五年。

建安十九年(甲午, 214)

广汉太守张存, 非议庞统之死, 免官。

《三国志》卷三二《蜀书·先主传》:"(建安)十九年夏, 雒城破。"《三国志》卷三七《蜀书·庞统传》："进围雒县，统率众攻城，为流矢所中，卒，时年三十六。"《三国志》卷四五《蜀书·杨戏传》："以荆州从事随先主入蜀，南次至雒，以为广汉太守。存素不服庞统，统中矢卒，先主发言嘉叹，存曰：'统虽尽忠可惜，然违大雅之义。'先主怒曰：'统杀身成仁，更为非也？'免存官。顷之，病卒。"

治中从事彭羕，因诸葛亮密谏刘备勿重用之，被贬为江阳太守，又出不逊之言，得诛。

《三国志》卷四〇《蜀书·彭羕传》："成都既定，先主领益州牧，拔羕为治中从事。羕起徒步，一朝处州人之上，形色嚣然，自矜得遇滋甚。诸葛亮虽外接待羕，而内不能善。屡密言先主，羕心大志广，难可保安。先主既敬信亮，加察羕行事，意以稍疏，左迁羕为江阳太守。羕闻当远出，私情不悦，往诣马超。超问羕曰：'卿才具秀拔，主公相待至重，谓卿当与孔明、孝直诸人齐足并驱，宁当外授小郡，失人本望乎？'羕曰：'老革荒悖，可复道邪！'又谓超曰：'卿为其外，我为其内，天下不足定也。'超羁旅归国，常怀危惧，闻羕言大惊，默然不答。羕退，具表羕辞，于是收羕付有司。……羕竟诛死，时年三十七。"《册府元龟》卷三二一《宰辅部·知人》所载略同。

按：《三国志》卷三二《蜀书·先主传》："（建安）十九年夏，雒城破。进围成都数十日，璋出降。……先主复领益州牧，诸葛亮为股肱，法正为谋主，关羽、张飞、马超为爪牙。"《三国志》卷三六《蜀书·马超传》，裴松之注引《典略》曰："超遂从武都逃入氐中，转奔往蜀。是岁建安十九年也。"《三国志》卷四〇《蜀书·彭羕传》谓"超羁旅归国，常怀危惧"，指建安十九年（214）马超归附刘备，常怀危惧之感。《三国志》卷三二《蜀书·先主传》："（建安二十四年）秋，群下上先主为汉中王，表于汉帝曰：'平西将军都亭侯臣马超……臣等退伏矫罪，虽死无恨'。"建安二十四年秋，以马超为首，许靖、诸葛亮、关羽、张飞等上《立汉中王上表汉帝》，此时马超应无归附初期之危惧。故彭羕本传谓"左迁羕为江阳太守。羕闻当远出，私情不悦，往诣马超……羕竟诛死"，时"超羁旅归国，常怀危惧"，当在刘备领益州牧，马超初附刘备时，故系于建安十九年。

【汉献帝朝年代不定者】

广都长蒋琬，众事不理，时又沉醉，免官。

《三国志》卷四四《蜀书·蒋琬传》："琬以州书佐随先主入蜀，除广都长。先主尝因游观奄至广都，见琬众事不理，时又沉醉，先主大怒，将加罪戮。军师将军诸葛亮请曰：'蒋琬，社稷之器，非百里之才也。其为政以安民为本，不以修饰为先，原主公重加察之。'先主雅敬亮，乃不加罪，仓卒但免官而已。……顷之，为什邡令。先主为汉中王，琬入为尚书郎。建兴元年，丞相亮开府，辟琬为东曹掾。"《册府元龟》卷三二一《宰辅部·知人》、卷七〇五《人长部·屈才》、卷七〇七《令长部·黜责》所载略同。

按：《三国志》卷三二《蜀书·先主传》："（建安）十九年夏，雒城破。进围成都数十日，璋出降。……先主复领益州牧，诸葛亮为股肱，法正为谋主，关羽、张飞、马超为爪牙。"即建安十九年（214），刘备入蜀领益州牧。《三国志》卷三二《蜀书·先主传》："（建安二十四年）秋，群下上先主为汉中王。"即建安二十四年，刘备为汉中王。蒋琬被免官在此期间（214—219），极可能在刘备入蜀初期，即建安十九年或稍后。

汉昭烈帝朝（221—222）

建安二十六年/章武元年（辛丑，221）

三月，前部司马费诗，上书劝阻刘备称帝，忤旨，左迁部永昌从事。

《三国志》卷四一《蜀书·费诗传》："先主领益州牧，以诗为督军从事，出为牂牁太守，还为州前部司马。……后群臣议欲推汉中王称尊号，诗上疏曰：'殿下以曹操父子逼主篡位，故乃羁旅万里，纠合士众，将以讨贼。今大敌未克，而先自立，恐人心疑惑。昔高祖与楚约，先破秦者王。及屠咸阳，获子婴，犹怀推让，况今殿下未出门庭，便欲自立邪！愚臣诚不为殿下取也。'由是忤指，左迁部永昌从事。建兴三年，随诸葛亮南行……蒋琬秉政，以诗为谏议大夫，卒于家。"

《册府元龟》卷二一八《闰位部·疑忌》所载略同。《资治通鉴》卷六九"黄初二年"（221）条系此事于三月。

尚书杨仪，与尚书令刘巴不睦，左迁仪遥署弘农太守。

《三国志》卷三二《蜀书·先主传》："章武元年夏四月，大赦，改年。……初，先主忿孙权之袭关羽，将东征，秋七月，遂帅诸军伐吴。孙权遣书请和，先主盛怒不许……二年春正月，先主军还秭归，将军吴班、陈式水军屯夷陵，夹江东西岸。……秋八月，收兵还巫。……三年春二月，丞相亮自成都到永安。……夏四月癸巳，先主殂于永安宫，时年六十三。"《三国志》卷四〇《蜀书·杨仪传》："及先主为汉中王，拔仪为尚书。先主称尊号，东征吴，仪与尚书令刘巴不睦，左迁遥署弘农太守。建兴三年，丞相亮以为参军，署府事，将南行。"《册府元龟》卷四八一《台省部·谴责》、卷九五二《总录部·交恶》所载略同。

按：据《三国志》卷三二《蜀书·先主传》，刘备于章武元年（221）七月伐吴，章武三年四月卒。《三国志》卷三九《蜀书·刘巴传》谓刘巴"章武二年卒"。又据《三国志》卷四〇《蜀书·杨仪传》所言，杨仪与尚书令刘巴不睦似在征吴之初，故系左迁杨仪遥署弘农太守于章武元年。

蜀汉后主朝（223—263）

建兴元年（癸卯，223）

夏，益州从事常房四弟，因牂牁太守朱褒诬兄房谋反，被徙于越巂。

《三国志》卷三三《蜀书·后主传》："建兴元年夏，牂牁太守朱褒拥郡反。"裴松之注引《魏氏春秋》："初，益州从事常房行部，闻褒将有异志，收其主簿案问，杀之。褒怒，攻杀房，诬以谋反。诸葛亮诛房诸子，徙其四弟于越巂，欲以安之。褒犹不悛改，遂以郡叛应雍闿。"

侍中廖立，后主袭位，徙立为长水校尉。

《三国志》卷四〇《蜀书·廖立传》："（建安）二十四年，先主为汉中王，征立为侍中。后主袭位，徙长水校尉。"

建兴四年(丙午，226)

长水校尉廖立，自恃奇才，臧否群臣，诸葛亮表废为民，徙汶山郡。

《三国志》卷四〇《蜀书·廖立传》："二十四年，先主为汉中王，征立为侍中。后主袭位，徙长水校尉。立本意，自谓才名宜为诸葛亮之贰，而更游散在李严等下，常怀怏怏。后丞相掾李邵、蒋琬至，立计曰：'军当远出，卿诸人好谛其事。昔先帝不取汉中，走与吴人争南三郡，卒以三郡与吴人，徒劳役吏士，无益而还。既亡汉中，使夏侯渊、张郃深入于巴，几丧一州。……今弱世也，欲任此三人，为不然也。王连流俗，苟作掊克，使百姓疲弊，以致今日。'邵、琬具白其言于诸葛亮。亮表立曰：'长水校尉廖立，坐自贵大，臧否群士，公言国家不任贤达而任俗吏，又言万人率者皆小子也；诽谤先帝，疵毁众臣。人有言国家兵众简练，部伍分明者，立举头视屋，愤咤作色曰："何足言！"凡如是者不可胜数。羊之乱群，犹能为害，况立托在大位，中人以下识真伪邪？'"。于是废立为民，徙汶山郡。立躬率妻子耕殖自守，闻诸葛亮卒，垂泣叹曰：'吾终为左衽矣！'后监军姜维率偏军经汶山，诣立，称立意气不衰，言论自若。立遂终徙所。妻子还蜀。"

按：据《三国志》卷四〇《蜀书·廖立传》，观廖立臧否群臣之言，廖立云向朗"今作长史"，又云"王连流俗，苟作掊克，使百姓疲弊，以致今日"，又云"中郎郭演长，从人者耳，不足与经大事，而作侍中"，且廖立本传又谓丞相掾李邵、蒋琬白其言于诸葛亮，立遂得罪。此即谓廖立臧否群臣时，向朗时任丞相长史，郭攸之(字演长)时任侍中，且当时丞相掾为李邵、蒋琬。

《三国志》卷四一《蜀书·王连传》："建兴元年，拜屯骑校尉，领丞相长史，封平阳亭侯。时南方诸郡不宾，诸葛亮将自征之，连谏以为'此不毛之地，疫疠之乡，不宜以一国之望，冒险而行'。亮虑诸将才不及己，意欲必往，而连言辄恳至，故停留者久之。会连卒。"即诸葛亮南征前，王连已卒。而据《三国志》卷三五《蜀书·诸葛亮传》："(建兴)三年春，亮率众南征"，故王连卒于建兴三年(225)前夕。《三国志》卷四一《蜀书·向朗传》："后主践阼，为步兵校尉，代王连领丞相长史。丞相亮南征，朗留统后事。五年，随亮汉中。"可知，向朗代王连领丞相长史，在王连卒后，即应约在建兴二年或三年初。《三国志》卷三五《蜀书·诸葛亮传》又谓："(建兴)五年，率诸军北驻汉中，临发，上疏曰：'先帝创业未半而中道崩殂，今天下三分，益州疲弊，此诚危急存亡之秋也。……侍中、侍郎郭攸之、费祎、董允等，此皆良实，志虑忠纯，是以先帝简拔以遗陛下。……'"此即《前出师表》，诸葛亮撰于建兴五年决意北伐前夕。《三国志》卷三九《蜀书·董允传》："丞相亮将北征，住汉中，虑后主富于春秋，朱紫难别，以允秉心公亮，欲任以宫省之事。上疏曰：'侍中郭攸之、费祎、侍郎董允等，先帝简拔以遗陛下，至于斟酌规益，进尽忠言，则其任也。……'亮寻请祎为参军，允迁为侍中，领虎贲中郎将，统宿卫亲兵。攸之性素和顺，备员而已。献纳之任，允皆专之矣。允处事为防制，甚尽匡救之理。"可知，建兴五年，诸葛亮北伐前夕，郭攸之已任侍中。廖立本传谓丞相掾李邵、蒋琬白立之言于诸葛亮，立由此得罪。据诸葛亮本传、蒋琬本传等，建兴元年，诸葛亮开府治事，李邵、蒋琬二人分别被辟为西、东曹掾。如《三国志》卷四四《蜀书·蒋琬传》："建兴元年，丞相亮开府，辟琬为东曹掾。举茂才……迁为参军。五年，亮住汉中，琬与长史张裔统留府事。八年，代裔为长史，加抚军将军。"可知建兴元年，蒋琬为东曹掾，建兴五年前，已迁为参军。

综上，廖立臧否群臣时，在王连卒(建兴三年前夕)后，向朗任丞相长史(建兴二年或三年初)时，郭攸之任侍中(建兴五年前)时，李邵、蒋琬任丞相西、东曹掾(建兴元年至五年前)时，廖立得罪，当在建兴三年后，五年前，姑系于建兴四年。

建兴六年(戊申，228)

镇东将军赵云，迎战曹真于箕谷，兵弱失利，贬镇军将军。

《三国志》卷三六《蜀书·赵云传》："建兴元年，为中护军、征南将军，封永昌亭侯，迁镇东将军。五年，随诸葛亮驻汉中。明年，亮出军，扬声由斜谷道，曹真遣大众当之。亮令云与邓芝往拒，而身攻祁山。云、芝兵弱敌强，失利于箕谷，然敛众固守，不至大败。军退，贬为镇军将军。"《资治通鉴》卷七一"太和二年"(228)条系此事于四月前，其云："是时赵云、邓芝兵亦败于箕谷，云敛众固守，故不大伤，云亦坐贬为镇军将军。胡三省注：据《晋书·职官志》：'镇军将军在四征、四镇将军之上。今赵云自镇东将军贬镇军将军，盖蜀汉之制，以镇东为专镇方面，而以镇军为散号，故为贬也。'"

丞相长史向朗，因马谡逃亡，知情不举，免其官，还成都。

《三国志》卷四一《蜀书·向朗传》："后主践阼，为步兵校尉，代王连领丞相长史。丞相亮南征，朗留统后事。(建兴)五年，随亮汉中。朗素与马谡善，谡逃亡，朗知情不举，亮恨之，免官还成都。数年，为光禄勋。"

按：《三国志》卷四一《蜀书·向朗传》谓建兴五年(227)，向朗随诸葛亮北伐。《三国志》卷三九《蜀书·马良传附马谡传》谓："建兴六年，亮出军向祁山……而亮违众拔谡，统大众在前，与魏将张郃战于街亭，为郃所破……谡下狱物故，亮为之流涕。良死时年三十六，谡年三十九。"即马谡本传谓建兴六年，马谡下狱死。一谓马谡逃亡，一谓其下狱死，二处龃龉。或为马谡先畏罪逃亡而不得，后下狱死。向朗知情不举被免官，应在建兴六年。又《三国志》卷三五《蜀书·诸葛亮传》："(建兴)六年春，扬声由斜谷道取郿，使赵云、邓芝为疑军，据箕谷，魏大将军曹真举众拒之。……亮使马谡督诸军在前，与郃战于街亭。谡违亮节度，举动失宜，大为郃所破。"则建兴六年，赵云被贬在前，马谡被杀在后。

建兴九年(辛亥，231)

中都护署府事李平，因诸葛亮北伐中督运粮草失职，且诬亮，废为庶民，徙梓潼郡。

《三国志》卷四〇《蜀书·李严传》："亮以明年当出军，命严以中都护署府事。严改名为平。(建兴)九年春，亮军祁山，平催督运事。秋夏之际，值天霖雨，运粮不继，平遣参军狐忠、督军成藩喻指，呼亮来还；亮承以退军。平闻军退，乃更阳惊，说'军粮饶足，何以便归'！欲以解己不办之责，显亮不进之愆也。又表后主，说'军伪退，欲以诱贼与战'。亮具出其前后手笔书疏本末，平违错章灼。平辞穷情竭，首谢罪负。于是亮表平曰：'自先帝崩后，平所在治家，尚为小惠，安身求名，无忧国之事。臣当北出，欲得平兵以镇汉中，平穷难纵横，无有来意……正以大事未定，汉室倾危，伐平之短，莫若褒之。然谓平情在于荣利而已，不意平心颠倒乃尔。若事稽留，将致祸败，是臣不敏，言多增咎。'

乃废平为民，徙梓潼郡。十二年，平闻亮卒，发病死。平常冀亮当自补复，策后人不能，故以激愤也。"《三国志》卷三九《蜀书·陈震传》："（建兴）九年，都护李平坐诬罔废。"即指此事。《册府元龟》卷九五三《总录部·伤感》所载与李严本传略同。《资治通鉴》卷七二"太和五年"（231）条系此事于八月至十月间。

建兴十三年（乙卯，235）

中军师杨仪，非议尚书令蒋琬总国事，被废为民，徙汉嘉郡。仪至徙所，复上书诽谤，遂收仪，仪自杀，妻子还蜀。

《三国志》卷四〇《蜀书·杨仪传》："初，仪为先主尚书，琬为尚书郎，后虽俱为丞相参军长史，仪每从行，当其劳剧，自惟年宦先琬，才能逾之，于是怨愤形于声色，叹咤之音发于五内。时人畏其言语不节，莫敢从也，惟后军师费祎往慰省之。仪对祎恨望，前后云云，又语祎曰：'往者丞相亡没之际，吾若举军以就魏氏，处世宁当落度如此邪！令人追悔不可复及。'祎密表其言。十三年，废仪为民，徙汉嘉郡。仪至徙所，复上书诽谤，辞指激切，遂下郡收仪。仪自杀，其妻子还蜀。"《资治通鉴》卷七三"青龙三年"（235）条系此事于正月至三月间。

延熙二十年（丁丑，257）

射声校尉杨戏，因言笑傲弄，有司承大将军姜维旨，免为庶人。

《三国志》卷四五《蜀书·杨戏传》："以疾征还成都，拜护军监军，出领梓潼太守，入为射声校尉，所在清约不烦。延熙二十年，随大将军姜维出军至芒水。戏素心不服维，酒后言笑，每有傲弄之辞。维外宽内忌，意不能堪，军还，有司承旨奏戏，免为庶人。后景耀四年卒。"《册府元龟》卷九三〇《总录部·傲慢》所载略同。

【蜀汉后主朝年代不定者】

来敏，年老狂悖，议论乱群，前后数次贬削。

《三国志》卷四二《蜀书·来敏传》："先主定益州，署敏典学校尉，及立太子，以为家令。后主践阼，为虎贲中郎将。丞相亮住汉中，请为军祭酒、辅军将军，坐事去职。亮卒后，还成都为大长秋，又免，后累迁为光禄大夫，复坐过黜。前后数贬削，皆以语言不节，举动违常也。……年九十七，景耀中卒。"《册府元龟》卷一九六《闰位部·诫励》、卷四八一《台省部·谴责》、卷七八四《总录部·寿考》所载略同。

孟光，直言臧否，坐事免官。

《三国志》卷四二《蜀书·孟光传》："后进文士秘书郎郤正数从光咨访，光问正太子所习读并其情性好尚……光解正慎宜，不为放谈，乃曰：'吾好直言，无所回避，每弹射利病，为世所讥嫌；（疑）省君意亦不甚好吾言，然语有次。今天下未定，智意为先，智意虽有自然，然（不）可力强致也。此储君读书，宁当效吾等竭力博识以待访问，如博士探策讲试以求爵位邪！当务其急者。'正深谓光言为然。后光坐事免官，年九十余卒。"《册府元龟》卷七八四《总录部·寿考》所载略同。

宣信校尉罗宪，不附宦人黄皓，左迁巴东太守。

《晋书》卷五七《罗宪传》："仕蜀为太子舍人、宣信校尉。再使于吴，吴人称焉。时黄皓预政，众多附之，宪独介然。皓恚之，左迁巴东太守。"《册府元龟》卷四五九《台省部·公正》所载略同。

按：《三国志》卷三三《蜀书·后主传》："景耀元年，姜维还成都。史官言景星见，于是大赦，改年。宦人黄皓始专政。"景耀元年（258），黄皓始专政。又据《三国志》卷三三《蜀书·后主传》、董允本传等，景耀六年，蜀汉亡，黄皓结束专政。如《三国志》卷三九《蜀书·董允传》："皓从黄门令为中常侍、奉车都尉，操弄威柄，终至覆国。蜀人无不追思允。及邓艾至蜀，闻皓奸险，收闭，将杀之，而皓厚赂艾左右，得免。"罗宪左迁事当在景耀元年至六年间。

陈寿，不附宦人黄皓，屡遭贬黜。

《晋书》卷八二《陈寿传》："宦人黄皓专弄威权，大臣皆曲意附之，寿独不为之屈，由是屡被谴黜。遭父丧，有疾，使婢丸药，客往见之，乡党以为贬议。及蜀平，坐是沉滞者累年。司空张华爱其才，以寿虽不远嫌，原情不至贬废，举为孝廉，除佐著作郎，出补阳平令。"

刘备之子刘永，不附宦人黄皓，皓构永于后主刘禅，禅疏外永，至不得朝见者十余年。

《三国志》卷三四《蜀书·二主妃子传》："建兴八年，改封为甘陵王。初，永憎宦人黄皓，皓既信任用事，谮构永于后主，后主稍疏外永，至不得朝见者十余年。咸熙元年，永东迁洛阳，拜奉车都尉，封为乡侯。"《册府元龟》卷六七〇《内臣部·诬构》所载略同。

东吴贬谪事件

汉献帝朝(210—221)

建安十五年(庚寅, 210)

奏曹掾陆绩, 以直道见惮, 出为郁林太守。

《三国志》卷五七《吴书·陆绩传》: "孙权统事, 辟为奏曹掾, 以直道见惮, 出为郁林太守, 加偏将军, 给兵二千人。绩既有躄疾, 又意存儒雅, 非其志也。虽有军事, 著述不废, 作《浑天图》, 注《易》释《玄》, 皆传于世。豫自知亡日, 乃为辞曰: '有汉志士吴郡陆绩, 幼敦《诗》《书》, 长玩《礼》《易》, 受命南征, 遘疾逼厄, 遭命不永, 呜呼悲隔!'又曰: '从今已去, 六十年之外, 车同轨, 书同文, 恨不及见也。'年三十二卒。"《册府元龟》卷二一八《闰位部·恶直》、卷七二六《幕府部·辟署》所载略同。

按: 《三国志》卷五七《吴书·陆绩传》未明言陆绩何时出为郁林太守。《资治通鉴》卷六六"建安十五年"(210)条: "孙权以番阳太守临淮步骘为交州刺史, 士燮率兄弟奉承节度。吴巨外附内违, 骘诱而斩之, 威声大震。权加燮左将军, 燮遣子入质。由是岭南始服属于权。"汉末, 郁林隶属交州, 东吴控制交州, 在步骘首任交州刺史时。《三国志》卷五二《吴书·步骘传》: "建安十五年, 出领鄱阳太守。岁中, 徙交州刺史、立武中郎将, 领武射吏千人, 便道南行。"则知步骘徙交州刺史, 在建安十五年(210)。陆绩为郁林太守, 加偏将军, 意在镇守郁林, 当在初定交州后, 应与步骘首任交州刺史同时, 故系于建安十五年。

延康二年(辛丑，221)

虞翻，论神仙事触怒孙权，被徙交州。

《三国志》卷五七《吴书·虞翻传》："翻性疏直，数有酒失。权与张昭论及神仙，翻指昭曰：'彼皆死人，而语神仙，世岂有仙人邪！'权积怒非一，遂徙翻交州。虽处罪放，而讲学不倦，门徒常数百人。"《册府元龟》卷二一八《闰位部·恶直》、卷八九七《总录部·悔过》所载略同。《资治通鉴》卷七二"太和六年"(232)条亦载此事，未言徙交州之具体年月，仅言"初，虞翻性疏直……吴主积怒非一，遂徙翻交州"。

按：《三国志》卷四七《吴书·吴主传》："黄龙元年春，公卿百司皆劝权正尊号。夏四月，夏口、武昌并言黄龙、凤凰见。丙申，南郊即皇帝位。"《三国志》卷五七《吴书·虞翻传》裴松之引《虞翻别传》："权即尊号，翻因上书曰：'陛下膺明圣之德……臣伏自刻省……昊天罔极，全宥九载……臣年耳顺……永陨海隅，弃骸绝域，不胜悲慕，逸豫大庆，悦以忘罪。'"据此，孙权即尊号在东吴黄龙元年(229)，本年虞翻在交州贬所上疏云"全宥九载""臣年耳顺"，即是年虞翻年六十，且被贬交州已九年，即延康二年(221)被贬交州。

【汉献帝朝年代不定者】

骑都尉虞翻，犯颜直谏孙权，徙丹杨泾县。

《三国志》卷五七《吴书·虞翻传》："孙权以为骑都尉。翻数犯颜谏争，权不能悦，又性不协俗，多见谤毁，坐徙丹杨泾县。吕蒙图取关羽，称疾还建业，以翻兼知医术，请以自随，亦欲因此令翻得释也。"

按：《三国志》卷五四《吴书·吕蒙传》："后羽讨樊，留兵将备公安、南郡。蒙上疏曰：'羽讨樊而多留备兵，必恐蒙图其后故也。蒙常有病，乞分士众还建业，以治疾为名。羽闻之，必撤备兵，尽赴襄阳。大军浮江，昼夜驰上，袭其空虚，则南郡可下，而羽可擒也。'遂称病笃，权乃露檄召蒙还，阴与图计。羽果信之，稍撤兵以赴樊。魏使于禁救樊，羽尽擒禁等，人马数万，托以粮乏，擅取湘关米。"又《三国志》卷一《魏书·武帝纪》："(建安二十四年)秋七月，以夫人下氏为王后。遣于禁助曹仁击关羽。八月，汉水溢，灌禁军，军没，羽获禁，遂围仁。使徐晃救之。"可知，吕蒙为图取关羽，称疾还建业在建安二十四年（219），则虞翻被徙丹杨郡泾县在此年或稍前。

徐夫人，因妒忌被废，置于吴郡。

《三国志》卷五〇《吴书·妃嫔传·徐夫人传》："初适同郡陆尚。尚卒，权为讨虏将军在吴，聘以为妃，使母养子登。后权迁移，以夫人妒忌，废处吴。积十余年，权为吴王及即尊号，登为太子，群臣请立夫人为后，权意在步氏，卒不许。后以疾卒。"《册府元龟》卷二五八《储宫部·孝友》所载略同，云"徐氏以妒废处吴"。

按：《三国志》卷四七《吴书·吴主传》："黄龙元年春，公卿百司皆劝权正尊号。夏四月，夏口、武昌并言黄龙、凤凰见。丙申，南郊即皇帝位。"《三国志》卷五九《吴书·孙登传》："魏黄初二年，以权为吴王，拜登东中郎将，封万户侯，登辞疾不受。是岁，立登为太子，选置师傅……黄龙元年，权称尊号，立为皇太子。"孙权即尊号在黄龙元年（229），徐夫人被废"积十余年"，则其"废处吴"至早在建安二十五年（220）前。又孙登本传云："立凡二十一年，年三十三卒。"魏黄初二年（221），封孙权为吴王，立登为太子，至东吴赤乌四年（241），孙登立为太子凡二十一年，年三十三卒，故孙权长子孙登生于建安十四年（209），卒于赤乌四年。《三国志》卷五〇《吴书·徐夫人传》谓使徐夫人"母养子登"，则应在建安十四年及之后。故而"（徐）夫人妒忌，废处吴"，在建安十四年至建安二十五年间。

吴大帝朝（222—252）

黄武三年（甲辰，224）

辅义中郎将张温，坐选曹尚书暨艳弹劾百官案，废为庶人，斥还吴郡。

《三国志》卷五七《吴书·张温传》："张温字惠恕，吴郡吴人也。……时年三十二，以辅义中郎将使蜀。……权既阴衔温称美蜀政，又嫌其声名大盛，众庶炫惑，恐终不为己用，思有以中伤之，会暨艳事起，遂因此发举。艳字子休，亦吴郡人也，温引致之，以为选曹郎，至尚书。艳性狷厉，好为清议，见时郎署混浊淆杂，多非其人，欲臧否区别，贤愚异贯。弹射百僚，核选三署，率皆贬高就下，降损数等，其守故者十未能一，其居位贪鄙，志节污卑者，皆以为军吏，置营府以处之。而怨愤之声积，浸润之谮行矣。竞言艳及选曹郎徐彪……艳、彪皆坐自杀。温宿与艳、彪同意，数交书疏，闻问往还，即罪温。权幽之有司，下令曰：'昔令召张温，虚己待之，既至显授，有过旧臣，何图凶丑，专挟异心。昔暨艳父兄，附于恶逆……不忍暴于市朝，今斥还本郡，以给厮吏。呜呼温也，免罪为幸！'……后六年，温病卒。二弟祗、白，亦有才名，与温俱废。"《资治通鉴》卷七〇"黄初五年"（224）条系暨艳案于九、十月间，即吴黄武三年（224）九、十月间。

黄武五年（丙午，226）

原交趾太守士燮之弟士壹、士䵋、士燮之侄士匡，士燮之子士廞，因士燮之子士徽自署交阯太守，发宗兵拒孙权，皆免为庶人。

《三国志》卷四九《吴书·士燮传附子徽、弟壹、䵋、壹子匡传》："燮在郡四十余岁，黄武五年，年九十卒。权以交阯县远，乃分合浦以北为广州，吕岱为刺史；交阯以南为交州，戴良为刺史。又遣陈时代燮为交阯太守。岱留南海，良与时俱前行到合浦，而燮子徽自署交阯太守，发宗兵拒良。良留合浦。交阯桓邻，燮举吏也，叩头谏徽使迎良，徽怒，笞杀邻。邻兄治子发又合宗兵击徽，徽闭门城守，治等攻之数月不能下，乃约和亲，各罢兵还。而吕岱被诏诛徽，自广州将兵昼夜驰入，过合浦，与良俱前。壹子中郎将匡与岱有旧，岱署匡师友从事，先移书交阯，告喻祸福，又遣匡见徽，说令服罪，虽失郡守，保无他忧。岱寻匡后至，徽兄祗，弟干、颂等六人肉袒奉迎。岱谢令复服，前至郡下。明旦早施帐幔，请徽兄弟以次入，宾客满坐。岱起，拥节读诏书，数徽罪过，左右因反缚以出，即皆伏诛，传首诣武昌。壹、䵋、匡后出，权原其罪，及燮质子廞，皆免为庶人。数岁，壹、䵋坐法诛。廞病卒，无子，妻寡居，诏在所月给俸米，赐钱四十万。"

黄龙三年（辛亥，231）

武陵太守卫旌，因间太常潘濬与蜀汉大将军蒋琬通，孙权免旌官。

《三国志》卷四七《吴书·吴主传》："（黄龙）三年春二月，遣太常潘濬率众五万讨武陵蛮夷。"《三国志》卷六○《吴书·吕岱传》："黄龙三年，以南土清定，召岱还屯长沙沤口。会武陵蛮夷蠢动，岱与太常潘濬共讨定之。嘉禾三年，权令岱领潘璋士众，屯陆口，后徙蒲圻。四年，庐陵贼李桓、路合、会稽东冶贼随春、南海贼罗厉等一时并起。权复诏岱督刘纂、唐咨等分部讨击，春即时首降，岱拜春偏将军，使领其众，遂为列将，桓、厉等皆见斩获，传首诣都。"《三国志》卷六一《吴书·潘濬传》："迁太常。五溪蛮夷叛乱盘结，权假濬节，督诸军讨之。信赏必行，法不可干，斩首获生，盖以万数，自是群蛮衰弱，一方宁静。"裴松之注引《江表传》曰："时濬姨兄零陵蒋琬为蜀大将军，或有间濬于武陵太守卫旌者，云濬遣密使与琬相闻，欲有自托之计。旌以启权，权曰：'承明不为此也。'即封旌表以示于濬，而召旌还，免官。"

按：《资治通鉴》卷七二"太和五年"（231）条："太和五年，春，二月，吴主假太常潘濬节，使与吕岱督诸军五万人讨五溪蛮。濬姨兄蒋琬为诸葛亮长史，武陵太守卫旌奏濬遣密使与琬相闻，欲有自托之计。吴主曰：'承明不为此也。'即封旌表以示濬，而召旌还，免官。"《资治通鉴》系免武陵太守卫旌在太和五年，时蒋琬为诸葛亮长史。然裴注引《江表传》所载免武陵太守卫旌在蒋琬任大将军时，据《三国志》卷三三《蜀书·后主传》："（建兴）十三年春正月，中军师杨仪废徙汉嘉郡。夏四月，进蒋琬位为大将军。"即蜀汉建兴十三年（235），东吴嘉禾四年（235），蒋琬为蜀大将军。又《三国志》卷四四《蜀书·蒋琬传》："（建兴）五年，亮住汉中，琬与长史张裔统留府事。八年，代裔为长史，加抚军将军。亮数外出，琬常足食足兵以相供给。"知建兴八年，蒋琬接替张裔担任丞相长史，加抚军将军。即《资治通鉴》将免卫旌事系于蒋琬任诸葛亮长史（230年及之后）时，裴注引《江表传》系于蒋琬任大将军（235年及之后）时。又《三国志》卷六○《吴书·吕岱传》谓："黄龙三年……会武陵蛮夷蠢动，岱与太常潘濬共讨定之。嘉禾三年，权令岱领潘璋士众，屯陆口，后徙蒲圻。"即嘉禾三年（234）时，吕岱与潘濬讨武陵蛮夷事已结束，讨蛮事自黄龙三年（231）至嘉禾三年，耗时约三、四年。《三国志》卷六一《吴书·潘濬传》亦谓"斩首获生，盖以万数，自是群蛮衰弱，一方宁静"，平定武陵蛮夷当非一时之功，耗时三年符合史实。《江表传》所载免卫旌在蒋琬任大将军（235及之后）时，然讨武陵蛮夷事已于前一年结束，于史不合。似应以《资治通鉴》所载为是，故系于黄龙三年讨武陵蛮夷初期。

嘉禾元年（壬子，232）

虞翻，反对孙权报聘辽东公孙渊，被徙苍梧猛陵。

《三国志》卷五七《吴书·虞翻传》："在南十余年，年七十卒。"裴松之引《吴书》曰："翻虽在徙弃，心不忘国，常忧五溪宜讨，以辽东海绝，听人使来属，尚不足取，今去人财以求马，既非国利，又恐无获。欲谏不敢，作表以示吕岱，岱不报，为爱憎所白，复徙苍梧猛陵。"《册府元龟》卷二〇九《闰位部·悔过》所载略同。《资治通鉴》卷七二"太和六年"（232）条系此事于三四月间。

按：《三国志》卷四七《吴书·吴主传》："黄龙元年春……五月，使校尉张刚、管笃之辽东。……嘉禾元年春正月，建昌侯虑卒。三月，遣将军周贺、校尉裴潜乘海之辽东。……冬十月，魏辽东太守公孙渊遣校尉宿舒、阆中令孙综称藩于权，并献貂马。权大悦，加渊爵位。二年春正月……三月，遣舒、综还，使太常张弥、执金吾许晏、将军贺达等将兵万人，金宝珍货，九锡备物，乘海授渊。举朝大臣，自丞相雍已下皆谏，以为渊未可信，而宠待太厚，但可遣吏兵数百护送舒、综，权终不听。渊果斩弥等，送其首于魏，没其兵资。权大怒，欲自征渊。尚书仆射薛综等切谏乃止。"故而，虞翻反对报聘辽东公孙渊，当在嘉禾二年（233）三月孙权遣万人乘海赴辽东之前后，虞翻之举与举朝大臣皆谏类似，当在报聘辽东既定事实形成之前。《三国志》卷四七《吴书·吴主传》："（黄龙）三年春二月，遣太常潘濬率众五万讨武陵蛮夷。"《三国志》卷六〇《吴书·吕岱传》："黄龙三年，以南土清定，召岱还屯长沙沤口。会武陵蛮夷蠢动，岱与太常潘濬共讨定之。"故而，潘濬、吕岱讨武陵蛮夷在黄龙三年（231）开始，征剿数年方定。身处交州之虞翻作表示吕岱，谓不宜报聘辽东，当在讨武陵蛮夷未结、且报聘辽东未定之时，故而虞翻被贬苍梧猛陵当系于嘉禾元年。

赤乌七年（甲子，244）

顾谭、顾承、张休、姚信、陈恂等，因亲附太子孙和，卷入太子孙和与鲁王孙霸争储中，遭全琮、全寄、全公主、孙弘、杨竺等构陷，并徙交州。

《三国志》卷五二《吴书·顾谭传》："是时鲁王霸有盛宠，与太子和齐衡，谭上疏曰：'臣闻有国有家者，必明嫡庶之端，异尊卑之礼，使高下有差……今臣所陈，非有所偏，诚欲以安太子而便鲁王也。'由是霸与谭有隙。时长公主婿卫将军全琮子寄为霸宾客，寄素倾邪，谭所不纳。先是，谭弟承与张休俱北征寿春，全琮时为大都督，与魏将王凌战于芍陂，军不利，魏兵乘胜陷没五营将秦晃军，休、承奋击之。遂驻魏师。时琮群子绪、端亦并为将，因敌既住，乃进击之，凌军用退。时论功行赏，以为驻敌之功大，退敌之功小，休、承并为杂号将军，绪、端偏裨而已。寄父子益恨，共构会谭。谭坐徙交州，幽而发愤，著《新言》二十篇。其《知难篇》盖以自悼伤也。见流二年，年四十二，卒于交阯。"《三国志》卷五二《吴书·顾承传》："芍陂之役，拜奋威将军，出领京下督。数年，与兄谭、张休等俱徙交州，年三十七卒。"《三国志》卷五二《吴书·张昭传附张休传》："及登卒后，为侍中，拜羽林都督，平三典军事，迁扬武将军。为鲁王霸友党所谮，与顾谭、承俱以芍陂论功事，休、承与典军陈恂通情，诈增其伐，并徙交州。中书令孙弘佞伪险诐，休素所忿，弘因是谮诉，下诏书赐休死，时年四十一。"《三国志》卷五八《吴书·陆逊传》："先是，二宫并阙，中外职司，多遣子弟给侍。全琮报逊，逊以为子弟苟有才，不忧不用，不宜私出以要荣利；若其不佳，终为取祸。且闻二宫势敌，必有彼此，此古人之厚忌也。琮子寄，果阿附鲁王，轻为交构。逊书与琮曰：'卿不师日磾，而宿留阿寄，终为足下门户致祸矣。'琮既不纳，更以致隙。及太子有不安之议，逊上疏陈：'太子正统，宜有盘石之固，鲁王藩臣，当使宠秩有差，彼此得所，上下获安。谨叩头流血以闻。'书三四上，及求诣都，欲口论嫡庶之分，以匡得失。既不听许，而逊外生顾谭、顾承、姚信，并以亲附太子，枉见流徙。太子太傅吾粲坐数与逊交书，下狱死。权累遣中使责让逊，逊愤恚致卒，时年六十三，家无余财。"《三国志》卷五九《吴书·孙和传》："鲁王霸觊觎滋甚，陆逊、吾粲、顾谭等数陈嫡庶之义，理不可夺，全寄、杨竺为鲁王霸支党，谮愬日兴。粲遂下狱诛，谭徙交州。"《册府元龟》卷二〇九《闰位部·悔过》、卷三三四《宰辅部·谴让》亦皆载因"二宫构争"群臣被徙事。

按：《三国志》卷四七《吴书·吴主传》："（赤乌）四年春正月……夏四月，遣卫将军全琮略淮南，决芍陂，烧安城邸阁，收其人民。威北将军诸葛恪攻六安。琮与魏将王凌战于芍陂，中郎将秦晃等十余人战死。车骑将军朱然围樊，大将军诸葛瑾取柤中。"《三国志》卷四《魏书·三少帝纪》："（正始二年）夏五月，吴将朱然等围襄阳之樊城，太傅司马宣王率众拒之。"裴松之注引干宝《晋纪》曰："吴将全琮寇芍陂，朱然、孙伦五万人围樊城，诸葛瑾、步骘寇柤中……"可见，芍陂之役乃曹魏与东吴之战，事在魏正始二年（241），吴赤乌四年（241）。顾谭、顾承、张休等人因"二宫构争"（或称"南鲁党争"）并徙交州，事在芍陂之役后，即在赤乌四年后。《三国志》卷五八《吴书·陆逊传》谓"太子太傅吾粲坐数与逊交书，下狱死。权累遣中使责让逊，逊愤恚致卒"，陆逊因支持太子孙和多次劝谏孙权，被谴责幽愤而卒，吾粲坐数与逊交书被诛。《三国志》卷四七《吴书·吴主传》谓"（赤乌）八年春二月，丞相陆逊卒"。故而，吾粲被诛，当在陆逊卒前夕。故而，"二宫构争"中顾谭、顾承、张休等并徙交州，在赤乌七年。

赤乌十三年（庚午，250）

杨穆，因弟杨竺支持鲁王孙霸与太子孙和争储，穆免死徙南州。

《三国志》卷四七《吴书·吴主传》："（赤乌十三年）八月，丹杨、句容及故鄣、宁国诸山崩，鸿水溢。诏原逋责，给贷种食。废太子和，处故鄣。鲁王霸赐死。冬十月，魏将文钦伪叛以诱朱异，权遣吕据就异以迎钦。"《三国志》卷五九《吴书·孙霸传》："时全寄、吴安、孙奇、杨竺等阴共附霸，图危太子。谮毁既行，太子以败，霸亦赐死。流竺尸于江，兄穆以数谏戒竺，得免大辟，犹徙南州。霸赐死后，又诛寄、安、奇等，咸以党霸构和故也。"

陈正、陈象、朱据、屈晃等，皆谏孙权勿废孙和立孙亮，正、象被处死，据左迁新都郡丞，未到追赐死，晃斥还田里。

《三国志》卷五九《吴书·孙和传》："鲁王霸觊觎滋甚，陆逊、吾粲、顾谭等数陈嫡庶之义，理不可夺，全寄、杨竺为鲁王霸支党，谮愬日兴。粲遂下狱诛，谭徙交州。权沉吟者历年，后遂幽闭和。于是骠骑将军朱据、尚书仆射屈晃率诸将史泥头自缚，连日诣阙请和。权登白爵观见，甚恶之，敕据、晃等无事忿忿。权欲废和立亮，无难督陈正、五营督陈象上书，称引晋献公杀申生，立奚齐，晋国扰乱，又据、晃固谏不止。权大怒，族诛正、象，据、晃牵入殿，杖一百。竟徙和于故鄣，群司坐谏诛放者十数。众咸冤之。太元二年正月，封和为南阳王，遣之长沙。"《三国志》卷五七《吴书·朱据传》："遭二宫构争，据拥护太子，言则恳至，义形于色，守之以死，遂左迁新都郡丞。未到，中书令孙弘谮润据，因权寝疾，弘为昭书追赐死，时年五十七。"《资治通鉴》卷七五"嘉平二年"(250)条系此事于五月至十月间。

按：参见本书"赤乌七年"条，顾谭、顾承、张休等并徙交州，吾粲被诛，事在赤乌七年(244)。《三国志》卷五九《吴书·孙和传》谓"权沉吟者历年，后遂幽闭和"，当在赤乌七年后数年。《三国志》卷四七《吴书·吴主传》："(赤乌十三年八月)废太子和，处故鄣"，陈正、陈象、朱据、屈晃等皆劝谏，乃在幽禁孙和之时，应在正式废孙和前夕，故系于赤乌十三年。

太元二年/神凤元年(壬申，252)

正月，废太子孙和，被封为南阳王，遣之长沙。

《三国志》卷五九《吴书·孙和传》："竟徙和于故鄣，群司坐谏诛放者十数。众咸冤之。太元二年正月，封和为南阳王，遣之长沙。四月，权薨，诸葛恪秉政。恪即和妃张之舅也。妃使黄门陈迁之建业上疏中宫，并致问于恪。临去，恪谓迁曰：'为我达妃，期当使胜他人。'此言颇泄。又恪有徙都意，使治武昌宫，民间或言欲迎和。及恪被诛，孙峻因此夺和玺绶，徙新都，又遣使者赐死。"

四月，孙休、孙奋，因孙亮承统，诸葛恪秉政，不欲诸王在滨江兵马之地，徙休于丹杨郡、徙孙奋于豫章郡。

《三国志》卷四八《吴书·孙休传》："太元二年正月，封琅邪王，居虎林。四月，权薨，休弟亮承统，诸葛恪秉政，不欲诸王在滨江兵马之地，徙休于丹杨郡。"《三国志》卷五九《吴书·孙奋传》："太元二年，立为齐王，居武昌。权薨，太傅诸葛恪不欲诸王处江滨兵马之地，徙奋于豫章。奋怒，不从命，又数越法度。恪上笺谏曰：'帝王之尊，与天同位，是以家天下，臣父兄，四海之内，皆为臣妾。……今者恪等偻偻欲为大王除危殆于萌芽，广福庆之基原，是以不自知言至，愿蒙三思。'奋得笺惧，遂移南昌，游猎弥甚，官属不堪命。"《资治通鉴》卷七五"嘉平四年"(252)条系此事于四月孙权卒、孙亮即位后。

【吴大帝朝年代不定者】

都乡侯周胤，纵情声色，徒庐陵郡，病卒。

《三国志》卷五四《吴书·周瑜传附周胤传》："循弟胤，初拜兴业都尉，妻以宗女，授兵千人，屯公安。黄龙元年，封都乡侯，后以罪徒庐陵郡。赤乌二年，诸葛瑾、步骘连名上疏曰：'故将军周瑜子胤，昔蒙粉饰，受封为将，不能养之以福，思立功效，至纵情欲，招速罪辟。……况于瑜身没未久，而其子胤降为匹夫，益可悼伤。窃惟陛下钦明稽古，隆于兴继，为胤归诉，乞匄余罪，还兵复爵，使失旦之鸡，复得一鸣，抱罪之臣，展其后效。'权答曰：'腹心旧勋，与孤协事，公瑾有之，诚所不忘。昔胤年少，初无功劳，横受精兵，爵以侯将，盖念公瑾以及于胤也。而胤恃此，酗淫自恣，前后告喻，曾无悛改。……今二君勤勤援引汉高河山之誓，孤用恶然。虽德非其畴，犹欲庶几，事亦如尔，故未顺旨。以公瑾之子，而二君在中间，苟使能改，亦何患乎！'瑾、骘表比上，朱然及全琮亦俱陈乞，权乃许之。会胤病死。"

按：《三国志》卷五四《吴书·周胤传》谓诸葛瑾、步骘连名上疏在赤乌二年（239），且云"黄龙元年，封都乡侯，后以罪徒庐陵郡"，则周胤以罪徒庐陵郡，当在黄龙元年（229）后。然其又云"瑜身没未久，而其子胤降为匹夫"，则谓周胤以罪徒庐陵郡，似在周瑜去世不久后。据《三国志》卷五四《吴书·周瑜传》等，周瑜卒于建安十五年（210），则所谓"瑜身没未久"，当为略说。

甘瑰，以罪徒会稽，无几死。

《三国志》卷五五《吴书·甘宁传附甘瑰传》："宁卒，权痛惜之。子瑰，以罪徒会稽，无几死。"

潘平，因无德行，徒会稽。

《三国志》卷五〇《吴书·潘璋传》："璋为人粗猛，禁令肃然，好立功业……然性奢泰，末年弥甚，服物僭拟。吏兵富者，或杀取其财物，数不奉法。监司举奏，权惜其功而辄原不问。嘉禾三年卒。子平，以无行徒会稽。"

吴会稽王朝（253—258）

建兴二年（癸酉，253）

南阳王孙和，因孙峻专权，徙新都，又追赐死。

《三国志》卷五九《吴书·孙和传》："竟徙和于故鄣，群司坐谏诛放者十数。众咸冤之。太元二年正月，封和为南阳王，遣之长沙。四月，权薨，诸葛恪秉政。恪即和妃张之舅也。妃使黄门陈迁之建业上疏中宫，并致问于恪。临去，恪谓迁曰：'为我达妃，期当使胜他人。'此言颇泄。又恪有徙都意，使治武昌宫，民间或言欲迎和。及恪被诛，孙峻因此夺和玺绶，徙新都，又遣使者赐死。"《资治通鉴》卷七六"嘉平五年"（253）条系此事于十月。

按：据《三国志》卷四八《吴书·孙亮传》："（建兴）二年春正月丙寅，立皇后全氏，大赦。……冬十月，大飨。武卫将军孙峻伏兵杀恪于殿堂。大赦。以峻为丞相，封富春侯。"知诸葛恪被诛，孙峻专权，事在建兴二年（253）十月，故孙和徙新都，追赐死应系于此年。

齐王孙奋，因杀傅相谢慈，废为庶人，徙章安县。

《三国志》卷四八《吴书·孙亮传》："（建兴二年）冬十月，大飨。武卫将军孙峻伏兵杀恪于殿堂。"《三国志》卷五九《吴书·孙奋传》："权薨，太傅诸葛恪不欲诸王处江滨兵马之地，徙奋于豫章。……奋得笺惧，遂移南昌，游猎弥甚，官属不堪命。及恪诛，奋下住芜湖，欲至建业观变。傅相谢慈等谏奋，奋杀之。坐废为庶人，徙章安县。太平三年，封为章安侯。"

张承次女张氏，因坐舅诸葛恪被诛，见黜。

《三国志》卷五八《吴书·陆逊传》，裴松之注引《文士传》曰："陆景母张承女，诸葛恪外生。恪诛，景母坐见黜。"《册府元龟》卷七五一《总录部·孝》所载略同。

五凤三年/太平元年（丙子，256）

滕牧，因坐族兄滕胤与吕据谋废孙綝案，以服属疏远，徙边郡。

《三国志》卷四八《吴书·孙亮传》："太平元年春。……九月丁亥，峻卒，以从弟偏将军綝为侍中、武卫将军，领中外诸军事，召还据等。据闻綝代峻，大怒。己丑，大司马吕岱卒。壬辰，太白犯南斗。据、钦、咨等表荐卫将军滕胤为丞相，綝不听。癸卯，更以胤为大司马，代吕岱驻武昌。据引兵还，欲讨綝。綝遣使以诏书告喻钦、咨等，使取据。冬十月丁未，遣孙宪及丁奉、施宽等以舟兵逆据于江都，遣将军刘丞督步骑攻胤。胤兵败夷灭。"《三国志》卷六四《吴书·孙綝传》："綝始为偏将军，及峻死，为侍中武卫将军，领中外诸军事，代知朝政。吕据闻之大恐，与诸督将连名，共表荐滕胤为丞相，綝更以胤为大司马，代吕岱驻武昌。据引兵还，使人报胤，欲共废綝。……綝兵大会，遂杀胤及将士数十人，夷胤三族。"《三国志》卷五○《吴书·妃嫔传·滕夫人传》："孙皓滕夫人，故太常胤之族女也。胤夷灭，夫人父牧，以疏远徙边郡。孙休即位，大赦，得还，以牧为五官中郎。"

太平三年（戊寅，258）

帝孙亮、全公主孙鲁班、太常全尚等，谋诛孙綝事泄，亮被黜为会稽王，全公主被迁豫章，全尚及家属被徙零陵，寻追杀之。

《三国志》卷四八《吴书·孙亮传》："（太平）三年春正月……秋七月，封故齐王奋为章安侯。诏州郡伐宫材。自八月沉阴不雨四十余日。亮以綝专恣，与太常全尚，将军刘丞谋诛綝。九月戊午，綝以兵取尚，遣弟恩攻杀丞于苍龙门外，召大臣会宫门，黜亮为会稽王，时年十六。"《三国志》卷六四《吴书·孙綝传》："綝遣将军孙耽送亮之国，徙尚于零陵，迁公主于豫章。"《三国志》卷五○《吴书·妃嫔传·全夫人传》："会孙綝废亮为会稽王，后又黜为候官侯，夫人随之国，居候官，尚将家属徙零陵，追见杀。"

【吴会稽王朝年代不定者】（253—258）

琅邪王孙休，因丹杨太守李衡数以事侵，乞徙他郡，诏徙会稽。

《三国志》卷四八《吴书·孙休传》："太元二年正月，封琅邪王，居虎林。四月，权薨，休弟亮承统，诸葛恪秉政，不欲诸王在滨江兵马之地，徙休于丹杨郡。太守李衡数以事侵休，休上书乞徙他郡，诏徙会稽。"

按：据《三国志》卷四八《吴书·孙休传》，徙孙休于丹杨郡在太元二年（252）四月，李衡数以事侵休，乞徙他郡，诏徙会稽，应在太元二年/建兴元年，或在此后数年间。

吴景帝朝（258—263）

永安三年（庚辰，260）

会稽王孙亮，因会稽郡谣言亮当还为天子，且侍从称亮使巫祷祠口出恶言，故黜为候官侯，途中自杀（一说被杀）。

《三国志》卷四八《吴书·孙亮传》："（永安）三年春三月，西陵言赤乌见。秋，用都尉严密议，作浦里塘。会稽郡谣言王亮当还为天子，而亮宫人告亮使巫祷祠，有恶言。有司以闻，黜为候官侯，遣之国。道自杀，卫送者伏罪。"裴松之注引《吴录》曰："或云休鸩杀之。"《三国志》卷五〇《吴书·妃嫔传·全夫人传》："会孙綝废亮为会稽王，后又黜为候官侯，夫人随之国，居候官，尚将家属徙零陵，追见杀。"《资治通鉴》卷七七"景元元年"（260）条系此事于六月至十月间。

吴末帝朝（264—280）

元兴元年（甲申，264）

九月，孙休之朱皇后，被帝孙皓贬为景皇后。

《三国志》卷六四《吴书·濮阳兴传》："（永安）七年七月，休薨。左典军万彧素与乌程侯孙皓善，乃劝兴、布，于是兴、布废休嫡子而迎立皓。"《三国志》卷四八《吴书·孙皓传》："于是遂迎立皓，时年二十三。改元，大赦。是岁，于魏咸熙元年也。元兴元年八月，以上大将军施绩、大将军丁奉为左右大司马，张布为骠骑将军，加侍中，诸增位班赏，一皆如旧。九月，贬太后为景皇后，追谥父和曰文皇帝，尊母何为太后。"《三国志》卷五〇《吴书·妃嫔传·朱夫人传》："孙休朱夫人，朱据女，休姊公主所生也。……孙皓即位月余，贬为景皇后，称安定宫。甘露元年七月，见逼薨，合葬定陵。"

十月，先帝孙休四子𩅦、𩃙、壾、𠅨，孙皓贬之，分立为豫章王、汝南王、梁王、陈王。

《三国志》卷四八《吴书·孙休传》载裴松之注引《吴录》："《吴录》载休诏曰：'人之有名，以相纪别，长为作字，惮其名耳。……孤今为四男作名字：太子名𩅦……；次子名𩃙……；次子名壾……；次子名𠅨……。'"《三国志》卷四八《吴书·孙皓传》："(元兴元年)九月，贬太后为景皇后，追谥父和曰文皇帝，尊母何为太后。十月，封休太子𩅦为豫章王，次子汝南王，次子梁王，次子陈王，立皇后滕氏。"

十月，孙霸二子基、壹，因孙皓追和、霸旧隙，爵土被削，与祖母谢姬俱徙会稽乌伤县。

《三国志》卷五九《吴书·孙霸传》："霸二子，基、壹。五凤中，封基为吴侯，壹宛陵侯。……孙皓即位，追和、霸旧隙，削基、壹爵土，与祖母谢姬俱徙会稽乌伤县。"

按：孙皓乃废太子孙和之子，孙皓即位，追和、霸旧隙(指"二宫构争")。孙皓削孙基、孙壹爵土，与祖母谢姬俱徙会稽，具体时日史无明载，但据理而言，事当在十月，与贬孙休四子同时，姑系于此。

诸父与废太子孙和相连及者，皆因孙皓追和、霸旧隙，被徙东冶。

《三国志》卷四八《吴书·孙皓传》：裴松之注引《吴录》曰："皓以诸父与和相连及者，家属皆徙东冶，唯陟以有密旨，特封子孚都亭侯。"

按：史书未明言孙皓何时徙诸父与废太子孙和相连及者，但据《三国志》卷五九《吴书·孙霸传》"孙皓即位，追和、霸旧隙，削基、壹爵土，与祖母谢姬俱徙会稽乌伤县"，或与此同时，姑系于此。

十一月，侍郎濮阳兴、骠骑将军张布，为万彧所谮，徙广州，道追杀之。

《三国志》卷四八《吴书·孙皓传》："元兴元年八月，以上大将军施绩、大将军丁奉为左右大司马，张布为骠骑将军，加侍中，诸增位班赏，一皆如旧。"《三国志》卷六四《吴书·濮阳兴传》："（永安）七年七月，休薨。左典军万彧素与乌程侯孙皓善，乃劝兴、布，于是兴、布废休嫡子而迎立皓，皓既践阼，加兴侍郎，领青州牧。俄彧谮兴、布追悔前事。十一月朔入朝，皓因收兴、布，徙广州，道追杀之，夷三族。"

甘露元年（乙酉，265）

三月，徐绍家属，坐绍称赞魏国案，徙建安郡。

《三国志》卷四八《吴书·孙皓传》："甘露元年三月，皓遣使随绍、彧报书曰：'知以高世之才，处宰辅之任，渐导之功，勤亦至矣。孤以不德，阶承统绪，思与贤良共济世道，而以壅隔未有所缘，嘉意允著，深用依依。今遣光禄大夫纪陟、五官中郎将弘璆宣明至怀。'绍行到濡须，召还杀之，徙其家属建安，始有白绍称美中国者故也。"《册府元龟》卷二一八《闰位部·疑忌》亦载徐绍事。

七月，孙休四子，被孙皓贬于吴小城，寻复追杀其中年长者霅、霬。

《三国志》卷四八《吴书·孙皓传》："（甘露元年）秋七月，皓逼杀景后朱氏，亡不在正殿，于苑中小屋治丧，众知其非疾病，莫不痛切。又送休四子于吴小城，寻复追杀大者二人。"

甘露二年（丙戌，266）

常侍王蕃，在孙皓大会群臣时醉酒，被戮，家属徙广州。

《三国志》卷六五《吴书·王蕃传》："孙皓初，复入为常侍……又中书丞陈声，皓之嬖臣，数谮毁蕃。蕃体气高亮，不能承颜顺指，时或迕意，积以见责。甘露二年，丁忠使晋还，皓大会群臣，蕃沉醉顿伏，皓疑而不悦，轝蕃出外。顷之请还，酒亦不解。蕃性有威严，行止自若，皓大怒，呵左右于殿下斩之。卫将军滕牧、征西将军留平请，不能得。丞相陆凯上疏曰：'常侍王蕃黄中通理，知天知物，处朝忠蹇，斯社稷之重镇，大吴之龙逢也。昔事景皇，纳言左右，景皇钦嘉，叹为异伦。而陛下忿其苦辞，恶其直对，枭之殿堂，尸骸暴弃，郡内伤心，有识悲悼。'其痛蕃如此。蕃死时年三十九，皓徙蕃家属广州。"

建衡三年（辛卯，271）

太子少傅薛莹，督万人凿圣溪，多盘石难施，罢还，出为武昌左部督。

《三国志》卷五三《吴书·薛综传附薛莹传》："孙皓初，为左执法，迁选曹尚书，及立太子，又领少傅。建衡三年，皓追叹莹父综遗文，且命莹继作。莹献诗曰：'……。'是岁，何定建议凿圣溪以通江淮，皓令莹督万人往，遂以多盘石难施功，罢还，出为武昌左部督。"《册府元龟》卷四九六《邦计部·河渠》所载略同。

按：薛莹因督万人凿圣溪罢还，又出为武昌左部督，未知是否为贬谪。因《三国志》卷五三《吴书·薛综传附薛莹传》："建衡三年，皓追叹莹父综遗文，且命莹继作。……后定被诛，皓追圣溪事，下莹狱，徙广州。"孙皓在何定被诛时，又追圣溪事，则说明此前应未曾追究凿圣溪事。故薛莹出为武昌左部督，应非凿圣溪罢还之惩贬。但薛莹由中央出任地方，姑定为贬谪。

凤皇元年（壬辰，272）

右丞相万彧，谋废孙皓事泄，彧被谴忧死，子、弟徙于庐陵。

《三国志》卷四八《吴书·孙皓传》："凤皇元年秋八月，征西陵督步阐。阐不应，据城降晋。遣乐乡都督陆抗围取阐，阐众悉降。阐及同计数十人皆夷三族。大赦。是岁右丞相万彧被谴忧死，徙其子弟于庐陵。何定奸秽发闻，伏诛。皓以其恶似张布，追改定名为布。"裴松之注引《江表传》曰："初皓游华里，彧与丁奉、留平密谋曰：'此行不急，若至华里不归，社稷事重，不得不自还。'此语颇泄。皓闻知，以彧等旧臣，且以计忍而阴衔之。后因会，以毒酒饮彧，传酒人私减之。又饮留平，平觉之，服他药以解，得不死。彧自杀。平忧懑，月余亦死。"

武昌左部督薛莹，因孙皓追圣溪事，徙广州。右国史华覈谏，遂召莹还，为左国史。顷之，选曹尚书缪祎为群小所疾，左迁衡阳太守，因过诣莹，复为人所白，祎徙桂阳，莹还广州，未至召还，复职。

《三国志》卷四八《吴书·孙皓传》："凤皇元年秋八月……何定奸秽发闻，伏诛。皓以其恶似张布，追改定名为布。"《三国志》卷五三《吴书·薛综传附薛莹传》："建衡三年，皓追叹莹父综遗文，且命莹继作。……后定被诛，皓追圣溪事，下莹狱，徙广州。右国史华覈上疏曰：'臣闻五帝三王皆立史官，叙录功美，垂之无穷。……莹涉学既博，文章尤妙，同寮之中，莹为冠首。今者见吏，虽多经学，记述之才，如莹者少，是以偻偻为国惜之。实欲使卒垂成之功，编于前史之末。奏上之后，退填沟壑，无所复恨。'皓遂召莹还，为左国史。顷之，选曹尚书同郡缪祎以执意不移，为群小所疾，左迁衡阳太守。既拜，又追以职事见诘责，拜表陈谢。因过诣莹，复为人所白，云祎不惧罪，多将宾客会聚莹许。乃收祎下狱，徙桂阳，莹还广州。未至，召莹还，复职。"

按：有关孙皓追圣溪事，可参本书"建衡三年"条。

凤皇二年（癸巳，273）

侍中、左国史韦曜，因不承诏命被诛，家属徙于零陵。

《三国志》卷六五《吴书·韦曜传》："孙皓即位，封高陵亭侯，迁中书仆射，职省，为侍中，常领左国史。……又皓欲为父和作纪，曜执以和不登帝位，宜名为传。如是者非一，渐见责怒。……时有疾病，医药监护，持之愈急。皓每飨宴，无不竟日，坐席无能否率以七升为限，虽不悉入口，皆浇灌取尽。曜素饮酒不过二升，初见礼异时，常为裁减，或密赐茶荈以当酒，至于宠衰，更见逼强，辄以为罪。又于酒后使侍臣难折公卿，以嘲弄侵克，发摘私短以为欢。时有愆过，或误犯皓讳，辄见收缚，至于诛戮。曜以为外相毁伤，内长尤恨，使不济济，非佳事也，故但示难问经义言论而已。皓以为不承用诏命，意不忠尽，遂积前后嫌忿，收曜付狱，是岁凤皇二年也。……曜冀以此求免，而皓更怪其书之垢，故又以诘曜。曜对曰：'因撰此书，实欲表上，惧有误谬，数数省读，不觉点污。被问寒战，形气呐吃。谨追辞叩头五百下，两手自搏。'而华覈连上疏救曜曰：'曜运值千载，特蒙哀识，以其儒学，得与史官……汉武帝以迁有良史之才，欲使毕成所撰，忍不加诛，书卒成立，垂之无穷。今曜在吴，亦汉之史迁也。……今《吴书》当垂千载，编次诸史，后之才士论次善恶，非得良才如曜者，实不可使阙不朽之书。如臣顽蔽，诚非其人。曜年已七十，余数无几，乞赦其一等之罪，为终身徒，使成书业，永足传示，垂之百世。谨通进表，叩头百下。'皓不许，遂诛曜，徙其家零陵。"《册府元龟》卷二一八《闰位部·恶直》所载略同。

凤皇三年(甲午，274)

会稽太守郭诞，因不白会稽妖言章安侯孙奋当为天子，被送建安作船。

《三国志》卷四八《吴书·孙皓传》："(凤皇)三年，会稽妖言章安侯奋当为天子。临海太守奚熙与会稽太守郭诞书，非论国政。诞但白熙书，不白妖言，送付建安作船。"《册府元龟》卷七六四《总录部·义烈》所载略同。《资治通鉴》卷八〇"泰始十年"(274)条系此事于四月至七月间。

天册元年(乙未，275)

陆胤(陆凯弟)子陆式与从兄陆祎，皆因凯好直谏，且何定谮构，俱徙建安。

《三国志》卷六一《吴书·陆凯传》："初，皓常衔凯数犯颜忤旨，加何定谮构非一，既以重臣，难绳以法，又陆抗时为大将在疆场，故以计容忍。抗卒后，竟徙凯家于建安。……胤卒，子式嗣，为柴桑督、扬武将军。天册元年，与从兄祎俱徙建安。天纪二年，召还建业，复将军、侯。"

贺循父贺邵，因中风不能言，孙皓疑其托疾，竟见杀害，徙其家属于临海。

《三国志》卷六五《吴书·贺邵传》："邵奉公贞正，亲近所惮。乃共谮邵与楼玄谤毁国事，俱被诘责，玄见送南州，邵原复职。后邵中恶风，口不能言，去职数月，皓疑其托疾，收付酒藏，掠考千所，邵卒无一语，竟见杀害，家属徙临海。并下诏诛玄子孙，是岁天册元年也，邵年四十九。"

右国史华覈，以微谴免。

《三国志》卷六五《吴书·华覈传》："后迁东观令，领右国史……天册元年以微谴免，数岁卒。"《册府元龟》卷二一八《闰位部·恶直》所载略同。

禁中候楼玄，被诬与中书令贺邵谤讪政事，玄与子据先被流广州，后徙交趾。

《三国志》卷六五《吴书·楼玄传》："孙皓即位，与王蕃、郭逴、万彧俱为散骑中常侍，出为会稽太守，入为大司农。旧禁中主者自用亲近人作之，或陈亲密近识，宜用好人，皓因敕有司，求忠清之士，以应其选，遂用玄为宫下镇禁中候，主殿中事。玄从九卿持刀侍卫，正身率众，奉法而行，应对切直，数连皓意，渐见责怒。后人诬白玄与贺邵相逢，驻共耳语大笑，谤讪政事，遂被诏诘责，送付广州。东观令华覈上疏曰：'臣窃以治国之体，其犹治家。……臣夙夜思惟，诸吏之中，任干之事，足委仗者，无胜于楼玄。玄清忠奉公，冠冕当世，众服其操，无与争先。……乞陛下赦玄前愆，使得自新，擢之宰司，责其后效，使为官择人，随才授任，则舜之恭己，近亦可得。'皓疾玄名声，复徙玄及子据，付交阯将张奕，使以战自效，阴别敕奕令杀之。据到交阯，病死。玄一身随奕讨贼，持刀步涉，见奕辄拜，奕未忍杀。会奕暴卒，玄殡敛奕，于器中见敕书，还便自杀。"《三国志》卷六五《吴书·贺邵传》："孙皓时，入为左典军，迁中书令，领太子太傅。皓凶暴骄矜，政事日弊。邵上疏谏曰：'……'书奏，皓深恨之。邵奉公贞正，亲近所惮。乃共潜邵与楼玄谤毁国事，俱被诘责。玄见送南州，邵原复职。后邵中恶风，口不能言，去职数月，皓疑其托疾，收付酒藏，掠考千所，邵卒无一语，竟见杀害，家属徙临海。并下诏诛玄子孙，是岁天册元年也，邵年四十九。"《册府元龟》卷二一八《闰位部·恶直》所载略同。

【吴末帝朝年代不定者】

丁奉、丁温家属，因孙皓追讨丁奉攻穀阳无功事，皆徙临川。

《三国志》卷五五《吴书·丁奉传》："建衡元年，奉复帅众治徐塘，因攻晋穀阳。穀阳民知之，引去，奉无所获。皓怒，斩奉导军。三年，卒。奉贵而有功，渐以骄矜，或有毁之者，皓追以前出军事，徙奉家于临川。"《宋书》卷三三《五行志四》："吴孙皓宝鼎元年，野豕入右大司马丁奉营，此豕祸也。后奉见遣攻穀阳，无功而反，皓怒，斩其导军。及举大众北出，奉及万彧等相谓曰：'若至华里，不得不各自还也。'此谋泄，奉时虽已死，皓追讨穀阳事，杀其子温，家属皆远徙，豕祸之应也。"《晋书》卷二九《五行志下》所载相同。

按：据《三国志》卷五五《吴书·丁奉传》，丁奉卒于建衡三年（271），孙皓追讨穀阳事奉已死，杀丁温，家属皆远徙临川郡，当在凤皇元年（272）或之后。

卫将军、录尚书事滕牧，因女为皇后，宠渐衰，被遣居苍梧郡，道路忧死。

《三国志》卷五〇《吴书·妃嫔传·滕夫人传》："孙皓滕夫人，故太常胤之族女也。……皓即位，立为皇后，封牧高密侯，拜卫将军，录尚书事。……而夫人宠渐衰，皓滋不悦……牧见遣居苍梧郡，虽爵位不夺，其实裔也，遂道路忧死。"

按：《三国志》卷四八《吴书·孙皓传》："（元兴元年）九月，贬太后为景皇后，追谥父和曰文皇帝，尊母何为太后。十月，封休太子霸为豫章王，次子汝南王，次子梁王，次子陈王，立皇后滕氏。"牧见遣居苍梧郡，当在元兴元年（264）后。

有姓公孙者，因谶曰"亡吴者公孙"，皆徙于广州。

《三国志》卷四八《吴书·孙皓传》，裴松之注引《汉晋春秋》曰："先是，吴有说谶者曰：'吴之败，兵起南裔，亡吴者公孙也，'皓闻之，文武职位至于卒伍有姓公孙者，皆徙于广州。"

侍中、中书令张尚，因言获罪，被送建安作船。

《三国志》卷五三《吴书·张纮传》："玄子尚，孙皓时为侍郎，以言语辩捷见知，擢为侍中、中书令。皓使尚鼓琴，尚对曰：'素不能。'敕使学之。后晏言次说琴之精妙，尚因道'晋平公使师旷作清角，旷言吾君德薄，不足以听之，'皓意谓尚以斯喻己，不悦。后积他事下狱，皆追以此为诘，送建安作船。久之，又就加诛。"

西晋贬谪事件

晋武帝朝（265—290）

泰始元年（乙酉，265）

十二月，晋代魏，曹奂禅位，废为陈留王，先迁金墉城，后迁邺城。

《三国志》卷四《魏书·三少帝纪》："（咸熙二年）十二月壬戌，天禄永终，历数在晋。诏群公卿士具仪设坛于南郊，使使者奉皇帝玺绶册，禅位于晋嗣王，如汉魏故事。甲子，使使者奉策。遂改次于金墉城，而终馆于邺，时年二十。"裴松之注引《魏世谱》曰："封帝为陈留王。年五十八，大安元年崩，谥曰元皇帝。"《晋书》卷三七《安平献王孚传》："及武帝受禅，陈留王就金墉城，孚拜辞，执王手，流涕歔欷，不能自胜。"《资治通鉴》卷七九"泰始元年"（265）条系此事于十二月。

习阳亭侯司马顺，哭晋武帝受禅代魏，废黜，徙武威姑臧县。

《晋书》卷三七《任城景王陵弟顺传》："顺字子思，初封习阳亭侯。及武帝受禅，顺叹曰：'事乖唐虞，而假为禅名！'遂悲泣。由是废黜，徙武威姑臧县。虽受罪流放，守意不移而卒。"

曹植子曹志，因晋代魏，降为鄄城县公，迁乐平太守。

《晋书》卷五〇《曹志传》："及帝受禅，降为鄄城县公。诏曰：'昔在前世，虽历运迭兴，至于先代苗裔，传祚不替，或列藩九服，式序王官。选众命贤，惟德是与，盖至公之道也。魏氏诸王公养德藏器，壅滞旷久，前虽有诏，当须简授，而自顷众职少缺，未得式叙。前济北王曹志履德清纯，才高行洁，好古博物，为魏宗英，朕甚嘉之。其以志为乐平太守。'志在郡上书，以为宜尊儒重道，请为博士置吏卒。迁章武、赵郡太守。虽累郡职，不以政事为意，昼则游猎，夜诵《诗》《书》，以声色自娱，当时见者未能审其量也。"《册府元龟》卷六九七《牧守部·骄逸》所载略同。

泰始四年（戊子，268）

奉车都尉山涛力护裴秀，失权臣贾充意，出为冀州刺史，加宁远将军。

《晋书》卷三《武帝纪》："（泰始）四年春正月辛未，以尚书令裴秀为司空。"《晋书》卷三四《羊祜传》："泰始初，诏曰：'夫总齐机衡，允厘六职，朝政之本也。祜执德清劭，忠亮纯茂……其以祜为尚书右仆射、卫将军，给本营兵。'"《晋书》卷四〇《贾充传》："帝袭王位，拜充晋国卫将军、仪同三司、给事中，改封临颍侯。及受禅，充以建明大命，转车骑将军、散骑常侍、尚书仆射，更封鲁郡公，母柳氏为鲁国太夫人。"《晋书》卷四三《山涛传》："泰始初，加奉车都尉，进爵新沓伯。及羊祜执政，时人欲危裴秀，涛正色保持之。由是失权臣意，出为冀州刺史，加宁远将军。冀州俗薄，无相推毂。涛甄拔隐屈，搜访贤才，旌命三十余人，皆显名当时。人怀慕尚，风俗颇革。转北中郎将，督邺城守事。入为侍中，迁尚书。"

按：时人、权臣皆指贾充，山涛出为冀州刺史在泰始四年（268），可参徐高阮《山涛论》（台湾《"中央研究院"史语所集刊》，1969 年，第 41 本第 1 分）。

大司马石苞，因涉嫌与吴人通，武帝司马炎疑之，策免其官，以公还第。

《晋书》卷三三《石苞传》："及禅位，苞有力焉。武帝践阼，迁大司马，进封乐陵郡公，加侍中，羽葆鼓吹。自诸葛诞破灭，苞便镇抚淮南……。淮北监军王琛轻苞素微，又闻童谣曰：'宫中大马几作驴，大石压之不得舒。'因是密表苞与吴人交通。先时望气者云'东南有大兵起'。及琛表至，武帝甚疑之。会荆州刺史胡烈表吴人欲大出为寇，苞亦闻吴师将入，乃筑垒遏水以自固。帝闻之，谓羊祜曰：'吴人每来，常东西相应，无缘偏尔，岂石苞果有不顺乎？'祜深明之，而帝犹疑焉。会苟子乔为尚书郎，上召之，经日不至。帝谓为必叛，欲讨苟而隐其事。遂下诏以苟不料贼势，筑垒遏水，劳扰百姓，策免其官。遣太尉义阳王望率大军征之，以备非常。……苟用掾孙铄计，放兵步出，住都亭待罪。帝闻之，意解。及苟诣阙，以公还第。苟自耻受任无效而无怨色。时郏奚官督郭廙上书理苟。帝诏曰：'前大司马苟忠允清亮，才经世务，干用之绩，所历可纪。宜掌教典，以赞时政。其以苟为司徒。'有司奏：'苟前有折挠，不堪其任。以公还第，已为弘厚，不宜擢用。'诏曰：'吴人轻脆，终无能为。故疆场之事，但欲完固守备，使不得越逸而已。以苟计划不同，虑敌过甚，故征还更授。昔邓禹挠于关中，而终辅汉室，岂以一眚而掩大德哉！'于是就位。"《资治通鉴》卷七九"泰始四年"（268）条系此事于九月。

泰始五年（己丑，269）

尚书右仆射羊祜，为贾充排抑，出为都督荆州诸军事。

《晋书》卷三四《羊祜传》："泰始初，诏曰：'夫总齐机衡，允厘六职，朝政之本也。祜执德清劭，忠亮纯茂……其以祜为尚书右仆射、卫将军，给本营兵。'……帝将有灭吴之志，以祜为都督荆州诸军事、假节，散骑常侍、卫将军如故。祜率营兵出镇南夏，开设庠序，绥怀远近，甚得江汉之心。……后加车骑将军，开府如三司之仪。"《册府元龟》卷四一七《将帅部·德义》所载略同。

按： 有关羊祜为贾充所排，可参徐高阮《山涛论》（台湾《"中央研究院"史语所集刊》，1969 年，第 41 本第 1 分）。

河南尹杜预，因司隶校尉石鉴以宿憾奏之，免职。

《晋书》卷三四《杜预传》："泰始中，守河南尹。……司隶校尉石鉴以宿憾奏预，免职。时虏寇陇右，以预为安西军司，给兵三百人，骑百匹。到长安，更除秦州刺史，领东羌校尉、轻车将军、假节。"《册府元龟》卷四四七《将帅部·狥私》所载略同。

按： 有关石鉴奏免河南尹杜预事，可参方韬《杜预年谱》（《经学文献研究集刊》第 16 辑，上海书店出版社，2016 年，第 96 页）。

泰始六年（庚寅，270）

扶风郡王、都督关中雍凉诸军事司马亮，遣军往救秦州刺史胡烈不进，先贬为平西将军，寻被免官。

《晋书》卷三《武帝纪》："（泰始）六年春正月丁亥朔，帝临轩，不设乐……六月戊午，秦州刺史胡烈击叛虏于万斛堆，力战，死之。诏遣尚书石鉴行安西将军、都督秦州诸军事，与奋威护军田章讨之。……八年春正月……九月，吴西陵督步阐来降，拜卫将军、开府仪同三司，封宜都公。"《晋书》卷五九《汝南文成王亮传》："武帝践阼，封扶风郡王，邑万户，置骑司马，增参军掾属，持节、都督关中雍凉诸军事。会秦州刺史胡烈为羌虏所害，亮遣将军刘旂、骑督敬琰赴救，不进，坐是贬为平西将军。旂当斩，亮与军司曹冏上言，节度之咎由亮而出，乞丐旂死。诏曰：'高平困急，计城中及旂足以相拔，就不能径至，尚当深进。今奔突有投，而坐视覆败，故加旂大戮。今若罪不在旂，当有所在。'有司又奏免亮官，削爵土。诏惟免官。顷之，拜抚军将军。是岁，吴将步阐来降，假亮节都督诸军事以纳之。寻加侍中之服。"《册府元龟》卷四四五《将帅部·逗挠》所载略同。

按：《晋书》卷三《武帝纪》谓泰始六年（270）六月秦州刺史胡烈击叛虏战死，故而司马亮遣军往救不进，被贬平西将军，寻免官，当在此年。

秦州刺史、轻车将军杜预，力陈不可出兵击敌，忤安西将军石鉴意，以侯赎论。

《晋书》卷三四《杜预传》："司隶校尉石鉴以宿憾奏预，免职。时虏寇陇右，以预为安西军司，给兵三百人，骑百匹。到长安，更除秦州刺史，领东羌校尉、轻车将军、假节。属虏兵强盛，石鉴时为安西将军，使预出兵击之。预以虏乘胜马肥，而官军悬乏，宜并力大运，须春进讨，陈五不可、四不须。鉴大怒，复奏预擅饰城门官舍，稽乏军兴，遣御史槛车征诣廷尉。以预尚主，在八议，以侯赎论。"《册府元龟》卷四四七《将帅部·徇私》、卷四八三《邦计部·选任》所载略同。《资治通鉴》卷七九"泰始六年"（270）条系此事于六月。

按：有关杜预忤安西将军石鉴意以侯赎论事，可参方韬《杜预年谱》（《经学文献研究集刊》第 16 辑,上海书店出版社,2016 年,第 96 页)。

泰始七年(辛卯,271)

侍中贾充,为人谄媚,侍中任恺、中书令庾纯等咸共疾之,武帝命充都督秦、凉二州诸军事。充将行,荀勖献计,得留不出。

《晋书》卷四〇《贾充传》:"后代裴秀为尚书令,常侍、车骑将军如故。寻改常侍为侍中,赐绢七百匹。以母忧去职,诏遣黄门侍郎慰问。又以东南有事,遣典军将军杨嚣宣谕,使六旬还内。……而充无公方之操,不能正身率下,专以谄媚取容。侍中任恺、中书令庾纯等刚直守正,咸共疾之。又以充女为齐王妃,惧后益盛。及氐羌反叛,时帝深以为虑,恺因进说,请充镇关中。乃下诏曰:'秦凉二境,比年屡败,胡虏纵暴,百姓荼毒。……侍中、守尚书令、车骑将军贾充,雅量弘高,达见明远,武有折冲之威,文怀经国之虑……其以充为使持节、都督秦凉二州诸军事,侍中、车骑将军如故。'……充既外出,自以为失职,深衔任恺,计无所从。将之镇,百僚饯于夕阳亭,荀勖私焉。充以忧告,勖曰:'公,国之宰辅,而为一夫所制,不亦鄙乎!然是行也,辞之实难,独有结婚太子,不顿驾而自留矣。'充曰:'然。孰可寄怀?'对曰:'勖请行之。'俄而侍宴,论太子婚姻事,勖因言充女才质令淑,宜配储宫。而杨皇后及荀颙亦并称之。帝纳其言。会京师大雪,平地二尺,军不得发。既而皇储当婚,遂不西行。诏充居本职。"《晋书》卷三一《惠贾皇后传》:"惠贾皇后讳南风,平阳人也,小名旹。父充,别有传。……元后固请,荀颙、荀勖并称充女之贤,乃订婚。始欲聘后妹午,午年十二,小太子一岁,短小未胜衣。更娶南风,时年十五,大太子二岁。泰始八年二月辛卯,册拜太子妃。"《册府元龟》卷三二二《宰辅部·出镇》、卷三三九《宰辅部·邪佞》、卷四八二《台省部·朋附》所载略同。《资治通鉴》卷七九"泰始七年"(271)条:"七月,癸酉,以充为都督秦、凉二州诸军事,侍中、车骑将军如故。"又"泰始七年"条系贾充私问计于荀勖在十一月。

按:据《晋书》卷四〇《贾充传》,贾充利用太子婚姻事,得留不出,又据《晋书》卷三一《惠贾皇后传》,泰始八年二月辛卯,册拜太子妃。故而,武帝命充镇关中,当在此之前,故系于泰始七年,《资治通鉴》所载为是。

泰始八年（壬辰，272）

散骑常侍郑徽，越职妄奏，免官。

《晋书》卷三《武帝纪》："（泰始）八年春正月……二月乙亥，禁雕文绮组非法之物。壬辰，太宰、安平王孚薨。诏内外群官举任边郡者各三人。帝与右将军皇甫陶论事，陶与帝争言，散骑常侍郑徽表请罪之。帝曰：'谠言謇谔，所望于左右也。人主常以阿媚为患，岂以争臣为损哉！徽越职妄奏，岂朕之意。'遂免徽官。"《晋书》卷三三《郑冲传》："冲无子，以从子徽为嗣，位至平原内史。徽卒，子简嗣。"《册府元龟》卷一〇二《帝王部·招谏》所载略同。《资治通鉴》卷七九"泰始八年"（272）条系于二月。

安西将军、都督秦州诸军事石鉴与度支尚书杜预，先有隙，又因言论喧哗，并免官，预以侯兼本职。

《晋书》卷三《武帝纪》："（泰始）六年春正月丁亥朔，帝临轩，不设乐。……六月戊午，秦州刺史胡烈击叛虏于万斛堆，力战，死之。诏遣尚书石鉴行安西将军、都督秦州诸军事，与奋威护军田章讨之。……（泰始）七年春正月丙子，皇太子冠，赐王公以下帛各有差。匈奴帅刘猛叛出塞。"《晋书》卷四四《石鉴传》："武帝受禅，封堂阳子。入为司隶校尉，转尚书。时秦凉为虏所败，遣鉴都督陇右诸军事，坐论功虚伪免官。后为镇南将军、豫州刺史，坐讨吴贼虚张首级。诏曰：'昔云中守魏尚以斩首不实受刑，武牙将军田顺以诈增虏获自杀，诬罔败法，古今所疾。鉴备大臣，吾所取信。往者西事，公欺朝廷，以败为得，竟不推究。中间黜免未久，寻复授用，冀能补过，而乃与下同诈。所谓大臣，义得尔乎！有司奏是也，顾未忍耳。今遣归田里，终身不得复用，勿削爵土也。'久之，拜光禄勋，复为司隶校尉，稍加特进，迁右光禄大夫、开府，领司徒。"《晋书》卷三四《杜预传》："是时朝廷皆以预明于筹略，会匈奴帅刘猛举兵反，自并州西及河东、平阳，诏预以散侯定计省闼，俄拜度支尚书。预乃奏立藉田，建安边，论处军国之要。又作人排新器，兴常平仓，定谷价，较盐运，制课调，内以利国外以救边者五十余条，皆纳焉。石鉴自军还，论功不实，为预所纠，遂相仇恨，言论喧哗，并坐免官，以侯兼本职。数年，复拜度支尚书。"《册府元龟》卷四八三《邦计部·选任》所载略同。

按：有关杜预与石鉴并免官，且预以侯兼本职事，可参方韬《杜预年谱》（《经学文献研究集刊》第 16 辑，上海书店出版社，2016 年，第 98 页）。

车骑将军、都督荆州诸军事羊祜、荆州刺史杨肇，与东吴交战失败，祜贬为平南将军，肇免为庶人。

《晋书》卷三《武帝纪》："（泰始）八年春正月……九月，吴西陵督步阐来降，拜卫将军、开府仪同三司，封宜都公。"《晋书》卷三四《羊祜传》："帝将有灭吴之志，以祜为都督荆州诸军事、假节，散骑常侍、卫将军如故。……后加车骑将军，开府如三司之仪。……及还镇，吴西陵督步阐举城来降。吴将陆抗攻之甚急，诏祜迎阐。祜率兵五万出江陵，遣荆州刺史杨肇攻抗，不克，阐竟为抗所擒。有司奏：'祜所统八万余人，贼众不过三万。祜顿兵江陵，使贼备得设。乃遣杨肇偏军入险，兵少粮悬，军人挫衄。背违诏命，无大臣节。可免官，以侯就第。'竟坐贬为平南将军，而免杨肇为庶人。……咸宁初，除征南大将军、开府仪同三司，得专辟召。"潘岳《杨荆州诔》："维咸宁元年夏四月乙丑，晋故折冲将军，荆州刺使，东武戴侯荥阳杨使君薨，呜呼哀哉！"

咸宁元年（乙未，275）

南中郎将、都督河北诸军事华廙，以服阕辞不复任忤旨，又被诬受贿，免官削爵，不令袭嗣，闲居十载。

《晋书》卷四四《华表传》："华表字伟容，平原高唐人也，父歆，清德高行，为魏太尉。……咸宁元年八月卒，时年七十二，谥曰康，诏赐朝服。有六子：廙、岑、峤、鉴、澹、简。"《晋书》卷四四《华表传附子廙传》："廙字长骏，弘敏有才义。……少为武帝所礼，历黄门侍郎、散骑常侍、前军将军、侍中、南中郎将、都督河北诸军事。父疾笃辄还，仍遭丧旧例，葬讫复任，廙固辞，迕旨。初，表有赐客在邑，使廙因县令袁毅录名，三客各代以奴。及毅以货赇致罪，狱辞迷谬，不复显以奴代客，直言送三奴与廙，而毅亦卢氏婿也。又中书监荀勖先为中子求廙女，廙不许，为恨，因密启帝，以袁毅货赇者多，不可尽罪，宜责最所亲者一人，因指廙当之。又缘廙有违忤之咎，遂于丧服中免廙官，削爵土。大鸿胪何遵奏廙免为庶人，不应袭封，请以表世孙混嗣表。有司奏曰：'廙所坐除名削爵，一时之制。廙为世子，著在名簿，不听袭嗣，此为刑罚再加。诸侯犯法，八议平处者，褒功重爵也。嫡统非犯终身弃罪，废之为重，依律应听袭封。'诏曰：'诸侯薨，子逾年即位，此古制也。应即位而废之，爵命皆去矣，何为罪罚再加？且吾之责廙，以肃贪秽，本不论常法也。诸贤不能将明此意，乃更诡易礼律，不顾宪度，君命废之，而群下复之，此为上下正相反也。'于是有司奏免议者官，诏皆以赎论。混以世孙当受封，逃避，断发阳狂，病喑不能语，故得不拜，世咸称之。廙栖迟家巷垂十载，教诲子孙，讲诵经典。集经书要事，名曰《善文》，行于世。与陈勰共造猪阑于宅侧，帝尝出视之，问其故，左右以实对，帝心怜之。帝后又登陵云台，望见廙苜蓿园，阡陌甚整，依然感旧。太康初大赦，乃得袭封。"《册府元龟》卷七六七《总录部·儒学》、卷九三二《总录部·诬构》所载略同。

按：据《晋书》卷四四《华廙传》，华廙被免官、削爵，闲居十载。又据《晋书》卷四四《华表传》，华廙之父华表卒于咸宁元年（275）八月，当葬于本年，华廙因不遵葬讫复任之令，被免官，削爵土，也应在本年。

咸宁二年（丙申，276）

司空贾充，因默许河南尹夏侯和建议助司马攸为嗣，忤旨，被夺兵权，和徙光禄勋。

《晋书》卷四〇《贾充传》："寻迁司空，侍中、尚书令、领兵如故。……初，帝疾笃，朝廷属意于攸。河南尹夏侯和谓充曰：'卿二女婿，亲疏等耳，立人当立德。'充不答。及是，帝闻之，徙和光禄勋，乃夺充兵权，而位遇无替。寻转太尉、行太子太保、录尚书事。"《资治通鉴》卷八〇"咸宁二年"（276）条系此事于春夏间。

按：《晋书》卷三《武帝纪》："（咸宁）二年春正月，以疾疫废朝。……先是，帝不豫，及瘳，群臣上寿。……八月庚辰，河东、平阳地震。己亥，以太保何曾为太傅，太尉陈骞为大司马，司空贾充为太尉，镇军大将军齐王攸为司空。"《晋书》卷四〇《贾充传》谓"寻转太尉"，即《武帝纪》所谓八月己亥，司空贾充为太尉，其被夺兵权，当在此前。《晋书》卷二六《食货志》："（泰始）十年，光禄勋夏侯和上修新渠、富寿、游陂三渠,凡溉田千五百顷。"可知,泰始十年(274),夏侯和已为光禄勋,此载与《资治通鉴》所记有异,姑从《资治通鉴》。

咸宁三年(丁酉,277)

七月,中山王司马睦,犯招诱逋亡罪,贬为丹水县侯。

《晋书》卷三七《高阳王睦传》:"咸宁三年,睦遣使募徙国内八县受逋逃、私占及变易姓名、诈冒复除者七百余户,冀州刺史杜友奏睦招诱逋亡,不宜君国。有司奏,事在赦前,应原。诏曰:'中山王所行何乃至此,览奏甚用忧然。广树亲戚,将以上辅王室,下惠百姓也。岂徒荣崇其身,而使民逾典宪乎!此事当大论得失,正臧否所在耳。苟不宜君国,何论于赦令之间耶。其贬睦为县侯。'乃封丹水县侯。及吴平,太康初诏复爵。"《册府元龟》卷二九五《宗室部·复爵》所载略同。《资治通鉴》卷八〇"咸宁三年"(277)系此事于七月。

咸宁四年(戊戌,278)

司隶校尉傅玄,在景献皇后羊徽瑜丧礼不敬,坐免官。

《晋书》卷四七《傅玄传》:"(咸宁)五年,迁太仆。时比年不登,羌胡扰边,诏公卿会议。玄应对所问,陈事切直,虽不尽施行,而常见优容。转司隶校尉。献皇后崩于弘训宫,设丧位。旧制,司隶于端门外坐,在诸卿上,绝席。其入殿,按本品秩在诸卿下,以次坐,不绝席。而谒者以弘训宫为殿内,制玄位在卿下。玄恚怒,厉声色而责谒者。谒者妄称尚书所处,玄对百僚而骂尚书以下。御史中丞庾纯奏玄不敬,玄又自表不以实,坐免官。然玄天性峻急,不能有所容;每有奏劾,或值日暮,捧白简,整簪带,竦踊不寐,坐而待旦。于是贵游慑伏,台阁生风。寻卒于家,时年六十二,谥曰刚。"《册府元龟》卷四八一《台省部·轻躁》条所载略同。

按:据《晋书》卷四七《傅玄传》谓玄"(咸宁)五年,迁太仆",又"转司隶校尉",因丧位座次与有司争坐免官,似在咸宁五年或稍后。然《晋书》卷三一《景献羊皇后传》:"咸宁四年,太后崩,时年六十五,祔葬峻平陵。"又《晋书》卷三《武帝纪》:"(咸宁四年)六月丁未……弘训皇后羊氏崩。秋七月己丑,祔葬景献皇后羊氏于峻平陵。"故而,羊皇后于咸宁四年六月崩,七月祔葬于峻平陵。因丧礼当在本年行毕方可袝葬，傅玄免官事当系于本年。傅玄本传所载在五年后，似误。

咸宁五年（己亥，279）

司空贾充掾属潘岳，因党争被排出外，任河阳令。

《晋书》卷五五《潘岳传》："岳才名冠世，为众所疾，遂栖迟十年。出为河阳令，负其才而郁郁不得志。时尚书仆射山涛、领吏部王济、裴楷等并为帝所亲遇，岳内非之，乃题阁道为谣曰：'阁道东，有大牛。王济鞅，裴楷辖，和峤刺促不得休。'"《册府元龟》卷九四四《总录部·佻薄》所载略同。

按：潘岳约在前一年或本年外出为河阳令，有《河阳县作二首》，见傅璇琮《潘岳系年考证》（载《文史》14辑，中华书局，1982年）。关于潘岳生平，还可参徐公持《潘岳早期任职及徙官考辨》（《文学遗产》2001年第5期）、王晓东《潘岳研究》（上海古籍出版社，2011年）。

太康元年（庚子，280）

孙匡（孙权弟）之孙孙秀，因晋灭吴，降为伏波将军。

《三国志》卷五一《吴书·孙匡传》："建衡二年，皓遣何定将五千人至夏口猎。先是，民间佥言秀当见图，而定远猎，秀遂惊，夜将妻子亲兵数百人奔晋。晋以秀为骠骑将军、仪同三司，封会稽公。"裴松之注引《江表传》曰："皓大怒，追改秀姓曰厉。"裴松之注引干宝《晋纪》曰："秀在晋朝，初闻皓降，群臣毕贺，秀称疾不与，南向流涕曰：'昔讨逆弱冠以一校尉创业，今后主举江南而弃之，宗庙山陵，于此为墟。悠悠苍天，此何人哉！'朝廷美之。"裴松之注引《晋诸公赞》曰："吴平，降为伏波将军，开府如故。永宁中卒，追赠骠骑、开府。子俭，字仲节，给事中。"

廷尉刘颂，以持法失理，左迁京兆太守，不行，转任河内。

《晋书》卷四六《刘颂传》："迁议郎，守廷尉。时尚书令史扈寅非罪下狱，诏使考竟，颂执据无罪，寅遂得免，时人以颂比张释之。在职六年，号为详平。会灭吴，诸将争功，遣颂校其事，以王浑为上功，王濬为中功。帝以颂持法失理，左迁京兆太守，不行，转任河内。……寻以母忧去职。服阕，除淮南相。"《册府元龟》卷六一九《刑法部·枉滥》所载略同。《资治通鉴》卷八一"太康元年"（280）条系此事于五月。

太康三年（壬寅，282）

河阳令潘岳，转为怀县令。

《晋书》卷五五《潘岳传》："转怀令。时以逆旅逐末废农，奸淫亡命，多所依凑，败乱法度，敕当除之。"

按：潘岳约于本年春初转为怀县令，有《在怀县作二首》。见傅璇琮《潘岳系年考证》（载《文史》14辑，中华书局，1982年）。关于潘岳生平，还可参徐公持《潘岳早期任职及徙官考辨》（《文学遗产》2001年第5期）、王晓东《潘岳研究》（上海古籍出版社，2011年）。

齐王司马攸，与太子司马衷争嗣，帝令攸出藩，攸次年愤恨病卒。

《晋书》卷三八《齐王司马攸传》："咸宁二年，代贾充为司空，侍中、太傅如故。……及帝晚年，诸子并弱，而太子不令，朝臣内外，皆属意于攸。中书监荀勖、侍中冯紞皆谄谀自进，攸素疾之。勖等以朝望在攸，恐其为嗣，祸必及己，乃从容言于帝曰：'陛下万岁之后，太子不得立也。'帝曰：'何故？'勖曰：'百僚内外皆归心于齐王，太子焉得立乎！陛下试诏齐王之国，必举朝以为不可，则臣言有征矣。'紞又言曰：'陛下遣诸侯之国，成五等之制者，宜先从亲始。亲莫若齐王。'帝既信勖言，又纳紞说，太康三年乃下诏曰：'古者九命作伯，或入毗朝政，或出御方岳。周之吕望，五侯九伯，实得征之，侍中、司空、齐王攸，明德清畅，忠允笃诚。以母弟之亲，受台辅之任，佐命立勋，勠劳王室，宜登显位，以称具瞻。其以为大司马、都督青州诸军事，侍中如故，假节，将本营千人，亲骑帐下司马大车皆如旧，增鼓吹一部，官骑满二十人，置骑司马五人。余主者详案旧制施行。'攸不悦……明年，策攸曰：'於戏！惟命不于常，天既迁有魏之祚。我有晋既受顺天明命，光建群后，越造王国于东土，锡兹青社，用藩翼我邦家。茂哉无怠，以永保宗庙。'又诏下太常，议崇锡之物，以济南郡益齐国。又以攸子寔为北海王。于是备物典策，设轩悬之乐、六佾之舞，黄钺朝车乘舆之副从焉。攸知勖、紞构己，愤怨发疾，乞守先后陵，不许。帝遣御医诊视，诸医希旨，皆言无疾。疾转笃，犹催上道。攸自强入辞，素持容仪，疾虽困，尚自整厉，举止如常，帝益疑无疾。辞出信宿，欧血而薨，时年三十六。"

齐王司马攸与太子司马衷争嗣，攸当之藩，诸臣劝谏被贬：国子祭酒曹志（曹植子）免官，太常郑默亦坐免，侍中王济左迁国子祭酒，博士刘暾等被免官，中护军羊琇降为太仆，广武县侯张华为荀勖构陷，出为都督幽州诸军事。

《三国志》卷一九《魏书·陈思王植传》，裴松之注引《曹志别传》曰："志字允恭，好学有才行。……及受禅，改封鄄城公。发诏以志为乐平太守，历章武、赵郡，迁散骑常侍、国子博士，后转博士祭酒。及齐王攸当之藩，下礼官议崇锡之典，志叹曰：'安有如此之才，如此之亲，而不得树本助化，而远出海隅者乎？'乃建议以谏，辞旨甚切。帝大怒，免志官。后复为散骑常侍。……太康九年卒，谥曰定公。"《晋书》卷五〇《曹志传》："后迁祭酒。齐王攸将之国，下太常议崇锡文物。时博士秦秀等以为齐王宜内匡朝政，不可之藩。志又常恨其父不得志于魏，因怆然叹曰：'安有如此之才，如此之亲，不得树本助化，而远出海隅？晋朝之隆，其殆乎哉！'乃奏议曰：'伏闻大司马齐王当出藩东夏，备物尽礼，同之二伯。今陛下为圣君，稷、契为贤臣，内有鲁、卫之亲，外有齐、晋之辅，坐而守安，此万世之基也。……志以为当如博士等议。'议成当上，见其从弟高邑公嘉。嘉曰：'兄议甚切，百年之后必书晋史，目下将见责邪。'帝览议，大怒曰：'曹志尚不明吾心，况四海乎！'以议者不指答所问，横造异论，策免太常郑默。于是有司奏收志等结罪，诏惟免志官，以公还第，其余皆付廷尉。顷之，志复为散骑常侍。"《晋书》卷四四《郑袤传附郑默传》："及齐王攸当之国，下礼官议崇锡典制。博士祭酒曹志等并立异议，默容过其事，坐免。寻拜大鸿胪。"《晋书》卷四二《王浑传附王济传》："齐王攸当之藩，济既陈请，又累使公主与甄德妻长广公主俱入，稽颡泣请帝留攸。帝怒谓侍中王戎曰：'兄弟至亲，今出齐王，自是朕家事，而甄德、王济连遣妇来生哭人！'以忤旨，左迁国子祭酒，常侍如故。数年，入为侍中。"《晋书》卷四五《刘毅传附子暾传》："太康初为博士，会议齐王攸之国，加崇典礼，暾与诸博士坐议迕旨。武帝大怒，收暾等付廷尉。会赦得出，免官。……后为酸枣令，转侍御史。"《晋书》卷九三《羊琇传》："其后司隶校尉刘毅劾之，应至重刑，武帝以旧恩，直免官而已。寻以侯白衣领护军。顷之，复职。及齐王攸出镇也，琇以切谏忤旨，左迁太仆。既失宠愤怨，遂发病，以疾笃求退。拜特进，加散骑常侍，还第，卒。"《晋书》卷三六《张华传》："而荀勖自以大族，恃帝恩深，憎疾之，每伺间隙，欲出华外镇。会帝问华：'谁可托寄后事者?'对曰：'明德至亲，莫如齐王攸。'既非上意所在，微为忤旨，间言遂行。乃出华为持节、都督幽州诸军事、领护乌桓校尉、安北将军。"《晋书》卷三《武帝纪》："(太康)三年春正月丁丑，罢秦州，并雍州。甲午，以尚书张华都督幽州诸军事。"《册府元龟》卷六二三《卿监部·公正》有载曹志劝谏忤旨免官事。《册府元龟》卷六二五《卿监部·废黜》有载郑默坐曹志免官事。《册府元龟》卷三〇七《外戚部·奸邪》有载羊琇切谏忤旨免、贬官事。《资治通鉴》卷八一"太康三年"(282)条有载羊琇免、贬官事、张华都督幽州诸军事。

太康六年(乙巳，285)

太常张华，因太庙屋栋折，免官。

《晋书》卷三六《张华传》："朝议欲征华入相，又欲进号仪同。初，华毁征士冯恢于帝，紞即恢之弟也，深有宠于帝。紞尝侍帝，从容论魏晋事，因曰：'臣窃谓钟会之衅，颇由太祖。'帝变色曰：'卿何言邪!'……紞曰：'臣以为善御者必识六辔盈缩之势，善政者必审官方控带之宜……向令太祖录其小能，节以大礼，抑之以权势，纳之以轨则，则乱心无由而生，乱事无由而成矣。'帝曰：'然。'紞稽首曰：'陛下既已然微臣之言，宜思坚冰之渐，无使如会之徒复致覆丧。'帝曰：'当今岂有如会者乎?'紞曰：'东方朔有言"谈何容易"，《易》曰："臣不密则失身"。'帝乃屏左右曰：'卿极言之。'紞曰：'陛下谋谟之臣，著大功于天下，海内莫不闻知，据方镇总戎马之任者，皆在陛下圣虑矣。'帝默然。顷之，征华为太常。以太庙屋栋折，免官。遂终帝之世，以列侯朝见。"《册府元龟》卷六二五《卿监部·废黜》有载张华以太庙屋栋折免官事。

按：冯紞间言，张华被任命太常(285)，两年后(287)又因"太庙屋栋折"免官。参见姜亮夫《成均楼文录 陆平原年谱 张华年谱》(合刊本)(《姜亮夫全集》本，云南人民出版社，2002年，第22册，第446~450页)。

太康九年（戊申，288）

义阳王司马奇，好畜聚，遣三部使到交广商货，贬为三纵亭侯。

《晋书》卷三七《安平献王孚传附邕弟义阳成王望传附司马奇传》："以弈子奇袭爵。奇亦好畜聚，不知纪极，遣三部使到交广商货，为有司所奏，太康九年，诏贬为三纵亭侯。更以章武王威为望嗣。后威诛，复立奇为棘阳王以嗣望。"《册府元龟》卷二八三《宗室部·承袭》、卷二九五《宗室部·复爵》所载略同。

太熙元年（庚戌，290）

太尉、侍中司马亮，晋武帝寝疾时，为杨骏所排，出镇许昌。

《晋书》卷五九《汝南文成王亮传》："（咸宁）三年，徙封汝南，出为镇南大将军、都督豫州诸军事，开府、假节，之国……。顷之，征亮为侍中、抚军大将军，领后军将军……。迁太尉、录尚书事、领太子太傅，侍中如故。及武帝寝疾，为杨骏所排，乃以亮为侍中、大司马、假黄钺、大都督、督豫州诸军事，出镇许昌，加轩悬之乐，六佾之舞。封子羕为西阳公。未发，帝大渐，诏留亮委以后事。杨骏闻之，从中书监华廙索诏视，遂不还。帝崩，亮惧骏疑己，辞疾不入，于大司马门外叙哀而已，表求过葬。骏欲讨亮，亮知之，问计于廷尉何勖。勖曰：'今朝廷皆归心于公，公何不讨人而惧为人所讨！'或说亮率所领入废骏，亮不能用，夜驰赴许昌，故得免。"《资治通鉴》卷八二"永熙元年"（290）条系此事于三、四月。

【晋武帝朝年代不定者】

侍中傅玄以事与皇甫陶争，言喧哗，二人竟坐免官。

《晋书》卷三《武帝纪》："（泰始二年）九月乙未，散骑常侍皇甫陶、傅玄领谏官，上书谏诤，有司奏请寝之。"《晋书》卷四七《傅玄传》："帝初即位，广纳直言，开不讳之路，玄及散骑常侍皇甫陶共掌谏职。……俄迁侍中。初，玄进皇甫陶，及入而抵，玄以事与陶争，言喧哗，为有司所奏，二人竟坐免官。泰始四年，以为御史中丞。"《册府元龟》卷四七八《台省部·交恶》所载略同。

按：《三国志》卷四《魏书·三少帝纪》："（咸熙二年）十二月壬戌，天禄永终，历数在晋。诏群公卿士具仪设坛于南郊，使使者奉皇帝玺绶册，禅位于晋嗣王，如汉魏故事。"晋武帝司马炎逼迫魏元帝曹奂禅让，在咸熙二年年末，即泰始元年（265）十二月。据《晋书》卷三《武帝纪》，傅玄与皇甫陶共掌谏职在泰始二年九月，因争事为有司所奏被免官，在泰始二年或三年。

散骑侍郎阮咸，与中书监荀勖论音律，勖不及，疾之，咸出为始平太守。

《晋书》卷四九《阮籍传附阮咸传》："荀勖每与咸论音律，自以为远不及也，疾之，出补始平太守。以寿终。"《世说新语》卷下《术解》："荀勖善解音声，时论谓之闇解。遂调律吕，正雅乐。每至正会，殿庭作乐，自调宫商，无不谐韵。阮咸妙赏，时谓神解。每公会作乐，而心谓之不调。既无一言直勖，意忌之，遂出阮为始平太守。"《册府元龟》卷三三九《宰辅部·忌害》所载略同。

按：《晋书》卷三九《荀勖传》："武帝受禅，改封济北郡公。勖以羊祜让，乃固辞为侯。拜中书监，加侍中，领著作，与贾充共定律令。充将镇关右也，勖谓冯紞曰：'贾公远放，吾等失势。太子婚尚未定，若使充女得为妃，则不留而自停矣。'勖与紞伺帝间并称'充女才色绝世，若纳东宫，必能辅佐君子，有《关雎》后妃之德。'遂成婚。"据《晋书》卷四〇《贾充传》，泰始七年，荀勖献计，贾充得留不出外（可参本书"泰始七年"条）。荀勖与贾充共定律令，此间或多与阮咸论音律，应在泰始七年（271）前。故而，阮咸出为始平太守，应在泰始七年前。

石苞次子乔，不奉晋武帝召用，苞废之，终身不听仕。后乔因秽行，徙顿丘。

《晋书》卷三三《石苞传附石崇传》："乔字弘祖，历尚书郎、散骑侍郎。帝既召乔不得，深疑苞反。及苞至，有惭色，谓之曰'卿子几破卿门'。苞遂废之，终身不听仕。又以有秽行，徙顿丘，与弟崇同被害。"《册府元龟》卷九一五《总录部·废滞》所载略同。

按：据《晋书》卷三三《石崇传》，石苞子石乔，"苞遂废之，终身不听仕"，《晋书》卷三三《石苞传》谓石苞"泰始八年薨"。故而石乔被废，终身不听仕，当在泰始八年前。又《晋书》卷五五《潘岳传》："及赵王伦辅政，秀为中书令。……

俄而秀遂诬岳及石崇、欧阳建谋奉淮南王允、齐王囧为乱，诛之，夷三族。"《晋书》卷五九《赵王伦传》："前卫尉石崇、黄门郎潘岳皆与秀有嫌，并见诛。"石乔"徙顿丘，与弟崇同被害"，在永康元年（300），同被赵王司马伦所害。

散骑常侍翟婴，因荐人不当，免官。

《晋书》卷四五《崔洪传》："崔洪字良伯，博陵安平人也。……洪少以清厉显名，骨鲠不同于物，人之有过，辄面折之，而退无后言。武帝世，为御史治书。时长乐冯恢父为弘农太守，爱少子淑，欲以爵传之。恢父终，服阕，乃还乡里，结草为庐，阳喑不能言，淑得袭爵。恢始仕为博士祭酒，散骑常侍翟婴荐恢高行迈俗，侔继古烈。洪奏恢不敦儒素，令学生番直左右，虽有让侯微善，不得称无伦辈，婴为浮华之目。遂免婴官，朝廷惮之。寻为尚书左丞，时人为之语曰：'丛生棘刺，来自博陵。在南为鹞，在北为鹰。'选吏部尚书，举用甄明，门无私谒。"《册府元龟》卷五一四《宪官部·刚正》、卷五一八《宪官部·弹劾》所载略同。

按：据《晋书》卷四五《崔洪传》，治书侍御史崔洪在"武帝世"弹劾博士祭酒冯恢、散骑常侍翟婴，未言具体时间。《资治通鉴》卷八〇"咸宁四年"（278）条："前司隶校尉傅玄卒。玄性峻急，每有奏劾，或值日暮，捧白简，整簪带，竦踊不寐，坐而待旦；由是贵游震慑，台阁生风。玄与尚书左丞博陵崔洪善，洪亦清厉骨鲠，好面折人过，而退无后言，人以是重之。"据此，"咸宁四年"傅玄卒，玄与尚书左丞博陵崔洪善，当在咸宁四年前。崔洪为尚书左丞之前曾任治书侍御史，当在咸宁四年前。故崔洪弹奏冯恢、翟婴事，当系于泰始年间至咸宁四年。

任恺遭贾充及党羽排抑，先后多次被免官：先有高阳王司马珪奏吏部尚书任恺，遂免官。后恺为河南尹，坐贼发不获，又免官。贾充朋党又讽有司奏恺与立进令刘友交关，尚书杜友、廷尉刘良欲申理之，恺及友、良皆免官。

《晋书》卷四五《任恺传》："恺少有识量，尚魏明帝女，累迁中书侍郎、员外散骑常侍。晋国建，为侍中……中书令庾纯亦言之，于是诏充西镇长安。充用荀勖计得留。……即日以恺为吏部尚书，加奉车都尉。恺既在尚书，选举公平，尽心所职，然侍觐转希。充与荀勖、冯紞承间浸润，谓恺豪侈，用御食器。充遣尚书右仆射、高阳王珪奏恺，遂免官。有司收太官宰人检核，是恺妻齐长公主得赐魏时御器也。恺既免而毁谤益至，帝渐薄之。然山涛明恺为人通敏有智局，举为河南尹。坐贼发不获，又免官。复迁光禄勋。恺素有识鉴，加以在公勤恪，甚得朝野称誉。而贾充朋党又讽有司奏恺与立进令刘友交关。事下尚书，恺对不伏。尚书杜友、廷尉刘良并忠公士也，知恺为充所抑，欲申理之，故迟留而未断，以是恺及友、良皆免官。恺既失职，乃纵酒耽乐，极滋味以自奉养。初，何劭以公子奢侈，每食必尽四方珍馔，恺乃逾之，一食万钱，犹云无可下箸处。恺时因朝请，帝或慰谕之，恺初无复言，惟泣而已。后起为太仆，转太常。"《册府元龟》卷三三九《宰辅部·忌害》、卷九一五《总录部·废滞》皆载任恺免官事。

按：《晋书》卷四五《任恺传》载贾充得势期间，任恺多次被排免官。参见本书"泰始七年"条，知恺请晋武帝派贾充镇抚边族，武帝命充都督秦、凉二州诸军事。充将行，荀勖献计，充得留不出。故任恺多次被贾充排抑免官，当在泰始七年（271）至咸宁年间。

大鸿胪何遵，役使御府工匠作禁物，又鬻行器，免官。

《晋书》卷三三《何曾传附子遵传》："遵字思祖，劭庶兄也。少有干能。起家散骑黄门郎、散骑常侍、侍中，累转大鸿胪。性亦奢忲，役使御府工匠作禁物，又鬻行器，为司隶刘毅所奏，免官。太康初，起为魏郡太守，迁太仆卿，又免官，卒于家，四子，嵩、绥、机、羡。"

按：《晋书》卷四五《刘毅传》："咸宁初，复为散骑常侍、博士祭酒。转司隶校尉，纠正豪右，京师肃然。……在职六年，迁尚书左仆射。……太康六年卒。"又《资治通鉴》卷八一"太康三年"（282）条："（太康）三年，春，正月，丁丑朔，帝亲祀南郊。礼毕，喟然问司隶校尉刘毅曰：'朕可方汉之何帝？'对曰：'桓、灵。'帝曰：'何至于此。'对曰：'桓、灵卖官钱入官库，陛下卖官钱入私门。以此言之，殆不如也。'帝大笑曰：'桓、灵之世，不闻此言。今朕有直臣，固为胜之。'毅为司隶，纠绳豪贵，无所顾忌。"刘毅本传谓刘毅在司隶任有六年，卒于太康六年。《资治通鉴》谓太康三年刘毅仍在司隶任上。故而，刘毅为司隶，或在咸宁二年（276）至太康三年间。《晋书》卷三三《何遵传》谓"为司隶刘毅所奏，免官。太康初，起为魏郡太守"，则何遵被贬在太康初之前，姑系于咸宁二年至五年。

羊祜兄之子暨、伊，因祜卒无子，皆不奉诏为祜后，并免之。

《晋书》卷三四《羊祜传》："疾渐笃，乃举杜预自代。寻卒，时年五十八。帝素服哭之，甚哀。是日大寒，帝涕泪沾须鬓，皆为冰焉。……又有善相墓者，言祜祖墓所有帝王气，若凿之则无后，祜遂凿之。相者见曰'犹出折臂三公'，而祜竟堕马折臂，位至公而无子。帝以祜兄子暨为嗣，暨以父没不得为人后。帝又令暨弟伊为祜后，又不奉诏。帝怒，并收免之。太康二年，以伊弟篇为鉅平侯，奉祜嗣。"《晋书》卷三《武帝纪》："（羊）祜卒二岁而吴平。"《资治通鉴》卷八〇"咸宁四年"（278）条："十一月……辛卯，以预为镇南大将军、都督荆州诸军事。祜卒，帝哭之甚哀。是日，大寒，涕泪沾须鬓皆为冰。"

按：据《晋书》卷三四《羊祜传》，羊祜卒于咸宁四年十一月，太康二年（281），以伊弟篇奉祜嗣，则羊暨、羊伊并收免之，当在羊祜卒后，在羊篇奉祜嗣前，故系于咸宁五年至太康元年。

河南尹庾纯，与司空贾充口角，免官。后将军荀眅，以私议贬夺公论，坐免。

《晋书》卷五〇《庾纯传》："初，纯以贾充奸佞，与任恺共举充西镇关中，充由是不平。充尝宴朝士，而纯后至……充自以位隆望重，意殊不平。及纯行酒，充不时饮。……充左右欲执纯，中护军羊琇、侍中王济佑之，因得出。充惭怒，上表解职。纯惧，上河南尹、关内侯印绶，上表自劾曰：'司空公贾充请诸卿校并及臣。臣不自量，饮酒过多。……请台免臣官，廷尉结罪，大鸿胪削爵土。敕身不谨，伏须罪诛。'御史中丞孔恂劾纯，请免官。诏曰：'先王崇尊卑之礼，明贵贱之序……纯以凡才，备位卿尹，不惟谦敬之节，不忌覆车之戒，陵上无礼，悖言自口，宜加显黜，以肃朝伦。'遂免纯官。又以纯父老不求供养，使据礼典正其臧否。……复以纯为国子祭酒，加散骑常侍。后将军荀眅于朝会中奏纯以前坐不孝免黜，不宜升进。侍中甄德进曰：'孝以显亲为大，禄养为荣。诏赦纯前愆，擢为近侍，兼掌教官，此纯召不俟驾之日。而后将军眅敢以私议贬夺公论，抗言矫情，诬罔朝廷，宜加贬黜。'眅坐免官。初，眅与纯俱为大将军所辟，眅整丽车服，纯率素而已，眅以为愧恨。至是，毁纯。眅既免黜，纯更以此愧之，亟往慰勉之，时人称纯通恕。"庾纯醉酒事，《册府元龟》卷九一四《总录部·酒失》、卷九一八《总录部·忿争》所载略同。

按：“庾纯贾充忿争案”，时间难定。《资治通鉴》卷七九“泰始八年”（272）条系此事于年末，然言恐非实。卷七十九“泰始八年”载“贾充与朝士宴饮”，后附录《（通鉴）考异》曰：《三十国春秋》在十一月，《晋春秋》在十月己巳，恐皆非实，故附于冬末。”《晋书》卷四○《贾充传》：“侍中任恺、中书令庾纯等刚直守正，咸共疾之。又以充女为齐王妃，惧后益盛。及氐羌反叛，时帝深以为虑，恺因进说，请充镇关中。”事在《资治通鉴》卷七九“泰始七年”条，可参看。贾充本传载“侍中任恺、中书令庾纯等……请充镇关中”，知泰始七年，庾纯等举充西镇关中，时庾纯为中书令。而《晋书·庾纯传》云：“累迁黄门侍郎，封关内侯，历中书令、河南尹”，知庾纯任河南尹，在任中书令之后，即在泰始七年后。故而，“庾纯贾充忿争案”，当在泰始七年后。又庾纯本传载诏令群臣臧否庾纯醉酒事，云“太傅何曾、太尉荀颢、骠骑将军齐王攸议……”。据《晋书》卷三《武帝纪》：“（咸宁）二年春正月，以疾疫废朝。……八月庚辰，河东、平阳地震。己亥，以太保何曾为太傅，太尉陈骞为大司马，司空贾充为太尉，镇军大将军齐王攸为司空。”何曾为太傅，始于咸宁二年（276）八月，故而，“庾纯贾充忿争案”，似应在咸宁二年八月后。又据《晋书·武帝纪》，太康三年（282）四月，贾充卒。故系“庾纯贾充忿争案”于咸宁二年八月至太康三年四月间。杜佑《通典》卷六八《居官归养父母》云“晋武帝泰始中，河南尹庾纯自劾，奏：与司空贾充共争，酒醉……”《通典》系于泰始中，亦误。

司隶校尉王宏，使车服异制，论者以为暮年谬妄，获讥于世，复坐免官。

《晋书》卷九○《王宏传》：“太康中，代刘毅为司隶校尉，于是检察士庶，使车服异制，庶人不得衣紫绛及绮绣锦缋。帝常遣左右微行，观察风俗，宏缘此复遣吏科检妇人袒服，至褰发于路。论者以为暮年谬妄，由是获讥于世，复坐免官。后起为尚书。太康五年卒，追赠太常。”《册府元龟》卷六九七《牧守部·苛细》所载略同。

按：《晋书》卷四五《刘毅传》：“咸宁初，复为散骑常侍、博士祭酒。转司隶校尉，纠正豪右，京师肃然。……在职六年，迁尚书左仆射。……太康六年卒。”此谓刘毅在司隶任有六年，卒于太康六年。又《资治通鉴》卷八一“太康三年”（282）条：“（太康）三年，春，正月，丁丑朔，帝亲祀南郊。礼毕，喟然问司隶校尉刘毅曰：

'朕可方汉之何帝？'……毅为司隶，纠绳豪贵，无所顾忌。"《资治通鉴》又谓太康三年刘毅仍在司隶任上。故而，刘毅为司隶校尉，或在咸宁二年(276)至太康三年间。《晋书·王宏传》谓其太康五年卒，其坐免官，或在三年至五年间。

尚书郎夏侯湛，出为野王令。

《晋书》卷五五《夏侯湛传》："少为太尉掾。泰始中，举贤良，对策中第，拜郎中，累年不调，乃作《抵疑》以自广。……后选补太子舍人，转尚书郎，出为野王令。……居邑累年，朝野多叹其屈。除中书侍郎，出补南阳相。迁太子仆，未就命，而武帝崩。惠帝即位，以为散骑常侍。元康初，卒，年四十九。"《册府元龟》卷七〇五《令长部·屈才》所载略同。

按：《晋书》卷五五《夏侯湛传》谓，泰始中(265—274)，夏侯湛拜郎中，元康元年(291)卒。则夏侯湛出为野王令，当在咸宁元年至晋武帝卒(太熙元年290)之前。夏侯湛早年累年不调，后出外居邑累年，仕皆不得志，"朝野多叹其屈"。野王县时属河内郡县治，夏侯湛由尚书郎出为野王令，具体缘由史书无载，本条姑记为贬谪出外。

中书监、侍中荀勖，守尚书令，罔罔怅恨。

《晋书》卷三九《荀勖传》："久之，以勖守尚书令。勖久在中书，专管机事。及失之，甚罔罔怅恨。或有贺之者，勖曰：'夺我凤皇池，诸君贺我邪！'及在尚书，课试令史以下，核其才能，有暗于文法，不能决疑处事者，即时遣出。帝尝谓曰：'魏武帝言"荀文若之进善，不进不止；荀公达之退恶，不退不休"。二令君之美，亦望于君也。'居职月余，以母忧上还印绶，帝不许。遣常侍周恢喻旨，勖乃奉诏视职。勖久管机密，有才思，探得人主微旨，不犯颜忤争，故得始终全其宠禄。太康十年卒，诏赠司徒。"《册府元龟》卷四八一《台省部·轻躁》所载略同。

按：《晋书》卷三《武帝纪》："(太康三年)夏四月庚午，太尉、鲁公贾充薨。"《晋书》卷四四《李胤传》："(胤)太康三年薨。"贾充、李胤均卒于太康三年(282)。《晋书》卷三九《荀勖传》谓荀勖太康十年卒。则荀勖由中书监守尚书令，当在贾充、李胤卒后，应在太康三年至十年间。

侍中王济，因不能顾其父，出为河南尹，未拜，坐鞭王官吏免官，移第北芒山下。

《晋书》卷四二《王浑传附王济传》："齐王攸当之藩，济既陈请，又累使公主与甄德妻长广公主俱入，稽颡泣请帝留攸。……以忤旨，左迁国子祭酒，常侍如故。数年，入为侍中。时浑为仆射，主者处事或不当，济性峻厉，明法绳之。素与从兄佑不平，佑党颇谓济不能顾其父，由是长同异之言。出为河南尹，未拜，坐鞭王官吏免官。而王佑始见委任。而济遂被斥外，于是乃移第北芒山下。"《册府元龟》卷三〇六《外戚部·奢纵》所载略同。

按：齐王司马攸当之藩在太康三年(可参本书"太康三年"条)，王济曾请帝留攸忤旨左迁国子祭酒，当在太康三年。"数年，入为侍中"，王济为侍中应大致在太康末期。又"时浑为仆射"，据《晋书》卷三《武帝纪》载"(太康)六年春正月庚申朔，以比岁不登，免租贷宿负。戊辰，以征南大将军王浑为尚书左仆射"，《晋书·王浑传》载"征拜尚书左仆射，加散骑常侍……太熙初，迁司徒"，故而王浑为尚书左仆射，在太康六年(285)至太熙初年(290，太熙年号共计约四个月)。故而，侍中王济坐鞭王官吏免官，应在太康六年至十年间。

尚书郎挚虞，因晋武帝问"三日曲水"之义，答不如束晳论，左迁城阳令。

《晋书》卷五一《束晳传》："武帝尝问挚虞三日曲水之义，虞对曰：'汉章帝时，平原徐肇以三月初生三女，至三日俱亡，邻人以为怪，乃招携之水滨洗袚，遂因水以泛觞，其义起此。'帝曰：'必如所谈，便非好事。'晳进曰：'虞小生，不足以知，臣请言之。昔周公成洛邑，因流水以泛酒，故逸诗云"羽觞随波"。又秦昭王以三日置酒河曲，见金人奉水心之剑，曰："令君制有西夏。"乃霸诸侯，因此立为曲水。二汉相缘，皆为盛集。'帝大悦，赐晳金五十斤。"吴均《续齐谐记》："晋武帝问尚书挚虞曰：'三月曲水，其义何？'答曰：'汉章帝时，平原徐肇以三月初生三女，至三日而俱亡，一村以为怪，乃据携至水滨盥洗，遂因水以泛觞。曲水之义取于此。'帝曰：'若所谈，非好事。'尚书郎束晳曰：'仲治小生，不足以知，臣请说其始。昔周公成洛邑，因流水以泛酒，故逸诗曰："羽觞随流波。"又秦昭王三日置酒河曲，见有金人出，奉水心剑曰："令君制有西夏。"乃因其处，立为曲水。二汉相缘，皆为盛集。'帝曰：'善。'赐金五十斤，左迁仲洽(挚虞字仲洽)为城阳令。"

益州大中正李密，因不曲意势位者，左迁汉中太守，怀怨，赋诗得罪，免官。

《晋书》卷八八《李密传》："少仕蜀，为郎。数使吴，有才辩，吴人称之。蜀平，泰始初，诏征为太子洗马。密以祖母年高，无人奉养，遂不应命。……后刘终，服阕，复以洗马征至洛。……出为温令，而憎疾从事，尝与人书曰：'庆父不死，鲁难未已。'从事白其书司隶，司隶以密在县清慎，弗之劾也。密有才能，常望内转，而朝廷无援，乃迁汉中太守，自以失分怀怨。及赐饯东堂，诏密令赋诗，末章曰：'人亦有言，有因有缘。官无中人，不如归田。明明在上，斯语岂然！'武帝忿之，于是都官从事奏免密官。后卒于家。"《华阳国志》卷一一《后贤志·李密传》："为州大中正，性方亮，不曲意势位者，失荀、张指，左迁汉中太守，诸王多以为冤，一年去官，年六十四卒。"

按：《晋书》卷八八《李密传》谓，其泰始初诏征为太子洗马，陈情上表不应征，后祖母刘氏终，方以洗马征至洛。后失荀勖、张华指，左迁汉中太守，一年后，因赋诗得罪去官。据张剑《李密生卒年可定谳》(《文学遗产》，2001 年第 4 期)，李密卒于太康十一年/太熙元年(290)，故而李密左迁汉中太守于此后免官，系于太康年间。《华阳国志》所谓"州大中正"，当指益州大中正。

京兆太守杜宣，左迁万年令。

《晋书》卷八九《王育传》："太守杜宣命为主簿。俄而宣左迁万年令，杜令王攸诣宣，宣不迎之，攸怒曰：'卿往为二千石，吾所敬也。今吾侪耳，何故不见迎？欲以小雀遇我，使我畏死鹖乎？'育执刀叱攸曰：'君辱臣死，自昔而然。我府君以非罪黜降，如日月之蚀耳，小县令敢轻辱吾君！汝谓吾刀钝邪，敢如是乎！'前将杀之。宣惧，跣下抱育，乃止。自此知名。司徒王浑辟为掾，除南武阳令。"《册府元龟》卷八○二《总录部·义第》所载略同。

按：《晋书》卷四二《王浑传》："太熙初，迁司徒。"故杜宣左迁万年令，当在太熙元年(290)之前，应在太康年间。

东夷校尉文俶(世称文鸯)，当之职，入辞武帝，帝见而恶之，托他事免之。

《三国志》卷二八《魏书·诸葛诞传附唐咨传》，裴松之注引《晋诸公赞》曰：

"俶后为将军，破凉州虏，名闻天下。太康中为东夷校尉、假节。当之职，入辞武帝，帝见而恶之，托以他事免俶官。东安公繇，诸葛诞外孙，欲杀俶，因诛杨骏，诬俶谋逆，遂夷三族。"

廷尉评潘岳，因公事免，闲居。

《晋书》卷五五《潘岳传》："岳频宰二邑，勤于政绩。调补尚书度支郎，迁廷尉评，以公事免。杨骏辅政，高选吏佐，引岳为太傅主簿。"

按：《晋书》卷三《武帝纪》："太熙元年……夏四月辛丑，以侍中车骑将军杨骏为太尉、都督中外诸军、录尚书事。己酉，帝崩于含章殿，时年五十五，葬峻阳陵，庙号世祖。"《晋书》卷四〇《杨骏传》："及帝疾笃，未有顾命，佐命功臣，皆已没矣，朝臣惶惑，计无所从。而骏尽斥群公，亲侍左右，因辄改易公卿，树其心腹。会帝小间，见所用者非，乃正色谓骏曰：'何得便尔！'乃诏中书，以汝南王亮与骏夹辅王室。骏恐失权宠，从中书借诏观之，得便藏匿。中书监华廙恐惧，自往索之，终不肯与。信宿之间，上疾遂笃，后乃奏帝以骏辅政，帝颔之。便召中书监华廙、令何劭，口宣帝旨使作遗诏，曰：'昔伊望作佐，勋垂不朽；周霍拜命，名冠往代。侍中、车骑将军、行太子太保，领前将军杨骏，经德履吉，鉴识明远……'诏成，后对廙、劭以呈帝，帝亲视而无言。自是二日而崩，骏遂当寄托之重，居太极殿。"可知，武帝病逝，杨骏辅政，在太熙元年/永熙元年（290）四月。故而，潘岳因公事免在此年或稍前。

晋惠帝朝（291—306）

永平元年/元康元年（辛亥，291）

三月，皇太后杨芷，被贾后（贾南风）矫诏废为庶人，徙于金墉城。次年二月，崩。

《晋书》卷四《惠帝纪》："（永平元年）三月辛卯，诛太傅杨骏……壬辰，大赦，改元。贾后矫诏废皇太后为庶人，徙于金墉城，告于天地宗庙。诛太后母庞氏。……二年春二月己酉，贾后弑皇太后于金墉城。"《晋书》卷三一《武悼杨皇后传》：“贾后讽群公有司奏曰：‘皇太后阴渐奸谋，图危社稷……可宣敕王公于朝堂会议。’诏曰：‘此大事，更详之。’有司又奏：‘骏藉外戚之资，居冢宰之任，陛下既居谅闇，委以重权，至乃阴图凶逆，布树私党。皇太后内为唇齿，协同逆谋，祸衅既彰，背捍诏命……宜废皇太后为峻阳庶人。’中书监张华等以为‘太后非得罪于先帝者也，今党恶所亲，为不母于圣世。宜依孝成赵皇后故事，曰武帝皇后，处之离宫，以全贵终之恩’。尚书令、下邳王晃等议曰：‘皇太后与骏潜谋，欲危社稷，不可复奉承宗庙，配合先帝。宜贬尊号，废诣金墉城。’于是有司奏：‘请从晃等议，废太后为庶人。遣使者以太牢告于郊庙，以奉承祖宗之命，称万国之望。至于诸所供奉，可顺圣恩，务从丰厚。’诏不许。有司又固请，乃可之。又奏：‘杨骏造乱，家属应诛，诏原其妻庞命，以慰太后之心。今太后废为庶人，请以庞付廷尉行刑。’诏曰：‘听庞与庶人相随。’有司希贾后旨，固请，乃从之。庞临刑，太后抱持号叫，截发稽颡，上表诣贾后称妾，请全母命，不见省。初，太后尚有侍御十余人，贾后夺之，绝膳而崩，时年三十四，在位十五年。”《资治通鉴》卷八二“元康元年”（291）条载废皇太后杨芷事于三月。

三月，太傅主簿潘岳，坐太傅杨骏谋反案，免死除名。

《晋书》卷四《惠帝纪》：“（永平元年）三月辛卯，诛太傅杨骏，骏弟卫将军珧，太子太保济，中护军张劭，散骑常侍段广、杨邈。……壬辰，大赦，改元。”《晋书》卷四〇《杨骏传》：“惠帝即位，进骏为太傅、大都督、假黄钺，录朝政，百官总己。……贾后欲预政事，而惮骏未得逞其所欲，又不肯以妇道事皇太后。黄门董猛，始自帝之为太子即为寺人监，在东宫给事于贾后。后密通消息于猛，谋废太后。猛乃与肇、观潜相结托。贾后又令肇报大司马、汝南王亮，使连兵讨骏。……寻而殿中兵出，烧骏府，又令弩士于阁上临骏府而射之，骏兵皆不得出。骏逃于马厩，以戟杀之。观等受贾后密旨，诛骏亲党，皆夷三族，死者数千人。”《晋书》卷五五《潘岳传》：“岳频宰二邑，勤于政绩。调补尚书度支郎，迁廷尉评，以公事免。杨骏辅政，高选吏佐，引岳为太傅主簿。骏诛，除名。……时骏纲纪皆当从坐，同署主簿朱振已就戮。岳其夕取急在外，宏言之玮，谓之假吏，故得免。未几，选为长安令，作《西征赋》。”

三月，太子少师裴楷，坐与太傅杨骏有婚亲，去官。

《晋书》卷三五《裴秀传附从弟楷传》："骏既执政，乃转为卫尉，迁太子少师，优游无事，默如也。及骏诛，楷以婚亲收付廷尉，将加法。是日事起仓卒，诛戮纵横，众人为之震恐。楷容色不变，举动自若，索纸笔与亲故书。赖侍中傅祗救护得免，犹坐去官。太保卫瓘、太宰亮称楷贞正不阿附，宜蒙爵土，乃封临海侯，食邑二千户。代楚王玮为北军中候，加散骑常侍。"《册府元龟》卷八五〇《总录部·器量》、卷八七一《总录部·救患》、卷九二五《总录部·谴累》所载略同。

三月，吏部尚书崔洪，坐与太傅杨骏心腹都水使者王佑亲，见黜。

《晋书》卷四五《崔洪传》："选吏部尚书，举用甄明，门无私谒。……杨骏诛，洪与都水使者王佑亲，坐见黜。后为大司农，卒于官。"

三月，太傅长史邹湛，以太傅杨骏僚佐，免官。

《晋书》卷九二《邹湛传》："泰始初，转尚书郎、廷尉平、征南从事中郎，深为羊祜所器重。入为太子中庶子。太康中，拜散骑常侍，出补渤海太守，转太傅杨骏长史，迁侍中。骏诛，以僚佐免官。寻起为散骑常侍、国子祭酒，转少府。"

按： 以上数条，皆因坐杨骏被诛而贬免，因杨骏被诛在三月辛卯，故皆系于三月。

东安王司马繇，因兄澹屡构于汝南王、太宰司马亮，免官，徙带方。东平王楙，因与繇善，免官，就国。

《晋书》卷三八《东安王繇传》："繇兄澹屡构繇于汝南王亮，亮不纳。至是以繇专行诛赏，澹因隙谮之，亮惑其说，遂免繇官，以公就第，坐有悖言，废徙带方。永康初，征繇，复封，拜宗正卿，迁尚书，转左仆射。"《晋书》卷五九《汝南文成王亮传》："及骏诛，诏曰：'大司马、汝南王亮体道冲粹，通识政理……给千兵百骑，与太保卫瓘对掌朝政。'亮论赏诛杨骏之功过差，欲以苟悦众心，由是失望。楚王玮有勋而好立威，亮惮之，欲夺其兵权。……玮出令曰：'能斩亮者，赏布千匹。'遂为乱兵所害，投于北门之壁，鬓发耳鼻皆悉毁焉。及玮诛，追复亮爵位。"《晋书》卷三七《安平献王孚传附整弟竟陵王楙传》："及骏诛，依法当死，东安公繇与楙善，故得不坐。寻迁大鸿胪，加侍中。繇欲擅朝政，与汝南王亮不平。帝托以繇讨骏顾望，免繇、楙等官，遣楙就国。楙殖财货，奢僭逾制。赵王伦篡位，召还。"《资治通鉴》卷八二"元康元年"（291）条系"免繇官，徙带方"在三月至六月间。

按：《晋书》卷三《武帝纪》："太熙元年……夏四月辛丑，以侍中车骑将军杨骏为太尉、都督中外诸军、录尚书事。己酉，帝崩于含章殿，时年五十五，葬峻阳陵，庙号世祖。"太熙元年（290），晋武帝病逝，惠帝继位，杨骏辅政。元康元年，杨骏被司马玮等诛，司马亮任太宰，论赏诛杨骏之功过，免司马繇官当在此时。司马亮为乱兵所害，亦在元康元年，时任太宰不足一年。

六月，楚王司马玮掾官嵇含等，坐玮被诛案，皆免官。

《晋书》卷四《惠帝纪》："（永平元年）六月，贾后矫诏使楚王玮杀太宰、汝南王亮，太保、葡阳公卫瓘。乙丑，以玮擅害亮、瓘，杀之。"《晋书》卷八九《嵇绍传附从子含传》："楚王玮辟为掾。玮诛，坐免。举秀才，除郎中。"

六月，司隶校尉傅祗，因楚王司马玮矫诏，闻奏稽留，免官。

《晋书》卷四七《傅玄传附咸从父弟祗传》："除河南尹，未拜，迁司隶校尉。以讨杨骏勋，当封郡公八千户，固让，减半，降封灵川县公，千八百户，余二千二百户封少子畅为武乡亭侯。又以本封赐兄子隽为东明亭侯。楚王玮之矫诏也，祗以闻奏稽留，免官。期年，迁光禄勋，复以公事免。"《册府元龟》卷五二二《宪官部·谴让》所载略同。

八月，长沙王司马乂，坐胞兄玮被诛案，贬为常山王，之国。

《晋书》卷四《惠帝纪》："（永平元年）八月庚申，以赵王伦为征东将军、都督徐兖二州诸军事；河间王颙为北中郎将，镇邺；太子太师何劭为都督豫州诸军事，镇许昌。徙长沙王乂为常山王。"《晋书》卷五九《长沙王乂传》："长沙厉王乂字士度，武帝第六子也。……会楚王玮奔丧，诸王皆近路迎之，乂独至陵所，号恸以俟玮。拜步兵校尉。及玮之诛二公也，乂守东掖门。会驺虞幡出，乂投弓流涕曰：'楚王被诏，是以从之，安知其非！'玮既诛，又以同母，贬为常山王，之国。"

九月，秦国郎中令李含，因秦王司马柬薨不应除丧，退为五品，归长安。

《晋书》卷四《惠帝纪》："(永平元年)三月辛卯，诛太傅杨骏……九月甲午，大将军、秦王柬薨。"《晋书》卷六〇《李含传》："寻举秀才，荐之公府，自太保掾转秦国郎中令。司徒迁含领始平中正。秦王柬薨，含依台仪，葬讫除丧。尚书赵浚有内宠，疾含不事己，遂奏含不应除丧。本州岛大中正傅祗以名义贬含。中丞傅咸上表理含曰：'……秦王之薨，悲恸感人，百僚会丧，皆所目见。而今以含俯就王制，谓之背戚居荣，夺其中正。……臣虽无祁大夫之德，见含为腾所侮，谨表以闻，乞朝廷以时博议，无令腾得妄弄刀尺。'帝不从，含遂被贬，退割为五品。归长安，岁余，光禄差含为寿城邸阁督。司徒王戎表含曾为大臣，虽见割削，不应降为此职。诏停。后为始平令。"《册府元龟》卷八七四《总录部·讼冤》所载略同。

元康二年(壬子，292)

潘岳，赴任长安令。

《晋书》卷五五《潘岳传》："岳频宰二邑，勤于政绩。调补尚书度支郎，迁廷尉评，以公事免。杨骏辅政，高选吏佐，引岳为太傅主簿。骏诛，除名。……时骏纲纪皆当从坐，同署主簿朱振已就戮。岳其夕取急在外，宏言之玮，谓之假吏，故得免。未几，选为长安令，作《西征赋》。"

按：潘岳坐杨骏谋反案免死除名，事在去年三月(可参本书"元康元年"条)，选为长安令，在本年。可参傅璇琮《潘岳系年考证》(载《文史》14辑，中华书局，1982年)、王晓东《潘岳研究》(上海古籍出版社，2011年)第二章"潘岳生平事迹考辨"。

元康四年(甲寅，294)

太常荀寓，因大风宗庙有屋瓦倾落，免官。

《晋书》卷三〇《刑法志》："去元康四年，大风之后，庙阙屋瓦有数枚倾落，免太常荀寓。"《通典》卷一六六《刑四·杂议上》、《册府元龟》卷六一四《刑法部·议谳》所载略同。

元康五年（乙卯，295）

南中郎将、荆州刺史石崇，征为大司农，以征书未至擅去官，免。

《晋书》卷三三《石苞传附子石崇传》："累迁散骑常侍、侍中。……出为南中郎将、荆州刺史，领南蛮校尉，加鹰扬将军。崇在南中，得鸩鸟雏，以与后军将军王恺。时制，鸩鸟不得过江，为司隶校尉傅祗所纠，诏原之，烧鸩于都街。崇颖悟有才气，而任侠无行检。在荆州，劫远使商客，致富不赀。征为大司农，以征书未至擅去官免。顷之，拜太仆，出为征虏将军，假节、监徐州诸军事，镇下邳。崇有别馆在河阳之金谷，一名梓泽，送者倾都，帐饮于此焉。至镇，与徐州刺史高诞争酒相侮，为军司所奏，免官。复拜卫尉，与潘岳谄事贾谧。谧与之亲善，号曰'二十四友'。"

按：侍中石崇与散骑郎何攀上表谏杨骏滥行封赏，弗纳，石崇出为南中郎将、荆州刺史，时在元康元年（291）（可参本书"元康元年"条）。石崇在荆州刺史任上被征为大司农，以征书未至擅去官免，当在元康元年后。石崇《金谷诗叙》云"余以元康六年，从太仆卿出为使持节监青徐诸军事、征虏将军，有别庐在河南县界金谷涧中，去城十里，有田十顷……"，可见石崇假节、监徐州诸军事在元康六年。《晋书》卷三三《石崇传》谓，"以征书未至擅去官免。顷之，拜太仆，出为征虏将军，假节、监徐州诸军事，镇下邳"，"顷之"意谓石崇免官不久即复官，故而系免官事于其监徐州诸军事前一年。

元康六年（丙辰，296）

潘岳迁博士，未拜，因母疾去官，闲居洛阳。

《晋书》卷五五《潘岳传》："征补博士，未召，以母疾辄去官免。"

按：元康六年（296），潘岳50岁，迁博士，未召，因母疾去官，闲居洛阳。有作《闲居赋》。可参傅璇琮《潘岳系年考证》（载《文史》14辑，中华书局，1982年）、王晓东《潘岳研究》（上海古籍出版社，2011年）第二章"潘岳生平事迹考辨"。

元康七年（丁巳，297）

雍州刺史解系，与征西将军赵王伦讨氐羌，系遭伦谮之，免官，以白衣还第。

《晋书》卷四《惠帝纪》："（元康元年）九月……辛丑……以赵王伦为征西大将军、都督雍梁二州诸军事。"《晋书》卷五九《赵王伦传》："元康初，迁征西将军、开府仪同三司，镇关中。伦刑赏失中，氐羌反叛，征还京师。寻拜车骑将军、太子太傅。"《晋书》卷六〇《解系传》："后辟公府掾，历中书黄门侍郎、散骑常侍、豫州刺史，迁尚书，出为雍州刺史、扬烈将军、西戎校尉、假节。会氐羌叛，与征西将军赵王伦讨之。伦信用佞人孙秀，与系争军事，更相表奏。朝廷知系守正不挠，而召伦还。系表杀秀以谢氐羌，不从。伦、秀谮之，系坐免官，以白衣还第，阖门自守。"《晋书》卷二七《五行志上》："惠帝元康五年闰月庚寅，武库火。张华疑有乱，先命固守，然后救火。是以累代异宝，王莽头，孔子屦，汉高祖断白蛇剑及二百万人器械，一时荡尽。……张华、阎纂皆曰，武库火而氐羌反，太子见废，则四海可知。"《晋书》卷二八《五行志中》："惠帝元康七年七月，秦、雍二州大旱，疾疫，关中饥，米斛万钱。因此氐羌反叛，雍州刺史解系败绩。"《册府元龟》卷二九九《宗室部·害贤》所载略同。

按：据《晋书》卷四《惠帝纪》和《晋书》卷五九《赵王伦传》等，可知元康元年（291）九月，以赵王伦为征西大将军，雍州刺史解系与赵王伦讨氐羌，当在元康元年九月后。又《晋书·五行志》载，元康五年"氐羌反"，元康七年"氐羌反叛"，赵王伦本传谓元康初"氐、羌反叛"，可知元康中，氐羌数次反叛。《晋书·五行志》谓"氐羌反叛，雍州刺史解系败绩"在元康七年七月，故解系与司马伦讨氐羌事当在元康七年。解系坐免官，系于此年。

元康九年（己未，299）

十二月，太子司马遹（愍怀太子），被诬谋反，废为庶人，太子妃王惠风及其三子虨、臧、尚，囚于金墉城。

《晋书》卷四《惠帝纪》："（元康九年）十二月壬戌，废皇太子遹为庶人，及其三子幽于金墉城，杀太子母谢氏。"《晋书》卷五三《愍怀太子传》："（元康九年）

十二月，贾后将废太子，诈称上不和，呼太子入朝。既至，后不见，置于别室，遣婢陈舞赐以酒枣，逼饮醉之。使黄门侍郎潘岳作书草，若祷神之文，有如太子素意，因醉而书之，令小婢承福以纸笔及书草使太子书之。……后惧事变，乃表免太子为庶人，诏许之。于是使尚书和郁持节，解结为副，及大将军梁王肜、镇东将军淮南王允、前将军东武公澹、赵王伦、太保何劭诣东宫，废太子为庶人。……澹以兵仗送太子妃王氏、三皇孙于金墉城，考竟谢淑妃及太子保林蒋俊。明年正月，贾后又使黄门自首，欲与太子为逆。诏以黄门首辞班示公卿。又遣澹以千兵防送太子，更幽于许昌宫之别坊，令治书御史刘振持节守之。……太子既废非其罪，众情愤怨。右卫督司马雅，宗室之疏属也，与常从督许超并有宠于太子，二人深伤之，说赵王伦谋臣孙秀曰：'国无嫡嗣，社稷将危，大臣之祸必起。而公奉事中宫，与贾后亲密，太子之废，皆云豫知，一旦事起，祸必及矣。何不先谋之！'秀言于赵王伦，伦深纳焉。计既定，而秀说伦曰：'太子为人刚猛，若得志之日，必肆其情性矣。明公素事贾后，街谈巷议，皆以公为贾氏之党。今虽欲建大功于太子，太子虽将含忍宿忿，必不能加赏于公，当谓公逼百姓之望，翻覆以免罪耳。若有瑕衅，犹不免诛。不若迁延却期，贾后必害太子，然后废贾后，为太子报仇，犹足以为功，乃可以得志。'伦然之。秀因使反间，言殿中人欲废贾后，迎太子。贾后闻之忧怖，乃使太医令程据合巴豆杏子丸。三月，矫诏使黄门孙虑赍至许昌以害太子。"《资治通鉴》卷八三"元康九年"（299）条系此事于十二月。

永康元年（庚申，300）

正月，废太子司马遹（愍怀太子）及其三子彪、臧，被幽许昌宫之别坊。

《晋书》卷五三《愍怀太子传》："（元康九年）十二月，贾后将废太子……澹以兵仗送太子妃王氏、三皇孙于金墉城，考竟谢淑妃及太子保林蒋俊。明年正月，贾后又使黄门自首，欲与太子为逆。诏以黄门首辞班示公卿。又遣澹以千兵防送太子，更幽于许昌宫之别坊，令治书御史刘振持节守之。……伦然之。秀因使反间，言殿中人欲废贾后，迎太子。贾后闻之忧怖，乃使太医令程据合巴豆杏子丸。三月，矫诏使黄门孙虑赍至许昌以害太子。"《资治通鉴》卷八三"永康元年（300）"条系此事于正月、三月。

　　四月，贾后（贾南风）被废为庶人，后遭毒杀；司空张华，被诛，子舆，远徙兴古郡，未至召还；右军将军卞粹，以张华婿免官；尚书仆射裴𫖮，被诛，𫖮岳父王戎免官，𫖮二子嵩、该，远徙带方郡；解育与二兄系、结，遇害，妻子徙边；吴敬王司马晏，因与兄淮南王司马允攻司马伦，败，晏被贬为宾徒县王。皆因赵王司马伦掌权，大施诛杀、黜免之故。

　　《晋书》卷四《惠帝纪》："永康元年春正月癸亥朔，大赦，改元。……三月，尉氏雨血，妖星见于南方。癸未，贾后矫诏害庶人遹于许昌。夏四月辛卯，日有蚀之。癸巳，梁王肜、赵王伦矫诏废贾后为庶人，司空张华、尚书仆射裴𫖮皆遇害，侍中贾谧及党与数十人皆伏诛。甲午，伦矫诏大赦，自为相国、都督中外诸军，如宣文辅魏故事，追复故皇太子位。"《晋书》卷三一《惠贾皇后传》："及太子废黜，赵王伦、孙秀等因众怨谋欲废后。……后曰：'诏当从我出，何诏也？'后至上阁，遥呼帝曰：'陛下有妇，使人废之，亦行自废。'又问冏曰：'起事者谁？'冏曰：'梁、赵。'后曰：'系狗当系颈，今反系其尾，何得不然！'至宫西，见谧尸，再举声而哭遽止。伦乃矫诏遣尚书刘弘等持节赍金屑酒赐后死。"《晋书》卷五九《赵王伦传》："太子既遇害，伦、秀之谋益甚……伦又矫诏开门夜入，陈兵道南，遣翊军校尉、齐王冏将三部司马百人，排阁而入。华林令骆休为内应，迎帝幸东堂。遂废贾后为庶人，幽之于建始殿。收吴太妃、赵粲及韩寿妻贾午等，付暴室考竟。诏尚书以废后事，仍收捕贾谧等，召中书监、侍中、黄门侍郎、八坐，皆夜入殿，执张华、裴𫖮、解结、杜斌等，于殿前杀之。尚书始疑诏有诈，郎师景露版奏请手诏。伦等以为沮众，斩之以徇。明日，伦坐端门，屯兵北向，遣尚书和郁持节送贾庶人于金墉。诛赵粲叔父中护军赵浚及散骑侍郎韩豫等，内外群官多所黜免。伦寻矫诏自为使持节、大都督、督中外诸军事、相国，侍中、王如故，一依宣文辅魏故事，置左右长史、司马、从事中郎四人、参军十人，掾属二十人、兵万人。"《梁书》卷七《太祖张皇后传》："太祖献皇后张氏，讳尚柔，范阳方城人也。……父穆之，字思静，晋司空华六世孙。曾祖舆坐华诛，徙兴古，未至召还。"《晋书》卷七〇《卞壶传》："卞壶字望之，济阴冤句人也。祖统，琅邪内史。父粹，以清辩鉴察称。……惠帝初，为尚书郎。杨骏执政，人多附会，而粹正直不阿。及骏诛，超拜右丞，封成阳子，稍迁至右军将军。张华之

诛，粹以华婿免官。齐王冏辅政，为侍中、中书令，进爵为公。"《晋书》卷三五
《裴秀传附子颁传》："初，赵王伦谄事贾后，颁甚恶之。伦数求官，颁与张华复
固执不许，由是深为伦所怨。伦又潜怀篡逆，欲先除朝望，因废贾后之际遂诛
之，时年三十四。二子嵩、该，伦亦欲害之。梁王肜、东海王越称颁父秀有勋王
室，配食太庙，不宜灭其后嗣，故得不死，徙带方。"《晋书》卷四三《王戎传》：
"裴颁，戎之婿也，颁诛，戎坐免官。……惠帝反宫，以戎为尚书令。"《晋书》卷
六〇《解系传附弟结、结弟育传》："结弟育，字稚连，名亚二兄。历公府掾、太
子洗马、尚书郎、卫军长史、弘农太守，与二兄俱被害，妻子徙边。"《晋书》卷
六四《吴敬王晏传》："吴敬王晏字平度，太康十年受封，食丹杨、吴兴并吴三
郡，历射声校尉、后军将军。与兄淮南王允共攻赵王伦，允败，收晏付廷尉，欲
杀之。傅祇于朝堂正色而争，于是群官并谏，伦乃贬为宾徒县王。后徙封代王。
伦诛，诏复晏本封，拜上军大将军、开府，加侍中。"《资治通鉴》卷八三"永康元
年(300)"条系赵王司马伦诛杀、黜免诸人事。

卫尉石崇，因贾谧得诛，以党羽免官。

《晋书》卷三三《石苞传附子石崇传》："复拜卫尉，与潘岳谄事贾谧。谧与之
亲善，号曰"二十四友"。……及贾谧诛，崇以党与免官。"《册府元龟》卷四九二
《总录部·祸败》所载略同。

张华兄子张景后，徙汉中。

《晋书》卷四八《阎缵传》："赵王伦死，既葬，缵以车轹其冢。时张华兄子景
后徙汉中，缵又表宜还。"

按：据《晋书》卷四《惠帝纪》与《晋书》卷五九《赵王伦传》，永康元年(300)，
赵王司马伦掌权，司空张华被伦诛，子张舆坐华诛，远徙兴古郡，未至召还。
《晋书》卷四八《阎缵传》谓"时张华兄子景后徙汉中"，当与此同时，故系于本年。

**宰府尚书郎刘舆、从事中郎刘琨，兄弟二人素侮孙秀，及赵王司马伦辅政，
孙秀执权，并免其官。**

《晋书》卷六二《刘琨传》："赵王伦执政，以琨为记室督，转从事中郎。伦子

荂，即琨姊婿也，故琨父子兄弟并为伦所委任。及篡，荂为皇太子，琨为荂詹事。三王之讨伦也，以琨为冠军、假节，与孙秀子会率宿卫兵三万距成都王颖，战于黄桥，琨大败而还，焚河桥以自固。及齐王冏辅政，以其父兄皆有当世之望，故特宥之，拜兄舆为中书郎，琨为尚书左丞，转司徒左长史。冏败，范阳王虓镇许昌，引为司马。"《晋书》卷六二《刘琨传附兄舆传》："舆字庆孙。俊朗有才局，与琨并尚书郭奕之甥，名著当时。京都为之语曰：'洛中奕奕，庆孙、越石。'辟宰府尚书郎。兄弟素侮孙秀，及赵王伦辅政，孙秀执权，并免其官。妹适伦世子荂，荂与秀不协，复以舆为散骑侍郎。齐王冏辅政，以舆为中书侍郎。东海王越、范阳王虓之举兵也，以舆为颍川太守。"

按：据《晋书》卷四《惠帝纪》与《晋书》卷五九《赵王伦传》，"赵王伦辅政，孙秀执权"，始于永康元年（300）四月，又据《晋书》卷四《惠帝纪》，永宁元年（301）四月，"辛酉，左卫将军王舆与尚书、淮陵王漼勒兵入宫，擒伦党孙秀、孙会、许超、士猗、骆休等，皆斩之。逐伦归第，即日乘舆反正。"故系孙秀执权免刘舆、刘琨官事在永康元年。

永宁元年（辛酉，301）

正月，惠帝司马衷，为赵王司马伦废，迁于金墉城，号曰太上皇。皇太孙司马臧，降为濮阳王。

《晋书》卷四《惠帝纪》："永宁元年春正月乙丑，赵王伦篡帝位。丙寅，迁帝于金墉城，号曰太上皇，改金墉曰永昌宫。废皇太孙臧为濮阳王。五星经天，纵横无常。癸酉，伦害濮阳王臧。……（光熙元年）十一月庚午，帝崩于显阳殿，时年四十八，葬太阳陵。"《晋书》卷五九《赵王伦传》："于是宗室诸王、群公卿士咸假称符瑞天文以劝进，伦乃许之。左卫王舆与前军司马雅等率甲士入殿，譬喻三部司马，示以威赏，皆莫敢违。其夜，使张林等屯守诸门。义阳王威及骆休等逼夺天子玺绶。夜漏未尽，内外百官以乘舆法驾迎伦。惠帝乘云母车，卤簿数百人，自华林西门出居金墉城。尚书和郁，兼侍中、散骑常侍、琅邪王睿，中书侍郎陆机从，到城下而反。使张衡卫帝，实幽之也。"《资治通鉴》卷八四"永宁元年（301）"条系此事于正月。

四月，赵王司马伦与四子，因齐王司马冏等起兵反，被幽金墉城，后被赐死。

《晋书》卷四《惠帝纪》："永宁元年春正月乙丑，赵王伦篡帝位。……夏四月……辛酉，左卫将军王舆与尚书、淮陵王漼勒兵入宫，擒伦党孙秀、孙会、许超、士猗、骆休等，皆斩之。逐伦归第，即日乘舆反正。群臣顿首谢罪，帝曰：'非诸卿之过也。'癸亥，诏曰：'朕以不德，纂承皇统……前赵王伦为秀所误，与其子等已诣金墉迎朕幽宫，旋轸闾阖。岂在予一人独飨其庆，宗庙社稷实有赖焉。'于是大赦，改元，孤寡赐谷五斛，大酺五日。诛赵王伦、义阳王威、九门侯质等及伦之党与。……六月戊辰……甲戌，以齐王冏为大司马、都督中外诸军事，成都王颖为大将军、录尚书事，河间王颙为太尉。罢丞相，复置司徒官。"《晋书》卷五九《赵王伦传》："自义兵之起，百官将士咸欲诛伦、秀以谢天下。秀知众怒难犯，不敢出省。……舆放兵登墙烧屋，秀及超、猗遽走出，左卫将军赵泉斩秀等以徇。……于是以甲士数千迎天子于金墉，百姓咸称万岁。帝自端门入，升殿，御广室，送伦及荂等付金墉城。"《册府元龟》卷八二《帝王部·赦宥》所载略同。《资治通鉴》卷八四"永宁元年（301）"条系此事于四月。

百官是司马伦所用者，如征东长史应詹等，皆因伦兵败，斥免之。

《晋书》卷五九《赵王伦传》："梁王肜表伦父子凶逆，宜伏诛。百官会议于朝堂，皆如肜表。遣尚书袁敞持节赐伦死，饮以金屑苦酒。伦惭，以巾覆面，曰：'孙秀误我！孙秀误我！'于是收荂、馥、虔、诩付廷尉狱，考竟。馥临死谓虔曰：'坐尔破家也！'百官是伦所用者，皆斥免之，台省府卫仅有存者，自兵兴六十余日，战所杀害仅十万人。"《晋书》卷七〇《应詹传》："赵王伦以为征东长史。伦诛，坐免。成都王颖辟为掾。"《册府元龟》卷七二七《幕府部·辟署》所载略同。

中书郎陆机，为赵王司马伦机要，伦败，机减死徙边，遇赦止。

《晋书》卷五四《陆机传》："吴王晏出镇淮南，以机为郎中令，迁尚书中兵郎，转殿中郎。赵王伦辅政，引为相国参军。豫诛贾谧功，赐爵关中侯。伦将篡位，以为中书郎。伦之诛也，齐王冏以机职在中书，九锡文及禅诏疑机与焉，遂收机等九人付廷尉。赖成都王颖、吴王晏并救理之，得减死徙边，遇赦而止。"

348

《册府元龟》卷八七一《总录部·救患》所载略同。

六月，东莱王司马蕤与左卫将军王舆，谋废司马冏，事泄，蕤废为庶人，徙上庸。

《晋书》卷四《惠帝纪》："（永宁元年六月）庚午，东莱王蕤、左卫将军王舆谋废齐王冏，事泄，蕤废为庶人，舆伏诛，夷三族。"《晋书》卷三八《东莱王蕤传》："及冏辅政，诏以蕤为散骑常侍，加大将军，领后军、侍中、特进，增邑满二万户。又从冏求开府，冏曰：'武帝子吴、豫章尚未开府，宜且须后。'蕤以是益怨，密表冏专权，与左卫将军王舆谋共废冏。事觉，免为庶人。寻诏曰：'大司马以经识明断，高谋远略，猥率同盟，安复社稷。……《春秋》之典，大义灭亲，其徙蕤上庸。'后封微阳侯。永宁初，上庸内史陈钟承冏旨害蕤。冏死，诏诛钟，复蕤封，改葬以王礼。"《册府元龟》卷二九八《宗室部·不悌》所载略同。

领军将军司马澹，因母诸葛太妃表澹不孝，澹与妻子徙辽东。

《晋书》卷三八《武陵庄王澹传》："赵王伦作乱，以澹为领军将军。……澹妻郭氏，贾后内妹也。初恃势，无礼于澹母。齐王冏辅政，澹母诸葛太妃表澹不孝，乞还絷，由是澹与妻子徙辽东。其子禧年五岁，不肯随去，曰：'要当为父求还，无为俱徙。'陈诉历年，太妃薨，絷被害，然后得还。"

太安元年（壬戌，302）

十二月，齐王司马冏诸子超、冰、英，因父冏兵败，被长沙王司马乂幽于金墉城。冏弟北海王司马寔，被废。

《晋书》卷四《惠帝纪》："（太安元年）十二月丁卯，河间王颙表齐王冏窥伺神器，有无君之心，与成都王颖、新野王歆、范阳王虓同会洛阳，请废冏还第。长沙王乂奉乘舆屯南止车门，攻冏，杀之，幽其诸子于金墉城，废冏弟北海王寔。大赦，改元。以长沙王乂为太尉、都督中外诸军事。"《晋书》卷五九《齐王冏传》："明日，冏败，乂擒冏至殿前，帝恻然，欲活之。乂叱左右促牵出，冏犹再顾，遂斩于阊阖门外，徇首六军。诸党属皆夷三族。幽其子淮陵王超、乐安王冰、济阳王英于金墉。暴冏尸于西明亭，三日而莫敢收敛。冏故掾属荀闿等表乞殡葬，许之。……永兴初，诏以阃轻陷重刑，前勋不宜埋没，乃赦其三子超、冰、英还第，封超为县王，以继阃祀，历员外散骑常侍。"《资治通鉴》卷八四"太安元年（302）"条系此事于十二月。

齐王司马阃军事苟晞，因阃诛，坐免。

《晋书》卷六一《苟晞传》："齐王阃辅政，晞参阃军事，拜尚书右丞，转左丞，廉察诸曹，八坐以下皆侧目惮之。及阃诛，晞亦坐免。长沙王乂为骠骑将军，以晞为从事中郎。"《册府元龟》卷七二六《幕府部·辟署》所载略同。

太安二年（癸亥，303）

十一月，长沙王司马乂，被东海王司马越幽于金墉城，次年张方害之。

《晋书》卷四《惠帝纪》："（太安）二年春正月甲子朔，赦五岁刑。……十一月辛巳，星昼陨，声如雷。……丙辰，地震。癸亥，东海王越执长沙王乂，幽于金墉城，寻为张方所害。"《晋书》卷五九《长沙王乂传》："乂前后破颖军，斩获六七万人。战久粮乏，城中大饥，虽曰疲弊，将士同心，皆愿效死。而乂奉上之礼未有亏失，张方以为未可克，欲还长安。而东海王越虑事不济，潜与殿中将收乂送金墉城。乂表曰：'陛下笃睦，委臣朝事。臣小心忠孝，神祇所鉴。诸王承谬，率众见责，朝臣无正，各虑私困，收臣别省，送臣幽宫。臣不惜躯命，但念大晋衰微，枝党欲尽，陛下孤危。若臣死国宁，亦家之利。但恐快凶人之志：无益于陛下耳。'殿中左右恨乂功垂成而败，谋劫出之，更以距颖。越惧难作，欲遂诛乂。黄门郎潘滔劝越密告张方，方遣部将郅辅勒兵三千，就金墉收乂，至营，炙而杀之。乂冤痛之声达于左右，三军莫不为之垂涕。时年二十八。"

永兴元年（甲子，304）

西阳王司马羕，以长沙王司马乂党，废为庶人。

《晋书》卷五九《汝南文成王亮传附西阳王羕传》："永兴初，拜侍中。以长沙王乂党，废为庶人。惠帝还洛，复羕封，为抚军将军，又以汝南期思、西陵益其国。"《册府元龟》卷二九五《宗室部·复爵》所载略同。

朱虚县公刘暾，因豫谋长沙王司马乂讨齐王司马冏，乂死，暾坐免。

《晋书》卷四五《刘毅传附子暾传》："迁中庶子、左卫将军、司隶校尉，奏免武陵王澹及何绥、刘坦、温畿、李暅等。长沙王乂讨齐王冏，暾豫谋，封朱虚县公，千八百户。乂死，坐免。顷之，复为司隶。"

骠骑司马曹摅，因事长沙王司马乂，乂败，摅免官。

《晋书》卷九〇《曹摅传》："长沙王乂以为骠骑司马。乂败，免官。因丁母忧。惠帝末，起为襄城太守。"

惠帝羊皇后（羊献容），本年、次年，屡遭废立，多次入居金墉城。皇太子司马覃，两次被废为清河王。

《晋书》卷四《惠帝纪》："永兴元年春正月丙午，尚书令乐广卒。成都王颖自邺讽于帝，乃大赦，改元为永安。……以成都王颖为丞相。颖遣从事中郎盛夔等以兵五万屯十二城门，殿中宿所忌者，颖皆杀之，以三部兵代宿卫。二月乙酉，废皇后羊氏，幽于金墉城，黜皇太子覃复为清河王。……秋七月……戊戌，大赦，复皇后羊氏及皇太子覃。……八月戊辰，颖杀东安王繇。张方复入洛阳，废皇后羊氏及皇太子覃……。"《晋书》卷三一《惠羊皇后传》："贾后既废，孙秀议立后。后外祖孙旂与秀合族，又诸子自结于秀，故以太安元年立为皇后。……成都王颖伐长沙王乂，以讨玄之为名。乂败，颖奏废后为庶人，处金墉城。陈眕等唱伐成都王，大赦，复后位。张方入洛，又废后。方逼迁大驾幸长安，留台复后位。永兴初，张方又废后。河间王颙矫诏，以后屡为奸人所立，遣尚书田淑敕留台赐后死。诏书累至，司隶校尉刘暾与尚书仆射荀藩、河南尹周馥驰上奏曰：'奉被手诏，伏读惶悴。……今上官已犯阙称兵，焚烧宫省，百姓喧骇，宜镇之以静。而大使卒至，赫然执药，当诣金墉，内外震动，谓非圣意。羊庶人门户残破，废放空宫，门禁峻密，若绝天地，无缘得与奸人构乱。……今杀一枯穷之人而令天下伤惨，臣惧凶竖乘间，妄生变故。臣忝司京辇，观察众心，实以深忧，宜当含忍。不胜所见，谨密启闻。愿陛下更深与太宰参详，勿令远近疑惑，取谤天下。'颙见表大怒，乃遣陈颜、吕朗东收暾。暾奔青州，后遂得免，帝还洛，迎后复位。后洛阳令何乔又废后。及张方首至，其日复后位。会帝崩，后虑太弟立为嫂叔，不得称太后，催前太子清河王覃入，将立之，不果。"《资治通鉴》卷八五"永兴元年（304）"条系于二月（异本又作"三月"）。

侍中嵇绍等，因成都王司马颖执政，免为庶人。

《晋书》卷八九《嵇绍传》："河间王颙、成都王颖举兵向京都，以讨长沙王乂，大驾次于城东。乂宣言于众曰：'今日西讨，欲谁为都督乎？'六军之士皆曰：'愿嵇侍中戮力前驱，死犹生也。'遂拜绍使持节、平西将军。属乂被执，绍复为侍中。公王以下皆诣邺谢罪于颖，绍等咸见废黜，免为庶人。寻而朝廷复有北征之役，征绍，复其爵位。"《资治通鉴》卷八五"永兴元年（304）"条系此事于七月。

十二月，皇太弟司马颖，为河间王司马颙废，遣送回藩。

《晋书》卷四《惠帝纪》："（永兴元年三月）河间王颙表请立成都王颖为太弟。戊申，诏曰：'朕以不德，篡承鸿绪，于兹十有五载。祸乱滔天，奸逆仍起，至乃幽废重宫，宗庙圮绝。成都王颖温仁惠和，克平暴乱。其以颖为皇太弟、都督中外诸军事，丞相如故。'……十二月丁亥，诏曰：'天祸晋邦，冢嗣莫继。成都王颖自在储贰，政绩亏损，四海失望，不可承重，其以王还第。豫章王炽先帝爱子，令闻日新，四海注意，今以为皇太弟，以隆我晋邦……。'"《晋书》卷五九《成都王颖传》："永兴初……河间王颙遣张方率甲卒二万救颖，至洛，方乃挟帝，拥颖及豫章王并高光、卢志等归于长安。颙废颖归藩，以豫章王为皇太弟。颖既废，河北思之。邺中故将公师藩、汲桑等起兵以迎颖，众情翕然。颙复拜颖镇军大将军、都督河北诸军事，给兵千人，镇邺。"

司马颖谋士中书监卢志，因颖为河间王司马颙废，志亦免官。

《晋书》卷四四《卢钦传附湛子志传》："及乂死，颖表志为中书监，留邺，参署相府事。……初，河间王颙闻王浚起兵，遣右将军张方救邺。方闻成都军败，顿兵洛阳，不敢进，纵兵虏掠，密欲迁都长安，将焚宗庙宫室，以绝人心。志说方曰：'昔董卓无道，焚烧洛阳，怨毒之声，百年犹存，何为袭之！'乃止。方遂逼天子幸其垒。帝垂泣就舆，唯志侍侧，曰：'陛下今日之事，当一从右将军。

臣驽怯，无所云补，唯知尽微诚，不离左右而已。'停方至三日便西，志复从至长安。颖被黜，志亦免官。及东海王越奉迎大驾，颙启帝复颖还邺，以志为魏郡太守，加左将军，随颖北镇。"

按：司马颖为司马颙所废，可参上一条。

永兴二年（乙丑，305）

四月，羊皇后（羊献容），为武将张方所废。

《晋书》卷四《惠帝纪》："（永兴）二年春正月甲午朔，帝在长安。夏四月，诏封乐平王绍为齐王。丙子，张方废皇后羊氏。"《资治通鉴》卷八六"永兴二年（305）"系于四月。

十一月，羊皇后（羊献容），为洛阳令何乔所废。

《晋书》卷四《惠帝纪》："（永兴二年）十一月，立节将军周权诈被檄，自称平西将军，复皇后羊氏。洛阳令何乔攻权，杀之，复废皇后。"《资治通鉴》卷八六"永兴二年（305）"系于十一月。

【晋惠帝朝年代不定者】

侍中陈舆，坐与叔父陈稚不睦，舆出为河内太守，稚被徙。

《晋书》卷三五《陈骞传附陈舆传》："舆字显初，拜散骑侍郎、洛阳令，迁黄门侍郎，历将校左军、大司农、侍中。坐与叔父不睦，出为河内太守。舆虽无检正，而有力致。寻卒，子植字弘先嗣，官至散骑常侍。"《册府元龟》卷九二三《总录部·不睦》所载略同。

按：《晋书》卷三五《陈骞传》云："骞素无骞谔之风，然与帝语傲；及见皇太子加敬，时人以为诡。弟稚与其子舆忿争，遂说骞子女秽行，骞表徙弟，以此获讥于世。元康二年薨，年八十一，加以衮敛，赠太傅，谥曰武。……子舆嗣爵。"陈骞卒于元康二年（292），故而，陈舆出为河内太守，陈稚被徙，当在此年前。陈骞本传又云："骞少有度量，含垢匿瑕，所在有绩。与贾充、石苞、裴秀等俱为心膂，而骞智度过之，充等亦自以为不及也。累处方任，为士庶所怀。既位极人臣，年逾致仕，思欲退身。咸宁三年，求入朝，因乞骸骨。……遂固请，许之，位同保傅，在三司之上，赐以几杖，不朝，安车驷马，以高平公还第。"陈舆父陈骞"累处方任"，咸宁三年（277）求入朝为官。陈舆当由侍中任上出外为河内太守。陈舆与叔父不睦，当在陈骞入朝后，故陈舆出外为河内太守，当在咸宁三年至元康二年间。

光禄勋傅祗，以公事免。

《晋书》卷四七《傅玄传附咸从父弟祗传》："楚王玮之矫诏也，祗以闻奏稽留，免官。期年，迁光禄勋，复以公事免。氐人齐万年举兵反，以祗为行安西军司，加常侍，率安西将军夏侯骏讨平之。迁卫尉，以风疾逊位，就拜常侍，食卿禄秩，赐钱及床帐等。"《册府元龟》卷五二二《宪官部·谴让》所载略同。

按：可参本书"元康元年"条，元康元年（291），楚王玮因矫诏罪被诛，祗以闻奏稽留免官，次年迁光禄勋，复以公事免当在元康二年或稍后。

征虏将军、监徐州诸军事石崇，与徐州刺史高诞争酒相侮，免官。

《晋书》卷三三《石苞传附子石崇传》："顷之，拜太仆，出为征虏将军，假节、监徐州诸军事，镇下邳。崇有别馆在河阳之金谷，一名梓泽，送者倾都，帐饮于此焉。至镇，与徐州刺史高诞争酒相侮，为军司所奏，免官。复拜卫尉，与潘岳谄事贾谧。谧与之亲善，号曰'二十四友'。"

按：石崇《金谷诗叙》云"余以元康六年，从太仆卿出为使持节监青徐诸军事、征虏将军，有别庐在河南县界金谷涧中，去城十里，有田十顷……"，则石崇与徐州刺史高诞争酒相侮被免官，当在元康六年（296）或稍后。

御史中丞刘乔，奏劾司马囧腹心董艾，艾讽尚书右丞苟晞，免乔官。

《晋书》卷六一《刘乔传》："齐王囧为大司马……顷之，迁御史中丞。囧腹心董艾势倾朝廷，百僚莫敢忤旨。乔二旬之中，奏劾艾罪衅者六。艾讽尚书右丞苟晞免乔官，复为屯骑校尉。"《册府元龟》卷五一四《宪官部·刚正》所载略同。

按：《晋书》卷六一《苟晞传》："齐王囧辅政，晞参囧军事，拜尚书右丞，转左丞，廉察诸曹，八坐以下皆侧目惮之。及囧诛，晞亦坐免。"司马囧辅政在永宁元年(301)六月至太安元年(302)十二月间，故苟晞为尚书右丞在此期间，免刘乔官亦在此期间。

晋怀帝朝(307—312)

永嘉元年(丁卯，307)

十二月，皇太子清河王司马覃，为东海王司马越废之，囚于金墉城，寻害之。

《晋书》卷五《孝怀帝纪》："(永嘉元年十二月)庚子，以光禄大夫、延陵公高光为尚书令。东海王越矫诏囚清河王覃于金墉城。……二年春正月丙子朔，日有蚀之。丁未，大赦。二月辛卯，清河王覃为东海王越所害。"《晋书》卷五九《东海孝献王越传》："越辞丞相不受，自许迁于鄄城。越恐清河王覃终为储副，矫诏收付金墉城，寻害之。"

永嘉二年(戊辰，308)

陈留太守胡毋辅之，坐王弥叛乱不能讨，免官。

《晋书》卷四九《胡毋辅之传》："东海王越闻辅之名，引为从事中郎，复补振威将军、陈留太守。王弥经其郡，辅之不能讨，坐免官。寻除宁远将军、扬州刺史，不之职，越复以为右司马、本州岛大中正。"

按：《晋书》卷五《孝怀帝纪》："(永嘉二年三月)王弥寇青、徐、兖、豫四州。夏四月丁亥，入许昌，诸郡守将皆奔走。五月甲子，弥遂寇洛阳，司徒王衍帅众御之，弥退走。……(永嘉五年)六月癸未，刘曜、王弥、石勒同寇洛川，王师频为贼所败，死者甚众。庚寅，司空荀藩、光禄大夫荀组奔轘辕，太子左率温畿夜开广莫门奔小平津。丁酉、刘曜、王弥入京师。"据此，王弥先后于永嘉二年(308)、五年至少两次途径陈留，逼近或攻入洛阳。又据《晋书》卷五《孝怀帝纪》："永嘉元年春正月癸丑朔，大赦，改元，除三族刑。以太傅、东海王越辅政，杀御史中丞诸葛玫。……五年春正月，帝密诏苟晞讨东海王越。……三月戊午，诏下东海王越罪状，告方镇讨之。以征东大将军苟晞为大将军。丙子，东海王越薨。"可知东海王司马越辅政始于永嘉元年(307)正月，卒于永嘉五年四月。

据《晋书》卷四九《胡毋辅之传》，陈留太守胡毋辅之不能讨王弥坐免官，当在司马越辅政前期，因王弥永嘉五年六月寇洛川、入京师时，司马越已薨。故而，胡毋辅之不能讨王弥坐免官事，当在永嘉二年。

永嘉三年(己巳，309)

太傅从事中郎王俊，与左长史刘舆争王延爱妾荆氏，免俊官。

《晋书》卷六二《刘琨传附兄舆传》："东海王越将召之……舆既见越，应机辩画，越倾膝酬接，即以为左长史。……时称越府有三才：潘滔大才，刘舆长才，裴邈清才。越诛缪播、王延等，皆舆谋也。延爱妾荆氏有音伎，延尚未殓，舆便娉之。未及迎，又为太傅从事中郎王俊所争夺。御史中丞傅宣劾奏，越不问舆，而免俊官。"《册府元龟》卷五一八《宪官部·弹劾》所载略同。

按：《晋书》卷四七《傅宣传》："怀帝即位，转吏部郎，又为御史中丞。"怀帝即位在永嘉元年(307)十一月，故而傅宣为御史中丞在此之后。《晋书》卷五《孝怀帝纪》："(永嘉)三年春正月甲午，彭城王释薨。三月戊申……丁巳，东海王越归京师。乙丑，勒兵入宫，于帝侧收近臣中书令缪播、帝舅王延等十余人，并害之。"《晋书》卷六〇《缪播传》："及帝崩，太弟即帝位，是为怀帝，以播为给事黄门侍郎。俄转侍中，徙中书令，任遇日隆，专管诏命。时越威权自己，帝力不能讨，心甚恶之。……越遂害之。"《晋书》卷五九《东海孝献王越传》："越自荥阳还洛阳，以太学为府。疑朝臣贰己，乃诬帝舅王延等为乱，遣王景率甲士三千人入宫收延等，付廷尉杀之。"司马越诛缪播、王延等，在永嘉三年三月。左长史刘舆、从事中郎王俊争夺王延爱妾荆氏，时延尚未殓，此事亦在三月或稍后，故王俊被免官在本年三月或稍后。

晋愍帝朝(313—317)

建兴元年(癸酉，313)

录事参军陈頵，数有奏议，朝士多恶之，出除谯郡太守。

《晋书》卷七一《陈頵传》："建兴初制，版补录事参军。……初，赵王伦篡位，三王起义，制《己亥格》，其后论功虽小，亦皆依用。顗意谓不宜以为常式，驳之曰：'……请自今以后宜停之。'顗以孤寒，数有奏议，朝士多恶之，出除谯郡太守。大兴初，以疾征。久之，白衣兼尚书。"《资治通鉴》卷八八"建兴元年"（313）条系于四、五月间。

荆州刺史陶侃，因部将张奕投敌，侃坐免官，白衣领职。

《晋书》卷五《孝愍帝纪》："（建兴元年八月）杜弢寇武昌，焚烧城邑。弢别将王真袭沌阳，荆州刺史周顗奔于健康。九月，司空荀藩薨于荥阳。刘聪寇河南，河南尹张髦死之。冬十月，荆州刺史陶侃讨杜弢党杜曾于石城，为曾所败。"《晋书》卷六六《陶侃传》："时周顗为荆州刺史，先镇浔水城，贼掠其良口。侃使部将朱伺救之，贼退保泠口。……敦然之，即表拜侃为使持节、宁远将军、南蛮校尉、荆州刺史，领西阳、江夏、武昌，镇于沌口，又移入沔江。遣朱伺等讨江夏贼，杀之。贼王冲自称荆州刺史，据江陵。王贡还，至竟陵，矫侃命，以杜曾为前锋大督护，进军斩冲，悉降其众。侃召曾不到，贡又恐矫命获罪，遂与曾举兵反，击侃督护郑攀于沌阳，破之，又败朱伺于沔口。侃欲退入湨中，部将张奕将贰于侃，诡说曰：'贼至而动，众必不可。'侃惑之而不进。无何，贼至，果为所败。贼钩侃所乘舰，侃窘急，走入小船。朱伺力战，仅而获免。张奕竟奔于贼。侃坐免官。王敦表以侃白衣领职。侃复率周访等进军入湘，使都尉杨举为先驱，击杜弢，大破之，屯兵于城西。侃之佐史辞诣王敦曰：'州将陶使君孤根特立，从微至著，忠允之功，所在有效。……然某等区区，实恐理失于内，事败于外，豪厘之差，将致千里，使荆蛮乖离，西峭不守，唇亡齿寒，侵逼无限也。'敦于是奏复侃官。"《册府元龟》卷八七四《总录部·讼冤》所载略同。

建兴三年（乙亥，315）

荆州刺史陶侃，军功卓著，受王敦猜忌，上表贬为广州刺史。

《晋书》卷五《孝愍帝纪》："（建兴元年八月）杜弢寇武昌，焚烧城邑。弢别将王真袭沌阳，荆州刺史周顗奔于健康。九月，司空荀藩薨于荥阳。刘聪寇河南，河南尹张髦死之。冬十月，荆州刺史陶侃讨杜弢党杜曾于石城，为曾所败。……三年……八月癸亥，战于襄垣，王师败绩。荆州刺史陶侃攻杜弢，弢败走，道死，湘州平。"《晋书》卷六六《陶侃传》："侃复率周访等进军人湘，使都尉杨举为先驱，击杜弢，大破之，屯兵于城西。……王敦深忌侃功。将还江陵，欲诣敦别，皇甫方回及朱伺等谏，以为不可。侃不从。敦果留侃不遣，左转广州刺史、平越中郎将，以王廙为荆州。……太兴初，进号平南将军，寻加都督交州军事。及王敦举兵反，诏侃以本官领江州刺史，寻转都督、湘州刺史。敦得志，上侃复本职，加散骑常侍。"《册府元龟》卷四四〇《将帅部·忌害》所载略同。《资治通鉴》卷八九"建兴三年"（315）条系此事于八、九月间。

【晋愍帝朝年代不定者】

丞相行参军宋挺，因悖在三之义，为有司劾，适挺病死，追除挺名为民。

《晋书》卷六九《刘隗传》："避乱渡江，元帝以为从事中郎。隗雅习文史，善求人主意，帝深器遇之。迁丞相司直，委以刑宪。……丞相行参军宋挺，本扬州刺史刘陶门人，陶亡后，挺娶陶爱妾以为小妻。建兴中，挺又割盗官布六百余匹，正刑弃市，遇赦免。既而奋武将军阮抗请为长史。隗劾奏曰：'挺蔑其死主而专其室，悖在三之义，伤人伦之序，当投之四裔以御魑魅。请除挺名，禁锢终身。而奋武将军、太山太守阮抗请为长史。抗纬文经武，剖符东藩，当庸勋忠良，昵近仁贤，而褒求赃污，举顽用嚚。请免抗官，下狱理罪。'奏可，而挺病死。隗又奏：'符旨：挺已丧亡，不复追贬。愚蠢意暗，未达斯义。……请曹如前追除挺名为民，录妾还本，显证恶人，班下远近。'从之。……晋国既建，拜御史中丞。"《册府元龟》卷五一八《宪官部·弹劾》、卷九二九《总录部·谬举》所载略同。

按：据《晋书》卷六《元帝纪》："元皇帝讳睿，字景文……愍帝即位，加左丞相。岁余，进位丞相、大都督中外诸军事。"司马睿于建兴元年（313）加左丞相，次年进位丞相、大都督中外诸军事。刘隗任丞相司直，或从建兴元年始。《晋书》卷六九《刘隗传》谓"晋国既建，拜御史中丞"，则东晋建立（建武元年317）后，隗拜御史中丞。故而，丞相长史宋挺遭劾，应在建兴元年至建武元年间。

东晋贬谪事件

晋元帝朝（317—322）

建武元年（丁丑，317）

吏部尚书周顗，以醉酒为有司所纠，白衣领职。复坐门生斫伤人，免官。

《晋书》卷六九《周顗传》："元帝初镇江左，请为军咨祭酒，出为宁远将军、荆州刺史、领护南蛮校尉、假节。……帝召为扬威将军、兖州刺史。顗还建康，帝留顗不遣，复以为军咨祭酒，寻转右长史。中兴建，补吏部尚书。顷之，以醉酒为有司所纠，白衣领职。复坐门生斫伤人，免官。太兴初，更拜太子少傅，尚书如故。"《晋书》卷六九《刘隗传》："晋国既建，拜御史中丞。周嵩嫁女，门生断道解庐，斫伤二人，建康左尉赴变，又被斫。隗劾嵩兄顗曰：'顗幸荷殊宠，列位上僚，当崇明宪典，协和上下，刑于左右，以御于家邦。而乃纵肆小人，群为凶害，公于广都之中白日刃尉，远近汹吓，百姓喧哗，亏损风望，渐不可长。既无大臣检御之节，不可对扬休命。宜加贬黜，以肃其违。'顗坐免官。"《册府元龟》卷九一四《总录部·酒失》、卷五一八《宪官部·弹劾》所载略同。

余姚令山遐，为县豪族构陷辄造县舍罪，免官。

《晋书》卷四三《山涛传附简子遐传》："时江左初基，法禁宽弛，豪族多挟藏户口，以为私附。遐绳以峻法，到县八旬，出口万余。县人虞喜以藏户当弃市，遐欲绳喜。诸豪强莫不切齿于遐，言于执事，以喜有高节，不宜屈辱。又以遐辄造县舍，遂陷其罪。遐与会稽内史何充笺：'乞留百日，穷蒐逋逃，退而就罪，

359

无恨也。'充申理，不能得。竟坐免官。"《册府元龟》卷七〇六《令长部·强毅》所载略同。

按：《晋书》卷四三《山遐传》谓"江左初基"，当指东晋初建。司马睿建立东晋在建兴五年（317）三月，改元建武，又谓遐"到县八旬"，姑系于本年。

尚书刁协，因醉酒，令威仪牵捽尚书郎卢綝堕马，免协官。

《晋书》卷七一《熊远传》："转御史中丞。时尚书刁协用事，众皆惮之。尚书郎卢綝将入直，遇协于大司马门外。协醉，使綝避之，綝不回。协令威仪牵捽綝堕马，至协车前而后释。远奏免协官。"《晋书》卷六九《刁协传》："元帝为丞相，以协为左长史。中兴建，拜尚书左仆射。于时朝廷草创，宪章未立，朝臣无习旧仪者。协久在中朝，谙练旧事，凡所制度，皆禀于协焉，深为当时所称许。太兴初，迁尚书令，在职数年，加金紫光禄大夫，令如故。"《册府元龟》卷四八一《台省部·谴责》所载略同。

按：据《晋书》卷六九《刁协传》，中兴建，刁协拜尚书左仆射，即建武元年（317），东晋建立，刁协为尚书左仆射。太兴初应指太兴元年（318），协迁尚书令，且在任数年。御史中丞熊远奏免协官，当在任尚书左仆射与尚书令间，姑系于建武元年。

太兴元年（戊寅，318）

三月，奉朝请周嵩，谏司马睿勿急于称帝，忤旨，出为新安太守。

《晋书》卷六《元帝纪》："（建武元年）三月，帝素服出次，举哀三日。……辛卯，即王位，大赦，改元。……太兴元年春正月戊申朔，临朝，悬而不乐。三月癸丑，愍帝崩问至，帝斩缞居庐。丙辰，百僚上尊号。"《晋书》卷六一《周浚传附周嵩传》："及帝为晋王，又拜奉朝请。嵩上疏曰：'臣闻取天下者，常以无事。及其有事，不足以取天下。故古之王者，必应天顺时，义全而后取，让成而后得，是以享世长久，重光万载也。今议者以殿下化流江汉，泽被六州，功济苍生，欲推崇尊号。臣谓今梓宫未反，旧京未清，义夫泣血，士女震动；宜深明周公之道，先雪社稷大耻，尽忠言嘉谋之助，以时济弘仁之功，崇谦谦之美，推后己之诚；然后揖让以谢天下，谁敢不应，谁敢不从！'由是忤旨，出为新安太守。

嵩怏怏不悦，临发，与散骑郎张嶷在侍中戴邈坐，褒贬朝士，又诋毁邈，邈密表之。帝召嵩入……帝怒，收付廷尉。廷尉华恒以嵩大不敬弃市论，嶷以扇和减罪除名。时顗方贵重，帝隐忍。久之，补庐陵太守，不之职，更拜御史中丞。"《册府元龟》卷一八一《帝王部·恶直》、卷九三四《总录部·告讦》所载略同。《资治通鉴》卷九〇"大兴元年"（318）条系此事于三月。

中书郎孔愉，谓王导忠贤，忤司马睿旨，出为司徒左长史。

《晋书》卷七八《孔愉传》："帝为晋王，使长兼中书郎。于时刁协、刘隗用事，王导颇见疏远。愉陈导忠贤，有佐命之勋，谓事无大小皆宜咨访。由是不合旨，出为司徒左长史，累迁吴兴太守。"

按：《晋书》卷六《元帝纪》："（建武元年三月）辛卯，即王位，大赦，改元。……太兴元年春正月戊申朔，临朝，悬而不乐。三月癸丑，愍帝崩问至，帝斩缞居庐。丙辰，百僚上尊号。……是日，即皇帝位。"司马睿在建兴五年（317）三月，始为晋王，改元建武，次年（318）三月即帝位。《晋书》卷七八《孔愉传》所谓"刁协、刘隗用事"，指太兴元年（318），刁协任尚书令、刘隗为侍中。《晋书》卷六九《刁协传》："中兴建，拜尚书左仆射。于时朝廷草创，宪章未立，朝臣无习旧仪者。协久在中朝，谙练旧事，凡所制度，皆禀于协焉，深为当时所称许。太兴初，迁尚书令，在职数年，加金紫光禄大夫，令如故。"《晋书》卷六九《刘隗传》："晋国既建，拜御史中丞。……太兴初，长兼侍中，赐爵都乡侯，寻代薛兼为丹杨尹，与尚书令刁协并为元帝所宠，欲排抑豪强。"《晋书》卷六五《王导传》："及帝登尊号，百官陪列，命导升御床共坐。导固辞，至于三四……帝乃止。进骠骑大将军、仪同三司。以讨华轶功，封武冈侯。进位侍中、司空、假节、录尚书，领中书监。……导以为皇太子副贰宸极，普天有情，宜同三朝之哀。从之。及刘隗用事，导渐见疏远，任真推分，澹如也。有识咸称导善处兴废焉。"《晋书》卷九八《王敦传》："初，敦务自矫厉，雅尚清谈，口不言财色。既素有重名，又立大功于江左，专任阃外，手控强兵，群从贵显，威权莫贰，遂欲专制朝廷，有问鼎之心。帝畏而恶之，遂引刘隗、刁协等以为心膂。敦益不能平，于是嫌隙始构矣。"故而，中书郎孔愉忤旨出为司徒左长史，应在太兴元年。

太兴二年(己卯，319)

征讨都督(征虏将军)羊鉴，因讨叛战败，免死，除名。

《晋书》卷六《元帝纪》："(太兴二年)二月，太山太守徐龛斩周抚，传首京师。夏四月，龙骧将军陈川以浚仪叛。降于石勒。太山太守徐龛以郡叛，自号兖州刺史，寇济岱。……八月，肃慎献楛矢石砮。徐龛寇东莞，遣太子左卫率羊鉴行征虏将军，统徐州刺史蔡豹讨之。……三年春正月丁酉朔……五月丙寅，孝怀帝太子诠遇害于平阳，帝三日哭。庚寅，地震。是月……石勒将徐龛帅众来降。……九月，徐龛又叛，降于石勒。……四年春二月，徐龛又帅众来降。"《晋书》卷八一《羊鉴传》："羊鉴字景期，太山人也。……鉴为东阳太守，累迁太子左卫率。时徐龛反叛，司徒王导以鉴是龛州里冠族，必能制之，请遣北讨。鉴深辞才非将帅。太尉郗鉴亦表谓鉴非才，不宜妄使。导不纳，强启授以征讨都督，果败绩。导以举鉴非才，请自贬，帝不从。有司正鉴斩刑，元帝诏以鉴太妃外属，特免死，除名。久之，为少府。"

按：据《晋书》卷六《元帝纪》，太山太守徐龛于太兴二年(319)四月、太兴三年九月两次叛乱，羊鉴因讨徐龛战败免死除名，在太兴二年八月稍后。

太兴三年(庚辰，320)

尚书吏部郎刘胤，知大将军王敦有不臣之心，枕疾不视事，忤敦意，出为豫章太守。

《晋书》卷六《元帝纪》："(太兴)三年春正月丁酉朔，晋王保为刘曜所逼，迁于桑城。二月辛未，石勒将石季龙寇厌次，平北将军、冀州刺史邵续击之，续败，没于阵。"《晋书》卷八一《刘胤传》："既至，元帝命为丞相参军，累迁尚书吏部郎。胤闻石季龙攻厌次，言于元帝曰：'北方方镇皆没，惟余邵续而已。如使君为季龙所制，孤义士之心，阻归本之路。愚谓宜存救援。'元帝将遣救之，会续已没而止。王敦素与胤交，甚钦贵之，请为右司马。胤知敦有不臣心，枕疾不视事，以是忤敦意，出为豫章太守，辞以脚疾，诏就家授印绶。……胤至，诛鸿及诸豪右，界内肃然。咸和初，为平南军司，加散骑常侍。"《册府元龟》卷七九〇《总录部·知几》所载略同。

征虏将军羊鉴，讨叛战败被免官。徐州刺史蔡豹，朝廷以羊鉴兵配之，讨叛，降号折冲将军，后被斩。

《晋书》卷六《元帝纪》："（太兴二年）二月，太山太守徐龛斩周抚，传首京师。……太山太守徐龛以郡叛，自号兖州刺史，寇济岱。……八月……徐龛寇东莞，遣太子左卫率羊鉴行征虏将军，统徐州刺史蔡豹讨之。……三年春正月丁酉朔……五月丙寅……是月，晋王保为其将张春所害。刘曜使陈安攻春，灭之，安因叛曜。石勒将徐龛帅众来降。……九月，徐龛又叛，降于石勒。……四年春二月，徐龛又帅众来降。"《晋书》卷八一《蔡豹传》："是时太山太守徐龛与彭城内史刘遐同讨反贼周抚于寒山，龛将于药斩抚。及论功，而遐先之。龛怒，以太山叛，自号安北将军、兖州刺史，攻破东莞太守侯史旄而据其坞。石季龙伐之，龛惧，求降，元帝许焉。既而复叛归石勒，勒遣其将王伏都、张景等数百骑助龛。诏征虏将军羊鉴、武威将军侯礼、临淮太守刘遐、鲜卑段文鸯等与豹共讨之。诸将畏懦，顿兵下邳，不敢前。豹欲进军，鉴固不许。龛遣使请救于勒，勒辞以外难，而多求于龛。又王伏都等淫其室。龛知勒不救，且患伏都等纵暴，乃杀之，复求降。元帝恶其反复，不纳，敕豹、鉴以时进讨。鉴及刘遐等并疑惮不相听从，互有表闻，故豹久不得进。尚书令刁协奏曰：'……。'于是遣治书御史郝嘏为行台，催摄令进讨。豹欲径进，鉴执不听。协又奏免鉴官，委豹为前锋，以鉴兵配之，降号折冲将军，以责后效。豹进据下城，欲以逼龛。时石季龙屯钜平，将攻豹，豹夜逾。退守下邳。徐龛袭取豹辎重于檀丘，将军留宠、陆党力战，死之。豹既败，将归谢罪，北中郎王舒止之，曰：'胡寇方至，使君且当摄职，为百姓障扞。贼退谢罪，不晚也。'豹从之。元帝闻豹退，使收之。使者至，王舒夜以兵围豹，豹以为他难，率麾下击之，闻有诏乃止。舒执豹，送至建康，斩之，尸于市三日，时年五十二。"《册府元龟》卷四四五《将帅部·逗挠》所载略同。

永昌元年（壬午，322）

正月，大将军长史谢鲲，劝大将军王敦勿反，被贬豫章太守，又留不遣。

《晋书》卷六《元帝纪》："永昌元年正月乙卯，大赦，改元。戊辰，大将军王敦举兵于武昌，以诛刘隗为名，龙骧将军沈充帅众应之。"《晋书》卷四九《谢鲲传》："左将军王敦引为长史，以讨杜弢功封咸亭侯。母忧去职，服阕，迁敦大将军长史。……及敦将为逆，谓鲲曰：'刘隗奸邪，将危社稷。吾欲除君侧之恶，匡主济时，何如?'对曰：'隗诚始祸，然城狐社鼠也。'敦怒曰：'君庸才，岂达大理。'出鲲为豫章太守，又留不遣，藉其才望，逼与俱下。……敦既诛害忠贤，而称疾不朝，将还武昌。……竟不朝而去。是时朝望被害，皆为其忧。而鲲推理安常，时进正言。敦既不能用，内亦不悦。军还，使之郡，莅政清肃，百姓爱之。寻卒官，时年四十三。"《资治通鉴》卷九二"永昌元年"（322）条系此事于正月。

大将军参军王峤，劝大将军王敦勿擅杀建康名士，忤敦意，出为领军长史。

《晋书》卷六《元帝纪》："永昌元年正月乙卯，大赦，改元。戊辰，大将军王敦举兵于武昌，以诛刘隗为名，龙骧将军沈充帅众应之。……四月，敦前锋攻石头，周札开城门应之，奋威将军侯礼死之。敦据石头，戴若思、刘隗帅众攻之，王导、周顗、郭逸、虞潭等三道出战，六军败绩。尚书令刁协奔于江乘，为贼所害。镇北将军刘隗奔于石勒。帝遣使谓敦曰：'公若不忘本朝，于此息兵，则天下尚可共安也。如其不然，朕当归于琅邪，以避贤路。'辛未，大赦。敦乃自为丞相、都督中外诸军、录尚书事，封武昌郡公，邑万户。丙子，骠骑将军、秣陵侯戴若思，尚书左仆射、护军将军、武城侯周顗为敦所害。敦将沈充陷吴国，魏乂陷湘州，吴国内史张茂，湘州刺史、谯王承并遇害。"《晋书》卷七五《王湛传附王峤传》："王敦请为参军，爵九原县公。……敦将杀周顗、戴若思，峤于坐谏曰：'济济多士，文王以宁。安可戮诸名士，以自全生！'敦大怒，欲斩峤，赖谢鲲以免。敦犹衔之，出为领军长史。敦平后，除中书侍郎，兼大著作，固辞。"《晋书》卷九八《王敦传》："敦至石头……诸将与敦战，王师败绩。既入石头，拥兵不朝，放肆兵士劫掠内外。……敦收周顗、戴若思害之。"《资治通鉴》卷九二"永昌元年"（322）条系此事于三、四月间。

按：据《晋书》卷六《元帝纪》云："（永昌元年）四月，敦前锋攻石头，周札开城门应之，奋威将军侯礼死之。敦据石头，戴若思、刘隗帅众攻之，王导、周顗、郭逸、虞潭等三道出战，六军败绩。"即永昌元年三月，戴若思、周顗尚未被王敦所俘，故王敦将杀周顗、戴若思等名士，参军王峤劝阻，不应在三月。《资治通鉴》卷九二"永昌元年"(322)条又谓"夏，四月，敦还武昌"。王敦攻入建康后，即还屯武昌。《资治通鉴》系出王峤为领军长史于四月前，应误，当系于四月。

散骑常侍华谭，疾甚，不能入省王敦，坐免。

《晋书》卷五二《华谭传》："久之，加散骑常侍，屡以疾辞。及王敦作逆，谭疾甚，不能入省，坐免。卒于家。"

丹杨尹戴邈，因兄骠骑将军戴渊(字若思)抗王敦入建康，兄遇害，弟邈坐免官。

《晋书》卷六九《戴若思传附弟邈传》："代刘隗为丹杨尹。王敦作逆，加左将军。及敦得志，而若思遇害，邈坐免官。敦诛后，拜尚书仆射。卒官，赠卫将军，谥曰穆。"

【晋元帝朝年代不定者】

大将军主簿阮裕，有意以酒废职，出为溧阳令，复以公事免官。

《晋书》卷四九《阮籍传附阮裕传》："裕字思旷。宏达不及放，而以德业知名。弱冠辟太宰掾。大将军王敦命为主簿，甚被知遇。裕以敦有不臣之心，乃终日酣觞，以酒废职。敦谓裕非当世实才，徒有虚誉而已，出为溧阳令，复以公事免官。由是得违敦难，论者以此贵之。咸和初，除尚书郎。"《册府元龟》卷七九〇《总录部·知几》所载略同。

按：《晋书》卷六《元帝纪》："(建武元年)三月，帝素服出次，举哀三日。西阳王羕及群僚参佐、州征牧守等上尊号，帝不许。羕等以死固请，至于再三。……群臣乃不敢逼，请依魏晋故事为晋王，许之。辛卯，即王位，大赦，改元。……丙辰，立世子绍为晋王太子。以抚军大将军、西阳王羕为太保，征南大将军、汉安侯王敦为大将军，右将军王导都督中外诸军事、骠骑将军，左长史刁协为尚书左仆射。……(太兴元年)夏四月丁丑朔，日有食之。加大将军王敦江州牧，进骠骑将军王导开府仪同三司。……十一月乙卯，日夜出，高三丈，中有

365

赤青珥。新蔡王弼薨。加大将军王敦荆州牧。……永昌元年正月乙卯，大赦，改元。戊辰，大将军王敦举兵于武昌，以诛刘隗为名，龙骧将军沈充帅众应之。……秋七月，王敦自加兖州刺史郗鉴为安北将军。"则王敦为大将军，始于建武元年（317），永昌元年（322），王敦举兵于武昌。故而，阮裕为大将军王敦主簿，当在王敦举兵叛乱之前，阮裕出为溧阳令，复以公事免官，当在建武元年至永昌元年间。

大将军主簿何充，非议大将军王敦兄王含，忤敦，左迁东海王文学。

《晋书》卷七七《何充传》："何充字次道，庐江灊人……初辟大将军王敦掾，转主簿。敦兄含时为庐江郡，贪污狼藉，敦尝于座中称曰：'家兄在郡定佳，庐江人士咸称之。'充正色曰：'充即庐江人，所闻异于此。'敦默然。傍人皆为之不安，充晏然自若。由是忤敦，左迁东海王文学，寻属敦败，累迁中书侍郎。"《册府元龟》卷七一九《幕府部·公正》所载略同。

按：据《晋书》卷六《元帝纪》，永昌元年（322），大将军王敦举兵于武昌，何充为大将军王敦主簿，或与阮裕任王敦主簿同时，当在王敦叛乱之前。

晋陵内史张闿，以擅兴造，免官。

《晋书》卷七六《张闿传》："帝践阼，出补晋陵内史，在郡甚有威惠。帝下诏曰：'夫二千石之任，当勉励其德，绥齐所莅，使宽而不纵，严而不苛，其于勤功督察，便国利人，抑强扶弱，使无杂滥，真太守之任也。若声过其实，古人所不取。功乎异端，为政之甚害，盖所贵者本也。'闿遵而行之。时所部四县并以旱失田，闿乃立曲阿新丰塘，溉田八百余顷，每岁丰稔。葛洪为其颂。计用二十一万一千四百二十功，以擅兴造免官。后公卿并为之言曰：'张闿兴陂溉田，可谓益国，而反被黜，使臣下难复为善。'帝感悟，乃下诏曰：'丹杨侯闿昔以劳役部人免官，虽从吏议，犹未掩其忠节之志也。仓廪国之大本，宜得其才。今以闿为大司农。'闿陈黜免始尔，不宜便居九列。疏奏，不许，然后就职。帝晏驾，以闿为大匠卿，营建平陵，事毕，迁尚书。苏峻之役，闿与王导俱入宫侍卫。"《册府元龟》卷六七八《牧守部·兴利》所载略同。

按：《晋书》卷七六《张闿传》谓"帝践阼"，指晋元帝司马睿太兴元年（318）

称帝。张闿为晋陵内史，当在本年或稍后。又谓"帝晏驾，以闿为大匠卿"，指永昌元年(322)闰十一月，司马睿去世。故而，张闿为晋陵内史，约在太兴元年至永昌元年。

晋明帝朝(323—325)

太宁元年(癸未，323)

三月，征虏将军、徐州刺史卞敦，因畏战，贬秩三等，为鹰扬将军。

《晋书》卷六《明帝纪》："(太宁元年)三月戊寅朔，改元，临轩，停飨宴之礼，悬而不乐。丙戌，陨霜，杀草。……石勒攻陷下邳，徐州刺史卞敦退保盱眙。"《晋书》卷七〇《卞壶传附卞敦传》："中兴建，拜太子左卫率。时石勒侵逼淮泗，帝备求良将可以式遏边境者，公卿举敦，除征虏将军、徐州刺史，镇泗口。及勒寇彭城，敦自度力不能支，与征北将军王邃退保盱眙，贼势遂张，淮北诸郡多为所陷，竟以畏懦贬秩三等，为鹰扬将军。征拜大司农。王敦表为征虏将军、都督石头军事。明帝之讨王敦也。以为镇南将军、假节。事平，更拜尚书，以功封益阳侯。"《册府元龟》卷四五三《将帅部·怯懦》所载略同。

太宁三年(乙酉，325)

太常邓攸，因晋明帝行南郊，攸病不堪行郊而拜道左，坐免。

《晋书》卷六《明帝纪》："(太宁三年)秋七月辛未……又诏曰：'郊祀天地，帝王之重事。自中兴以来，惟南郊，未曾北郊，四时五郊之礼都不复设，五岳、四渎、名山、大川载在祀典应望秩者，悉废而未举。主者其依旧详处。'八月……闰月，以尚书左仆射荀崧为光禄大夫、录尚书事，尚书邓攸为尚书左仆射。……戊子，帝崩于东堂，年二十七，葬武平陵，庙号肃祖。"《晋书》卷九〇《邓攸传》："太宁二年，王敦反，明帝密谋起兵，乃迁攸为会稽太守。初，王敦伐都之后，中外兵数每月言之于敦。攸已出在家，不复知护军事，有恶攸者，诬攸尚白敦兵数。帝闻而未之信，转攸为太常。时帝南郊，攸病不能从。车驾过攸问疾，攸力病出拜。有司奏攸不堪行郊而拜道左，坐免。攸每有进退，无喜愠之色。久之，迁尚书右仆射。"《晋书》卷一九《礼志上》："明帝太宁三年七月，始诏立北郊，未及建而帝崩。"《册府元龟》卷六二五《卿监部·废黜》所载略同。

按：据《晋书》卷六《明帝纪》谓太宁三年(325)七月，晋明帝下诏议行北郊之事，晋明帝于太宁三年闰八月戊子去世。《晋书·礼志》谓晋明帝在世时未行北郊，应只行南郊。《晋书·邓攸传》谓"有恶攸者，诬攸尚白敦兵数。帝闻而未之信，转攸为太常"，即邓攸任太常时，王敦之乱尚未平定。王敦之乱平定在太宁二年(324)七月。南郊祭天，一般在正月。故而，太常邓攸被免官，应在太宁三年(325)正月南郊时。

【晋明帝朝年代不定者】

太子太傅、平乐伯荀崧，坐使威仪为猛兽所食，免职。

《晋书》卷六《明帝纪》："(太宁二年)秋七月壬申朔，敦遣其兄含及钱凤、周抚、邓岳等水陆五万，至于南岸。……平旦，战于越城，大破之，斩其前锋将何康。王敦愤惋而死。"《晋书》卷七五《荀崧传》："太宁初，加散骑常侍，后领太子太傅。以平王敦功，更封平乐伯。坐使威仪为猛兽所食，免职。后拜金紫光禄大夫、录尚书事，散骑常侍如故。"

按：据《晋书》卷六《明帝纪》与《晋书》卷九八《王敦传》，王敦之乱被平定在太宁二年(324)七月，朝廷封赏各有差约在本月，荀崧封平乐伯应在此时。其坐使威仪为猛兽所食免职，当在此年或稍后。

晋成帝朝(326—342)

咸和元年(丙戌，326)

十月，抚军将军南顿王司马宗，因谋反被杀，其族被贬为马氏，妻子徙于晋安，既而原之。三子：绰、超、演，废为庶人。太宰、西阳王司马羕，坐弟南顿王宗谋反，免官，降为弋阳县王。

《晋书》卷七《成帝纪》："咸和元年春二月丁亥，大赦，改元……冬十月，封魏武帝玄孙曹劢为陈留王，以绍魏。丙寅，卫将军、汝南王祐薨。己巳，封皇弟岳为吴王。车骑将军、南顿王宗有罪，伏诛，贬其族为马氏。免太宰、西阳王羕，降为弋阳县王。"《晋书》卷五九《汝南文成王亮传附南顿王宗传》："宗与王导、庾亮志趣不同，连结轻侠，以为腹心，导、亮并以为言。帝以宗戚属，每容之。及帝疾笃，宗、胤密谋为乱，亮排闼入，升御床，流涕言之，帝始悟。转为骠骑将军。胤为大宗正。宗遂怨望形于辞色。咸和初，御史中丞钟雅劾宗谋反，庾亮使右卫将军赵胤收之。宗以兵距战，为胤所杀，贬其族为马氏，徙妻子于晋安，既而原之。三子：绰、超、演，废为庶人。咸康中，复其属籍。"《晋书》卷五九《汝南文成王亮传附西阳王羕传》："咸和初，坐弟南顿王宗免官，降为弋阳县王。及苏峻作乱，羕诣峻称述其勋，峻大悦，矫诏复羕爵位。峻平，赐死。世子播、播弟充及息崧并伏诛，国除。咸康初，复其属籍，以羕孙珉为奉车都尉、奉朝请。"《晋书》卷七三《庾亮传》："及帝疾笃，不欲见人，群臣无得进者。抚军将军、南顿王宗，右卫将军虞胤等，素被亲爱，与西阳王羕将有异谋。亮直入卧内见帝，流涕不自胜。既而正色陈羕与宗等谋废大臣，规共辅政，社稷安否，将在今日，辞旨切至。帝深感悟，引亮升御座，遂与司徒王导受遗诏辅幼主。加亮给事中，徙中书令。太后临朝，政事一决于亮。"《资治通鉴》卷九三"咸和元年"（326）条系此事于十月。

十月，右卫将军虞胤，坐南顿王司马宗谋反案，左迁桂阳太守，后频徙琅邪、卢陵太守。

《晋书》卷九三《虞豫传附虞胤传》："太宁末，追赠豫官，以胤袭侯爵，转右卫将军。与南顿王宗俱为明帝所昵，并典禁兵。及帝不豫，宗以阴谋发觉，事连胤，帝隐忍不问，徙胤为宗正卿，加散骑常侍。咸和二年，宗伏诛，左迁胤为桂阳太守，秩中二千石。频徙琅邪、卢陵太守。咸康元年卒，追赠卫将军，加散骑常侍。子洪袭爵。"《资治通鉴》卷九三"咸和元年"（326）条："免太宰西阳王羕，降封弋阳县王，大宗正虞胤左迁桂阳太守。"

按：《晋书》卷九三《虞胤传》谓"咸和二年，宗伏诛，左迁胤为桂阳太守"，咸和二年实误，当为元年。

琅邪国相诸葛颐，因琅邪王司马昱，服母丧制服重，未能匡正，免官。

《晋书》卷三二《简文宣郑太后》："咸和元年薨，简文帝时为琅邪王，制服重。有司以王出继，宜降所生，国臣不能匡正，奏免国相诸葛颐。王上疏曰：'亡母生临臣国，没留国第，臣虽出后，亦无所厌，则私情得叙。昔敬后崩，孝王已出继，亦还服重。此则明比，臣所宪章也。'明穆皇后不夺其志，乃徙琅邪王为会稽王，追号后曰会稽太妃。及简文帝即位，未及追尊。临崩，封皇子道子为琅邪王，领会稽国，奉太妃祀。"《晋书》卷七七《诸葛恢传附诸葛颐传》："恢兄颐，字道回，亦为元帝所器重，终于太常。"

咸和三年（戊子，328）

会稽内史王舒，以吴国内史庾冰、护军参军顾飏，共讨苏峻叛乱，冰、飏兵败，免冰、飏督护，舒以白衣行事。

《晋书》卷七《成帝纪》："（咸和三年）五月乙未，峻逼迁天子于石头，帝哀泣升车，宫中恸哭。峻以仓屋为宫，遣管商、张瑾、弘徽寇晋陵，韩晃寇义兴。吴兴太守虞潭与庾冰、王舒等起义兵于三吴。"《晋书》卷七六《王舒传》："时将征苏峻，司徒王导欲出舒为外援，乃授抚军将军、会稽内史，秩中二千石。……在郡二年而苏峻作逆，乃假舒节都督，行扬州刺史事。时吴国内史庾冰弃郡奔舒，舒移告属郡，以吴王师虞騑为军司，御史中丞谢藻行龙骧将军、监前锋征讨军事，率众一万，与庾冰俱渡浙江。前义兴太守顾众、护军参军顾飏等，皆起义军以应舒。舒假众扬威将军、督护吴中军事，飏监晋陵军事，于御亭筑垒。峻闻舒等兵起，乃赦庾亮诸弟，以悦东军。舒率众次郡之西江，为冰、藻后继。冰、飏等遣前锋进据无锡，遇贼将张健等数千人，交战，大败，奔还御亭，复自相惊扰，冰、飏等并退于钱唐，藻守嘉兴。贼遂入吴，烧府舍，掠诸县，所在涂地。舒以轻进奔败，斩二军主者，免冰、飏督护，以白衣行事。"《晋书》卷七三《庾亮传附庾冰传》："王导请为司徒右长史，出补吴国内史。会苏峻作逆，遣兵攻冰，冰不能御，便弃郡奔会稽。会稽内史王舒以冰行奋武将军，距峻别率张健于吴中。时健党甚众，诸将莫敢先进。冰率众击健走之，于是乘胜西进，赴于京都。又遣司马滕含攻贼石头城，拔之。"《册府元龟》卷三五〇《将帅部·立功》所载略同。

咸和四年(己丑，329)

都督安南将军、湘州刺史卞敦，因未讨苏峻，转安南将军、广州刺史。病不之职。

《晋书》卷七《成帝纪》："(咸和二年)十一月，豫州刺史祖约、历阳太守苏峻等反。……三年春正月……九月戊申，司徒王导奔于白石。庚午，陶侃使督护杨谦攻峻于石头。温峤、庾亮阵于白石，竟陵太守李阳距贼南偏。峻轻骑出战，坠马，斩之，众遂大溃。贼党复立峻弟逸为帅。……四年春正月……二月，大雨霖。丙戌，诸军攻石头。李阳与苏逸战于柤浦，阳军败。建威长史滕含以锐卒击之，逸等大败。含奉帝御于温峤舟，群臣顿首号泣请罪。"《晋书》卷七〇《卞壶传附卞敦传》："明帝之讨王敦也，以为镇南将军、假节。事平，更拜尚书，以功封益阳侯。徙光禄勋，出为都督安南将军、湘州刺史、假节。寻进征南将军，固辞不拜。苏峻反，温峤、庾亮移檄征镇同赴京师。敦拥兵不下，又不给军粮，唯遣督护荀璲领数百人随大军而已。时朝野莫不怪叹，独陶侃亦切齿忿之。峻平，侃奏敦阻军顾望，不赴国难，无大臣之节，请槛车收付廷尉。丞相王导以丧乱之后宜加宽宥，转安南将军、广州刺史。病不之职。征为光禄大夫，领少府。敦既不讨苏峻，常怀愧耻，名论自此亏矣。寻以忧卒。"

按：据《晋书》卷七《成帝纪》，苏峻叛乱，始于咸和二年(327)十一月，被平定在咸和四年(329)二月。故而，峻平，卞敦转安南将军、广州刺史，当在咸和四年二月或稍后。

咸和五年(庚寅，330)

南中郎将周抚，畏战，免官。

《晋书》卷七《成帝纪》："(咸和五年)秋八月，石勒僭即皇帝位，使其将郭敬寇襄阳。南中郎将周抚退归武昌，中州流人悉降于勒。"《晋书》卷五八《周访传附子抚传》："苏峻作逆，率所领从温峤讨之。峻平，迁监沔北军事、南中郎将，镇襄阳。石勒将郭敬率骑攻抚，抚不能守，率所领奔于武昌，坐免官。寻迁振威将军、豫章太守，后代毌丘奥监巴东诸军事、益州刺史、假节，将军如故。"《册府元龟》卷四五〇《将帅部·失守》所载略同。

咸康二年（丙申，336）

二月，尚书谢裒以下，因算军用税米事，免官。

《晋书》卷七《成帝纪》："（咸康二年）二月，算军用税米，空悬五十余万石，尚书谢裒已下免官。"《晋书》卷二六《食货志》："咸康初，算度田税米，空悬五十余万斛，尚书褚裒以下免官。"《晋书》卷九三《褚裒传》："苏峻之构逆也，车骑将军郗鉴以裒为参军。峻平，以功封都乡亭侯，稍迁司徒从事中郎，除给事黄门侍郎。康帝为琅邪王时，将纳妃，妙选素望，诏娉裒女为妃，于是出为豫章太守。及康帝即位，征拜侍中，迁尚书。以后父，苦求外出，除建威将军、江州刺史，镇半洲。在官清约，虽居方伯，恒使私童樵采。顷之，征为卫将军，领中书令。裒以中书铨管诏命，不宜以姻戚居之，固让，诏以为左将军、兖州刺史、都督兖州徐州之琅邪诸军事、假节，镇金城，又领琅邪内史。"

按：《晋书》卷七《成帝纪》谓"尚书谢裒已下免官"，《晋书》卷九三《食货志》谓"尚书褚裒以下免官"，中华书局整理本《晋书》校勘记云"似作'谢裒'是"。然考东晋咸康年间似无人名"谢裒"，有谢安之父名"谢裒"，"谢裒""褚裒"，或为"谢裒"之形误。又据《晋书》卷九三《褚裒传》，褚裒迁尚书在康帝即位后，非成帝咸康初年，然《成帝纪》与《食货志》皆谓咸康时。故因算军用税米事免官者，当为"谢裒"，而非"谢裒"或"褚裒"。

侍中孔坦，谏晋成帝司马衍勿委政王导，忤导意，出为廷尉。

《晋书》卷七八《孔愉传附孔坦传》："坦在职数年，迁侍中。时成帝每幸丞相王导府，拜导妻曹氏，有同家人，坦每切谏。时帝刻日纳后，而尚书左仆射王彬卒，议者以为欲却期。坦曰：'婚礼之重，重于救日蚀。救日蚀，有后之丧，太子堕井，则止。纳后盛礼，岂可以臣丧而废！'从之。及帝既加元服，犹委政王导，坦每发愤，以国事为己忧，尝从容言于帝曰：'陛下春秋已长，圣敬日跻，宜博纳朝臣，咨诹善道。'由是忤导，出为廷尉，怏怏不悦，以疾去职。"《册府元龟》卷四六〇《台省部·正直》所载略同。

按：《晋书》卷七《成帝纪》："咸康元年春正月庚午朔，帝加元服，大赦，改元。"晋成帝加元服在咸康元年（335）。《晋书》卷七《成帝纪》："（咸康二年）二月……辛亥，立皇后杜氏，大赦，增文武位一等。"则晋成帝立皇后杜氏在咸康二年。《晋书》卷七八《孔坦传》谓"时帝刻日纳后"，即指咸康二年二月辛亥立皇后杜氏。《资治通鉴》卷九五"咸康二年"（336）条："（咸康二年）夏，六月……前廷尉孔坦卒。……九月，慕容皝遣长史刘斌、兼郎中令辽东阳景送徐孟等还建康。"又联系孔坦本传所载庾亮报书，可知孔坦卒于咸康二年八、九月间。故而，孔坦出为廷尉，应在咸康二年上半年。

咸康五年（己亥，339）

辅国将军、梁州刺史庾怿，因牙门霍佐亡归后赵，贬怿为建威将军。

《晋书》卷七三《庾亮传附庾怿传》："以讨苏峻功，封广饶男，出补临川太守，历监梁、雍二州军事，转辅国将军、梁州刺史、假节，镇魏兴。时兄亮总统六州，以怿宽厚容众，故授以远任，为东西势援。寻进监秦州氐羌诸军事。怿遣牙门霍佐迎将士妻子，佐驱三百余口亡入石季龙。亮表上，贬怿为建威将军。朝议欲召还，亮上疏曰：'怿御众简而有惠，州户虽小，赖其宽政。佐等同恶，大数不多。且怿名号大，不可以小故轻议进退。其文武之心转已安定，贼帅艾秀遣使归诚，上洛附贼降者五百余口，冀一安隐，无复怵惕。'从之。后以所镇险远，粮运不继，诏怿以将军率所领还屯半洲。"

按：《晋书》卷七《成帝纪》："（咸和）九年春正月，陨石于凉州二。……六月……乙卯，太尉、长沙公陶侃薨。"《晋书》卷七三《庾亮传》："陶侃薨，迁亮都督江、荆、豫、益、梁、雍六州诸军事，领江、荆、豫三州刺史，进号征西将军、开府仪同三司、假节。亮固让开府，乃迁镇武昌。"故而，庾亮都督江、荆、豫、益、梁、雍六州诸军事，始于咸和九年（334），《晋书》卷七三《庾怿传》谓"时兄亮总统六州"即指此。崔鸿《十六国春秋》卷一六《后赵录六·石虎传》："建武五年……（庾）亮弟怿时为辅国将军、梁州刺史，假节，镇魏兴。遣牙门霍佐迎将士妻子，佐驱三百余口奔降于虎。燕复遣别将来攻辽西，虎以石成为镇远将军，帅积弩将军呼延晃，建威将军张支等击之，晃、支为燕所杀，俘获数千家而去。"《十六国春秋》直谓后赵建武五年（339），庾怿牙门霍佐奔降于石虎，时在东晋咸康五年（339）。

【晋成帝朝年代不定者】

吏部尚书蔡谟与太常张泉，因冬蒸失礼，俱免，谟白衣领职。

《晋书》卷七七《蔡谟传》："苏峻构逆……峻平，复为侍中，迁五兵尚书，领琅邪王师。……转掌吏部。以平苏峻勋，赐爵济阳男，又让，不许。冬蒸，谟领祠部，主者忘设明帝位，与太常张泉俱免，白衣领职。顷之，迁太常，领秘书监，以疾不堪亲职，上疏自解，不听。"《册府元龟》卷四八一《台省部·谴责》所载略同。

按：据《晋书》卷七《成帝纪》，苏峻叛乱，始于咸和二年（327）十一月，被平定在咸和四年二月。《晋书》卷七七《蔡谟传》谓蔡谟转掌吏部，在苏峻被平之后。故而，蔡谟与太常张泉俱免，白衣领职，也在咸和四年二月后。又二人因"冬蒸"时"主者忘设明帝位"免。蔡谟本传又谓"石勒新死"，据《晋书》卷一〇五《石勒载记下》："勒疾甚，遗令：'三日而葬……。'以咸和七年死，时年六十，在位十五年。夜瘗山谷，莫知其所，备文物虚葬，号高平陵。伪谥明皇帝，庙号高祖。"据吴士鉴《晋书斠注》卷一〇五："……咸云勒死于咸和八年七月，考勒僭即王位在元帝大兴二年，至咸和八年，正合在位十五年之数，传作死于七年，实误。"则石勒于建平四年（333）七月去世，即咸和八年（333）七月。可知，蔡谟与太常张泉俱免，在咸和四年二月后，咸和八年七月前。

著作郎王隐，因著作郎虞预谤言，免，黜归于家。

《晋书》卷八二《王隐传》："太兴初，典章稍备，乃召隐及郭璞俱为著作郎，令撰晋史。豫平王敦功，赐爵平陵乡侯。时著作郎虞预私撰《晋书》，而生长东南，不知中朝事，数访于隐，并借隐所著书窃写之，所闻渐广。是后更疾隐，形于言色。预既豪族，交结权贵，共为朋党，以斥隐，竟以谤免，黜归于家。贫无资用，书遂不就，乃依征西将军庾亮于武昌。亮供其纸笔，书乃得成，诣阙上之。隐虽好著述，而文辞鄙拙，芜舛不伦。其书次第可观者，皆其父所撰；文体混漫义不可解者，隐之作也。年七十余，卒于家。"《册府元龟》卷九二四《总录部·倾险》、卷九五二《总录部·忌害》所载略同。

按：据曹书杰《王隐家世及其〈晋书〉》（《史学史研究》，1995 年第 2 期，第

27-28 页），王隐被黜归于家，约在咸和六年（331）前后。

吴兴内史孔坦，以藏台叛兵，坐免。

《晋书》卷七八《孔愉传附从子坦传》："及峻平，以坦为吴郡太守。自陈吴多贤豪，而坦年少，未宜临之。王导、庾亮并欲用坦为丹杨尹。时乱离之后，百姓凋弊，坦固辞之。导等犹未之许。坦慨然曰：'昔肃祖临崩，诸君亲据御床，共奉遗诏。孔坦疏贱，不在顾命之限。既有艰难，则以微臣为先。今由俎上肉，任人脍截耳！'乃拂衣而去。导等亦止。于是迁吴兴内史，封晋陵男，加建威将军。以岁饥，运家米以振穷乏，百姓赖之。时使坦募江淮流人为军，有殿中兵，因乱东还，来应坦募，坦不知而纳之。或讽朝廷，以坦藏台叛兵，遂坐免。寻拜侍中。咸康元年，石聪寇历阳，王导为大司马，讨之，请坦为司马。会石勒新死，季龙专恣，石聪及谯郡太守彭彪等各遣使请降。"

按：据《晋书》卷七《成帝纪》，苏峻叛乱，始于咸和二年（327）十一月，被平定在咸和四年二月。又据《晋书》卷七八《孔坦传》，孔坦迁吴兴内史，在苏峻被平后。孔坦以藏台叛兵坐免，在"及峻平"与"咸康元年，石聪寇历阳"之间，即在咸和四年二月至咸康元年（335）间。

尚书傅玩、郎刘佣，坐尚书左丞戴抗赃污，并免。

《晋书》卷八三《顾和传》："咸康初，拜御史中丞，劾奏尚书左丞戴抗赃污百万，付法议罪，并免尚书傅玩、郎刘俑官，百僚悼之。"《册府元龟》卷五一八《宪官部·弹劾》所载略同。

按：《晋书》卷八三《顾和传》谓"咸康初"任御史中丞，应在咸康元年（335）或二年。

彭城王、常侍司马纮，因风疾，免官，下其国严加防录。

《晋书》卷三七《彭城穆王权传附曾孙纮传》："薿，子雄立，坐奔苏峻伏诛，更以释子纮嗣。……雄之诛也，纮入继本宗。拜国子祭酒，加散骑常侍，寻迁大宗正、秘书监。有风疾，性理不恒。或欲上疏陈事，历示公卿。又杜门让还章印貂蝉，著《杜门赋》以显其志。由是更拜光禄大夫，领大宗师，常侍如故。后疾甚，驰骋无度，或攻劫军寺，或扦伤官属，丑言悖詈，诽谤上下。又乘车突入端门，至太极殿前。于是御史中丞车灌奏劾，请免纮官，下其国严加防录。成帝诏曰：'王以明德茂亲，居宗师之重，宜敷道养德，静一其操。而顷游行烦数，冒履风尘。宜令官属已下，各以职奉卫，不得令王复有此劳。内外职司，各慎其局。王可解常侍、光禄、宗师，先所给车牛可录取，赐米布床帐以养疾。'咸康八年薨，赠散骑常侍、金紫光禄大夫。"

按：据《晋书》卷七《成帝纪》，苏峻叛乱，始于咸和二年（327）十一月，被平定在咸和四年二月。《晋书》卷三七《司马纮传》谓纮兄司马雄因苏峻之乱被诛，纮入继本宗，故而纮入继本宗应在咸和四年或之后。后历任诸多官职，被车灌奏劾免官，当在咸和四年之后，司马纮咸康八年（342）薨。故，因风疾免纮官应在咸和四年后，咸康八年前。

吏部郎江灌，每执正不从，忤吏部尚书谢奕意，免官。

《晋书》卷八三《江逌传附从弟灌传》："灌字道群。……简文帝引为抚军从事中郎，后迁吏部郎。时谢奕为尚书，铨叙不允，灌每执正不从，奕托以他事免之，受黜无怨色。顷之，简文帝又以为抚军司马，甚相宾礼。迁御史中丞，转吴兴太守。"

按：谢奕为吏部尚书，江灌任吏部郎，时间均无考。《晋书》卷八三《江灌传》谓"简文帝引为抚军从事中郎，后迁吏部郎"，《晋书》卷九《简文帝纪》载"咸康六年，进抚军将军，领秘书监"。司马昱引江灌为抚军从事中郎，应在其任抚军将军时，当在咸康六年（340）。故而，江灌任吏部郎，谢奕托以他事免之，应在咸康六年前后。

晋康帝朝（343—344）

建元二年（甲辰，344）

都督司梁雍州、荆州四郡军事、梁州刺史桓宣，因战败，被贬建威将军，移戍岘山。

《晋书》卷七《康帝纪》："（建元二年）秋八月丙子，进安西将军庾翼为征西将军。庚辰，持节、都督司雍梁三州诸军事、梁州刺史、平北将军、竟陵公桓宣卒。"《晋书》卷八一《桓宣传》："庾翼代亮，欲倾国北讨，更以宣为都督司梁雍三州荆州之南阳襄阳新野南乡四郡军事、梁州刺史、持节，将军如故。以前后功，封竟陵县男。宣久在襄阳，绥抚侨旧，甚有称绩。庾翼迁镇襄阳，令宣进伐石季龙将李罴，军次丹水，为贼所败。翼怒，贬宣为建威将军，使移戍岘山。宣望实俱丧，兼以老疾，时南蛮校尉王愆期守江陵，以疾求代，翼以宣为镇南将军、南郡太守，代愆期。宣不得志，未之官，发愤卒。"《册府元龟》卷四四二《将帅部·败衄》所载略同。《资治通鉴》卷九七"建元二年"（344）条系此事于四月至八月间。

晋穆帝朝（345—361）

永和元年（乙巳，345）

荆州刺史庾爰之、义成太守庾方之，为安西将军、荆州刺史桓温所废，方之、爰之，并徙于豫章。

《晋书》卷八《穆帝纪》："（永和元年）秋七月庚午，持节、都督江荆司梁雍益宁七州诸军事、江州刺史、征西将军、都亭侯庾翼卒。……八月，豫州刺史路永叛奔于石季龙。庚辰，以辅国将军、徐州刺史桓温为安西将军、持节、都督荆司雍益梁宁六州诸军事，领护南蛮校尉、荆州刺史。"《晋书》卷七三《庾亮传附庾翼传》："桓宣卒，翼以长子方之为义成太守，代领宣众……翼如厕，见一物如方相，俄而疽发背。疾笃，表第二子爰之行辅国将军、荆州刺史，司马朱焘为南蛮校尉，以千人守巴陵。永和元年卒，时年四十一。……爰之有翼风，寻为桓温所废。温既废爰之，又以征虏将军刘惔监沔中军事，领义成太守，代方之。而方之、爰之并迁徙于豫章。"《资治通鉴》卷九七"永和元年"（345）条系此事于八月至十月间。

按：据《晋书》卷八《穆帝纪》，八月庚辰，以徐州刺史桓温继任荆州刺史。八月戊戌朔，无庚辰日，当在九月。

永和四年（戊申，348）

会稽王妃王简姬，与子司马道生，并失会稽王司马昱意，俱被幽废。

《晋书》卷三二《简文顺王皇后传》："简文顺王皇后讳简姬，太原晋阳人也。父遐，见《外戚传》。后以冠族，初为会稽王妃，生子道生，为世子。永和四年，母子并失帝意，俱被幽废，后遂以忧薨。"

永和六年（庚戌，350）

十二月，司徒蔡谟，陈疾不赴征，免为庶人。

《晋书》卷八《穆帝纪》："（永和六年）十二月，免司徒蔡谟为庶人。"《晋书》卷七七《蔡谟传》："（永和）六年，复上疏，以疾病乞骸骨，上左光禄大夫、领司徒印绶。章表十余上。穆帝临轩，遣侍中纪璩、黄门郎丁纂征谟。谟陈疾笃，使主簿谢攸对曰：'臣谟不幸有公族穆子之疾，天威不违颜咫尺，不敢奉诏，寝伏待罪。'自旦至申，使者十余反，而谟不至。时帝年八岁，甚倦，问左右曰：'所召人何以至今不来？临轩何时当竟？'君臣俱疲弊。皇太后诏：'必不来者，宜罢朝。'中军将军殷浩奏免吏部尚书江虨官。简文时为会稽王，命曹曰：'蔡公傲违上命，无人臣之礼。若人主卑屈于上，大义不行于下，亦不知复所以为政矣。'于是公卿奏曰：'司徒谟顷以常疾，久逋王命，皇帝临轩，百僚齐立，俯偻之恭，有望于谟。若志存止退，自宜致辞阙庭，安有人君卑劳终日而人臣曾无一酬之礼！悖慢傲上，罪同不臣。臣等参议，宜明国宪，请送廷尉以正刑书。'谟惧，率子弟素服诣阙稽颡，躬到廷尉待罪。皇太后诏曰：'谟先帝师傅，服事累世。且归罪有司，内讼思愆。若遂致之于理，情所未忍。可依旧制免为庶人。'谟既被废，杜门不出，终日讲诵，教授子弟。数年，皇太后诏曰：'前司徒谟以道素著称……以谟为光禄大夫、开府仪同三司。'于是遣谒者仆射孟洪就加册命。谟上疏陈谢曰：'臣以顽薄，皆忝殊宠……臣寝疾未损，不任诣阙。不胜仰感圣恩，谨遣拜章。'遂以疾笃，不复朝见。"

永和八年（壬子，352）

四月，安西将军谢尚，兵败许昌，降号建威将军。

《晋书》卷八《穆帝纪》："（永和八年）夏四月，冉闵为慕容儁所灭。儁僭帝号于中山，称燕。安西将军谢尚帅姚襄与张遇战于许昌之诫桥，王师败绩。苻健使其弟雄袭遇，虏之。"《晋书》卷七九《谢尚传》："时安西将军庾翼镇武昌，尚数诣翼咨谋军事。……建元二年，诏曰：'尚往以戎戍事要，故辍黄散，以授军旅。所处险要，宜崇其威望。今以为南中郎将，余官如故。'会庾冰薨，复以本号督豫州四郡，领江州刺史。俄而复转西中郎将、督扬州之六郡诸军事、豫州刺史、假节，镇历阳。大司马桓温欲有事中原，使尚率众向寿春，进号安西将军。初，苻健将张遇降尚，尚不能绥怀之。遇怒，据许昌叛。尚讨之，为遇所败，收付廷尉。时康献皇后临朝，即尚之甥也，特令降号为建威将军。"《册府元龟》卷四四二《将帅部·败衄》所载略同。

永和十年（甲寅，354）

扬州刺史殷浩，因去年北伐失败，本年二月，桓温表废为庶人，徙于东阳信安县。

《晋书》卷八《穆帝纪》："（永和）九年春正月乙卯朔，大赦。……冬十月，中军将军殷浩进次山桑，使平北将军姚襄为前锋，襄叛，反击浩，浩弃辎重，退保谯城。……十一月，殷浩使部将刘启、王彬之讨姚襄，复为襄所败，襄遂进据芍陂。十二月，加尚书仆射谢尚为都督豫、扬、江西诸军事，领豫州刺史，镇历阳。十年春正月己酉朔，帝临朝，以五陵未复，悬而不乐。……二月己丑，太尉、征西将军桓温帅师伐关中。废扬州刺史殷浩为庶人，以前会稽内史王述为扬州刺史。"《宋书》卷三〇《五行志一》："晋穆帝永和八年正月乙巳，雨，木冰。是年，殷浩北伐，明年，军败，十年，废黜。"《晋书》卷二七《五行志上》所载相同。《晋书》卷七七《殷浩传》："时桓温既灭蜀，威势转振，朝廷惮之。简文以浩有盛名，朝野推伏，故引为心膂，以抗于温，于是与温颇相疑贰。……及石季龙死，胡中大乱，朝廷欲遂荡平关河，于是以浩为中军将军、假节、都督扬豫徐兖青五州军事。浩既受命，以中原为己任，上疏北征许洛。……浩既至许昌，会张遇反，谢尚又败绩，浩还寿阳。后复进军，次山桑，而襄反，浩惧，弃辎重，退保谯城，器械军储皆为襄所掠，士卒多亡叛。浩遣刘启、王彬之击襄于山桑，并为襄所杀。桓温素忌浩，及闻其败，上疏罪浩曰：'案中军将军浩过蒙朝恩，叨窃非据，宠灵超卓，再司京辇，不能恭慎所任，恪居职次，而侵官离局，高下在心。……伏愿陛下上追唐尧放命之刑下鉴《春秋》无君之典。若圣上含弘，末忍诛殛，且宜遐弃，摈之荒裔。虽未足以塞山海之责，粗可以宣诚于将来矣。'竟坐废为庶人，徙于东阳之信安县。……浩虽被黜放，口无怨言，夷神委命，谈咏不辍，虽家人不见其有流放之戚。但终日书空，作'咄咄怪事'四字而已。浩甥韩伯，浩素赏爱之，随至徙所，经岁还都，浩送至渚侧，咏曹颜远诗云：'富贵他人合，贫贱亲戚离。'因而泣下。后温将以浩为尚书令，遗书告之，浩欣然许焉。将答书，虑有谬误，开闭者数十，竟达空函，大忤温意，由是遂绝。永和十二年卒。"《册府元龟》卷四四〇《将帅部·忌害》、卷九〇九《总录部·穷愁》所载略同。

咨议参军江逌，因坐前中军将军殷浩北伐兵败，免官。

《晋书》卷八三《江逌传》："中军将军殷浩将谋北伐，请为咨议参军。浩甚重之，迁长史。浩方修复洛阳，经营荒梗，逌为上佐，甚有匡弼之益，军中书檄皆以委逌。时羌及丁零叛，浩军震惧。姚襄去浩十里结营以逼浩，浩令逌击之。逌进兵至襄营，谓将校曰：'今兵非不精，而众少于羌，且其堑栅甚固，难与校力，吾当以计破之。'乃取数百鸡以长绳连之，系火于足。群鸡骇散，飞集襄营。襄营火发，因其乱，随而击之，襄遂小败。及桓温奏废浩佐吏，逌遂免。"

按：据《晋书》卷八《穆帝纪》与《宋书》卷三〇《五行志一》等，殷浩北伐兵败被废在永和十年(354)二月，桓温奏废浩佐吏事，应在殷浩被废之际。

永和十二年(丙辰，356)

八月，姚襄将张骏、杨凝等，因桓温破姚襄，俱徙于寻阳。

《晋书》卷七四《桓彝传附桓冲传》："冲字幼子，温诸弟中最淹识，有武干，温甚器之。……又从温破姚襄。及虏周成，进号征虏将军，赐爵丰城公。寻迁振威将军、江州刺史、领镇蛮护军、西阳谯二郡太守。温之破姚襄也，获襄将张骏、杨凝等，徙于寻阳。冲在江陵，未及之职，而骏率其徒五百人杀江州督护赵毗，掠武昌府库，将妻子北叛。冲遣将讨获之，遽还所镇。"《册府元龟》卷三五〇《将帅部·立功》、卷六九三《牧守部·武功》所载略同。

按:《晋书》卷八《穆帝纪》:"(永和)十二年春正月丁卯……三月,姚襄入于许昌,以太尉桓温为征讨大都督以讨之。秋八月己亥,桓温及姚襄战于伊水,大败之。襄走平阳,徙其余众三千余家于江汉之间,执周成而归。"故而,桓温北伐破姚襄,在永和十二年(356)八月,张骏、杨凝等徙于寻阳应在此年。

升平三年(己未,359)

十月,豫州刺史、淮南太守谢万,因兵败单归,废为庶人。

《晋书》卷七九《谢安传附谢万传》:"万再迁豫州刺史、领淮南太守、监司豫冀并四州军事、假节。王羲之与桓温笺曰:'谢万才流经通,处廊庙,参讽议,故是后来一器。而今屈其迈往之气,以俯顺荒余,近是违才易务矣。'温不从。万既受任北征,矜豪傲物,尝以啸咏自高,未尝抚众。兄安深忧之,自队主将帅已下,安无不慰勉。谓万曰:'汝为元帅,诸将宜数接对,以悦其心,岂有傲诞若斯而能济事也!'万乃召集诸将,都无所说,直以如意指四坐云:'诸将皆劲卒。'诸将益恨之。既而先遣征虏将军刘建修治马头城池,自率众入涡颍,以援洛阳。北中郎将郗昙以疾病退还彭城,万以为贼盛致退,便引军还,众遂溃散,狼狈单归,废为庶人。后复以为散骑常侍,会卒,时年四十二,因以为赠。"《资治通鉴》卷一〇〇"升平三年"(359)条系此事于十月。

按:《晋书》卷八《穆帝纪》:"(升平)二年春正月,司徒、会稽王昱稽首归政,帝不许。……秋八月,安西将军谢奕卒。壬申,以吴兴太守谢万为西中郎将、持节、监司豫冀并四州诸军事、豫州刺史。以散骑常侍郗昙为北中郎将、持节、都督徐兖青冀幽五州诸军事、徐兖二州刺史,镇下邳。……三年春三月甲辰……冬十月慕容儁寇东阿,遣西中郎将谢万次下蔡,北中郎将郗昙次高平以击之,王师败绩。"谢万狼狈单归,废为庶人,即指此战。

【晋穆帝朝年代不定者】

荆州别驾习凿齿,忤安西将军、荆州刺史桓温意,左迁户曹参军。

《晋书》卷八二《习凿齿传》:"凿齿少有志气,博学洽闻,以文笔著称。荆州刺史桓温辟为从事,江夏相袁乔深器之,数称其才于温,转西曹主簿,亲遇隆密。……累迁别驾。温出征伐，凿齿或从或守，所在任职，每处机要，莅事有绩，善尺牍论议，温甚器遇之。……后使至京师。简文亦雅重焉。既还，温问：'相王何似？'答曰：'生平所未见。'以此大忤温旨，左迁户曹参军。"《册府元龟》卷九五三《总录部·伤感》所载略同。

按：《晋书》卷八《穆帝纪》："（永和元年）秋七月庚午，持节、都督江荆司梁雍益宁七州诸军事、江州刺史、征西将军、都亭侯庾翼卒。……八月，豫州刺史路永叛奔于石季龙。庚辰，以辅国将军、徐州刺史桓温为安西将军、持节、都督荆司雍益梁宁六州诸军事，领护南蛮校尉、荆州刺史。"则荆州刺史庾翼卒于永和元年（345）七月，继而以徐州刺史桓温继任荆州刺史。又《世说新语·文学》："习凿齿史才不常，宣武甚器之，未三十，便用为荆州治中。凿齿谢笺亦云：'不遇明公，荆州老从事耳！'后至都见简文，返命，宣武问：'见相王何如？'答云：'一生不曾见此人。'从此忤旨，出为衡阳郡，性理遂错。于病中犹作《汉晋春秋》，品评卓逸。"刘孝标注引《续晋阳秋》云："凿齿少而博学，才情秀逸，温甚奇之，自州从事岁中三转至治中，后以忤旨，左迁户曹参军、衡阳太守，在郡著《汉晋春秋》，斥温觊觎之心也。"足见，习凿齿受桓温赏识，未三十岁便为荆州治中。且一年内，由荆州从事三转而为荆州治中。《北堂书钞》卷七三《设官·别驾·在州境十年》引《晋中兴书·习录》："习凿齿，刺史桓温甚器之，在州境十年。"联系《晋书》卷八二《习凿齿传》与《世说新语》注引《续晋阳秋》，以及《北堂书钞》引《晋中兴书·（襄阳）习录》，可知习凿齿在桓温时代之任职，其先后任荆州从事、西曹主簿、治中、别驾、户曹参军、荥阳（或曰衡阳，乃误，应为荥阳，详见下条考辨）太守。其中，户曹参军应是习凿齿在荆州最后之任，此后便赴任荥阳。因习凿齿于永和十二年年底或次年赴任荥阳太守（详见下条考辨），则其左迁户曹参军大致在此前夕。

因习凿齿于永和十二年年底或次年赴任荥阳太守，据《晋中兴书·习录》"在州境十年"之说，习凿齿在荆州约十年后离开赴荥阳，则其被桓温辟为从事当在永和三年或四年。又《晋书》卷八三《袁乔传》载袁乔曾以江夏相身份跟随桓温伐蜀，此即《晋书》卷八二《习凿齿传》所谓"江夏相袁乔深器之，数称其才于温，转西曹主簿"之时。《晋书》卷八《穆帝纪》载桓温伐蜀在永和二年至三年，袁乔在桓温面前称赞习凿齿，极有可能发生在此时。综合上文所考"习凿齿被桓温辟为从事当在永和三年或四年"之结论，则习凿齿被桓温辟为从事在永和三年最符合相关史载。《晋书》卷八二《习凿齿传》谓桓温使别驾习凿齿至京师公办，受司马昱雅重，习凿齿归来盛赞司马昱而忤桓温，左迁户曹参军。史书言简，未明言习凿齿何时至京师，也未明言公办何事。或可做一合理推测，《晋书》卷八《穆帝纪》："（永和十年）秋九月辛酉，桓温粮尽，引还。"《晋书》卷九八《桓温传》："而健芟苗清野，军粮不属，收三千余口而还。帝使侍中黄门劳温于襄阳。"即永和十年九月，桓温首次北伐初战告捷，但因粮尽还军襄阳，朝廷遂派人到襄阳慰问桓温。此时，桓温极可能派习凿齿赴京师表达谢意并探听朝廷虚实。襄阳至建康直线距离近一千三百里，来返需耗费时日。九月辛酉，桓温粮尽，晋廷闻之，遣人劳温于襄阳，当在十月前后，习凿齿再由襄阳赴建康，来返耗时，约在年底才能回襄阳。习凿齿归来因盛赞司马昱左迁户曹参军，极可能在永和十年年底或十一年初。终习凿齿一生事迹记录，此一推测颇符合相关史实。若此猜测有误，则习凿齿归来因盛赞司马昱，左迁户曹参军，也当大致在永和中后期。

户曹参军习凿齿，忤安西将军、荆州刺史桓温意，出为荥阳太守。

《晋书》卷八二《习凿齿传》："初，凿齿与其二舅罗崇、罗友俱为州从事。及迁别驾，以坐越舅右，屡经陈请。温后激怒既盛，乃超拔其二舅，相继为襄阳都督，出凿齿为荥阳太守。温弟秘亦有才气，素与凿齿相亲善。凿齿既罢郡归……是时温觊觎非望，凿齿在郡，著《汉晋春秋》以裁正之。"《册府元龟》卷九五三《总录部·伤感》所载略同。

按：《晋书》卷八二《习凿齿传》谓"出凿齿为荥阳太守"，然《世说新语·文学》注引《续晋阳秋》云："凿齿少而博学，才情秀逸，温甚奇之，自州从事岁中三转至治中，后以忤旨，左迁户曹参军、衡阳太守，在郡著《汉晋春秋》，斥温觊觎之心也。"是有"衡阳"与"荥阳"之别，此点向有争议。如余嘉锡《世说新语笺疏》引清人程炎震之言，认为荥阳属司州，在穆帝末已陷没，非晋所有，谓"当作衡阳为是"。但刘静夫《习凿齿评传》（《魏晋南北朝史论文集》，齐鲁书社1991年，第324页）认为，永和十二年（356），桓温曾一度收复洛阳，东晋置司州，辖河东、荥阳、陈留，故作"荥阳"无误。

《晋书》卷八《穆帝纪》："（永和十二年）秋八月己亥，桓温及姚襄战于伊水，大败之。襄走平阳，徙其余众三千余家于江汉之间，执周成而归。使扬武将军毛穆之，督护陈午，辅国将军、河南太守戴施镇洛阳。……十一月，遣兼司空、散骑常侍车灌，龙骧将军袁真等持节如洛阳，修五陵。十二月庚戌，以有事于五陵，告于太庙，帝及群臣皆服缌，于太极殿临三日。"又《晋书》卷九八《桓温传》："母孔氏卒，上疏解职，欲送葬宛陵，诏不许。……温葬毕视事，欲修复园陵，移都洛阳，表疏十余上，不许。进温征讨大都督、督司冀二州诸军事，委以专征之任。……升平中，改封南郡公，降临贺为县公，以封其次子济。隆和初，寇逼河南，太守戴施出奔，冠军将军陈祐告急，温使竟陵太守邓遐率三千人助祐，并欲还都洛阳，上疏曰：'……。'诏曰：'……召温入参朝政。'温上疏曰：'……。'诏不许，复征温。温至赭圻，诏又使尚书车灌止之，温遂城赭圻，固让内录，遥领扬州牧。属鲜卑攻洛阳，陈祐出奔，简文帝时辅政，会温于洌洲，议征讨事，温移镇姑孰。会哀帝崩，事遂寝。"则永和十二年八月，桓温一度收复洛阳，并屡请迁都，隆和初（隆和元年为362年）又上书欲还都洛阳，亦未得许可。桓温永和十二年收复洛阳，晋廷置司州，辖河东、荥阳、陈留三郡，可参徐文范《东晋南北朝舆地表》卷二、卷三（丛书集成初编本，商务印书馆，第3065、3066册，第94~95、100页），然司州辖河东、荥阳、陈留三郡之说，不知徐文范依据为何，暂存疑。则永和十二年秋冬之际，荥阳可能重入晋廷之手，习凿齿可能于此年年底或次年（357）任荥阳太守。

又《晋书》卷八《哀帝纪》："兴宁元年春二月己亥，大赦，改元。三月壬寅，皇太妃薨于琅邪第。癸卯，帝奔丧，诏司徒、会稽王昱总内外众务。夏四月，慕容暐寇荥阳，太守刘远奔鲁阳。"则兴宁元年（363）四月，慕容暐寇荥阳时，荥阳太守乃刘远，习凿齿当为刘远前任太守。从永和十二年秋冬至兴宁元年四月，东晋控制荥阳约七年。若习凿齿于永和十二年年底或次年赴任荥阳太守，据东晋莅民之守宰任职一般是六年一任，则习凿齿离任荥阳，应在升平五年（361）或次年，继任者为刘远，这从时间而言符合逻辑。又有人谓史载习凿齿左迁户曹参军、出为荥阳太守，均非贬谪，见叶植、李富平《习凿齿左迁、卒年若干问题辨析》（《湖北文理学院学报》，2013年第3期），此或可备一说。

晋哀帝朝(362—365)

隆和元年(壬戌，362)

尚书左丞孔严，出为扬州大中正，严不就，诏特以侯领尚书。

《晋书》卷七八《孔愉传附从子严传》："严少仕州郡，历司徒掾、尚书殿中郎。殷浩临扬州，请为别驾。迁尚书左丞。……隆和元年，诏曰：'天文失度，太史虽有禳祈之事，犹蚱眚屡彰。今欲依鸿祀之制，于太极殿前庭亲执虔肃。'严谏曰：'鸿祀虽出《尚书大传》，先儒所不究，历代莫之兴，承天接神，岂可以疑殆行事乎！天道无亲，唯德是辅，陛下祇顺恭敬，留心兆庶，可以消灾复异。皆已蹈而行之，德合神明，丘祷久矣，岂须屈万乘之尊，修杂祀之事！君举必书，可不慎欤！'帝嘉之而止。以为扬州大中正，严不就。有司奏免，诏特以侯领尚书。"

按：据《晋书》卷七八《孔严传》载，隆和元年(362)，以孔严为扬州大中正，严不就。有司奏免，诏特以侯领尚书。孔严本传前文未言其曾封侯，李慈铭《越缦堂读史札记》"《晋书》札记"卷四亦云"慈铭案，上未尝言严封侯，此忽云以侯领尚书，此史之驳文"。

兴宁三年(乙丑，365)

镇军将军、会稽内史王彪之，未礼敬桓温，降为尚书。

《晋书》卷七六《王廙传附王彪之传》："后以彪之为镇军将军、会稽内史，加散骑常侍。居郡八年，豪右敛迹，亡户归者三万余口。桓温下镇姑孰，威势震主，四方修敬，皆遣上佐纲纪。彪之独曰：'大司马诚为富贵，朝廷既有宰相，动静之宜自当咨禀。修敬若遣纲纪，致贡天子复何以过之！'竟不遣。温以山阴县折布米不时毕，郡不弹纠，上免彪之。彪之去郡，郡见罪谪未上州台者，皆原散之。温复以为罪，乃槛收下吏。会赦，免，左降为尚书。顷之，复为仆射。"

按：《晋书》卷八《哀帝纪》："(兴宁三年)二月乙未……丙申，帝崩于西堂，时年二十五。葬安平陵。"《晋书》卷九八《桓温传》："诏不许，复征温。温至赭圻，诏又使尚书车灌止之，温遂城赭圻，固让内录，遥领扬州牧。属鲜卑攻洛阳，陈佑出奔，简文帝时辅政，会温于洌洲，议征讨事，温移镇姑孰。会哀帝崩，事遂寝。"桓温移镇姑孰，准备北伐，因哀帝崩（兴宁三年二月丙申）遂寝，事在兴宁三年（365）。

晋废帝朝（366—370）

太和元年（丙寅，366）

十二月，北中郎将、徐兖二州刺史庾希，因兵败于慕容厉，免官。顷之（或在次年），征为护军将军，复以罪免，客于晋陵暨阳。

《晋书》卷八《哀帝纪》："（太和元年）十二月，南阳人赵弘、赵忆等据宛城反，太守桓澹走保新野。慕容暐将慕容厉陷鲁郡、高平。"《晋书》卷七三《庾亮传附冰子希传》："太和中，希为北中郎将、徐兖二州刺史，蕴为广州刺史，并假节，友东阳太守，倩太宰长史，邈会稽王参军，柔散骑常侍。倩最有才器，桓温深忌之。初，慕容厉围梁父，断涧水，太山太守诸葛攸奔邹山，鲁、高平等数郡皆没，希坐免官。顷之，征为护军将军。希怒，固辞。希初免时，多盗北府军资，温讽有司劾之，复以罪免，遂客于晋陵之暨阳。初，郭璞筮冰云：'子孙必有大祸，唯用三阳可以有后。'故希求镇山阳，友为东阳，家于暨阳。"

按：据《晋书》卷八《哀帝纪》，慕容暐将慕容厉陷鲁郡、高平在太和元年十二月，庾希坐免官，姑系于本年。庾希客于晋陵之暨阳，或在次年，即太和二年。

太和四年（己巳，369）

徐兖二州刺史范汪，因桓温北伐时令汪率文武出梁国，失期，免为庶人，屏居吴郡。

《晋书》卷七五《范汪传》："时简文帝作相，甚相亲昵，除都督徐兖青冀四州扬州之晋陵诸军事、安北将军、徐兖二州刺史、假节。既而桓温北伐，令汪率文武出梁国，以失期，免为庶人。朝廷惮温不敢执，谈者为之叹恨。汪屏居吴郡，从容讲肆，不言枉直。"《册府元龟》卷四四八《将帅部·报私怨》所载略同。

按：据《晋书》卷八《海西公纪》与《晋书》卷九八《桓温传》载，永和十年（354）、十二年、太和四年（369），桓温前后三次北伐。简文帝作相期间，乃桓温第三次北伐，在太和四年四月至十月。范汪因失期免为庶人，应在本年。

桓温裨将邓遐，因温败于枋头，既怀耻忿，且惮遐之勇，免遐官。

《晋书》卷八一《邓岳传附子遐传》："桓温以为参军，数从温征伐。历冠军将军，数郡太守，号为名将。襄阳城北沔水中有蛟，常为人害，遐遂拔剑入水，蛟绕其足，遐挥剑截蛟数段而出。枋头之役，温既怀耻忿，且忌惮遐之勇果，因免遐官，寻卒。"

按：据《晋书》卷八《海西公纪》，桓温枋头之败在太和四年（369）九月，故免遐官，当在本年。

太和五年（庚午，370）

西中郎将袁真，遭桓温归罪，据寿阳，潜通前燕，免为庶人。

《晋书》卷一三《天文志》："海西太和四年十月壬申，有大流星西下，有声如雷。明年，遣使免袁真为庶人。"《晋书》卷九八《桓温传》："太和四年，又上疏悉众北伐。平北将军郗愔以疾解职，又以温领平北将军、徐兖二州刺史，率弟南中郎冲、西中郎袁真步骑五万北伐。百官皆于南州祖道，都邑尽倾。军次湖陆，攻慕容暐将慕容忠，获之，进次金乡。时亢旱，水道不通，乃凿鉅野三百余里以通舟运，自清水入河。暐将慕容垂、傅末波等率众八万距温，战于林渚。温击破之，遂至枋头。先使袁真伐谯梁，开石门以通运。真讨谯梁皆平之，而不能开石门，军粮竭尽。温焚舟步退，自东燕出仓垣，经陈留，凿井而饮，行七百余里。垂以八千骑追之，战于襄邑，温军败绩，死者三万人。温甚耻之，归罪于真，表废为庶人。真怨温诬己，据寿阳以自固，潜通苻坚、慕容暐。……袁真病死，其将朱辅立其子瑾以嗣事。"《资治通鉴》卷一〇二"太和五年"（370）条："二月，癸酉，袁真卒。陈郡太守朱辅立真子瑾为建威将军、豫州刺史，以保寿春。遣其子乾之及司马爨亮如邺请命。燕人以瑾为扬州刺史，辅为荆州刺史。"

【晋废帝朝年代不定者】

侍中江灌，为大司马桓温所恶，以在郡时公事有失，追免之。后为秘书监，寻复解职。温方执权，朝廷希旨，故灌积年不调。

《晋书》卷八三《江逌传附从弟灌传》："灌字道群。父蕑，尚书郎。灌少知名，才识亚于逌。州辟主簿，举秀才，为治中，转别驾，历司徒属、北中郎长史，领晋陵太守。简文帝引为抚军从事中郎，后迁吏部郎。时谢奕为尚书，铨叙不允，灌每执正不从，奕托以他事免之，受黜无怨色。顷之，简文帝又以为抚军司马，甚相宾礼。迁御史中丞，转吴兴太守。灌性方正，视权贵蔑如也，为大司马桓温所恶。温欲中伤之，征拜侍中，以在郡时公事有失，追免之。后为秘书监，寻复解职。时温方执权，朝廷希旨，故灌积年不调。温末年，以为咨议参军。会温薨，迁尚书、中护军，复出为吴郡太守，加秩中二千石，未拜，卒。"《册府元龟》卷九一五《总录部·废滞》所载略同。

按：谢奕为尚书，以他事免吏部郎江灌，时间无考。据《晋书》卷八《海西公纪》与《晋书》卷九八《桓温传》载，永和十年（354）、十二年、太和四年（369），桓温前后三次北伐。《晋书》卷八三《江灌传》谓，"为大司马桓温所恶。……温方执权，朝廷希旨，故灌积年不调"，据《晋书》卷八《哀帝纪》："（兴宁元年）五月，加征西大将军桓温侍中、大司马、都督中外诸军事、录尚书事、假黄钺。"则桓温为侍中、大司马始于兴宁元年（363）。江灌本传又谓："温末年，以为咨议参军。会温薨，迁尚书、中护军，复出为吴郡太守。"桓温卒于宁康元年（373年）七月，江灌复出为吴郡太守。则江灌后为秘书监，寻复解职，桓温执权，朝廷希旨，故灌积年不调，或在兴宁元年（363）至宁康元年（373）。因江灌积年不调，或跨越哀帝、废帝、简文帝数朝，但主要在晋废帝朝，故系于"晋废帝朝年代不定者"。

晋简文帝朝(371—372)

太和六年/咸安元年(辛未,371)

十一月,帝司马奕,被桓温废为东海王,赴东海第。

《晋书》卷八《海西公纪》:"(太和六年)十一月癸卯,桓温自广陵屯于白石。丁未,诣阙,因图废立,诬帝在藩夙有痿疾,嬖人相龙、计好、朱灵宝等参侍内寝,而二美人田氏、孟氏生三男,长欲封树,时人惑之,温因讽太后以伊霍之举。己酉,集百官于朝堂,宣崇德太后令曰:'王室艰难,穆、哀短祚,国嗣不育,储宫靡立。琅邪王奕亲则母弟,故以入纂大位。不图德之不建,乃至于斯。昏浊溃乱,动违礼度。有此三孽,莫知谁子。人伦道丧,丑声遐布。既不可以奉守社稷,敬承宗庙,且昏孽并大,便欲建树储藩。诬罔祖宗,倾移皇基,是而可忍,孰不可怀!今废奕为东海王,以王还第,供卫之仪,皆如汉朝昌邑故事。但未亡人不幸,罹此百忧,感念存没,心焉如割。社稷大计,义不获已。临纸悲塞,如何可言。'于是百官入太极前殿,即日桓温使散骑侍郎刘享收帝玺绶。帝着白帢单衣,步下西堂,乘犊车出神兽门。群臣拜辞,莫不歔欷。侍御史、殿中监将兵百人卫送东海第。初,桓温有不臣之心,欲先立功河朔,以收时望。及枋头之败,威名顿挫,逐潜谋废立,以长威权。然惮帝守道,恐招时议。以宫闱重闷,床第易诬,乃言帝为阉,遂行废辱。初,帝平生每以为虑,尝召术人扈谦筮之。卦成,答曰:'晋室有盘石之固,陛下有出宫之象。'竟如其言。"《资治通鉴》卷一〇三"咸安元年"(371)条系此事于十一月。

十一月,武陵王司马晞、新蔡王司马晃,皆为桓温所诬谋逆。晞与家属遭徙新安郡,晃免为庶人,徙衡阳郡。

《晋书》卷九《简文帝纪》:"咸安元年冬十一月己酉,即皇帝位。桓温出次中堂,令兵屯卫。乙卯,温奏废太宰、武陵王晞及子综。诏魏郡太守毛安之帅所领宿卫殿内,改元为咸安。……辛亥,桓温遣弟秘逼新蔡王晃诣西堂,自列与太宰、武陵王晞等谋反。帝对之流涕,温皆收付廷尉。癸丑,杀东海王二子及其母。……乙卯，废晞及其三子，徙于新安。丙辰，放新蔡王晃于衡阳。"《晋书》卷六四《元四王传附武陵威王晞传》："晞无学术而有武干，为桓温所忌。及简文帝即位，温乃表晞曰：'晞体自皇极，故宠灵光世，不能率由王度，修己慎行，而聚纳轻剽，苞藏亡命。又息综矜忍，虐加于人。袁真叛逆，事相连染。顷自猜惧，将成乱阶。请免晞官，以王归藩，免其世子综官，解子瓘散骑常侍。'瓘以梁王随晞，晞既见黜，送马八十五匹、三百人杖以归温。温又逼新蔡王晃使自诬与晞、综及著作郎殷涓、太宰长史庾倩、掾曹秀、舍人刘强等谋逆，遂收付廷尉，请诛之。简文帝不许，温于是奏徙新安郡，家属悉从之，而族诛殷涓等，废晃徙衡阳郡。太元六年，晞卒于新安，时年六十六。"《晋书》卷三七《高密文献王泰传附庄王确传》："桓温废武陵王，免晃为庶人，徙衡阳。"《资治通鉴》卷一〇三"咸安元年"（371）条系此事于十一月。

按：西晋下邳王，东晋新蔡王，皆名司马晃。司马晞三子名综、瓘、遵。

咸安二年（壬申，372）

正月，前废帝、东海王司马奕，降为海西公，四月，徙居吴县。

《晋书》卷八《海西公纪》："咸安二年正月，降封帝为海西县公。四月，徙居吴县，敕吴国内史刁彝防卫，又遣御史顾允监察之。……帝知天命不可再，深虑横祸，乃杜塞聪明，无思无虑，终日酣畅，耽于内宠，有子不育，庶保天年。时人怜之，为作歌焉。朝廷以帝安于屈辱，不复为虞。太元十一年十月甲申，薨于吴，时年四十五。"《资治通鉴》卷一〇三"咸安二年"（372）条系此事于四月。

晋孝武帝朝（373—396）

宁康元年（癸酉，373）

二月，中领军桓秘，坐道教徒卢竦聚众反晋事，被免官，居于宛陵。

《晋书》卷九《孝武帝纪》："咸安二年秋七月己未，立为皇太子。是日，简文帝崩，太子即皇帝位。……宁康元年春正月己丑朔，改元。二月，大司马桓温来朝。"《晋书》卷七四《桓彝传附桓秘传》："后为散骑常侍，徙中领军。孝武帝初即位，妖贼卢竦入宫，秘与左卫将军殷康俱入击之。温入朝，窃考竦事，收尚书陆始等，罢罪者甚众。秘亦免官，居于宛陵，每愤愤有不平之色。"《资治通鉴》卷一〇三"宁康元年"（373）条系此事于二月。

七月，桓秘，与桓温子熙、济，欲谋杀温弟江州刺史冲，事泄，徙熙、济于长沙，秘遭废，居于墓所。

《晋书》卷九《孝武帝纪》："宁康元年春正月己丑朔，改元。二月，大司马桓温来朝。……秋七月己亥，使持节、侍中、都督中外诸军事、丞相、录尚书、大司马、扬州牧、平北将军、徐兖二州刺史、南郡公桓温薨。"《晋书》卷九八《桓温传》："温六子：熙、济、歆、祎、伟、玄。熙字伯道，初为世子，后以才弱，使冲领其众。及温病，熙与叔秘谋杀冲，冲知之，徙于长沙。济字仲道，与熙同谋，俱徙长沙。"《晋书》卷七四《桓彝传附桓秘传》："孝武帝初即位，妖贼卢竦入宫，秘与左卫将军殷康俱入击之。温入朝，窃考竦事，收尚书陆始等，罢罪者甚众。秘亦免官，居于宛陵，每愤愤有不平之色。温疾笃，秘与温子熙、济等谋共废冲。冲密知之，不敢入。顷温气绝，先遣力士拘录熙、济，而后临丧。秘于是废弃，遂居于墓所，放志田园，好游山水。后起为散骑常侍，凡三表自陈。……秘素轻冲，冲时贵盛，秘耻常侍位卑，故不应朝命。"《册府元龟》卷四八《帝王部·从人欲》、卷九一五《总录部·废滞》所载略同。《资治通鉴》卷一〇三"宁康元年"（373）条系此事于七月。

冠军将军、南郡相刘波，畏战，免官。

《晋书》卷六九《刘隗传附孙波传》："寿阳平，除尚书左丞，不拜，转冠军将军、南郡相。时苻坚弟融围雍州刺史朱序于襄阳，波率众八千救之，以敌强不敢进，序竟陷没。波以畏懦免官。后复以波为冠军将军，累迁散骑常侍。"《晋书》卷八一《朱序传》："宁康初，拜使持节、监沔中诸军事、南中郎将、梁州刺史，镇襄阳。是岁，苻坚遣其将苻丕等率众围序，序固守，贼粮将尽，率众苦攻之。初，苻丕之来攻也，序母韩自登城履行，谓西北角当先受弊，遂领百余婢并城中女子于其角斜筑城二十余丈。贼攻西北角，果溃，众便固新筑城。丕遂引退。襄阳人谓此城为夫人城。序累战破贼，人情劳懈，又以贼退稍远，疑未能来，守备不谨。督护李伯护密与贼相应，襄阳遂没，序陷于苻坚。坚杀伯护徇之，以其不忠也。序欲逃归，潜至宜阳，藏夏揆家。坚疑揆，收之，序乃诣苻晖自首，坚嘉而不问，以为尚书。"《册府元龟》卷四五三《将帅部·怯懦》所载略同。

按：据《晋书》卷九《孝武帝纪》："（宁康元年）九月，苻坚将杨安寇成都。"则本年九月，苻坚寇成都，或是先攻襄阳后寇成都。则《晋书·朱序传》所谓"宁康初……是岁……襄阳遂没，序陷于苻坚"，宁康初乃指宁康元年（373）。

九月，益州刺史周仲孙，失守成都，免官。

《晋书》卷九《孝武帝纪》："（宁康元年）九月，苻坚将杨安寇成都。"《晋书》卷五八《周访传附光子仲孙传》："桓温以梁益多寇，周氏世有威称，复除仲孙监益、豫、梁州之三郡。宁康初，杨安寇蜀，仲孙失守，免官。后征为光禄勋，卒。"《资治通鉴》卷一〇三"宁康元年"（373）条系于九月。

太元十一年（丙戌，386）

卫将军谢石，与吏部郎王恭，互相短长，皆自呈辞位，石辄去职，免官。

《晋书》卷九《孝武帝纪》："（太元十三年）冬十二月戊子……己亥，加尚书令谢石卫将军、开府仪同三司。庚子，尚书令、卫将军、开府仪同三司谢石薨。"《晋书》卷七九《谢安传附万弟石传》："兄安薨，石迁卫将军，加散骑常侍。以公事与吏部郎王恭互相短长，恭甚忿恨，自陈褊厄不允，且疾源深固，乞还私门。石亦上疏逊位。有司奏，石辄去职，免官。诏曰：'石以疾求退，岂准之常制！其喻令还。'岁余不起。表十余上，帝不许。石乞依故尚书令王彪之例，于府综摄，诏听之。疾笃，进位开府仪同三司，加鼓吹，未拜，卒，时年六十二。"《册府元龟》卷四七八《台省部·废职》所载略同。

按：据《晋书》卷九《孝武帝纪》："（太元）十年春正月甲午，谒诸陵。……八月甲午，大赦。丁酉，使持节、侍中、中书监、大都督十五州诸军事、卫将军、太保谢安薨。"由《晋书》卷七九《谢石传》，可知谢石迁卫将军，加散骑常侍，在太元十年（385）八月谢安卒后。谢石与王恭因公事自呈辞位，谢石免官，且"岁余不起"，后"于府综摄"，石又卒于太元十三年冬十二月。故谢石免官事，姑系于太元十一年。

太元十三年（戊子，388）

十二月，太学博士范弘之，论殷浩赠谥事，得罪桓、谢、王三家，出为余杭令。

《晋书》卷九《孝武帝纪》："（太元十三年）冬十二月戊子……己亥，加尚书令谢石卫将军、开府仪同三司。庚子，尚书令、卫将军、开府仪同三司谢石薨。"《晋书》卷九一《范弘之传》："雅正好学，以儒术该明，为太学博士。时卫将军谢石薨，请谥，下礼官议。弘之议曰：'……。'又论殷浩宜加赠谥，不得因桓温之黜以为国典，仍多叙温移鼎之迹。时谢族方显，桓宗犹盛，尚书仆射王珣，温故吏也，素为温所宠，三怨交集，乃出弘之为余杭令。……弘之词虽亮直，终以桓、谢之故不调，卒于余杭令，年四十七。"《册府元龟》卷六二三《卿监部·公正》所载略同。

太元十四年（己丑，389）

十一月，中书侍郎范宁，因中书令、中领军王国宝构陷，出为豫章太守。

《晋书》卷六四《会稽文孝王道子传》："中书郎范宁亦深陈得失，帝由是渐不平于道子，然外每优崇之。国宝即宁之甥，以谄事道子，宁奏请黜之。国宝惧，使陈郡袁悦之因尼妙音致书与太子母陈淑媛，说国宝忠谨，宜见亲信。帝因发怒，斩悦之。国宝甚惧，复潜宁于帝。帝不获已，流涕出宁为豫章太守。道子由是专恣。"《晋书》卷七五《王湛传附王国宝传》："及道子辅政，以为秘书丞。俄迁琅邪内史，领堂邑太守，加辅国将军。入补侍中，迁中书令、中领军，与道子持威权，扇动内外。中书郎范宁，国宝舅也，儒雅方直，疾其阿谀，劝孝武帝黜之。国宝乃使陈郡袁悦之因尼支妙音致书与太子母陈淑媛，说国宝忠谨，宜见亲信。帝知之，托以他罪杀悦之。国宝大惧，遂因道子谮毁宁，宁由是出为豫章太守。"《晋书》卷七五《范汪传附范宁传》："顷之，征拜中书侍郎。在职多所献替，有益政道。时更营新庙，博求辟雍、明堂之制，宁据经传奏上，皆有典证。孝武帝雅好文学，甚被亲爱，朝廷疑议，辄咨访之。宁指斥朝士，直言无讳。王国宝，宁之甥也，以谄媚事会稽王道子，惧为宁所不容，乃相驱扇，因被疏隔。求补豫章太守……宁在郡又大设庠序，遣人往交州采磬石，以供学用，改革旧制，不拘常宪。……江州刺史王凝之上言曰：'豫章郡居此州之半。太守臣宁入参机省，出宰名郡，而肆其奢浊，所为狼籍。郡城先有六门，宁悉改作重楼，复更开二门，合前为八。私立下舍七所。臣伏寻宗庙之设，各有品秩，而宁自置家庙。又下十五县，皆使左宗庙，右社稷，准之太庙，皆资人力，又夺人居宅，工夫万计。宁若以古制宜崇，自当列上，而敢专辄，惟在任心。州既闻知，既符从事，制不复听。而宁严威属县，惟令速立。愿出臣表下太常，议之礼典。'诏曰：'汉宣云：可与共治天下者，良二千石也。若范宁果如凝之所表者，岂可复宰郡乎！'以此抵罪。子泰时为天门太守，弃官称诉。帝以宁所务惟学，事久不判。会赦，免。……既免官，家于丹杨，犹勤经学，终年不辍。年六十三，卒于家。"《晋书》卷九一《范宣传》："太元中，顺阳范宁为豫章太守，宁亦儒博通综，在郡立乡校，教授恒数百人。"《宋书》卷九三《周续之传》："周续之字道祖，雁门广武人也。其先过江居豫章建昌县。续之年八岁丧母，哀戚过于成人，奉兄如事父。豫章太守范宁于郡立学，招集生徒，远方至者甚众。续之年十二，诣宁受业。"《册府元龟》卷四七九《台省部·奸邪》所载略同。《资治通鉴》卷一〇七"太元十四年"（389）条系此事于十一月。

按：范宁出为豫章太守，未见《晋书》有确载。《资治通鉴》卷一〇七"太元十四年"条："（太元）十四年……十一月……中书侍郎范宁、徐邈为帝所亲信，数进忠言，补正阙失，指斥奸党。王国宝，宁之甥也，宁尤疾其阿谀，劝帝黜之。陈郡袁悦之有宠于道子，国宝使悦之因尼妙音致书于太子母陈淑媛云：'国宝忠谨，宜见亲信。'帝知之，发怒，以他事斩悦之。国宝大惧，与道子共谮范宁出为豫章太守。"《艺文类聚》卷九九《祥瑞部下》："《晋起居注》曰：'太元十六年，豫章太守范宁献白鹿一头。'"可知，太元十六年，范宁已在豫章太守任上。《宋书》卷一四《礼志一》："孝武太元十一年九月，皇女亡及应烝祠。中书侍郎范宁奏：'案《丧服传》，有死宫中者，三月不举祭，不别长幼之与贵贱也。皇女虽在婴孩，臣窃以为疑。'于是尚书奏使三公行事。"《晋书》卷一九《礼志》所载相同。可知，太元十一年，范宁仍在中书侍郎任上。《资治通鉴》谓范宁出为豫章太守在太元十四年十一月，当不误。

太元十七年（壬辰，392）

尚书左丞祖台之，与中书令、中领军王国宝，因宴酒事，并免官。

《晋书》卷七五《王湛传附坦之子国宝传》："及道子辅政，以为秘书丞。俄迁琅邪内史，领堂邑太守，加辅国将军。入补侍中，迁中书令、中领军，与道子持威权，扇动内外。……国宝大惧，遂因道子潜毁宁，宁由是出为豫章太守。及弟忱卒，国宝自表求解职迎母。并奔忱丧。……后骠骑参军王徽请国宝同宴，国宝素骄贵使酒，怒尚书左丞祖台之，攘袂大呼，以盘盏乐器掷台之，台之不敢言，复为絷所弹。诏以国宝纵肆情性，甚不可长，台之懦弱，非监司体，并坐免官。顷之，复职，愈骄蹇不遵法度。"《南史》卷三三《范泰传》："桓玄辅晋，使御史中丞祖台之奏泰及前司徒左长史王准之、辅国将军司马珣之并居丧无礼，泰坐废，徙丹徒。"《册府元龟》卷五一八《宪官部·弹劾》所载略同。

按：参见本书"太元十四年"条，本年范宁出为豫章太守。又据《晋书》卷九《孝武帝纪》："（太元十七年）冬十月丁酉，太白昼见。辛亥，都督荆益宁三州诸军事、荆州刺史王忱卒。"王国宝与祖台之因宴饮事并坐免官，乃在此后。揆诸常理，"骠骑参军王徽请国宝同宴"，应与王国宝之弟王忱卒日太元十七年十月辛亥相隔有日，姑系于次年。

太元十九年（甲午，394）

彭城太守刘牢之，畏战，免官。

《晋书》卷九《孝武帝纪》："（太元十九年）冬十月，慕容垂遣其子恶奴寇廪丘，东平太守韦简及垂将尹国战于平陆，简死之。"《晋书》卷八四《刘牢之传》："顷之，复为龙骧将军，守淮阴。后进戍彭城，复领太守。祅贼刘黎僭尊号于皇丘，牢之讨灭之。苻坚将张遇遣兵击破金乡。围太山太守羊迈，牢之遣参军向钦之击走之。会慕容垂叛将翟钊救遇，牢之引还。钊还，牢之进平太山，追钊于鄄城，钊走河北，因获张遇以归之彭城。祅贼司马徽聚党马头山，牢之遣参军竺朗之讨灭之。时慕容氏掠廪丘，高平太守徐含远告急，牢之不能救，坐畏懦免。及王恭将讨王国宝，引牢之为府司马，领南彭城内史，加辅国将军。"

【晋孝武帝朝年代不定者】

吴兴太守王蕴，因开仓赡恤违科，左降晋陵太守。

《晋书》卷九三《王蕴传》："时简文帝为会稽王，辅政，蕴辄连状白之……补吴兴太守，甚有德政。属郡荒人饥，辄开仓赡恤。主簿执谏，请先列表上待报，蕴曰：'今百姓嗷然，路有饥馑，若表上须报，何以救将死之命乎！专辄之愆，罪在太守，且行仁义而败，无所恨也。'于是大振贷之，赖蕴全者十七八焉。朝廷以违科免蕴官，士庶诣阙讼之，诏特左降晋陵太守。"《册府元龟》卷六七五《牧守部·仁惠》所载略同。

按：《宋书》卷二八《符瑞志中》："明帝泰始二年四月己亥，甘露降上林苑……泰始三年十一月庚申，甘露降晋陵，晋陵太守王蕴以闻。"此处，泰始三年（467），乃指宋明帝泰始年号，与东晋王蕴时相隔甚远。《宋书》卷二八《符瑞志中》所载或误。《太平御览》卷一三八《皇亲部四·王皇后》："《晋中兴书》曰：孝武定皇后王氏，字法惠。宁康三年，中军将军桓冲、侍中臣康奏：'晋陵太守王蕴女，天性柔顺，惠心塞渊，仪度既同，四业允备。且盛德之兆，美善先积。参议，可以配德干元，恭承宗庙，贞进六宫，母仪天下。'故烈宗纳焉。"可知，宁康三年（375），王蕴在晋陵太守任上。故其左降晋陵太守，应在宁康三年稍前。

荆州刺史殷仲堪，以郭铨反叛事不预察，降号鹰扬将军。后蜀水出，以堤防不严，复降为宁远将军。

《晋书》卷九《孝武帝纪》："（太元十七年）冬十月丁酉，太白昼见。辛亥，都督荆益宁三州诸军事、荆州刺史王忱卒。十一月癸酉，以黄门郎殷仲堪为都督荆益梁三州诸军事、荆州刺史。"《晋书》卷八四《殷仲堪传》："时朝廷征益州刺史郭铨，犍为太守卞苞于坐劝铨以蜀反，仲堪斩之以闻。朝廷以仲堪事不预察，降号鹰扬将军。尚书下以益州所统梁州三郡人丁一千番戍汉中，益州未肯承遣。仲堪乃奏之曰：'……'书奏，朝廷许焉。……仲堪自在荆州，连年水旱，百姓饥馑，仲堪食常五碗，盘无余肴，饭粒落席间，辄拾以啖之，虽欲率物，亦缘其性真素也。……其后蜀水大出，漂浮江陵数千家。以堤防不严，复降为宁远将军。安帝即位，进号冠军将军，固让不受。"

按：据《晋书》卷九《孝武帝纪》载，太元十七年（392）十一月，殷仲堪始任荆州刺史，据《晋书》卷一〇《安帝纪》载，隆安二年（398）七月，殷仲堪反。十月，殷仲堪等盟于寻阳，推桓玄为盟主。故而，殷仲堪降号鹰扬将军、降为宁远将军，应在太元十八年或稍后。

孙泰，奉五斗米道，诳诱百姓，流于广州。

《晋书》卷一〇〇《孙恩传》："孙恩字灵秀，琅邪人，孙秀之族也。世奉五斗米道。恩叔父泰，字敬远，师事钱唐杜子恭。……子恭死，泰传其术。然浮狡有小才，诳诱百姓，愚者敬之如神，皆竭财产，进子女，以祈福庆。王珣言于会稽王道子，流之于广州。广州刺史王怀之以泰行郁林太守，南越亦归之。太子少傅王雅先与泰善，言于孝武帝，以泰知养性之方，因召还。道子以为徐州主簿，犹以道术眩惑士庶。稍迁辅国将军、新安太守。王恭之役，泰私合义兵，得数千人，为国讨恭。黄门郎孔道、鄱阳太守桓放之、骠骑咨议周勰等皆敬事之，会稽世子元显亦数诣泰求其秘术。泰见天下兵起，以为晋祚将终，乃扇动百姓，私集徒众，三吴士庶多从之。于时朝士皆惧泰为乱，以其与元显交厚，咸莫敢言。会稽内史谢輶发其谋，道子诛之。恩逃于海"《册府元龟》卷九二一《总录部·妖妄》所载略同。

按：据《晋书·孙恩传》载，孙泰先被流广州，后参讨王恭之乱。《晋书》卷一二《天文志中》："至隆安元年，王恭等举兵，显王国宝之罪，朝廷杀之。"《晋书·天文志》云王恭之乱在隆安元年（397）。《晋书》卷一〇《安帝纪》："（隆安二年）秋七月……兖州刺史王恭、豫州刺史庾楷、荆州刺史殷仲堪、广州刺史桓玄、南蛮校尉杨佺期等举兵反。"此谓隆安二年，兖州刺史王恭举兵反。故而，王恭之乱在隆安元年至二年。又《晋书》卷九《孝武帝纪》："（太元十五年）九月丁末，以吴郡太守王珣为尚书仆射。……十六年春正月庚申，改筑太庙。……秋九月癸未，以尚书右仆射王珣为尚书左仆射，以太子詹事谢琰为尚书右仆射。新庙成。冬十一月，姚苌败符登于安定。……十七年……十一月癸酉，以黄门郎殷仲堪为都督荆益梁三州诸军事、荆州刺史。庚寅，徙封琅邪王道子为会稽王。"可知，太元十五年（390）、十六年，王珣分别为尚书右、左仆射，太元十七年十一月，司马道子封为会稽王。孙恩本传谓"王珣言于会稽王道子，流之于广州"，则王珣在尚书左仆射任上，言于会稽王司马道子，应在太元十七年十一月后。综上，孙泰被流广州，在太元十七年十一月至隆安元年间。

晋安帝朝(397—418)

隆安元年(丁酉，397)

侍中王爽，因孝武帝崩时，拒王国宝入为遗诏，国宝掌权，免爽官。

《晋书》卷九三《王蕴传附子爽传》："历给事黄门侍郎、侍中。孝武帝崩，王国宝夜欲开门入为遗诏，爽距之，曰：'大行晏驾，皇太子未至，敢入者斩！'乃止。爽尝与会稽王道子饮，道子醉呼爽为小子，爽曰：'亡祖长史与简文皇帝为布衣之交。亡姑、亡姊伉俪二宫，何小子之有！'及国宝执权，免爽官。后兄恭再起事，并以爽为宁朔将军，参预军事。恭败，被诛。"

按：据《晋书》卷九《孝武帝纪》："(太元二十一年)秋九月庚申，帝崩于清暑殿，时年三十五。"晋孝武帝司马曜崩，在太元二十一年(396)。又据《晋书》卷一〇《安帝纪》："隆安元年春正月己亥朔……太傅、会稽王道子稽首归政。以尚书右仆射王珣为尚书令，领军将军王国宝为尚书左仆射。……夏四月甲戌，兖州刺史王恭，豫州刺史庚楷举兵，以讨尚书左仆射王国宝、建威将军王绪为名。甲申，杀国宝及绪以悦于恭，恭乃罢兵。"即隆安元年(397)正月，王国宝被任命为尚书左仆射，国宝执权即指此。又国宝于同年四月甲申被诛杀，故而王国宝免王爽官，应系于此年。

隆安二年(戊戌，398)

荆州刺史殷仲堪，因拥兵遭忌，贬为广州刺史，以桓修代之。仲堪举兵拒赴，晋廷免修官，复仲堪原职。

《晋书》卷一〇《安帝纪》："(隆安二年)秋七月，慕容宝子盛斩兰汗，僭称长乐王，摄天子位。兖州刺史王恭、豫州刺史庚楷、荆州刺史殷仲堪、广州刺史桓玄、南蛮校尉杨佺期等举兵反。……冬十月……壬午，仲堪等盟于寻阳，推桓玄为盟主。"《晋书》卷八四《殷仲堪传》："安帝即位,进号冠军将军,固让不受。……时朝廷新平恭、楷,且不测西方人心,仲堪等拥众数万,充斥郊畿,内外忧逼。玄从兄修告会稽王道子曰:'西军可说而解也。修知其情矣。若许佺期以重利,无不倒戈于仲堪者。'道子纳之,乃以玄为江州,佺期为雍州,黜仲堪为广州,以桓修为荆州,遣仲堪叔父太常茂宣诏回军。仲堪恚被贬退,以王恭虽败,己众亦足以立事,令玄等急进军。……仲堪与佺期以子弟交质,遂于寻阳结盟,玄为盟主,临坛歃血,并不受诏,申理王恭,求诛刘牢之、谯王尚之等。朝廷深惮之。于是诏仲堪曰:'间以将军凭寄失所,朝野怀忧。然既往之事,宜其两忘,用乃班师回斾,祗顺朝旨,所以改授方任,盖随时之宜。将军大义,诚感朕心,今还复本位,即抚所镇,释甲休兵,则内外宁一,故遣太常茂具宣乃怀。'仲堪等并奉诏,各旋所镇。"《晋书》卷九九《桓玄传》:"玄、佺期至石头,仲堪至芜湖。恭将刘牢之背恭归顺。恭既死,庾楷战败,奔于玄军。既而诏以玄为江州,仲堪等皆被换易,乃各回舟西还,屯于寻阳,共相结约,推玄为盟主。玄始得志,乃连名上疏申理王恭,求诛尚之、牢之等。朝廷深惮之,乃免桓修、复仲堪以相和解。"《晋书》卷七四《桓彝传附谦弟修传》:"尚之并诉仲堪无罪,独被降黜。于是诏复仲堪荆州。御史中丞江绩奏修承受杨佺期之言,交通信命,宣传不尽,以为身计,疑误朝算,请收付廷尉。特诏免官。寻代王凝之为中护军。"《册府元龟》卷四四五《将帅部·无谋》所载略同。《资治通鉴》卷一一〇"隆安二年"(398)条系此事于十月。

隆安五年(辛丑,401)

征虏长史殷仲文,遭离间,左迁新安太守。

《晋书》卷九九《殷仲文传》:"后为元显征虏长史。会桓玄与朝廷有隙,玄之姊,仲文之妻,疑而间之,左迁新安太守。仲文于玄虽为姻亲,而素不交密,及闻玄平京师,便弃郡投焉。玄甚悦之,以为咨议参军。时王谧见礼而不亲,卞范之被亲而少礼,而宠遇隆重,兼于王、卞矣。玄将为乱,使总领诏命,以为侍中,领左卫将军。玄九锡,仲文之辞也。"

按:《晋书》卷九九《殷仲文传》谓"玄平京师",即指元兴元年(402)三月,桓玄攻入建康,专擅朝政。本传所谓"会桓玄与朝廷有隙",应指"玄平京师"之前。《晋书》卷九九《桓玄传》："于是遂平荆雍，乃表求领江、荆二州。……时寇贼未平，朝廷难违其意，许之。玄于是树用腹心，兵马日盛，屡上疏求讨孙恩，诏辄不许。其后恩逼京都，玄建牙聚众，外托勤王，实欲观衅而进，复上疏请讨之。会恩已走，玄又奉诏解严。……初。庾楷既奔于玄，玄之求讨孙恩也，以为右将军。玄既解严，楷亦去职。楷以玄方与朝廷构怨，恐事不克，祸及于己，乃密结于后将军元显，许为内应。"《晋书》卷一〇《安帝纪》："（隆安五年）六月甲戌，孙恩至丹徒。乙亥，内外戒严，百官入居于省。冠军将军高素、右卫将军张崇之守石头……征豫州刺史、谯王尚之卫京师。"此即《晋书》卷九九《桓玄传》所谓"恩逼京都"之时，也即"桓玄与朝廷有隙"之时，时在隆安五年（401）六月前后，故左迁殷仲文为新安太守应在本年。

元兴元年（壬寅，402）

三月，太傅、会稽王司马道子，被迁于安城郡，十二月遭毒杀；丹杨尹司马恢之、广晋伯司马允之，被贬广州，途中杀之；骠骑长史王诞、太傅主簿毛遁，被徙于交、广之地；王国宝家属，被徙于交州；中书侍郎范泰，因居丧无礼，废徙丹徒。皆因荆州、江州刺史桓玄，攻入建康，大行诛杀、贬黜之故。

《晋书》卷一〇《安帝纪》："元兴元年春正月庚午朔，大赦，改元。以后将军元显为骠骑大将军、征讨大都督，镇北将军刘牢之为元显前锋，前将军、谯王尚之为后部，以讨桓玄。二月……丁卯，桓玄败王师于姑孰，谯王尚之、齐王柔之并死之。以右将军吴隐之为都督交广二州诸军事、广州刺史。三月己巳，刘牢之叛降于桓玄。辛未，王师败绩于新亭，骠骑大将军、会稽王世子元显，东海王彦璋，冠军将军毛泰，游击将军毛邃并遇害。壬申，桓玄自为侍中、丞相、录尚书事，以桓谦为尚书仆射，迁太傅、会稽王道子于安城。玄俄又自称太尉、扬州牧，总百揆，以琅邪王德文为太宰……十二月庚申，会稽王道子为桓玄所害。曲赦广陵、彭城大逆以下。"《晋书》卷六四《会稽文孝王道子传》："玄进次寻阳，传檄京师，罪状元显。……元显奔入相府，唯张法顺随之。问计于道子，道子对之泣。玄遣太傅从事中郎毛泰收元显送于新亭，缚于舫前而数之。元显答曰：'为王诞、张法顺所误。'于是送付廷尉，并其六子皆害之。玄又奏：'道子酗纵不孝，当弃市。'诏徙安成郡，使御史杜竹林防卫，竟承玄旨鸩杀之，时年三十九。"《晋书》卷九九《桓玄传》："玄至新亭，元显自溃。玄入京师……又矫诏加己总百揆，侍中、都督中外诸军事、丞相、录尚书事、扬州牧，领徐州刺史……玄表列太傅道子及元显之恶，徙道子于安成郡，害元显于市。于是玄入居太傅府，害太傅中郎毛泰、泰弟游击将军邃、太傅参军荀逊、前豫州刺史庾楷父子、吏部郎袁遵、谯王尚之等，流尚之弟丹杨尹恢之、广晋伯允之、骠骑长史王诞、太傅主簿毛遁等于交广诸郡，寻追害恢之、允之于道。"《晋书》卷三七《谯刚王逊传附司马恢之、允之传》："恢之字季明，历官骠骑司马、丹杨尹。尚之为桓玄所害，徙恢之等于广州，而于道中害之。……王恭、庾楷、桓玄等内伐也，会稽王道子命允之兄弟距楷，破之。元兴初，与兄恢之同徙广州，于道被害。"《晋书》卷七五《王湛传附王国宝传》："及王恭伏法，诏追复国宝本官。元兴初，桓玄得志，表徙其家属于交州。"《宋书》卷五二《王诞传》："元显讨桓玄，欲悉诛桓氏，诞固陈修等与玄志趣不同，由此得免。修，诞甥也。及玄得志，诞将见诛，修为之陈请，又言修等得免之由，乃徙诞广州。卢循据广州。以诞为其平南府长史，甚宾礼之。诞久客思归，乃说循曰：'下官流远在此，被蒙殊眷，士感知己，实思报答。本非戎旅，在此无用。素为刘镇军所识，情味不浅，若得北归，必蒙任寄，公私际会，思报厚恩，愈于停此，空移岁月。'循甚然之。时广州刺史吴隐之亦为循所拘留，诞又曰：'将军今留吴公，公私非计。孙伯符岂不欲留华子鱼，但以一境不容二君耳。'于是诞及隐之并得还。"《宋书》卷六〇《范泰传》："桓玄辅晋，使御史中丞祖台之奏泰及前司徒左长史王准之、辅国将军司马珣之并居丧无礼，泰坐废徙丹徒。"《资治通鉴》卷一一二"元兴元年"（402）条系此事于三月、十二月。

元兴二年（癸卯，403）

九月，平南将军、湘州刺史桓亮，乘乱起兵，桓玄徙亮于衡阳。

《晋书》卷一〇《安帝纪》："（元兴二年）秋八月，玄又自号相国、楚王。九月，南阳太守庾仄起义兵，为玄所败。"《晋书》卷九九《桓玄传》："元兴二年……新野人庾仄闻玄受九锡，乃起义兵，袭冯该于襄阳，走之。……桓济之子亮起兵于罗县，自号平南将军、湘州刺史，以讨仄为名。南蛮校尉羊僧寿与石康共攻襄阳，仄众散，奔姚兴，彬等皆遇害。长沙相陶延寿以亮乘乱起兵，遣收之。玄徙亮于衡阳，诛其同谋桓奥等。……桓亮自号江州刺史，侵豫章，江州刺史刘敬宣讨走之……义熙元年正月，南阳太守鲁宗之起义兵袭襄阳，破伪雍州刺史桓蔚。……是日，安帝反正。大赦天下，唯逆党就戮，诏特免桓胤一人。桓亮自豫章，自号镇南将军、湘州刺史。苻宏寇安成、庐陵，刘敬宣遣将讨之，宏走入湘中。"

十一月，晋安帝司马德宗，被桓玄迁于永安宫。十二月，贬晋安帝为平固王；贬太宰、琅邪王司马德文为石阳县公，俱居寻阳；降永安皇后为零陵君；贬武陵王、金紫光禄大夫司马遵为彭泽县侯。皆因桓玄篡位，大施贬谪之故。

《晋书》卷一〇《安帝纪》："（元兴二年）秋八月，玄又自号相国、楚王。九月，南阳太守庾仄起义兵，为玄所败。冬十一月壬午，玄迁帝于永安宫。癸未，移太庙神主于琅邪国。十二月壬辰，玄篡位，以帝为平固王。辛亥，帝蒙尘于寻阳。"《晋书》卷一〇《恭帝纪》："元兴初，迁车骑大将军。桓玄执政，进位太宰，加衮冕之服，绿綟绶。玄篡位，以帝为石阳县公，与安帝俱居寻阳。"《晋书》卷九九《桓玄传》："（元兴二年）十一月，玄矫制加其冕十有二旒，建天子旌旗……其女及孙爵命之号皆如旧制。玄乃多斥朝臣为太宰僚佐，又矫诏使王谧兼太保，领司徒，奉皇帝玺禅位于己。又讽帝以禅位告庙，出居永安宫，移晋神主于琅邪庙。……迁帝居寻阳，即陈留王处邺宫故事。降永安皇后为零陵君，琅邪王为石阳县公，武陵王遵为彭泽县侯。"《晋书》卷三二《穆章何皇后传》："穆章何皇后讳法倪，庐江灊人也。……桓玄篡位，移后入司徒府。路经太庙，后停舆恸哭，哀感路人。玄闻而怒曰：'天下禅代常理，何预何氏女子事耶！'乃降后为零陵县君。"《晋书》卷六四《元四王传附忠敬王遵传》："桓玄用事，拜金紫光禄大夫。玄篡，贬为彭泽侯，遣之国。行次石头，夜涛水入淮，船破，未得发。会义旗兴，复还国第。"《资治通鉴》卷一一三"元兴二年"（403）条系此事于十一月、十二月。

元兴三年（甲辰，404）

冠军将军刘毅，兵败，退次寻阳，坐免官，寻原之。

《晋书》卷一〇《安帝纪》："（元兴三年）五月癸酉，冠军将军刘毅及桓玄战于峥嵘洲，又破之。己卯，帝复幸江陵。辛巳，荆州别驾王康产、南郡太守王腾之奉帝居于南郡。壬午，督护冯迁斩桓玄于貊盘洲。"《晋书》卷八五《刘毅传》："桓玄篡位，毅与刘裕、何无忌、魏咏之等起义兵，密谋讨玄……及玄死，桓振、桓谦复聚众距毅于灵溪。玄将冯该以兵会于振，毅进击，为振所败，退次寻阳，坐免官，寻原之。"

辅国将军、琅邪内史何无忌，以督摄为烦不受刘毅节度，免其琅邪内史，以辅国将军摄军事。

《晋书》卷一〇《安帝纪》："（元兴三年）五月癸酉，冠军将军刘毅及桓玄战于峥嵘洲，又破之。……壬午，督护冯迁斩桓玄于貊盘洲。……闰月己丑，桓玄故将扬武将军桓振陷江陵，刘毅、何无忌退守寻阳，帝复蒙尘于贼营。"《晋书》卷八五《刘毅传》："桓玄篡位，毅与刘裕、何无忌、魏咏之等起义兵，密谋讨玄……玄既西走，裕以毅为冠军将军、青州刺史，与何无忌、刘道规蹑玄。玄逼帝及琅邪王西上，毅与道规及下邳太守孟怀玉等追及玄，战于峥嵘洲。毅乘风纵火。尽锐争先，玄众大溃，烧辎重夜走。玄将郭铨、刘雅等袭陷寻阳，毅遣武威将军刘怀肃讨平之。及玄死，桓振、桓谦复聚众距毅于灵溪。玄将冯该以兵会于振，毅进击，为振所败，退次寻阳，坐免官，寻原之。刘裕命何无忌受毅节度，无忌以督摄为烦，辄便解统。毅疾无忌专擅，免其琅邪内史，以辅国将军摄军事，无忌遂与毅不平。毅唯自引咎，时论韪之。"《晋书》卷八五《何无忌传》："及玄败走，武陵王遵承制以无忌为辅国将军、琅邪内史，以会稽王道子所部精兵悉配之，南追桓玄，与振武将军刘道规俱受冠军将军刘毅节度。"

义熙元年（乙巳，405）

二月，吏部尚书桓胤及诸党，因桓玄叛乱，被徙于新安诸郡。

《晋书》卷九九《桓玄传》："元兴三年，玄之永始二年也……益州督护冯迁抽刀而前，玄拔头上玉导与之，仍曰：'是何人邪？敢杀天子！'迁曰：'欲杀天子之贼耳。'遂斩之，时年三十六。又斩石康及濬等五级，庾颐之战死。……义熙元年正月……是日，安帝反正。大赦天下，唯逆党就戮，诏特免桓胤一人。桓亮自豫章，自号镇南将军、湘州刺史。苻宏寇安成、庐陵，刘敬宣遣将讨之，宏走入湘中。二月，桓谦、何澹之、温楷等奔于姚兴。桓振与宏出自溃城，袭破江陵，

403

刘怀肃自云杜伐振等，破之。广武将军唐兴斩振及伪辅国将军桓珍，毅于临郡斩伪零陵太守刘叔祖。桓亮、苻宏复出寇湘中，害郡守长吏，檀祇讨宏于湘东，斩之，广武将军郭弥斩亮于益阳，其余拥众假号皆讨平之。诏徙桓胤及诸党与于新安诸郡。"《晋书》卷七四《桓胤传》："胤字茂远。……玄篡位，为吏部尚书，随玄西奔。玄死，归降。诏曰：'夫善著则祚远，勋彰故事殊。以宣孟之忠，蒙后晋国；子文之德，世嗣获存。故太尉冲，昔藩陕西，忠诚王室。诸子染凶，自贻罪戮。念冲遗勤，用凄于怀。其孙胤宜见矜宥，以奖为善。可特全生命，徙于新安。'及东阳太守殷仲文、永嘉太守骆球等谋反，阴欲立胤为玄嗣，事觉，伏诛。"《册府元龟》卷一三四《帝王部·念功》所载略同。

三月，荆州刺史司马休之，战败，免官，征还京师。后犯禁嬉戏，降号征虏将军。

《晋书》卷一〇《安帝纪》："义熙元年春正月，帝在江陵。……三月，桓振复袭江陵，荆州刺史司马休之奔于襄阳。"《晋书》卷三七《谯刚王逊传附司马休之传》："休之字季预。……桓玄攻历阳，休之婴城固守。及尚之战败，休之以五百人出城力战，不捷，乃还城，携子侄奔于慕容超。闻义军起，复还京师。大将军武陵王令曰：'前龙骧将军休之，才干贞审，功业既成。历阳之战，事在机捷。及至势乖力屈，奉身出奔，犹鸠集义徒，崎岖险阻。既应亲贤之举，宜委分陕之重。可监荆益梁宁秦雍六州军事、领护南蛮校尉、荆州刺史、假节。'到镇无几，桓振复袭江陵，休之战败，出奔襄阳。宁朔将军张畅之、高平相刘怀肃自沔攻振，走之。休之还镇，御史中丞王桢之奏休之失成，免官。朝廷以豫州刺史魏咏之代之，征休之还京师，拜后将军、会稽内史。御史中丞阮歆之奏休之与尚书虞啸父犯禁嬉戏，降号征虏将军，寻复为后将军。"《册府元龟》卷五一八《宪官部·弹劾》所载略同。

义熙三年(丁未，407)

尚书殷仲文，因助桓玄篡位，玄败，被迁东阳太守。

《晋书》卷九九《殷仲文传》："玄为刘裕所败，随玄西走……至巴陵，因奉二后投义军，而为镇军长史，转尚书。帝初反正，抗表自解曰：'臣闻洪波振壑，川无恬鳞；惊飙拂野，林无静柯。何者？势弱则受制于巨力，质微则无以自保。于理虽可得而言，于臣实非所敢譬。昔桓玄之代，诚复驱逼者众。至如微臣，罪实深矣……乞解所职，待罪私门。违离阙庭，乃心慕恋。'诏不许。……仲文素有名望，自谓必当朝政，又谢混之徒畴昔所轻者，并皆比肩，常怏怏不得志。忽迁为东阳太守，意弥不平。……义熙三年，又以仲文与骆球等谋反，及其弟南蛮校尉叔文并伏诛。仲文时照镜不见其面，数日而遇祸。"《晋书》卷九九《桓玄传》："（义熙）三年，东阳太守殷仲文与永嘉太守骆球谋反，欲建桓胤为嗣，曹靖之、桓石松、卞承之、刘延祖等潜相交结，刘裕以次收斩之，并诛其家属。"刘敬叔《异苑》卷四："晋安帝义熙三年，殷仲文为东阳太守，尝照镜不见其面，俄而难及。"《册府元龟》卷九○九《总录部·穷愁》所载略同。《资治通鉴》卷一一四"义熙三年"（407）条系此事于二月至四月间。

义熙四年（戊申，408）

监征蜀诸军事刘敬宣，战败，免官，削封三分之一。

《晋书》卷一○《安帝纪》："（义熙）三年春二月己酉……八月，遣冠军将军刘敬宣持节监征蜀诸军事。"《晋书》卷八四《刘牢之传附子敬宣传》："谯纵反，以敬宣督征蜀军事、假节，与宁朔将军臧喜西伐。敬宣入自白帝，所攻皆克。军次黄兽，与伪将谯道福相持六十余日，遇疠疫，又以食尽，班师，为有司所劾，免官。"《宋书》卷四七《刘敬宣传》："假敬宣节，监征蜀诸军事，郡如故。……敬宣率先士卒，转战而前，达遂宁郡之黄虎，去成都五百里。伪辅国将军谯道福等悉众距险，相持六十余日，大小十余战，贼固守不敢出。敬宣不得进，食粮尽，军中多疾疫，死者太半，引军还。谯纵送毛璩一门诸丧，其妻女、文处茂母何，并诸士人丧柩，浮之中流，敬宣皆拯接致归。为有司所奏，免官，削封三分之一。"《资治通鉴》卷一一四"义熙四年"（408）条系此事于七月至九月间。

义熙六年（庚戌，410）

五月，卫将军刘毅，战败，降为后将军。

《晋书》卷一○《安帝纪》："（义熙）五年春正月辛卯，大赦。庚戌，以抚军将军刘毅为卫将军、开府仪同三司，加辅国将军何无忌镇南将军。……六年春二月丁亥，刘裕攻慕容超，克之，齐地悉平。是月，广州刺史卢循反，寇江州。三月，秃发傉檀及沮渠蒙逊战于穷泉，傉檀败绩。壬申，镇南将军、江州刺史何无忌及循战于豫章，王师败绩，无忌死之。……五月丙子……戊子，卫将军刘毅及卢循战于桑落洲，王师败绩。尚书左仆射孟昶惧，自杀。"《晋书》卷八五《刘毅传》："及裕讨循，诏毅知内外留事。毅以丧师，乞解任，降为后将军。"《资治通鉴》卷一一五"义熙六年"(410)条系此事于五月。

义熙七年（辛亥，411）

南平郡郎中令刘敬叔，以事忤刘毅，免官。

《宋书》卷三〇《五行志一》："晋安帝义熙七年，晋朝拜授刘毅世子。毅以王命之重，当设飨宴亲，请吏佐临视。至日，国僚不重白，默拜于厩中。王人将反命，毅方知，大以为恨，免郎中令刘敬叔官。"《晋书》卷二七《五行志上》所载相同。《晋书》卷八五《刘毅传》："以匡复功，封南平郡开国公，兼都督宣城军事，给鼓吹一部。"

参 考 文 献

凡例：一、古籍，按经、史、子、集四部划分，四部下属分类大致依据《四库提要》分类方式排列；二、近今人著作，按作者姓名拼音首字母顺序编排；三、论文，按发表时间顺序编排。

一、古籍

(一)经部

(汉)孔安国传，(唐)孔颖达等正义：《尚书正义》，《十三经注疏》，中华书局，1980年。

(汉)毛亨传、郑玄笺，(唐)孔颖达等正义：《毛诗正义》，《十三经注疏》，中华书局，1980年。

(晋)杜预注，(唐)孔颖达等正义：《春秋左传正义》，《十三经注疏》，中华书局，1980年。

(魏)何晏注，(宋)邢昺疏：《论语注疏》，《十三经注疏》，中华书局，1980年。

(汉)赵岐注，(宋)孙奭疏：《孟子注疏》，《十三经注疏》，中华书局，1980年。

(宋)朱熹注：《四书章句集注》，中华书局，1983年。

(汉)许慎撰，(清)段玉裁注：《说文解字注》，上海古籍出版社，1988年。

(二)史部

(汉)司马迁撰，(刘宋)裴骃、(唐)司马贞、张守节注：《史记》，中华书局，2014年。

（汉）班固撰，（唐）颜师古注：《汉书》，中华书局，1962 年。

（刘宋）范晔撰，（唐）李贤等注：《后汉书》，中华书局，1965 年。

（晋）陈寿撰，（刘宋）裴松之注：《三国志》，中华书局，1982 年。

（唐）房玄龄等撰：《晋书》，中华书局，1974 年。

（清）汤球编撰：《九家旧晋书辑本》，二十五别史，齐鲁书社，2000 年。

吴士鉴、刘承幹注：《晋书斠注》，中华书局，2008 年。

（南朝）沈约撰：《宋书》，中华书局，1974 年。

（南朝梁）萧子显撰：《南齐书》，中华书局，1972 年。

（唐）姚思廉撰：《梁书》，中华书局，1973 年。

（北齐）魏收撰：《魏书》，中华书局，1974 年。

（唐）令狐德棻等撰：《周书》，中华书局，1971 年。

（唐）李延寿撰：《南史》，中华书局，1975 年。

（唐）李延寿撰：《北史》，中华书局，1974 年。

（后晋）刘昫等撰：《旧唐书》，中华书局，1975 年。

（清）张廷玉等撰：《明史》，中华书局，1974 年。

方诗铭、王修龄辑证：《古本竹书纪年辑证》，上海古籍出版社，1981 年。

（宋）司马光等撰，（元）胡三省音注：《资治通鉴》，中华书局，1956 年。

（清）马骕编撰：《绎史》，中华书局，2002 年。

（宋）苏辙撰：《古史》，影印文渊阁《四库全书》，台湾"商务印书馆"，1986 年。

（汉）刘向集录，范祥雍笺证，范邦瑾协校：《战国策笺证》，上海古籍出版社，2011 年。

（明）过庭训编撰：《本朝分省人物考》，《续修四库全书》，上海古籍出版社，2002 年。

（明）欧大任撰：《百越先贤志》，影印文渊阁《四库全书》，台湾"商务印书馆"，1986 年。

（北魏）郦道元撰，陈桥驿校证：《水经注校证》，中华书局，2007 年。

（北魏）杨衒之撰，周祖谟校释：《洛阳伽蓝记校释》，中华书局，2010 年。

（晋）常璩撰，刘琳校注：《华阳国志》，巴蜀书社，1984 年。

（清）徐文范撰：《东晋南北朝舆地表》，《丛书集成初编》，上海商务印书馆。

（唐）杜佑撰，王文锦等点校：《通典》，中华书局，1988 年。

（清）钱仪吉编撰：《三国会要》，上海古籍出版社，1991 年。

（清）杨晨编撰：《三国会要》，中华书局，1956 年。

（唐）刘知幾撰，（清）浦起龙通释，王煦华整理：《史通通释》，上海古籍出版社，2009 年。

（清）丁耀亢撰，宫庆山、孟庆泰校释：《天史校释》，齐鲁书社，2009 年。

（清）王夫之撰：《读通鉴论》，中华书局，1975 年。

（清）王鸣盛撰：《十七史商榷》，上海书店，2005 年。

（清）钱大昕撰：《廿二史考异》，上海古籍出版社，2004 年。

（清）赵翼撰，王树民校证：《廿二史札记校证》，中华书局，1984 年。

（清）黄恩彤撰：《鉴评别录》，《四库未收书辑刊》，北京出版社，2000 年。

（清）李慈铭撰：《越缦堂读史札记》，北京图书馆出版社，2003 年。

（三）子部

（战国）荀况撰，王先谦集解：《荀子集解》，中华书局，1988 年。

（汉）扬雄撰，汪荣宝义疏：《法言义疏》，中华书局，1987 年。

（明）夏良胜撰：《中庸衍义》，影印文渊阁《四库全书》，台湾"商务印书馆"，1986 年。

（汉）刘安等编撰，何宁集释：《淮南子集释》，中华书局，1998 年。

（晋）葛洪撰，杨明照校笺：《抱朴子外篇校笺》，中华书局，1991 年。

（汉）焦延寿撰，尚秉和注：《焦氏易林注》，光明日报出版社，2005 年。

（唐）欧阳询撰，汪绍楹校：《艺文类聚》，上海古籍出版社，1982 年。

（唐）虞世南编撰：《北堂书钞》，《续修四库全书》，上海古籍出版社，2002 年。

（唐）徐坚等编撰：《初学记》，中华书局，1962 年。

（宋）李昉等编撰：《太平御览》，中华书局，1960 年。

（宋）王钦若等编撰：《册府元龟》，中华书局，1960 年。

（宋）谢维新、虞载编撰：《古今合璧事类备要》，影印文渊阁《四库全书》，台湾"商务印书馆"，1986年。

（元）无名氏编撰：《群书通要》，《续修四库全书》，上海古籍出版社，2002年。

（明）张岱纂，郑凌峰点校，卿朝晖审订：《夜航船》，浙江古籍出版社，2020年。

（宋）李昉等编撰：《太平广记》，中华书局，1961年。

（南朝宋）刘义庆撰，（南朝梁）刘孝标注，余嘉锡笺疏，周祖谟等整理：《世说新语笺疏》，中华书局，2007年。

（唐）刘肃撰，许德楠、李鼎霞点校：《大唐新语》，中华书局，1984年。

（宋）周辉撰，刘永翔校注：《清波杂志校注》，中华书局，1994年。

（宋）陈善撰：《扪虱新话》，《丛书集成初编》，上海商务印书馆。

（宋）戴埴等撰：《鼠璞 坦斋通编 臆乘》（合刊本），《丛书集成初编》，上海商务印书馆。

（明）谢肇淛撰：《文海披沙》，《续修四库全书》，上海古籍出版社，2002年。

（清）何焯撰，崔高维点校：《义门读书记》，中华书局，1987年。

（宋）张君房编，李永晟点校：《云笈七签》，中华书局，2003年。

《上清大洞真经》，《中华道藏》，华夏出版社，2004年。

《大洞玉经》，《中华道藏》，华夏出版社，2004年。

（四）集部

（宋）洪兴祖撰，白化文等点校：《楚辞补注》，中华书局，1983年。

（宋）朱熹集注：《楚辞集注》，上海古籍出版社，1979年。

（蜀）诸葛亮撰，张连科、管淑珍校注：《诸葛亮集校注》，天津古籍出版社，2008年。

（魏）曹植撰，赵幼文校注：《曹植集校注》，中华书局，2016年。

（魏）曹植撰，（清）丁晏纂，叶菊生校订：《曹集铨评》，文学古籍刊行社，1957年。

（晋）潘岳撰，王增文校注：《潘黄门集校注》，中州古籍出版社，2002年。

（晋）陆机撰，刘运好校注：《陆士衡集校注》，凤凰出版社，2007年。

（唐）沈佺期，（唐）宋之问撰，陶敏、易淑琼校注：《沈佺期宋之问集校注》，中华书局，2001年。

（唐）李白撰，瞿蜕园、朱金城校注：《李白集校注》，上海古籍出版社1980年。

（唐）杜甫撰，（清）仇兆鳌注：《杜诗详注》，中华书局，2015年。

（唐）李贺撰，（宋）吴正子注、刘辰翁评：《笺注评点李长吉歌诗》，影印文渊阁《四库全书》本，台湾"商务印书馆"，1986年。

（唐）韩愈撰，钱仲联集释：《韩昌黎诗系年集释》，上海古籍出版社，2020年。

（唐）韩愈撰，马其昶校注，马茂元整理：《韩昌黎文集校注》，上海古籍出版社，1986年。

（唐）柳宗元撰，吴文治等点校：《柳宗元集》，中华书局，1979年。

（唐）白居易撰，朱金城笺校：《白居易集笺校》，上海古籍出版社，1988年。

（唐）元稹撰，冀勤点校：《元稹集》，中华书局，1982年。

（宋）张方平撰：《乐全集》，影印文渊阁《四库全书》，台湾"商务印书馆"，1986年。

（宋）司马光撰：《温国文正司马公文集》，《四部丛刊初编》，上海商务印书馆。

（宋）王安石撰，刘成国点校：《王安石文集》，中华书局，2021年。

（宋）苏轼撰，王文诰辑注，孔凡礼点校：《苏轼诗集》，中华书局，1982年。

（宋）苏辙撰，陈宏天、高秀芳点校：《苏辙集》，中华书局，2017年。

（宋）陈师道撰，（宋）任渊注，冒广生补笺，冒怀辛整理：《后山诗注补笺》，中华书局，1995年。

（宋）胡宏撰，吴仁华点校：《胡宏集》，中华书局，1987年。

（宋）杨时撰：《龟山先生全集》，《宋集珍本丛刊》，线装书局，2004年。

（宋）朱熹撰，朱杰人等主编：《朱子全书》，上海古籍出版社、安徽教育出版社，2002年。

（宋）刘克庄撰，辛更儒校注：《刘克庄集笺校》，中华书局，2011年。

(金)元好问撰，施国祁笺注：《元遗山诗集笺注》，人民文学出版社，1958年。

(元)洪希文撰：《续轩渠集》，影印文渊阁《四库全书》，台湾"商务印书馆"，1986年。

(元)余阙撰：《青阳先生文集》，《四部丛刊续编》，上海商务印书馆，1934年。

(元)贝琼撰：《清江诗集》，影印文渊阁《四库全书》，台湾"商务印书馆"，1986年。

(明)刘基撰：《太师诚意伯刘文成公文集》，《四部丛刊初编》，上海商务印书馆，1922年。

(明)李东阳撰：《怀麓堂集》，影印文渊阁《四库全书》，台湾"商务印书馆"，1986年。

(明)常伦撰：《常评事集》，《四库全书存目丛书》，齐鲁书社，1997年。

(明)顾清撰：《东江家藏集》，影印文渊阁《四库全书》，台湾"商务印书馆"，1986年。

(明)梁有誉撰：《兰汀存稿》，《续修四库全书》，上海古籍出版社，2002年。

(明)陆粲撰：《陆子馀集》，影印文渊阁《四库全书》，台湾"商务印书馆"，1986年。

(明)杨慎撰：《升庵集》，影印文渊阁《四库全书》，台湾"商务印书馆"，1986年。

(明)何良俊撰：《何翰林集》，《四库全书存目丛书》，齐鲁书社，1997。

(明)王世贞撰：《弇州四部稿》，影印文渊阁《四库全书》，台湾"商务印书馆"，1986年。

(明)王世懋撰：《王奉常集》，《四库存目丛书》，齐鲁书社，1997年。

(明)黄淳耀撰：《陶庵全集》，影印文渊阁《四库全书》，台湾"商务印书馆"，1986年。

(明)敖文祯撰：《薛荔山房藏稿》，《续修四库全书》，上海古籍出版社，2002年。

（明）皇甫汸撰：《皇甫司勋集》，影印文渊阁《四库全书》，台湾"商务印书馆"，1986 年。

（明）焦竑撰：《焦氏澹园续集》，《续修四库全书》，上海古籍出版社，2002 年。

（明）徐𤊻撰：《鳌峰集》，《续修四库全书》，上海古籍出版社，2002 年。

（明）钟惺撰，李先耕、崔重庆标校：《隐秀轩集》，上海古籍出版社，2017 年。

（明）曹学佺撰：《石仓诗稿》，《四库禁毁书丛刊》，北京出版社，1997 年。

（明）费元禄撰：《甲秀园集》，《四库禁毁书丛刊》，北京出版社，1997 年，集部第 62 册。

（明）魏畊撰：《雪翁诗集》，《续修四库全书》，上海古籍出版社，2002 年。

（清）王铎撰：《拟山园选集》，《清代诗文集汇编》，上海古籍出版社，2010 年。

（清）彭而述撰：《读史亭诗集》，《清代诗文集汇编》，上海古籍出版社，2010 年。

（清）吴伟业撰：《梅村家藏稿》，《清代诗文集汇编》，上海古籍出版社，2010 年。

（清）宋琬撰：《安雅堂未刻稿》，《清代诗文集汇编》，上海古籍出版社，2010 年。

（清）陈维崧撰：《湖海楼全集》，《清代诗文集汇编》，上海古籍出版社，2010 年。

（清）王嗣槐撰：《桂山堂诗文选》，《清代诗文集汇编》，上海古籍出版社，2010 年。

（清）尤侗撰：《西堂文集》，《清代诗文集汇编》，上海古籍出版社，2010 年。

（清）吴兆骞撰：《秋笳集》，《清代诗文集汇编》，上海古籍出版社，2010 年。

（清）王士祯撰：《带经堂集》，《清代诗文集汇编》，上海古籍出版社，2010 年。

（清）沈德潜编撰：《清诗别裁集》，中华书局，1975 年。

（清）梁以壮撰：《兰垧前集》，《四库未收书辑刊》，北京出版社，2000 年。

（清）桑调元撰：《弢甫五岳集》，《清代诗文集汇编》，上海古籍出版社，2010 年。

（清）夏之蓉撰：《半舫斋编年诗》，《清代诗文集汇编》，上海古籍出版社，2010 年。

（清）蒋士铨撰：《忠雅堂文集》，《清代诗文集汇编》，上海古籍出版社，2010 年。

（清）茹纶常撰：《容斋诗集》，《清代诗文集汇编》，上海古籍出版社，2010 年。

（清）祝德麟撰：《悦亲楼诗集》，《清代诗文集汇编》，上海古籍出版社，2010 年。

（清）赵希璜撰：《四百三十二峰草堂诗钞》，《清代诗文集汇编》，上海古籍出版社，2010 年。

（清）百龄撰：《守意龛诗集》，《清代诗文集汇编》，上海古籍出版社，2010 年。

（清）赵翼撰：《瓯北集》，《清代诗文集汇编》，上海古籍出版社，2010 年。

（清）杨芳灿撰：《芙蓉山馆全集》，《清代诗文集汇编》，上海古籍出版社，2010 年。

（清）沈赤然撰：《五研斋诗钞》，《续修四库全书》，上海古籍出版社，2002 年。

（清）张九钺撰：《紫岘山人全集》，《续修四库全书》，上海古籍出版社，2002 年。

（清）洪亮吉撰，刘德权点校：《洪亮吉集》，中华书局，2001 年。

（清）张问陶撰，赵伯陶点校：《船山诗草》，中华书局，1986 年。

（清）刘嗣绾撰：《尚絅堂集》，《清代诗文集汇编》，上海古籍出版社，2010 年。

（清）曾燠撰：《赏雨茅屋诗集 赏雨茅屋外集》，《续修四库全书》，上海古籍出版社，2002 年。

（清）石韫玉撰：《独学庐稿》，《清代诗文集汇编》本，上海古籍出版社，2010 年。

（清）陶澍撰：《陶文毅公全集》，《清代诗文集汇编》，上海古籍出版社，2010 年。

（清）汤鹏撰：《浮邱子》，《续修四库全书》，上海古籍出版社，2002 年。

（清）汤鹏撰：《海秋诗集》，《清代诗文集汇编》，上海古籍出版社，2010 年。

（清）张维屏撰：《花甲闲谈》，《四库未收书辑刊》，北京出版社，2000 年。

（清）罗惇衍撰：《集义轩咏史诗钞》，《清代诗文集汇编》，上海古籍出版社，2010 年。

（清）汪瑔撰：《随山馆丛稿》，《续修四库全书》，上海古籍出版社，2002 年。

（清）潘衍桐编撰：《两浙輶轩续录》，浙江书局，光绪十七年（1891）。

（清）张之洞撰：《张之洞全集》，武汉出版社，2008 年。

（清）谭莹撰：《乐志堂诗集》，《清代诗文集汇编》，上海古籍出版社，2010 年。

（南朝梁）萧统编撰，（唐）李善注：《文选》，中华书局，1977 年。

（陈）徐陵编，（清）吴兆宜注，（清）程琰删补，穆克宏点校：《玉台新咏笺注》，中华书局，1985 年。

（宋）郭茂倩编撰：《乐府诗集》，中华书局，1979 年。

（元）刘履编：《风雅翼》，影印文渊阁《四库全书》，台湾"商务印书馆"，1986 年。

（明）程敏政编撰：《明文衡》，《四部丛刊初编》，上海商务印书馆，1922 年。

（清）彭定求等编撰：《全唐诗》，中华书局，1960 年。

（清）严可均校辑：《全上古三代秦汉三国六朝文》，中华书局，1958 年。

（清）邓显鹤编撰：《沅湘耆旧集》，《续修四库全书》，上海古籍出版社，2002 年。

（清）李祖陶编：《国朝文录》，《续修四库全书》，上海古籍出版社，2002

年。

（民国）徐世昌编撰：《晚晴簃诗汇》，《续修四库全书》，上海古籍出版社，2002 年。

逯钦立辑校：《先秦汉魏晋南北朝诗》，中华书局，1983 年。

傅璇琮等编撰：《全宋诗》，北京大学出版社，1991—1998 年。

曾枣庄、刘琳等编撰：《全宋文》，上海辞书出版社、安徽教育出版社，2006 年。

陈尚君辑校：《全唐诗补编》，中华书局，1992 年。

（南朝梁）刘勰撰，范文澜注：《文心雕龙注》，人民文学出版社，1958 年。

（南朝梁）钟嵘撰，曹旭集注：《诗品集注》，上海古籍出版社，1994 年。

（宋）叶梦得撰：《石林诗话》，《历代诗话》，中华书局，1981 年。

（明）王世贞撰，罗仲鼎校注：《艺苑卮言校注》，人民文学出版社，2021 年。

（明）张溥撰，殷孟伦注：《汉魏六朝百三家集题辞注》，中华书局，2007 年。

（明）吴淇撰：《六朝选诗定论》，《四库全书存目丛书补编》，齐鲁书社，2001 年。

（清）方东树撰，汪绍楹校点：《昭昧詹言》，人民文学出版社，1961 年。

二、近今人著作

B

［美］伯格（Jerry M. Burger）著，陈会昌等译：《人格心理学》，中国轻工业出版社，2010 年。

D

杜洁祥：《光孝寺志》，《中国佛寺史志汇刊》，台北丹青图书公司，1985 年。

F

方北辰著：《魏晋南朝江东世家大族述论》，台北文津出版社，1991 年。

G

郭绍虞笺：《杜甫戏为六绝句集解 元好问论诗三十首小笺》（合刊），人民文学出版社，1978 年。

葛剑雄著：《统一与分裂中国历史的启示》，商务印书馆，2013 年。

H

洪武雄著：《蜀汉政治制度史考论》，台北文津出版社，2008 年。

胡阿祥等著：《中国行政区划通史·三国两晋南朝卷》，复旦大学出版社，2017 年。

J

姜亮夫著：《成均楼文录 陆平原年谱 张华年谱》（合刊本），《姜亮夫全集》，云南人民出版社，2002 年。

江竹虚撰，江宏整理：《曹植年谱》，台湾"商务印书馆"，2013 年。

L

吕思勉著：《两晋南北朝史》，上海古籍出版社，2005 年。

陆侃如著：《中古文学系年》，人民文学出版社，1998 年。

罗宗强著：《魏晋南北朝文学思想史》，中华书局，2006 年。

罗宗强著：《玄学与魏晋士人心态》，中华书局，2019 年。

李兴盛著：《东北流人史》，黑龙江人民出版社，1990 年。

李兴盛著：《中国流人史》，黑龙江人民出版社，1996 年。

M

缪钺著：《读史存稿》，生活·读书·新知三联书店，1963 年。

毛汉光著：《中国中古社会史论》，北京科学技术出版社，2024 年。

Q

仇鹿鸣著：《魏晋之际的政治权力与家族网络》，上海古籍出版社，2015 年。

S

尚永亮著：《元和五大诗人与贬谪文学考论》，台北文津出版社，1993 年。

尚永亮著：《贬谪文化与贬谪文学——以中唐元和五大诗人之贬及其创作为中心》，兰州大学出版社，2004 年。

尚永亮主撰：《唐五代逐臣与贬谪文学研究》，武汉大学出版社，2007 年。

尚永亮著：《弃逐与回归：上古弃逐文学的文化学考察》，上海古籍出版社，2017 年。

T

汤用彤著：《魏晋玄学论稿及其它》，北京大学出版社，2010 年。

谭其骧主编：《中国历史地图集》，中国地图出版社，1996 年。

田余庆著：《秦汉魏晋史探微》，中华书局，2004 年。

田余庆著：《东晋门阀政治》，北京大学出版社，2012 年。

W

王永平著：《孙吴政治与文化史论》，上海古籍出版社，2005 年。

汪春泓主编：《中国文学编年史·两晋南北朝卷》，湖南人民出版社，2006 年。

王晓东著：《潘岳研究》，上海古籍出版社，2011 年。

王安泰著：《再造封建——魏晋南北朝的爵制与政治秩序》，台湾大学出版中心，2013 年。

（瑞士）维雷娜·卡斯特著，陈瑛译：《羡慕与嫉妒——深层心理分析》，生活·读书·新知三联书店，2004 年。

X

徐公持著：《魏晋文学史》，人民文学出版社，1999 年。

谢路军、董沛文著：《中国古代相术》，九州出版社，2008 年。

徐公持著：《曹植年谱考证》，社会科学文献出版社，2016 年。

Y

余英时著：《士与中国文化》，上海人民出版社，2013 年。

杨淑琼著：《虞翻〈易〉学研究——以卦变和旁通为中心的展开》，台湾花木兰文化出版社，2008 年。

Z

章太炎著：《章太炎全集》，第 1 辑，上海人民出版社，2014 年。

章太炎著：《章太炎全集》，第 2 辑，上海人民出版社，2015 年。

张可礼著：《三曹年谱》，齐鲁书社，1983 年。

张大可著：《三国史研究》，华文出版社，2003 年。

祝鼎民著：《曹植年谱考索·阮籍生平系年考略》（合刊本），北京师范大学出版社，2023 年。

三、论文

徐高阮：《山涛论》，台湾《"中央研究院"史语所集刊》，第 41 本第 1 分，1969 年。

傅璇琮：《潘岳系年考证》，《文史》第 14 辑，中华书局，1982 年。

陈飞之：《应该正确评价曹植的游仙诗》，《文学评论》，1983 年第 1 期。

夏仁波：《蜀"国不置史，注记无官"质疑》，《贵州师大学报》，1986 年第 4 期。

张士骢：《关于游仙诗的渊源及其它》，《文学评论》，1987 年第 6 期。

曹文柱：《西晋前期的党争与武帝的对策》，《北京师范大学学报》，1989 年第 5 期。

方亚光:《释"百六掾"——兼论北方士族与晋初政治》,《江苏社会科学》,1990 年第 6 期。

陈飞之:《再论曹植的游仙诗》,《广西师范大学学报》,1991 年第 2 期。

刘静夫:《习凿齿评传》,《魏晋南北朝史论文集》,齐鲁书社,1991 年。

曹书杰:《王隐家世及其〈晋书〉》,《史学史研究》,1995 年第 2 期。

王晓毅:《论曹魏太和"浮华案"》,《史学月刊》,1996 年第 2 期。

孙立群:《世族、士族与势族》,《历史教学》,1997 年第 2 期。

王晓毅:《司马炎与西晋前期玄、儒的升降》,《史学月刊》,1997 年第 3 期。

尚永亮:《忠奸之争与感士不遇——论屈原贾谊的意识倾向及其在贬谪文化史上的模式意义》,《社会科学战线》,1997 年第 4 期。

叶舒宪:《文学与治疗——关于文学功能的人类学研究》,《中国比较文学》,1998 年第 2 期。

林校生:《杜恕傅玄与魏晋的儒学人生论》,《华侨大学学报》,1998 年第 4 期。

钱国祥、肖淮雁:《汉魏洛阳故城金墉城址发掘简报》,《考古》,1999 年第 3 期。

张旭华:《东吴九品中正制初探》,《郑州大学学报》,2001 年第 1 期。

王永平:《曹操立嗣问题考述——从一个侧面看曹操与士族的斗争》,《扬州大学学报》,2001 年第 3 期。

张剑:《李密生卒年可定谳》,《文学遗产》,2001 年第 4 期。

徐公持:《潘岳早期任职及徙官考辨》,《文学遗产》,2001 年第 5 期。

王兆鹏:《一篇博士论文,一个研究领域——尚永亮先生〈贬谪文化与贬谪文学〉读后》,《博览群书》,2003 年第 12 期。

陈俊强:《三国两晋南朝的流徙刑——流刑前史》,《台湾政治大学历史学报》,2003 年,总第 20 期。

王永平:《晋武帝立嗣及其斗争考论——以齐王攸夺嫡为中心》,《河南科技大学学报》,2004 年第 3 期。

罗开玉:《蜀汉职官制度研究》,《四川文物》,2004 年第 5 期。

孙明君:《陆机诗歌中的士族意识》,《北京大学学报》,2005 年第 6 期。

木斋：《论风骨的内涵及建安风骨的渐次形成》，《山东师范大学学报》，2006 年第 3 期。

罗开玉：《诸葛亮、李严权争研究》，《成都大学学报》，2006 年第 6 期。

阎步克：《阮咸何曾与猪同饮》，《文史知识》，2007 年第 1 期。

孔毅：《礼与杜恕〈体论〉》，《重庆师范大学学报》，2007 年第 3 期。

傅正义：《中国诗歌抒情品格的确立者——曹植》，《重庆工商大学学报》，2007 年第 5 期。

黄惠贤、柳春新：《〈晋书·习凿齿传〉述评》，《魏晋南北朝隋唐史资料》，2008 年，第 24 辑。

邢培顺：《曹植黄初初年获罪事由探隐》，《滨州学院学报》，2010 年第 1 期。

刘庆华：《三十年贬谪文学研究的繁荣与落寞》，《湖北社会科学》，2011 年第 5 期。

木斋、李恒：《论建安二十二年曹植的人生转折——兼析〈美女篇〉、〈蝉赋〉、〈节游赋〉》，《河北师范大学学报》，2012 年第 3 期。

石易之：《论曹魏杜恕的政治思想》，《许昌学院学报》，2012 年第 4 期。

曹旭：《张华〈情诗〉的意义》，《文学评论》，2012 年第 5 期。

叶植、李富平：《习凿齿左迁、卒年若干问题辨析》，《湖北文理学院学报》，2013 年第 3 期。

木斋：《论苏李诗应主要为曹植甄后送行别离之作》，《郑州大学学报》，2013 年第 5 期。

姚小鸥、杨晓丽：《屈原楚之同姓辨》，《文艺研究》2013 年第 6 期。

方韬：《杜预年谱》，《经学文献研究集刊》，第 16 辑，上海书店出版社，2016 年。

李建国：《尚永亮在"弃逐文学"根部看到的》，《博览群书》2018 年第 2 期。

后　记

2011 年 8 月，武汉大学后勤部门随机安排宿舍，我有幸入住闻名遐迩的老斋舍地字斋，这栋老建筑有一个诗意的别名——樱花城堡。我特别想多花点笔墨对它进行一番描述，因为它承载了我博士求学三年的大部分生活回忆。

站在老斋舍楼顶，往南望去是一片林海，目光可及对面的珞珈山，也就是"十八栋"所在地，往北远眺则是东湖，这里曾经有屈原来行吟。老斋舍依狮子山而建，碧瓦飞甍，前面是樱花大道，大道北边沿路种满樱花树，南边则是一排参天的银杏树，这两排树皆有碗口到盆口粗，大小不等，它们沿着樱花大道东西排列开去。樱花大道下面是被武大学子戏称为"情人坡"的一片丛林，这里曲径通幽，数人方能合抱的大树都有好几棵，我的窗户正对着这条大道与葱茏。每当从图书馆归来，我会贪图近道，穿越"情人坡"就是一条捷径。此时我真有点儿为自己担心了，唯恐惊扰在此呢喃耳语的恋人，因此每当我穿越这片深林时，我总是踩着鹅卵石小道踽踽而行。

每逢三月下旬，老斋舍前面樱花烂漫，蝶舞蜂飞，深秋时节又杏叶铺地，金色满坡，真可谓春白秋黄，风光迤逦。舍友是兼职读博，常年不在校内，所以我平日皆在这片小天地内度日，无事则足不出户。2012 年 4 月 2 日，又是樱花怒放之时，游人如织，我欲求静于闹中，故虽嘈杂却不愿避匿。当时我观书正兴，忽闻春风撼窗，数片花瓣击面，遂草拟《风吹樱花入室有感》，谓："舍外游人正踟蹰，桌前怒汉已挠腮。春风跺槛吾不应，破牖狂砸百瓣来。"现在回想当时的怒汉心境，仿佛就在昨天。

每天清晨，数声鸟鸣传来，我便推窗与这翁翁郁郁中觅食的小生灵们打个招呼，继而在它们清脆的回礼声中开始一天的阅读与写作。我之所以选择三国两晋这段乱世作为博士论文的写作背景，除了有对华夏文化的整体耽溺，还有对魏晋风度的特别艳羡。

论文的选题与写作都是在恩师尚永亮先生的指导下完成的，先生以研究贬谪文学名世，对我指导起来显得特别潇洒从容。三国两晋时期的文献本就不算多，何况以贬谪视域来进行探讨，更显文献不足征，所以我常有不能畅论斯义之感，时时为史料阙略而苦恼。在先生的指导下，我尽量略人所详，详人所略，力争写出一些新意。先生平日话语不多，给人一种威严感。初入门墙，先生就说："道德文章，道德第一，文章第二。"这番教诲，我一直谨记于心。先生授课，娓娓道来，令我如沐春风。课堂内外，从先秦到当下的经典诗文，先生都能随口拈来，这令我对先生的记忆力心生羡慕而又觉得遥不可及。先生为人为学，都在点滴之中对我产生了影响。从先生三年，颇受教益，遇见如此良师，幸甚至哉！读博三年，曾经给我授课的还有王兆鹏、陈文新、陈顺智、程芸诸位教授。王兆鹏教授讲课风趣，在强调为学要有根柢之外，还多授予我们一些做学问的方法。他所谓学术也是一种"道术"，既要重道，也要重术。陈文新教授温文尔雅，授课吐字没有冗言，我们时常在他的授课中体味古代小说的勾魂之处，同时又被他那睿智的分析所叹服。陈顺智教授讲的是玄学与文学，他为人颇有几分魏晋风度，有时会点上一支香烟，我们就在这吞云吐雾中领略魏晋人的玄味。程芸教授年轻有为，我们初次就被他电脑桌面上两个可爱的孩子所吸引了，那是他的双胞胎女儿，听说小名叫嘻嘻、哈哈……此外，读博期间我时常往返于珞珈山与桂子山之间，因为每个月都要回母校华中师范大学参加硕导张三夕先生组织的读书会。先生每次都陪着我们开完四个多小时的读书会，这种坚持让我们感动，大家收获颇多。先生时常给予我友善的压力，博士期间的培育之恩不敢忘。

2014年6月，我在武汉大学获得文学博士学位。本书就是由我的博士学位论文修订而成。书中部分内容，先后在《光明日报》《安徽大学学报》《殷都学刊》《三峡大学学报》《唐都学刊》《中山大学学报》《山西师大学报》等报刊发表。2018年3月，本书主体部分曾由台湾花木兰文化出版社付印。如今，我将小书重新修订，除了补订部分章节内容，还在书末增加了"三国两晋贬谪事件编年"，并删去了前一版中的"三国两晋贬谪事件年表"，总字数增加了12万。

博士毕业之后，我转而着力于宋代文献。此次博士论文修订再版，于我而言，是对博士生涯的回忆，更是对三国两晋文献的温习。三国两晋文献较之宋代文献要少，历史事件与相关人物的记载也更简略，但这并不影响我们感受那个时代丰富的人物性格与其波谲云诡的命运。因为限定在流贬主题之下，目见所及的更多是悲剧——这一人生下坡路的遭遇——记录。新冠疫情期间，人常谓时代的一粒尘埃，落在个人头上就是一座大山。其实，不只是小人物，似乎所有人在任何时代都是命不由己。我时常感叹那段岁月中，文人的命运在历史的山崩地裂之下是如此渺小，虞翻、曹植、张华、潘岳、陆机等文人都不得善终，更别提那些被幽禁的废帝废后，从缥缈的云端跌入人间谷底，内心承受了何等凄凉与孤寂。

这些悲剧人物事件产生的深层原因，无非是政争、政变、战争等，这些名词重点揭示了一个字："争"。不得不佩服先民造字的绝妙之举，"争"字，本指两只手拉扯一物，你争我抢，正是造成各种流贬的原因。争权夺利无非是为了达到某种欲望，成王败寇，流贬就是败者的下场之一。流贬文人与废帝废后的命运曲折变化，大起大落，可能这才是历史人物真实的历史，这才是能让人记住、希望殷鉴却又不断重演的历史吧。

三国两晋是中国历史上有名的大争之世，这一时段的流贬文人是大争之世下的流沙汇集，他们命运松散且不稳定，随着风向而变化，这风向，便是权力与欲望。"权力与欲望"，是人类永恒的话题。如今，各种出版物的问世，从某种意义而言，何尝不是"权力与欲望"的产物？本书的修订再版，亦复如是。

罗昌繁

2024 年 3 月 25 日于武汉南湖北